Mary Del Priore (Org.)

HISTÓRIA DOS JOVENS NO BRASIL

editora unesp

Direitos de publicação reservados à:

Fundação Editora da Unesp (FEU)
Praça da Sé, 108
01001-900 – São Paulo – SP
Tel.: (0xx11) 3242-7171
Fax: (0xx11) 3242-7172
www.editoraunesp.com.br
www.livrariaunesp.com.br
atendimento.editora@unesp.br

Dados Internacionais de Catalogação na Publicação (CIP) de acordo com ISBD
Elaborado por Vagner Rodolfo da Silva – CRB-8/9410

H673 História dos jovens no Brasil / organizado por Mary Del Priore. – São Paulo : Editora Unesp, 2022.

Inclui bibliografia.
ISBN: 978-65-5711-112-3

1. História do Brasil. 2. Jovens. I. Priore, Mary Del. II. Título.

2022-347 CDD 981
CDU 94(81)

Índice para catálogo sistemático

1. História do Brasil 981
2. História do Brasil 94(81)

Editora afiliada

Asociación de Editoriales Universitarias de América Latina y el Caribe

Associação Brasileira de Editoras Universitárias

HISTÓRIA DOS JOVENS NO BRASIL

Sumário

Prefácio
História dos jovens no Brasil

Mary Del Priore

O Brasil é um país de jovens? Era até pouco tempo atrás. O século XX lhes deu visibilidade e, ao mesmo tempo, produziu a impressão de que a juventude sempre existiu. E de que ela seria eterna... Mas não é: a juventude é uma idade social e historicamente determinada, condicionada por fatores evolutivos e condição social de cada jovem. Ela é também um dado biológico que transcende, vertical e horizontalmente, épocas e culturas. Prova disso é a entrada na puberdade. No século XVIII, ela se dava aos 16 ou 17 anos; no início dos anos 1900, aos 15 anos; hoje, aos 12 anos; e a tendência é a idade decrescer.

Atualmente, o lugar dos jovens em nossa sociedade e a representação que os adultos fazem deles nos permitem compreender nossa relação com a passagem do tempo e o ritmo das estações da vida. No entanto, durante séculos, a existência da juventude sequer era notada: escravizadas ou trabalhadoras prematuras, crianças pobres passavam diretamente da infância à vida adulta. É certo que havia algumas cerimônias que marcavam os diferentes tempos na vida delas (como no caso do quicumbi, ritual de circuncisão de afro-brasileiros ou afro-mestiços, herdado de nações africanas), mas era corriqueira a integração precoce de crianças ao mundo do trabalho. Tempos depois, ao lermos os memorialistas dos anos 1920 e 1930, percebemos que a iniciação sexual se tornou o paradigma incontornável para marcar a entrada da criança na puberdade: rapazes deveriam se mostrar viris e fortes, e as jovens moças, estar prontas para se casarem. Esses exemplos demonstram que não falar da juventude não significa que não haja ritos de passagem.

A partir da década de 1940, os jovens já gozavam de autonomia e viviam sociabilidades específicas dessa fase. Entre a elite, por exemplo, a palavra "adolescente", existente desde o século XVI, passou a designar a juventude burguesa. Uma juventude que multiplicou as ofertas de uma cultura assentada sobre condições econômicas e expandiu o mercado a ela destinado: o dos festivais de música, o das telas e televisões, o das revistas, o do esporte, o da moda, o da droga, entre outras atividades. Na base da pirâmide econômica, entretanto, outros jovens continuaram a lutar contra a desigualdade, o racismo, a precariedade de oportunidades, as dificuldades de acesso à educação. Sim, existem juventudes socialmente desiguais e, segundo a pertença social, elas são pensadas e vividas diferentemente. E tais diferenças são tratadas com excepcional cuidado por historiadoras e historiadores neste livro.

Sobre o período colonial, em "Juventudes no Brasil colonial", João Eudes do Nascimento Alves analisa o descontentamento de autoridades públicas ou privadas com o comportamento dos jovens, notadamente os estudantes. De forma pioneira, o autor ilumina o tema da rebeldia juvenil e do desrespeito às prerrogativas do pátrio poder, como a escolha da profissão ou do cônjuge. Jovens de ambos os sexos resistiram, burlaram, improvisaram, fugiram e empreenderam novos ofícios. Para eles, a obediência cega aos pais era uma regra a ser contornada.

Em "Jovens e escravidões no Brasil", Jonis Freire nos conduz ao universo do cativeiro, em que características como vigor físico, longevidade, rentabilidade e produtividade eram requeridas, sobretudo, dos escravizados jovens. A exploração da força de trabalho desses rapazes e dessas moças em diferentes regiões econômicas (as da cana-de-açúcar, da mineração, do café e das cidades); a identificação deles como "moleques", "molecotes", "crioulinhas", "negrinhas", revelando as formas como a sociedade percebia esses jovens cativos; o desempenho cotidiano deles nas variadas formas de trabalho ou ofício; as formas de resistência que empregavam; todas essas situações desenham o retrato pungente do nefando sistema escravista que os aprisionou.

Em "Juventude dos filhos do imperador D. Pedro I", Paulo de Assunção nos leva para o interior do Palácio de São Cristóvão, sede do Primeiro Reinado, e nos apresenta em detalhes a trajetória dos cinco filhos sobreviventes do casal de imperantes D. Pedro I e Leopoldina: Maria da Glória (futura rainha D. Maria II de Portugal), Januária, Francisca, a frágil Maria Amélia, além de D. Pedro II. O autor examina com extremo cuidado as vidas desses jovens, revelando os estudos a que se dedicaram, os matrimônios que enlaçaram e, sobretudo, a falta de afeto com que viveram em uma gaiola de ouro: as armadilhas da Coroa os transformaram em "almas aprisionadas" e sem a desejada liberdade que tinham crianças e jovens de classes menos favorecidas.

Miriam Zanutti traz à luz a raríssima biografia de uma jovem abolicionista em "Alice, Clapp, uma adolescente no movimento abolicionista". Filha do conhecido João Clapp, membro da Confederação Abolicionista, desde cedo Alice escreveu, traduziu, cantou e tocou piano a serviço da causa mais nobre de sua época: a luta abolicionista. Precocemente falecida, deixou rastros que a autora seguiu para dela fazer um retrato.

Especialistas sobre o tema, Ana Silvia Volpi Scott e Maria Sílvia C. B. Bassanezi, em "Jovens imigrantes e jovens descendentes", trazem à tona a vivência de jovens que, aos 12 anos de idade, já eram considerados "adultos" e vistos tanto nas fazendas com a enxada sobre o ombro como nas capitais industriais atrás das máquinas. Rapazes também eram empregados em trabalhos de ruas, e as meninas, encaminhadas para o trabalho doméstico ou no pequeno comércio. Importante era acreditar que "com trabalho e perseverança tudo se alcança". O que mudou e como sobrevivem hoje os jovens imigrantes?

Em "Notas sobre a sexualidade e adolescência do Império à República", traço um amplo retrato da construção de papéis sociais de jovens homens e mulheres e a descoberta de sua sexualidade em botão. Procuro mostrar não apenas como os jovens eram vistos, mas também como eles se descobriam jovens.

Em "Esporte: coisa da mocidade, coisa da juventude", Victor Andrade de Melo aponta os eventos que levaram os jovens brasileiros "raquíticos e balofos" às quadras, raias e praias: o aparecimento dos clubes e das provas atléticas transformaram o esporte em espetáculo urbano. No século XX brasileiro, o futebol e o surfe ajudaram, de forma diferenciada, a definir o que era ser moço e jovem na sociedade de consumo.

Em "História da juventude militar brasileira", Fernando da Silva Rodrigues e Fabio da Silva Pereira demonstram que a participação do Brasil nas duas grandes guerras revelou a necessidade de aprofundar a reorganização e a modernização do Exército brasileiro e de educar jovens cadetes de maneira profissional.

Jayme Fernandes Ribeiro e Vivian Zampa abordam em "Juventude comunista" o nascimento da "juventude revolucionária" que sonhava mudar o mundo. Entre 1920 e 1940, nasceram os primeiros diretórios nos centros acadêmicos e a Federação da Juventude Comunista do Brasil, base para a luta por melhores condições de vida daquele que seria o proletariado de amanhã.

O capítulo "Juventude e música", de Marcos Napolitano, apresenta as novas visões de mundo e os padrões de comportamento que, a partir dos anos 1950, surgiram no país embalados pela música, especialmente pelo *rock'n'roll*. Nascia com essa geração uma indústria cultural voltada para jovens. As décadas seguintes conheceram a Jovem Guarda, a Tropicália e a MPB com um leque de produções que significavam diferentemente "choques estéticos", "manifesto comportamental" ou "cultura da resistência". E, ao som de vários sucessos, o autor nos faz chegar às "tribos dos anos 1980" e ao *rap* da periferia, cuja voz canta a opressão do sistema, a exclusão e a violência. Uma viagem no tempo, mas, sobretudo, uma demonstração de que, em meio século, a noção de "juventude" ganhou diferentes sentidos e se popularizou na cultura de massa, na política, na sociologia, na psicologia, entre outras áreas, e a música foi a partitura sobre a qual essa história foi escrita.

Outra fonte de reflexão é o capítulo "Histórias em quadrinhos e juventude", de Savio Queiroz Lima. Ao seguir o fio que vai do aparecimento das primeiras caricaturas de Angelo Agostini e Henrique Fleiuss ao *Tico-Tico*, do *Pato Donald* aos romances cor de rosa de *Grande Hotel* e *Capricho*, desses aos *fanzines*, ao *Pasquim* ou às *graphic novels*, e dos animais humanizados aos super-heróis, o autor avalia como os jovens não apenas riram e se divertiram com quadrinhos, mas também foram cerceados e vigiados, pois a cultura dos quadrinhos registrou mudanças e permanências do controle sobre nossos jovens ao longo do tempo.

Em "Juventude e rebeldia", Adrianna Setemy e Cláudia Mesquita descortinam o tema da rebeldia antes, durante e depois dos anos de chumbo. Da influência de movimentos internacionais ao engajamento político na resistência, das revistas de grande circulação aos textos de teatro e festivais da canção, passando pelo chamado "desbunde", ou seja, a contrapartida dos que não se exilaram (ou foram exilados) nem pegaram em armas contra a ditadura, a "combustão dos espíritos jovens" estava presente. Uma série de depoimentos de intelectuais e artistas ativos na época revela a nostalgia de uma juventude rebelde.

Em um texto engajado e autobiográfico, "A educação do jovem afro-brasileiro e o trabalho técnico de nível médio", Fabiana Costa demonstra com pertinência como grande parte dos jovens afro-brasileiros sofre a dificuldade prematura de se autoafirmar dentro da sociedade por causa da cor de pele, da ascendência e dos estigmas carregados desde os primórdios da história do país. Costa aponta também a história de superação de muitos protagonistas que cursaram o ensino técnico e venceram o racismo e a desigualdade, a começar por Machado de Assis.

Em "Jovens homossexuais", um ensaio inédito de ego-história, o sempre corajoso e pioneiro ativista Luiz Mott revela a história de três jovens gays (inclusive a dele), acompanhando a luta deles contra a violência e o preconceito e os caminhos de superação e afirmação de suas identidades. Como bem diz o autor:

> Todo mundo nasceu para ser feliz. É preciso ter muita coragem para enfrentar a barra de ser *gay*, transexual ou lésbica neste mundo em que a maioria das pessoas ainda considera os LGBT como seres inferiores. Vale a pena insistir: nós é que estamos certos, os homotransfóbicos, aqueles que discriminam, é que estão errados.

Contudo, para leitoras e leitores que desejam aprofundar os conhecimentos sobre a história dos jovens no passado, "Jovens nos arquivos", de Renato Venancio, é um texto essencial. O autor nos toma pela mão e nos faz conhecer fundos e coleções em que o tema da juventude se esconde ou se exibe. Nos arquivos públicos ou privados, é preciso um minucioso trabalho de investigação para não cair em armadilhas da diversidade de fontes. Mas os testemunhos de vidas jovens estão à espera daqueles que desejam descortinar as experiências de nossos antepassados quando jovens.

Em *História dos jovens no Brasil*, voltamos ao passado para melhor compreendermos nosso tempo e a sociedade de que somos parte, produto e testemunho. E o passado é fundamental. Raízes, heranças e permanência estão lá. Nosso presente é cego quando ele se quer independente e detentor de "autointeligibilidade", como alertava o historiador francês Marc Bloch. Não podemos nunca imaginar que escravidão, repressão, ditadura e cultura de massas não tenham nada a ver com a contemporaneidade. Pelo contrário: elas demonstram que nossa "modernidade" é habitada pela recorrência não apenas de problemas e diagnósticos, mas também de soluções que nos foram legadas. Para entendermos e caminharmos ao lado dos jovens de hoje, ouçamos os jovens do passado.

1

Juventudes no Brasil colonial: tensões e resistências

João Eudes do Nascimento Alves

Rebeldes por todos os lugares, em todas as épocas

Recife, 1839, o padre Lopes Gama, dono e único redator do jornal *O Carapuceiro*, publica uma crítica mordaz contra a juventude do seu tempo. Combinando saudosismo e escândalo, o artigo denunciava uma geração desavergonhada e petulante, mais conhecedora das quadrilhas que das orações; que tinham por livros de cabeceira as "pestilenciaes novelas" e as "poesias eroticas" em vez dos "evangelhos" e das "epistolas de São Paulo". Meninos e rapazes desrespeitosos para com os mais velhos e afoitos por opinar e falar alto nas rodas de conversa, quando o recomendado para a sua idade era apenas o ouvir de boca fechada. Não bastasse isso, durante a missa, punham-se a paquerar o tempo inteiro, dando as costas ao Santíssimo Sacramento para repararem nas moças e quase já não tomavam a bênção aos pais! "O que seria aquilo senão o fim do mundo?!", inferia o piedoso gazeteiro.

Por séculos a juventude provocara opiniões controversas de seus observadores, mas antes do século XX, quando se inaugura uma noção positiva dessa fase, a balança invariavelmente pendera à uma percepção negativa. Segundo os manuais de medicina da modernidade, aquela era a fase dos humores quentes e secos, isto é, da inconstância, da vaidade, da imprudência e da ingenuidade e da ira e da astúcia. No *Vocabulario portuguez & latino*, de Rafael Bluteau (1712-1728), os termos "mocidade" e "adolescência" quase se confundem, ambos apontando para um período cronológico dos 10 ou 14 aos 25 anos nos rapazes e dos 12 aos 21 nas moças, "porque só até este tempo se cresce".

Aclimatando tal definição ao cenário da América Portuguesa, sobretudo nos primeiros séculos da colonização, observa-se que, uma vez sucedida a infância, já aos 10-11 anos, a "mocinha" e o "rapazinho", verdadeiros adultos em miniatura, passavam a ser dotados de responsabilidades para com a família e o Estado. A propósito, a historiadora Mary Del Priore e autores como Manolo Florentino e Fábio Pestana Ramos, em visita aos arquivos coloniais, apresentaram em alguns trabalhos os inúmeros casos de crianças escravas, pobres e livres que tinham a infância ou adolescência roubada pelo trabalho ou casamento precoce.

Mas se a enxada e o batente predominam nos relatos sobre os adolescentes quinhentistas, também é verdade que datam já desse período as primeiras queixas sobre as suas rebeldias. Trazidos ainda meninos para a colônia pelos padres jesuítas, órfãos portugueses resgatados das ruas das cidades portuárias da Metrópole, aqui eram catequizados com os pequenos curumins. Quando esses últimos chegavam à adolescência, abandonavam a vida nas escolas e voltavam a viver nas matas. Logo, os primeiros os acompanhavam, abandonando a pedagogia inaciana e adotando os usos e costumes das aldeias.

No Setecentos, porém, sobretudo no último quartel do século, é que os discursos descontentes de autoridades públicas e domésticas sobre o comportamento dos jovens começam a soar semelhantes aos daquele do padre carapuceiro. A política do então primeiro-ministro português, o marquês de Pombal, alinhada ao Iluminismo crescente na Europa, durante o governo de D. José I (1750-1777), ficou marcada pelas medidas de racionalização do Estado, secularização do ensino, perseguição aos privilégios da nobreza e consequente perda de influência da Igreja.

Tudo isso, na visão da elite portuguesa, em grande parte conservadora, acentuava o potencial desordeiro e ameaçador da esfuziante juventude.

Com a subida ao trono de sua filha, D. Maria I, a Piedosa, tem-se então um período imediatamente posterior que ficou conhecido como a "Viradeira". Pombal seria demitido e expulso da corte, e com a sua saída emergiram ao primeiro plano a nobreza arcaica e a Inquisição adormecida. Nesse novo cenário político-social, observaremos os correntes embates geracionais entre pais e filhos, jovens súditos e oficiais poderosos, o novo e o velho, o moderno e o antiquado.

Na universidade reformada de Coimbra, estudantes e professores luso-brasílicos tornaram-se os primeiros alvos dos tribunais civis e religiosos, conforme expôs Bella Herson (2003) em fascinante pesquisa sobre os cristãos-novos na medicina brasileira. Nos corredores, laboratórios, bibliotecas e dormitórios, circulavam as "maléficas" ideias iluministas, como uma praga sorrateira disseminada por meio de livros ilícitos e reuniões sigilosas.

Em 1779, o fluminense e futuro dicionarista Antônio Morais Silva, 23 anos, e outros estudantes coimbrenses foram investigados pelo Santo Ofício por quebrarem a tradição de não comer carne no período da Quaresma – os infratores assaltaram um armazém de presuntos e, no cúmulo da indisciplina e audácia, cozinhavam-nos nos fornos destinados às experiências químicas do laboratório. Depois, na república estudantil onde moravam, enquanto saboreavam o "fruto" proibido, promoviam reuniões filosóficas para discutir ideias culposas, tais como: " as mulheres por uma Ley da natureza e não por castigo do pecado original sofrião dores dos partos", além de ler os franceses Montesquieu, Voltaire e Rousseau, este último citado com apaixonado calor e louvado como profundíssimo filósofo.

Morais Silva escaparia do malfadado destino, a prisão, porque, tendo sido avisado a tempo, fugira de Coimbra escondido num carro de feno rumo a Lisboa e, em seguida, viajou para Londres. Os demais envolvidos seriam todos interrogados e presos. No ano anterior, outro brasileiro apareceria na lista de penitenciados pelo Santo Ofício: Francisco de Mello Franco. Sua descrição: natural de Paracatu, Minas Gerais, 21 anos, herege, naturalista e dogmatista que negava o sacramento do matrimônio. Recluso no convento de Rilhafoles, fora libertado somente em 1781 e, com permissão régia, conseguiu retomar os estudos e se formar em medicina em 1786.

Convicto de suas ideias e princípios, Mello Franco encontraria na escrita uma engenhosa maneira de ser ouvido. É atribuída a ele, entre outras obras, a autoria da sátira *Reino da Estupidez*, publicada anonimamente em 1785. O explosivo poema épico, dividido em quatro cantos, era uma metáfora da sua própria realidade. No enredo, a deusa Estupidez era a protagonista. Deposta dos tronos europeus pelo avanço das Luzes havia algumas décadas, tentava a todo custo reaver seus dias gloriosos, contando com a ajuda de uma escolta fiel formada pela Hipocrisia, Superstição, Fanatismo, Raiva e Inveja. Qual seria o desfecho? Vitória ou derrota da deusa? A indicação da leitura é a melhor resposta ao curioso leitor.

O fato é que, no plano real, quão grandes fossem os mecanismos de adestramento e silenciamento empregados no controle dos/das insurgentes, mais barulhentos e hábeis estes se mostravam na busca por seus interesses. Por essa época, ventos de discórdia sopravam continuamente em Portugal e nos seus domínios, não apenas nos espaços públicos, mas também nas residências particulares. As colunas que sustentavam uma estrutura familiar consolidada há séculos, em que os destinos de cada um já estavam traçados desde o seu nascimento, começavam a apresentar diversas rachaduras.

O desrespeito a algumas prerrogativas do pátrio poder, quanto à escolha do ofício e do cônjuge de seus filhos, por exemplo, e a insubordinação juvenil cotidiana compunham a lista de causas de conflito entre as famílias reinóis e coloniais do período. Em 1779, o baiano Silvestre José de Almeida, 20 anos, foi sentenciado a seis anos de degredo no Estado da Índia pela corregedoria do crime de Belém, em Lisboa, a pedido de seu pai, José Félix de Almeida, capitão de navio, sob as acusações de furto, falsificação do sinal paterno para cometer golpes e subversão. Em outro ofício, o governador da capitania da Bahia, sob apuração de testemunhas, afirma que o real motivo da solicitação paterna era um casamento indesejado, pois a moça escolhida pelo rapaz era de família pobre. A autora Philomena Antony (2013) conta ainda de outro jovem, também da Bahia, chamado Manoel Pessoa, funcionário do Conselho Municipal, que foi enviado para a Índia por solicitação de sua mãe e seu irmão, os quais esperavam que melhorasse de seu gênio violento e do seu mau comportamento.

No Rio de Janeiro, em 1817, a viúva D. Rosa Angélica da Silva Velho também enxergou na pena de degredo para a Índia uma solução capaz de remediar a desobediência de seu filho, Domingos Velho da Silva, tenente de cavalaria do Rio Grande adido na Corte fluminense. Na petição encaminhada a D. João VI, ela se lastimava de sua conduta indecente, ociosidade e amizade com más companhias que o desencaminhavam para prostíbulos e botequins.

O imaginário da época – senso comum e até científico – elencava algumas razões para os referidos "desatinos", a saber, o temperamento, de acordo com o gênero e idade, o clima e a localização geográfica, a alimentação, o espaço citadino, as más amizades e o mau exemplo dos benfeitores, além da falta ou excesso de mimo. O historiador Nuno Gonçalo Monteiro (2011) sugere, para o contexto metropolitano, o papel da literatura, mas especialmente do teatro e da ópera, na difusão de novos valores e comportamentos. No Brasil, prevalece a interpretação entre os historiadores de que essas ideias chegaram por aqui na segunda metade do século XVIII, por meio do tráfego ultramarino de comerciantes e estudantes, e se disseminaram principalmente na forma de leitura oralizada nos principais centros urbanos.

Vale ressaltar que os documentos sobre querelas familiares não são expressivamente numerosos nos arquivos e que poucos resistiram aos preceitos da lei, às chamas e ao tempo – em 1784 uma lei outorgada pela rainha D. Maria I ordenava que os processos com temas moralmente delicados fossem queimados após seis meses da deliberação final do magistrado, a fim de garantir às famílias o decoro e a reputação. Os registros sobreviventes têm, por seu modo, um imenso valor, pois são como faíscas teimosas que saltam do meio das cinzas trazendo à tona sujeitos e eventos desconhecidos.

No clássico *Sobrados e mucambos*, Gilberto Freyre (2013) faz uma análise brilhante acerca da ascensão e consolidação da juventude nos espaços públicos de poder ao longo do Oitocentos, sendo o reinado de D. Pedro II, o garoto-rei, o momento de acentuação desse novo modelo político-social, quando jovens de 20, 30 anos ocupavam de forma sistemática postos na administração. Tempos de independência e até de revolta dos mais novos para com as cãs dos mais velhos. De valorização da formação acadêmica, livresca, no lugar da experiência prática e de exaltação do secularismo à revelia da religião.

Em contrapartida, Freyre (2013, p.279) imagina os tempos coloniais pura e simplesmente como a antítese daqueles ditos modernos, isto é, uma "época de gente boa, de respeito dos filhos aos pais, de homens direitos e fortes que chegavam a 'grandes idades' [...] sem os moços tomando os lugares dos velhos". Mas será mesmo que inexistiam conflitos dentro do sistema patriarcal nos tempos idos? Os jovens correspondiam perfeitamente ao ideal proposto pelas instituições normativas na sua prática cotidiana? O acesso a novas fontes nos permite tornar esse passado um pouco mais verossimilhante. Convido o leitor a revisitá-lo comigo.

Destinos reinventados: ofícios e escolhas juvenis

Sessenta e oito verões bem vividos, algumas marcas de expressão acentuadas no rosto, o cansaço natural da visão, mãos já não tão hábeis e uma parca cabeleira cor de leite sobre a cabeça calva. Eis os sinais do tempo na compleição do baiano José da Silva Lisboa, o visconde de Cairu (1826). Nenhum desses atributos, porém, seria capaz de ofuscar sua mente brilhante, ainda excepcionalmente lúcida e perspicaz. Ávido escritor, munido de pena, papel e tinta, a tríade que tornava suas ideias tangíveis, ele foi o autor de uma bibliografia diversa sobre o direito, economia, história e literatura.

No ano em que recebeu os títulos de conselheiro d'el rei do Brasil e barão de Cairu (1824), escreveu a *Constituição moral e deveres do cidadão, com exposição da moral pública conforme o espírito da Constituição do*

Império (Lisboa, 1824-1825), obra na qual ficam evidentes a sua capacidade retórica e o seu poder argumentativo. No texto, o autor convoca todos os grupos sociais a cumprir com determinados papéis, indispensáveis à prosperidade da nação e riqueza do recém-nascido Império. A família, por sua vez, célula *mater* da sociedade, era o epicentro desse exercício coletivo.

Cônjuges, pais e filhos tornavam-se corresponsáveis do sucesso ou declínio da nação à qual pertenciam. Os pais, especialmente, detinham preceitos capitais: "mantença, educação, imparcialidade, correção, patrimônio, exemplo e conselho". Ao longo do capítulo XXIII, cada um desses pontos é abordado pelo autor, mas no que se refere ao "conselho", escreve:

> [...] se este [o pai] tem capacidade de o dar, e de bom modo, aos filhos quando pretendem obrar com imprudência. Este arbítrio é quase sempre de mais feliz efeito nos filhos que chegaram ao uso da razão, do que o absolutismo do pátrio poder [...]. É inútil, e injusto, empregar este poder em forçar vocações e fazer ou impedir casamentos, contra o gênio, e inclinação dos filhos; é imprudente o duro exercício da autoridade, ainda que paliada pelo motivo de amor paterno [...]. (Lisboa, 1824-1825, parte III, p.110)

Quanto aos filhos, legítimos ou naturais, cabiam-lhes os deveres impreteríveis de obediência, honra, reverência, afeto e compaixão. A obediência, no entanto, deveria ocorrer em tudo o que fosse factível e não poderia estar desarticulada das leis de Deus e do Estado, salienta o autor. Em outro trecho, o jurista disserta acerca do amor filial: "não consiste em submissão passiva e cega à vontade dos pais; mas em obséquio racional" (Lisboa, 1824-1825, parte I, p.104). A não observância desses direitos e deveres resultaria em desordem social.

A forma como Silva Lisboa equilibra na balança os pesos da autoridade paterna e liberdade filial pode ser a expressão de um pensamento que valorizava tanto a solidez das tradições e instituições sociais quanto a ousadia necessária dos tempos modernos. Ainda assim, a contundência empregada em seus argumentos refletia, de certo modo, as marcas de sua própria história. O velho barão de Cairu, agora pai e avô, outrora ocupou o lugar de filho. E antes de acumular tanto prestígio em sua carreira profissional, José da Silva Lisboa um dia fora um simples estudante.

De acordo com estudiosos, com 8 anos de idade, tendo completado os estudos das primeiras letras com um professor particular, o garoto promissor, filho de pai lisboeta, Henrique da Silva Lisboa, e mãe baiana, Helena Nunes de Jesus, iniciou seus estudos preparatórios para habilitar-se à Universidade de Coimbra. No Convento das Carmelitas, na cidade da Bahia, sua cidade natal, estudou gramática latina, filosofia racional e moral, e, posteriormente em Lisboa, concluiu o curso de retórica e arte poética.

Em 1774, ano de seu 18º aniversário, matriculou-se na Universidade de Coimbra disposto a seguir a carreira eclesiástica, tal como fariam dois de seus irmãos. Seu desempenho acadêmico, aliás, se mostrou tão excelente quanto aquele observado pelos frades baianos. Entusiasta das línguas, dedicou-se ao estudo do inglês, do grego e do hebraico, os dois últimos com o propósito de ler os textos bíblicos no original. O que lhe era agradável, entretanto, tornar-se-ia igualmente útil. Em 1778, a sua proficiência nos idiomas antigos seria reconhecida num concurso público da Universidade de Coimbra para o cargo de professor substituto de grego e hebraico, o seu primeiro emprego.

Decorrido o espanto inicial de condiscípulos e mestres em virtude da ousada candidatura de um colono de 22 anos a um cargo tão respeitado, Silva Lisboa granjeou pouco a pouco o respeito e a admiração de seus pares. Em contrapartida, o seu relacionamento com o pai ficaria estremecido. Naquele ano, indo contra a disposição paterna, o rapaz tomara uma decisão que alteraria de vez o curso de sua vida. Resoluto, dispôs: não voltaria para casa como sacerdote. O benfeitor, em represália, cortou-lhe a mesada, crendo numa possível reconsideração do filho. Não aconteceu. A remuneração de professor substituto seria, pois, o sustento oportuno nos dois últimos anos de faculdade.

Já recém-formado, o bacharel transferiu-se para a Corte e, por meses, tentou na Coroa um lugar na magistratura do Reino. Sua petição, entretanto, não seria atendida de forma integral. Retornaria à cidade natal em 1780, com uma recomendação da Secretaria de Estado e Ultramar ao governador da Bahia, D. Afonso, para que o talentoso rapaz assumisse o posto de ouvidor da comarca de Ilhéus. Pouco tempo passaria no cargo, pois logo ocupou a cadeira de filosofia racional e moral na Bahia e em 1783 fundou a de grego. Em 1797, ano de seu jubilamento, detinha o maior salário entre os professores régios de Salvador, segundo Vilhena (1969). Mas a sua "vocação e inclinação de gênio", de fato, foram a magistratura, a política e a economia, áreas às quais se sagrou até o fim da vida.

Teriam pai e filho resolvido suas questões e dirimido os ressentimentos, ou tudo ficaria no subentendido? Esse é um questionamento que, infelizmente, ficará sem resposta. O fato é que as nuances dessa situação conflituosa, de alguma maneira, refletiriam nos textos do ilustre baiano quando a pauta fosse família. Ao mesmo tempo, vale salientar que a postura intransigente do arquiteto Henrique da Silva Lisboa nada mais era do que o reflexo de um pensamento hegemônico da época sobre os papéis familiares.

Num modelo monárquico de família, reforçado por religiosos e leigos da modernidade, ao "pae ou pay" – pequeno rei do lar e sacerdote – estavam imputados direitos e deveres inalienáveis, quais fossem os de educar e instruir a sua prole em algum ofício, quer mecânico quer nobre, encaminhá-la para algum curso superior quando possível, fazer conhecer e praticar a religião cristã, além de decidir quanto ao seu estado civil, se solteiro, isto é, celibatário ou casado. Raras eram as demonstrações de uso equilibrado desse poder, como a que fora esboçada pelo segundo marquês do Lavradio em 1773, numa de suas cartas, acerca das disposições paternas quanto às escolhas de seu filho Miguel de 18 anos:

> [...] como eu quero, e quererei sempre que a escolha da vida dos meus filhos seja cada um deles os que a façam [...]. Eu bem conheço que a vida eclesiástica é a em que tem mais meios um filho segundo para viver com abundância e decência; porém eu não olharei nunca para estas conveniências, pondo-me no perigo de sacrificar por elas a reputação, e ainda a consciência não só do filho, mas a minha, fazendo-o ter um estado, para que ele não tiver gosto, nem inclinação. (Lavradio, 1978, p.118)

Era uma gota de sensatez num mar de testemunhos autoritários, e, ainda assim, pode-se considerar o excerto como um indício de que o direito de escolha dos filhos havia se tornado um tema a ser discutido por algumas famílias de posses no último quartel do século XVIII. A grande maioria delas, porém, continuaria a reproduzir a máxima anunciada por Damião de Lemos de Faria e Castro: "Os nossos portugueses ordinariamente destinam seus filhos para vários empregos. O primeiro segue as armas, uns as letras, e outros a Igreja" (Castro, 1747, p.197-198). Para tanto, aconselhava o intelectual, os pais deveriam observá-los, conhecer as suas inclinações e já na tenra idade encaminhar cada um ao que lhe era devido.

Esse conhecimento, teoricamente, pressupunha relacionamento, ou seja, diálogo, um mínimo de horizontalidade. Todavia, pondera Alzira Campos (2003), a relação entre pais e filhos, sobretudo na América Portuguesa, era marcada pela etiqueta do interdito, pela ritualização do respeito ao se pedir a benção, pelo distanciamento e pela ausência de afeto. Um trato verticalizado, sem tato, no qual os anseios e dilemas da adolescência e juventude eram minimizados, e os seus questionamentos e interesses raramente respondidos.

Em todo caso, lançava-se sobre os ombros primaveris uma enorme responsabilidade para com o engrandecimento da Casa e consequentemente do Estado. A boa educação, o vestuário e a alimentação não eram vistos apenas como um dever, mas também como um favor e um verdadeiro investimento de longo prazo dos pais para com os seus rebentos. Destes esperava-se a recompensa vindoura em favores, bens e títulos. Dos filhos clérigos, em especial, quando ascendiam a elevados postos e prestavam serviços relevantes para a monarquia, ansiava-se pelas doações às casas dos seus parentes em bens ou serviços.

No início do século XIX, em viagem pelo Recife, o inglês Henry Koster (1942, p.51) tomaria nota em seu diário sobre esse costume antigo: "antigamente em todas as famílias o mais moço dos filhos era frade". Algo, entretanto, havia mudado. Desde o reinado de D. José I, explica Sueli Creusa C. de Almeida (2005), fatores como o desestímulo à fundação de casas religiosas, dadas as grandes quantias despendidas dos cofres reais para esse fim, além, é claro, da urgência de povoamento no interior da colônia, bem como da carência de mão de obra nas Forças Armadas, foram decisivos na diminuição da população conventual tanto feminina quanto masculina na colônia. Nos dias de Koster (1942, p.52), as crianças estavam sendo encaminhadas para o comércio, Exército ou outra profissão, "melhor que a vida monástica que decai rapidamente de sua reputação", pontuava. Por fim, concluía a crônica tratando sobre o estado das instituições religiosas: "nenhum convento está completo e alguns estão sem habitantes" (ibidem).

De fato, ao longo do século XVIII, outros caminhos de ofício se tornariam mais atraentes aos olhos da juventude reinol e colonial. Ainda assim, os conventos e suas bibliotecas continuariam sendo um dos principais espaços de difusão do saber até meados do século XIX, e muitas famílias privilegiadas confiariam aos laboriosos fradinhos o aprendizado dos seus meninos. No amanhecer do Setecentos, com as descobertas de ouro nas regiões de Minas Gerais, Goiás e Mato Grosso, adolescentes e jovens, a maioria de origem modesta, provenientes de várias regiões de Portugal e do Estado do Brasil, embarcaram para tentar a sorte nas jazidas. Acolhidos em casa de parentes ou comerciantes já estabelecidos na terra, trabalhavam inicialmente como caixeiros de lojas, vendeiros, tropeiros e boiadeiros, quase sempre visando alçar voos mais altos. Nem todos, contudo, chegavam a ocupar categorias mercantis mais elevadas como as de mercador e negociante de grosso trato, e, consequentemente, granjear um lugar entre a "nobreza da terra".

A historiadora Maria Aparecida Borrego (2006) acompanha a trajetória do português Manuel de Oliveira Cardoso, um desses poucos afortunados. Em 1722, quando contava com apenas 12 anos de idade, veio para o Rio de Janeiro. Mas, já na década de 1730, aparece em São Paulo apresentando um fiador para montar uma loja de fazenda seca, isto é, tecidos, artigos de armarinhos, ferramentas de trabalho e/ou utensílios domésticos. Seus negócios começam a prosperar, e, ainda nessa década, em 1733, casou-se com uma moça da terra. Na busca por prestígio social, pleiteou o hábito de cavaleiro da Ordem de Cristo, pois já era reconhecido por testemunhas como um próspero homem de negócios da sociedade paulistana. Foi vereador e capitão-mor da cidade de São Paulo, reconhecido pelo governador Martim Lopes de Saldanha, em 1777, como "eminente comerciante tido como um dos mais ricos da região".

Pleitear hábitos militares, a instituição de morgados, ocupar cargos nas câmaras municipais, casar-se com moças de famílias tradicionais, fazer parte de associações e irmandades religiosas, adquirir terras, engenhos e obter altas patentes dos regimentos são exemplos de estratégias de ascensão social também observadas em outras praças de comércio na colônia, a exemplo da Bahia, segundo nos conta Alexandre Ribeiro (2006). Era a chamada "lei da nobreza", vigorante na América Portuguesa, a qual impelia muitos desses rapazes "novos ricos" a não se contentar em apenas serem bem-sucedidos financeiramente, mas a perseguir também, e principalmente, o reconhecimento social.

Quem se beneficiaria dessa riqueza e desse prestígio acumulados? Certamente os seus futuros herdeiros. Se não ocorressem imprevistos, o legado passaria inalterado de pai para filho. Em estudo sobre os Pires de Carvalho, na Bahia, o historiador Eduardo Borges (2015) demonstrou que essa dinâmica perduraria por mais de um século. Era o filho que, desde cedo, seguia o caminho das pedras construído pelo pai. Nas camadas mais altas, senhor de engenho, tenente-coronel, comerciante e político. Na arraia-miúda, ferreiro, pescador, alfaiate, piloto de navio e sapateiro. A imitação do velho pelo mancebo era a regra nas sociedades patriarcais, como já diria Gilberto Freyre (2013). Sem dúvida, o mais seguro, o menos arriscado, o mesmo de sempre.

Francisco Agostinho Gomes, todavia, não estaria nesse grupo. Filho único, nasceu em berço pomposo na Bahia, em 1769. Seu pai, Agostinho Gomes, foi um dos comerciantes mais bem-sucedidos de Salvador e investiu desde cedo em sua formação. Apaixonado pelas letras, viajou para a Corte, a fim de cursar a Faculdade de Cânones e seguir a carreira eclesiástica por influência paterna. Entretanto, um fatídico episódio familiar alteraria seus planos. Com a morte do pai, em 1793, o estudante desiste do curso pelo qual já não estava inclinado, permanecendo apenas com a alcunha de padre, sem nunca ter atuado no ofício.

Retornou à terra natal como o único herdeiro de uma das maiores fortunas de Salvador. Tinha 24 anos quando passou a se dedicar aos negócios da família e à sua grande paixão: os livros. Poliglota e bibliômano, montou aquela que seria uma das maiores bibliotecas privadas da América Portuguesa. Suas reuniões domésticas para discutir ciência, política e economia se tornaram famosas na cidade. Em 1798, investigado na devassa instaurada pelo Tribunal da Relação da Bahia, em virtude de uma sedição de primeira grandeza, o rapaz passou a colecionar outros tantos atributos: agitador político, simpatizante de ideias à francesia, herético – por promover jantares de carne em dias santos – e subversivo. Mas, na verdade, Francisco Agostinho Gomes era, acima de tudo, um jovem bem articulado, que sabia medir suas palavras com precisão e que conhecia as brechas da justiça. Mais até, conhecia bem aqueles que faziam a justiça. Consciente de seus privilégios, não usou de falsa modéstia em sua defesa. A resposta, como se sabe, viria em 1799, com a sentença real declarando-o inocente.

Enquanto isso, na outra ponta do banco dos réus, Manuel Faustino Santos, João de Deus do Nascimento e Lucas Dantas Amorim, três dos quatro considerados "cabeças" da Conjuração, homens livres, pardos e pobres, com idade entre 18 e 28 anos, não tiveram semelhante destino. Antes foram enforcados na Praça da Piedade, e seus corpos esquartejados e espalhados pelas principais ruas de Salvador como uma mensagem clara e pedagógica do governo: eis aí o fim de sujeitos indisciplinados. Ocorre que tantas vezes rebeldes fossem punidos, outros tantos se levantavam. Quer entre os bem-nascidos quer entre os menos favorecidos, as formas de resistir ao controle social se mostravam tão surpreendentes quanto oportunas.

Para escapar do serviço das armas, por exemplo, o qual não raro tinha como porta de entrada o recrutamento forçado, valia-se de tudo: resistência armada, automutilação, falsificação de documentos, casamentos às pressas, ingresso numa ordem religiosa, cita Fábio Faria Mendes (2004). Mas, de todas as estratégias de evasão, a fuga era a mais comum. Em São Paulo, entre os séculos XVIII e XIX, Carlos Bacellar (2001) aponta para o pânico que acometia muitos jovens diante da mera sugestão de proximidade dos recrutadores. Afoitos, muitos deles se embrenhavam nas matas ou pediam abrigo secreto em casa de parentes ou vizinhos, enquanto os pais lavradores, por sua vez, reclamavam às autoridades alegando que os filhos lhes eram essenciais à manutenção das roças e consequente sobrevivência familiar.

Nos centros urbanos, outra turba de insatisfeitos. Luís dos Santos Vilhena (1969), professor de grego na cidade da Bahia, queixava-se da forma truculenta com que os soldados invadiam as aulas régias e arrastavam dali os estudantes mais hábeis e aplicados para sentar-se-lhes praça, algumas vezes às vésperas de prestarem os exames públicos de habilitação, o que considerava impróprio, pois "o seu comportamento e conduta bastavam para isentá-los de uma semelhante sorte" (Vilhena, 1969, p.278). Balthazar da Silva Lisboa, irmão caçula de José da Silva Lisboa, tinha 14 anos de idade quando teve de interromper os seus estudos secundários por causa do alistamento obrigatório. Em tempos de guerra, como era aquele protagonizado por Portugal e Espanha, em disputa por suas possessões na América (1774-1776), toda a gente capaz de lutar era mobilizada para compor as fileiras das tropas pagas (soldados) ou de auxiliares (civis).

Vadios, malfeitores e ciganos, os chamados "indesejáveis" da sociedade, mas também viajantes e trabalhadores itinerantes, eram os alvos preferidos dos recrutadores, pois não estavam protegidos pelas redes sociais de proteção. Ainda assim, não era fácil organizá-los e controlá-los. Em outubro de 1761, os governadores interinos da Bahia, Gonçalo Xavier e José Carvalho de Andrade, relatavam em carta ao conde de Oeiras que os moços ciganos raramente assentavam praça de soldado, quer porque não se apresentavam ao serviço, quer porque "esta gente casa logo nestas terras de mui pouca idade".

A aversão ao serviço militar estava longe de ser uma exclusividade dos civis, fazendo-se presente também no interior das tropas, sobretudo nos mais baixos escalões da hierarquia marcial, desprovidos das compensações reservadas à nobreza. Os soldos baixos e atrasados, o castigo físico, o abuso de autoridade por parte de alguns superiores e a escassez de alimento em períodos de seca, além de razões pessoais como um casamento ou a cobiça por ouro, cita Christiane de Mello (2009), impeliam muitos soldados a uma tática comum: a deserção. Em agosto de 1776, o número alarmante de desertores, 235 no total, foi tema de um ofício encaminhado pelo governador de Pernambuco, José Cézar Menezes, ao secretário de Estado, Martinho de Melo e Castro. Desse total, apenas 45 haviam sido presos, ficando 190 "servindo de mau exemplo aos que estão no serviço". Não obstante a publicação de um edital com todas as ordens régias e penas para tal crime, os fugitivos pareciam não se intimidar.

No ano de 1782, dois deles fugiram da prisão na Ilha de Fernando de Noronha em cima de uma jangadinha, da qual não se teve mais notícia, e, ainda naquele ano, um jovem soldado de infantaria que atendia pelo nome de Manoel Coelho da Silva, um "valentão" do bairro da Boa Vista no Recife, nas palavras do governador, seria julgado pelos crimes de deserção e falsificação de documentos em que atestava ser padre. O próprio Luiz Gonzaga das Virgens, soldado tido como autor dos pasquins sediciosos da Conjuração Baiana, nos tempos de sua juventude, desertaria por pelo menos três vezes, narra Patrícia Valim (2007). Muitos desses desertores rumavam a esmo pelos sertões adentro, desfrutando de um tempo de "liberdade", em geral, fugaz. Sabiam que se fossem capturados seriam punidos, mas estavam mais conscientes de que a vida que levavam já era em si o maior dos castigos.

Para muitos estudantes, o punhal e a baioneta jamais seriam substitutos equivalentes ao zelo que tinham pelos livros. Semelhantemente, para muitos adolescentes roceiros, as adversidades do serviço militar apenas acentuavam a saudade da vida pacata no campo. Afinal, todos compartilhavam do mesmo suplício: ser e estar onde não desejavam. Felizmente, para o filho caçula de Henrique da Silva Lisboa, a estada no Regimento da Bahia seria curta, não por ter recorrido à fuga como escape ao serviço, mas sim porque, atendendo aos rogos do pai, o governador da capitania, Manuel da Cunha Menezes, permitiu-lhe que em julho de 1775 embarcasse para estudar em Portugal.

Já um jurista recém-formado, Balthazar Lisboa comporia os novos quadros administrativos daquele Estado ilustrado, responsáveis por racionalizar a monarquia nas mais remotas colônias e defender o poder real e o direito formal em detrimento dos poderes periféricos – câmaras municipais, ouvidores e capitães – e do direito comum. Aos 25 anos, em

1786, nomeado juiz de fora do Rio de Janeiro, o rapaz experimentaria na prática os desafios de se fazer valer o dito na esfera local. As historiadoras Tereza Kirschner (2007) e Cristiane Marcelo (2010) investigam esses embates polarizados entre reformismo e tradição. Aliás, o mesmo ocorreria com o seu irmão, José da Silva Lisboa, ouvidor em Ilhéus, e um amigo, Joaquim Amorim e Castro, juiz na Vila da Cachoeira, na Bahia, alvos de críticas e calúnias por parte da população local, que considerava as suas ações de fiscalização e punição muito severas.

Esses rapazes de 20 e 30 anos, empossados em altos cargos da administração no século XVIII, governadores como o conde de Porto Santo, 24 anos, o conde de Lumiares, 27 anos, os sextos condes de Valadares e de Palma, 25 e 26 anos, respectivamente e outros representavam um escândalo aos senhores das casas-grandes, conforme destaca Freyre (2013), pois com a sua mocidade quebravam um prestígio místico, centenário dessas figuras, que em parte era baseado na idade.

Cedo ou tarde, porém, esses moços percebiam que estavam ilhados, cercados por um oceano de tradições repleto de grandes peixes prontos para devorá-los. Assim, para que pudessem trabalhar ou mesmo sobreviver, faziam concessões e alianças. Abrasileiravam-se, conforme sublinha Stuart Schwartz (1979), combinando mérito, competência e técnica com práticas particulares baseadas nas relações de parentesco, amizade e apadrinhamento. Seja como for, sua participação nesse processo histórico era cada vez mais direta. Mas, e quanto a elas, as moças, onde se encontravam nesse ínterim? Quais eram os caminhos possíveis da atuação feminina? Como lidavam com as imposições desse cenário sociocultural? Reproduzindo e/ou contrariando? É possível já adiantar uma resposta segura: resistindo, com certeza.

Vivências e resistências femininas

Quando o tenente-coronel Luís Afonso Cabral Godinho faleceu, deixou a família à mercê da sorte. Desamparadas, a viúva Maria Joaquina Xavier e sua única filha, Leonor Xavier, recorreram, em 1767, ao

Recolhimento de Nossa Senhora do Desterro, no Rio de Janeiro, e ali encontraram entre outras mulheres abrigo e proteção. Dez anos depois, um decreto real expedido pela rainha D. Maria I, autorizando a construção de um convento da Ordem de Nossa Senhora do Carmo e a reforma de Santa Tereza no local da antiga entidade, colocou as duas novamente diante de um impasse.

Segundo as normas da instituição, só seriam admitidas 21 religiosas, e aquelas que não professassem os votos tomariam rumo desconhecido. Em 1781, concluída a obra e iniciada a instalação das noviças, o bispo do Rio de Janeiro, D. José Joaquim Justiniano, escrevera em ofício que a viúva Maria Joaquina havia abraçado a vida monástica, e a senhorita Leonor, em compensação, declarara "não ter vocação alguma de seguir a vida religiosa". Diante disso, como proceder? Ora, o leque de opções não lhe era muito vasto. Se não fosse obrigada a tomar estado religioso a contragosto, o que não ocorreu, teria como sorte o matrimônio. E foi exatamente esse o seu destino. Saiu do Recolhimento do Desterro casada com o alferes Inácio Francisco da Nóbrega.

Não obstante o cenário de possibilidades fosse extremamente limitado, a Leonor ainda fora atribuído o direito de escolha. Quantas outras jovens da América Portuguesa sequer cogitariam essa aparência de liberdade? A grande maioria, sem dúvida, seria preparada para assumir convenientemente o ofício religioso ou o ofício doméstico já predeterminado desde o seu nascimento. Os pensadores modernos, alinhados com instituições como a família, a Igreja e o Estado, buscavam promover uma formação educacional às meninas e moças que, direcionada, atendesse aos princípios de civilidade inspirados no Velho Mundo e na tradição cristã católica, com o propósito de dirimir qualquer intenção ou atitude desviante e de encaminhar a aprendiz no cumprimento do dever a que estava proposta, qual fosse o de ser uma filha obediente, cristã devota, esposa amorosa e/ou mãe zelosa.

Nos séculos XVII e XVIII, proliferaram na Europa diversos tratados médicos, filosóficos e pedagógicos que cuidavam da educação de moças a fim de lhes fornecer conselhos para uma vida mais harmoniosa. No Brasil, a recepção de obras como *Educação de uma menina até a idade de tomar*

Estado, no Reino de Portugal (1754) e *Cartas sobre a educação da mocidade* (1760), de autoria do médico e filósofo português Antônio Nunes Ribeiro Sanches, deu-se em primeiro plano nas casas de recolhimento, espaços de formação educacional feminina mais recorrentes no século XVIII e que tinham por marcas elementares a disciplina e a clausura.

Em que estava baseada a educação formal dessas recolhidas? Sanches (in Pina, 1963, p.44) propunha:

> [...] seria necessário que uma menina ao mesmo tempo que aprendesse o risco, a fiar, a coser e a talhar, que aprendesse a escrever, mas escrever para escrever uma carta, para assentar em um livro que fez tais e tais provisões para viver seis meses na sua casa; para assentar o tempo de serviço dos criados e jornaleiros, e os salários; para escrever nele o preço de todos os comestíveis, de toda a sorte de pano de linho, de panos, de seda, de estamenhas, de móveis da casa; [...]. Seria útil e necessário que soubesse tanto de aritmética que soubesse calcular quanto trigo, azeite, vinho, carnes salgadas, doces que serão necessários a uma família; [...]. Não lhe ficaria muito tempo para enfeitar-se vãmente, e muito menos para se pôr a uma janela ou a uma varanda, ler novelas e comédias e passar o tempo enleada na ternura dos amantes.

A historiadora Maria Beatriz Nizza da Silva (1977), em artigo sobre a educação no Brasil colonial, explica que, em suma, preparava-se a menina-moça para dominar não mais do que assuntos relacionados ao lar ou à religião, reduzindo sua formação a ler, escrever, contar, coser e bordar, com exceção das que tomariam estado de religiosas, pois a estas era devido o ensino de latim e música. Nos documentos que analisou, um deles o estatuto do Recolhimento de Nossa Senhora da Glória, em Pernambuco, o bispo Azeredo Coutinho, seu idealizador, arrazoava que, enquanto os rapazes procuravam "pelas armas, ou letras, conduzir-se ao auge da autoridade, e da glória; as moças procuram o mesmo pelos agrados do espírito, e do corpo" (ibidem, p.156). Para completar, o imaginário popular, refletido nos contos e adágios, reforçava esta lógica assimétrica: "à mulher roca e ao marido espada", "do homem a praça, da mulher a casa", "a casa é das mulheres e a rua é dos homens".

Em verdade, a educação feminina, como promotora eficaz de uma reprodução social, era, no contexto do Brasil Colônia, um empreendimento sistemático, institucionalizado e perene. Ainda assim, apesar dessa concepção pedagógica em vigor, em que meninas-moças eram instruídas a ser doces mulheres dedicadas aos assuntos da fé, aquiescentes com os desmandos e abusos dos seus pais e maridos, e resignadas a todo infortúnio que lhes sobreviesse, é possível encontrar nas fontes certas posturas femininas, no mínimo, ambíguas, de jovens e senhoras que divergiam dos padrões impostos, escamoteando processos de dominação instituídos e encontrando brechas para reagir e solucionar problemas de ordem pessoal ou até comunitária.

Valendo-se do Código Filipino, que permitia ao órfão menor impetrar carta de graça nos órgãos administrativos – os rapazes a partir dos 20 anos e as moças aos 18 anos –, Teodora Pestana e Ana Maria de Jesus, solteiras, ambas contando com 23 anos, a primeira residente no Pará e a segunda em Minas Gerais, solicitaram ao Desembargo do Paço em Lisboa, no século XVIII, o recebimento de sua herança por morte de um ou de ambos os genitores e a sua emancipação, alegando ter juízo e capacidade para administrar sua pessoa e seus bens.

Quem também recorreu aos tribunais o direito à emancipação e à administração da herança deixada por sua mãe foi a pernambucana Florinda Maria de Jesus. Em 1803, ela já contava com mais de 25 anos, o que testifica que a idade nada significaria se o(a) filho(a) ainda estivesse sob a tutela do pátrio poder, como era o seu caso. Seu pai, o capitão José Luís de Moura, resolveu se casar novamente, episódio que não resultou em muitas alegrias para Florinda, porque, segundo relata, teve de suportar os maus-tratos da madrasta. Não se sabe bem por quanto tempo perdurou tal situação, mas o fato é que a garota foi encaminhada para o Recolhimento da Conceição em Olinda. Encaminhada e esquecida, diga-se logo, pois o seu pai não a assistiu com o mínimo necessário para o seu sustento.

Florinda então recorre o amparo a um tio materno, que a transferiu para o Recolhimento de Nossa Senhora da Glória, no Recife, e testemunhou a seu favor na petição de sua herança. Em reprimenda, seu pai apelou para o príncipe regente a transferência da filha para um dos conventos na Bahia, o que com efeito conseguiu por meio de um aviso régio. Mas a moça com nome de flor não desistiria assim tão facilmente, antes suplicou a D. João a suspensão do aviso, expondo os inconvenientes que lhe sobreviriam caso fosse para aquela distante capitania. Não renunciaria à sua herança entregando-a de mão beijada ao pai e à madrasta, muito menos abraçaria a vida em clausura. Ao contrário, queria ser mais que "a filha de", queria negociar lícita e livremente, como já arriscava fazer, segundo testemunhas do processo. Finalmente, queria ser senhora de si e de sua própria casa. Em maio de 1804, boas notícias advêm de Lisboa: o referido aviso estava temporariamente suspenso.

Um ano depois, o ouvidor-geral de Pernambuco, João de Freitas Albuquerque, justificaria em ofício enviado ao Conselho Ultramarino as razões para favorecer a moça. Porém, o órgão alegou que o pátrio poder havia sido desrespeitado e insistia que o funcionário o ouvisse por escrito. O que acontece em seguida não sabemos, as fontes silenciam. Importa, pois, ficarmos com a jornada perseverante de Florinda Maria de Jesus, não menos valiosa que o seu destino, e mais com a sua resiliência e coragem, notas de uma fragrância típica entre as mulheres da colônia.

Esposas e mães, viúvas ou solteiras, moças ou velhas, que tinham de chefiar a casa e mesmo os negócios da família quando os homens estavam pelos sertões, nas bandeiras e entradas, em busca de ouro e escravos; nos recrutamentos militares, no comércio por terra ou em alto-mar, situação que se estendia às vezes por meses, talvez anos, quiçá pela vida toda, pois muitos nunca mais regressavam. Expostas à violência e injustiça, mas nem por isso inertes e frágeis, muito pelo contrário, conforme atestam diversas pesquisas. Nas camadas populares, em cidades como Salvador e Vila Rica, ocupando ofícios de costureiras, lavadeiras, cozinheiras, vendeiras, engomadeiras e nos grupos intermédios e nobres, de São Paulo ao Ceará, sendo donas de engenhos, minas, rebanhos e escravos.

Esse mosaico feminino na colônia compunha-se ainda das chamadas mulheres "desviantes": curandeiras, rezadeiras, "bruxas", ciganas, cristãs-novas e prostitutas. Místicas como Rosa Maria Egipcíaca, biografada por Luiz Mott, africana trazida ainda menina para o Brasil no início do século XVIII, ex-escrava e ex-prostituta, fundadora de um recolhimento feminino no Rio de Janeiro, e considerada a primeira escritora negra do Brasil. Alvo da Inquisição, presa e interrogada pelo Tribunal de Lisboa entre 1763 e 1765, Rosa se fez notável e excepcional em seu tempo. E quantas outras não o foram à sua maneira? Nascida em berço farto no Rio de Janeiro, Ângela do Amaral Rangel (1725-?), cega de nascença, valeu-se dos demais sentidos para se dedicar aos estudos, tornando-se uma ilustre poetisa com trabalhos publicados, a única mulher a participar da Academia dos Seletos, um grupo de intelectuais fluminenses, em 1752, quando tinha apenas 27 anos.

Entretanto, pouquíssimas foram as que desfrutaram do privilégio da instrução. Na luta pela sobrevivência diária, em vez de pena e papel, a companhia era, antes, a agulha e o bastidor. Apesar disso, a história nos mostra que o ordinário tinha suas singularidades. Em ofício de 1803, o governador de São Paulo, Antônio José de Franca e Horta, testemunhava admirado sobre uma moça moradora daquela cidade – não cita o seu nome – de aproximadamente 25 anos, que tendo nascido sem os braços utilizava-se dos pés para manipular finas agulhas e fazer renda, cozinhar, recortar papel, pentear os seus próprios cabelos e comer com colher e garfo.

Vê-se, pois, que os estereótipos da condição feminina na colônia jamais deveriam ser encarados de forma homogênea. O projeto de condicionamento feminino, importado da Metrópole, sofreria na colônia processos de readaptação e ressignificação, mas os pressupostos de uma sociedade machista e androcêntrica permaneceriam firmes e longevos, interiorizados e reproduzidos, inclusive, por mulheres que consentiam com essa realidade por encontrarem nesse jogo de barganha certas compensações. Era renunciar a algo aqui, para conseguir qualquer coisa ali. Entrementes, nem todas se valeram dessa negociação, e mesmo que as estradas do ofício religioso e do ofício doméstico fossem centenárias, seguras, silenciosas e bem pavimentadas, algumas ousaram desbravar entre risos e lágrimas, suor e sangue, medo e esperança, os seus próprios caminhos e veredas. Sem dúvida, aquilo que conquistaram não poderia ser medido em preço, pois o valor era inestimável.

"Cada um com o seu igual"?: critérios e conflitos na escolha do cônjuge

Teresa Joaquina, Luísa Doroteia e Paula Inácia. Nomes compostos que combinavam força e delicadeza. Jovens solteiras, brancas e bem-nascidas. Que mais compartilhavam em comum? A obstinação, talvez. Cada uma, em sua respectiva família, estaria no centro de uma disputa familiar que tinha como razão principal a escolha do cônjuge.

O palco da primeira história é o Rio de Janeiro. O ano, 1781. O capitão de ordenanças Francisco Peixoto da Silva e sua esposa Antônia Barbosa Vasconcelos escrevem um requerimento à rainha no qual se queixavam de sua filha Teresa Joaquina Moreira da Silva. O motivo? A moça havia se casado com um tal de Vasco José Barbosa, "pessoa de ínfima qualidade e nascimento" sem a devida autorização paterna. Para os suplicantes, pertencentes a uma família honrada e respeitada naquela cidade, com foro de fidalgo, a desigualdade social entre os noivos seria motivo mais que suficiente para repudiar a união e solicitar à Coroa a provisão necessária de desnaturalização e deserdação da rebelde. De fato, o título LXXXVIII do livro IV das Ordenações Filipinas era bem claro:

> E se alguma filha, antes de ter vinte e cinco anos, dormir com algum homem, ou se casar sem mandado de seu pai, ou de sua mãe, não tendo pai, por esse mesmo feito será deserdada e excluída de todos os bens e fazenda do pai, ou mãe, posto que não seja por eles deserdada expressamente. (Ordenações e leis do Reino de Portugal..., 1870, p.928-930)

Nada se sabe a respeito da ocupação do noivo, a qual justificasse tamanha repulsa dos sogros, nem também se os contraentes enviaram alguma petição aos tribunais da Metrópole, a verdade é que, tanto para o casal quanto para o órgão que analisou o dito requerimento, as justificativas para a provisão pareceram insuficientes. Em 27 de janeiro de 1782, o pedido foi escusado, isto é, não deferido. Teresa Joaquina não perderia o que lhe era devido por direito natural. É o fim do primeiro ato.

A trama seguinte se passa no Norte, na capitania do Pará, entre 1786 e 1787. O capitão de Infantaria Gaspar Ferreira de Araújo fora duplamente desafiado. De um lado, sua filha, Luísa Doroteia, de 22 anos, do outro, o seu subordinado cadete, Antônio Joaquim de Barros Vasconcelos. O rapaz havia pedido a mão da moça em casamento ao seu encarregado, mas este a negou, duvidando conceder a sua autorização à filha e a um subalterno petulante que não tinha com que sustentá-la, enquanto ele, além das patentes de nobreza civil, possuía uma fazenda na Ilha Grande de Joanes, atual Ilha de Marajó, com produção anual de 800 cabeças de gado.

O velho Gaspar porventura considerava Antônio Joaquim mais interessado no dote e no prestígio que herdaria ao se casar com a moça do que na moça em si. E quem haveria de negar que as vantagens econômica e social dessa união não seriam um atrativo a mais para o jovem oficial de baixa patente? A propósito, já vimos que o casamento com donzelas de famílias tradicionais da terra era uma das estratégias de ascensão social mais utilizadas por diversos rapazes nessa época. O aspirante a oficial não parecia ser a exceção. Mas e quanto à Luísa? Sob quais termos assentava o seu interesse naquela união desvantajosa? Afeto? Capricho? Compatibilidade de valores ou puro desejo de liberdade do jugo paterno? Quaisquer que fossem as razões, estas pareciam mais intangíveis do que o contrário.

Ouvida no processo, respondera que o casamento era de sua vontade, estava resoluta e assinou de próprio punho uma procuração para que o suplicante requeresse em seu nome a licença devida à administração. A resposta viera da Metrópole e encarregava o então ouvidor-geral Matias José Ribeiro de ouvir as partes e conferir o seu parecer. Este, por sua vez, deliberou a favor dos noivos, pois considerou não haver qualquer desigualdade que os impedisse de se casar. De posse da permissão real, Luísa e Antônio poderiam, finalmente, celebrar suas bodas. E assim o fizeram, de forma pública e notória, à revelia do estarrecido capitão Gaspar.

Encerrado o segundo ato, embarquemos rumo à cidade de Salvador, na Bahia, com o bacharel Matias José Ribeiro, nomeado para o cargo de desembargador do Tribunal da Relação daquela capitania. Nesse novo cenário, dez anos depois, esse magistrado tomaria conhecimento de outro caso, com novas personagens e novo enredo. Paula Inácia Oliveira, uma das protagonistas dessa história, é a primeira a entrar em cena. A moça tinha 22 anos quando conhecera aquele que lhe perturbaria o juízo, um capitão de navio chamado Manuel Inácio Lisboa.

De acordo com o seu pai, José Pinheiro de Queirós, sua primogênita fora seduzida pelas "fraudes, persuasões e indústrias" do pretendido consorte, tendo se entregado a ele de corpo e alma, e contratado casamento sem o devido consentimento paterno. Seduzida ou sedutora, a moça mostrava-se consciente de suas ações. Com o noivo, procurou obter a licença do consórcio no Tribunal da Relação da Bahia, mas a petição lhes fora negada pela junta de ministros. Os dois então decidem apelar para instâncias superiores, como o Conselho Ultramarino, em Lisboa, mas o consentimento também lhes fora escusado naquele órgão.

Em sua queixa, o patriarca Queirós alegava que o dito rapaz tinha ascendência mulata e que seu pai fora lacaio de um desembargador da Relação do Rio de Janeiro no passado, afirmava também que Manuel Lisboa não tinha "de que subsistir, nem possibilidade para sustentar sua filha com decência", ao passo que ele "era condecorado com a patente de Mestre de Campo, negociante, e que possuía dois engenhos". Ademais, jactava-se nos requerimentos de ser um homem nobre, "graduado pela Universidade de Coimbra", e pertencente às mais ilustres famílias do Reino, detentor de uma das casas opulentas da cidade da Bahia, "verdade tão bem demonstrada como é clara a luz do meio-dia".

Contudo, ao arrolar testemunhas de ambas as partes e anexar vários documentos para uma averiguação particular do caso, o desembargador Matias José Ribeiro, da Vara da Correição do Cível, atestou que muitas dessas acusações e afirmações eram, na verdade, infundadas. O pai de Manuel, por exemplo, nunca fora lacaio e sim criado grave do desembargador Francisco Antônio de Silveira. Natural da Ilha de Faial, arquipélago do Açores, e filho de pessoas brancas "e de limpo sangue", nunca tivera a menor nota de mulato, conforme testemunharam pessoas nacionais daquela ilha e que bem conheciam a sua procedência. Como se não bastasse, dispunha ainda de duas patentes, uma de capitão e outra de governador de um forte, títulos que obtivera por assinatura de punho real.

Na investigação, o magistrado comprovou ainda que o moço dispunha de recursos para manter a dita senhorita dignamente, pois era comerciante na praça da cidade da Bahia e "capitão do Navio Trindade de que tinha avultado lucro". Já o senhor Queirós havia escondido da luz do astro-rei certas notas sobre a sua vida. A começar pelo posto de mestre de campo de auxiliares, que "não teve terço nem exercício, e foi excluído como muitos outros por ordem de Sua Majestade", e no comércio em que se aplicara – era comerciante de escravos – havia sofrido uma total decadência, tendo que abandoná-lo. No que se refere aos dois engenhos que dizia possuir, ambos estavam arruinados, estando um há anos em praça, com o preço da venda, para que se pagassem os devedores "que ele tem embaraçado" e algumas de suas casas "se achavam já arrematadas, e outras penhoradas".

Não bastasse o descontrole financeiro, pesava sobre os ombros do suplicante outro agravante: já não vivia havia anos com a sua mulher e suas duas filhas, antes assistia uma amásia no distrito da Vila da Cachoeira, conforme apontaram testemunhas. Mesmo assim, de nada adiantariam provas escritas ou atestadores porque, segundo Manuel Lisboa, no Tribunal da Bahia "eram mais poderosas as proteções que a justiça". Enquanto isso, Paula, grávida e solteira, sofria os reveses morais de suas escolhas. Sua reputação estava manchada, e o casamento lhe representava a solução providencial para limpar aquela nódoa. Navegaria um oceano se preciso para conquistar esse direito, felizmente aquele a quem escolhera para ser seu marido era homem do mar e o faria em seu lugar.

Na Metrópole, o capitão de navio não mediu esforços para conseguir a licença matrimonial. Após o não do Conselho Ultramarino, encaminhou um requerimento à Secretaria de Estado e Ultramar, esperançoso e confiante num parecer real favorável. Do Palácio de Queluz, a 1º de outubro de 1796, expediu-se a aguardada resposta: o aviso régio assinado por D. Rodrigo de Sousa Coutinho, contendo a autorização necessária para o pretendido consórcio. No dia 2 de julho de 1797, Paula e Manuel finalmente entraram pelas portas da Igreja Matriz da freguesia do Pilar, na Bahia, para oficializar a sua união perante Deus e os homens.

Antes e depois desses eventos, a escolha do cônjuge aparece como uma das principais causas de discórdia entre as famílias. Incontáveis obras de arte já foram produzidas tendo esse tema como inspiração.

Contudo, é necessário esclarecer algumas peculiaridades históricas. Diferentemente dos dias atuais, a escolha do(a) parceiro(a) conjugal nos tempos da colônia e do Império quase nunca era uma atribuição pessoal e recíproca dos envolvidos diretos, isto é, os noivos, sobretudo quando estes pertenciam a famílias com algum grau de nobreza. Nos séculos XVIII e XIX, quando os casamentos passaram a se fundamentar em razões outras que não as de sobrevivência e povoamento, determinantes nos primeiros tempos coloniais, pais ou tutores sempre levavam em conta as vantagens econômicas e sociais do suposto enlace ou, melhor dizendo, do então negócio.

Negócio, aliás, que duraria a vida toda, pois um dos princípios do matrimônio era o da indissolubilidade, estabelecido pela doutrina católica ao longo dos séculos. O ditado era claro: "antes que cases, vê o que fazes, porque não é nó, que desates". Acima de tudo, a razão deveria prevalecer em detrimento das emoções. No dizer do carioca Feliciano Joaquim de Souza Nunes (1845, p.1), "negócios grandes, grandes conselhos requerem; e como seja um dos maiores para a vida, não seja o gosto, seja sim o discurso quem nos aconselhe nesta matéria; não seja o amor, seja antes a razão quem nos dirija neste negócio (o casamento)".

Sob tal perspectiva, a prévia admiração e o afeto mútuo entre os nubentes, presumidos para os dias de hoje, caracterizavam-se em um "bônus" na época, caso existissem, tanto melhor, mas não eram partes essenciais na constituição da nova família. Os adágios portugueses conclamavam: "quem casa por amores, maus dias, piores noites" e "por afeição te casaste, a trabalhos te entregastes". O princípio elementar norteador dessa escolha era o da igualdade. Etária, física, econômica e social, mas também étnica. Em seu *Nova floresta*, o padre lisboeta Manuel Bernardes (1706-1708), no século XVIII, esclarecia: "o matrimônio é jugo; para levarem suavemente o jugo, buscam-se bois parelhos" e ainda "casem primeiro as idades, as condições, as saúdes e as qualidades, e então casarão bem as pessoas; de outro modo, já de antemão levam o divórcio meio feito". Entre os indoutos, a norma era conhecida por meio dos ditos populares: "se queres bem casar, casa com teu igual"; "casar, e comprar, cada um com seu igual".

No seu *Carta guia de casados, para que pelo caminho da prudência se acerte com a casa de descanso*, o nobre Francisco Manuel de Melo (1747) advertia o seu leitor quanto à questão da desigualdade etária e física dos noivos. Ele ouvira de um amigo sobre a existência de apenas três classes de casamentos e escreveu: primeiro, o casamento do Diabo, isto é, do moço com a velha; segundo, o casamento de Deus, quando ambos eram jovens; e, por fim, o casamento da Morte, ou seja, do velho com a moça. Sua explicação para tão pitoresca classificação não era menos curiosa: "os casados moços podem viver com alegria. As velhas casadas com os moços vivem em perpétua discórdia. Os velhos casados com as moças apressam a morte, ora pelas desconfianças, ora pelas demasias" (ibidem, p.10).

Outrossim, o saber médico do período conferia robustez a esse pensamento. De acordo com o mineiro Francisco de Mello Franco (1814), em observação específica do perfil europeu, havia um tempo cronológico em que os aspectos físico, biológico e mental chegavam ao termo de sua perfeição para o matrimônio. Nos rapazes, ocorria dos 25 aos 30 anos, já nas moças entre os 20 e 25 anos, e continuava: "tudo o mais é um transtorno das leis da natureza, e, por dizer tudo de uma vez, uma completa desgraça física e moral" (ibidem, p.302).

Se esse era o padrão idealizado, seria a prática cotidiana a sua exata expressão? No Brasil, conforme comprovaram pesquisas feitas para a capitania de São Paulo dos séculos XVIII e XIX, a desigualdade etária era antes uma prática comum, consagrando sobretudo o arquétipo da sobreidade masculina. No censo de 1765, dos 141 casais em que o marido era mais velho que a esposa, 53,3% apresentavam diferença de idade de dez anos ou mais. Em outro censo feito em 1813, dos 344 casos arrolados nessa categoria, 148 constatavam a mesma disparidade. Curiosamente, esse padrão divergente também encontrava eco nos dizeres do povo: "antes velha com dinheiro, que moça com cabelo" e "mais quero o velho que me honre, que moço que me assombre", sugerindo que a desigualdade etária, contrabalanceada com vantagens econômica e/ou social, era até preferível em diversas ocasiões. Decerto, muitas mocinhas e muitos rapazotes encaravam a solteirice, combinada com a pobreza, muito mais pavorosos do que um suposto casamento da "Morte" ou do "Diabo".

Do ponto de vista social e econômico, os casamentos desiguais eram malquistos entre as famílias notáveis por causa do consequente escoamento do patrimônio e da perda de prestígio em um determinado círculo social. Não nos esqueçamos de que no plano secular, influenciado pelo pensamento mercantilista vigente, a instituição do casamento era, de fato, um mecanismo de melhoria ou de manutenção do *status quo* dos indivíduos. Assim, compreende-se o porquê de os patriarcas das famílias Silva, Araújo e Queirós, como visto, alegarem tais pontos em seus requerimentos. Havia muito mais em jogo do que o "querer bem" à prole, talvez um tanto de preconceitos, egoísmo, orgulho e vaidade.

Afinal, por que o mestre de campo Queirós haveria de imputar o mulatismo do seu pretenso genro nos tribunais se não considerasse tal condição um demérito? Em verdade, a norma cultural prevalecente na colônia, lembra Alzira Campos (2003), sobretudo nas camadas mais elevadas da sociedade, era a de que o cônjuge deveria ser encontrado dentro da própria etnia. Nizza da Silva (1984) resgata o caso de um fidalgo, irmão de um capitão de Jacareí, em São Paulo, que pretendia se casar com uma mulata e os seus parentes, de pronto, fizeram uma denúncia ao governador. Este não só ordenou a prisão da noiva, como também estabeleceu um prazo de dez dias para que saísse da capitania. Quanto ao noivo, estava proibido de procurar a tal mulata e de se casar com qualquer outra que desacreditasse os seus parentes. Um caso semelhante? Na mesma época, o casamento do nobre paulista João Pires de Campos com um mulata foi a causa de "um geral luto de sentimento aos seus parentes que, lamentando a injúria, lhe não puderam atalhar o dano". No princípio do Oitocentos, o viajante Henry Koster (1942) registraria que, embora não fossem raras as uniões entre brancos e mulheres de cor no Brasil, quando sucediam, tornavam-se pretexto para a murmuração da comunidade, especialmente se o homem fosse alguém de certa importância e a mulher decididamente de coloração escura.

Na verdade, isso vinha de longe, mesmo mantendo relações duradouras com as nativas, das quais nasceram muitos filhos mestiços, os primeiros colonos portugueses, nas palavras do padre Manuel da Nóbrega, em 1551, "tinham por grande infâmia casarem com elas". E só o faziam pela muita insistência dele e de outros padres, que trabalhavam constantemente para que formalizassem a sua união *in facce de ecclesiae.* Reconheçamo-lo, pois, que as uniões livres e informais entre os colonizadores e as índias, os senhores e suas escravas e os amantes e suas concubinas de cor não deveriam se tornar um atestado de que esses indivíduos e grupos étnicos viviam em plena harmonia, enxergando-se como semelhantes em direitos e deveres somente porque dividiam a mesma casa ou o mesmo leito.

Sabe-se que, na primeira oportunidade em que os senhores pudessem autoafirmar suas qualidades e lembrar os "defeitos" do outro, assim o fariam. Charles Boxer (1977) verificou na Bahia, no ano de 1738, apenas dois casamentos mistos ou inter-raciais protagonizados por brancos de classe alta. Kátia Queiroz Mattoso (1992), em estudo sobre a mesma capitania no século XIX, não constataria grandes diferenças nesses dados. Embora reconhecesse a existência de casais mistos na arraia-graúda, em geral os dois parceiros tinham a mesma cor. No recenseamento de 1855, ela conta o ínfimo número de três casamentos interétnicos.

Segundo o padrão moral de José Pinheiro de Queirós, não havia problema em manter um concubinato adulterino com uma mulher parda na Vila da Cachoeira; afinal de contas, sua esposa oficial, literalmente só no papel, era Benta Feliciana de Oliveira, mulher branca. O mesmo valia para outro baiano, mestre de navio, José Félix de Almeida, que vivia em semelhante situação. Em contrapartida, era um grande problema para ambos que os seus filhos, Paula Oliveira e Silvestre de Almeida, desejassem oficializar sua união com pessoas de condição social inferior e do seu agrado. Eram os chamados "pais caranguejos", criticados pelo padre Alexandre Gusmão, os quais repreendiam os filhos por andarem sempre atravessados, sendo eles os primeiros a agir daquela maneira.

Possivelmente os dois compartilhavam da ideia de que os seus herdeiros haviam perdido o juízo, como tantos parentes assim sugeriram às autoridades em suas queixas. Mas será que somente a loucura justificaria tamanho "despautério"? Talvez seja possível dizer que fora justamente o contrário, isto é, a racionalidade levara esses jovens a questionar seus pensamentos e práticas. Por séculos a fio, raptos, fugas, casamentos clandestinos, concubinato e aliciamento foram táticas de burla presentes na colônia, e não foram poucos os que lançaram mão dessas múltiplas formas de transgressão. No afã de combater tais descaminhos, as monarquias europeias ilustradas – França e Áustria (1753) e Espanha (1776) – reforçaram a obrigatoriedade do consentimento paterno para a matéria do casamento de filhos-famílias, isto é, menores de idade. Não seria diferente na Terra do Vinho.

Em 1773, o advogado Bartolomeu Coelho Neves Rebelo publicou o seu *Discurso sobre a inutilidade dos esponsais dos filhos celebrados sem consentimento dos pais...*, dedicando-o ao então primeiro-ministro, o marquês de Pombal. Na obra, à medida que atacava o pensamento de religiosos como Tomás Sanches e Luís Molina, defensores do direito de escolha dos filhos nessa matéria, o autor ufanava o pátrio poder como um direito divino, natural e inviolável, e rechaçava de forma contundente qualquer arranjo e padrão de comportamento familiar distinto. Esse seu *Discurso* inflamado talvez tivesse reverberado por entre as câmaras e corredores do Paço da Madeira, porque não tardou até que uma legislação familiar fosse produzida. A Carta de Lei de 19 de junho de 1775, outorgada pelo rei D. José I, versava sobre a "aliciação, sedução e corrupção de filhos-famílias de ambos os sexos", encarando o pátrio poder como arquétipo do poder monárquico no lar, ou seja, absoluto e inconteste, o que teoricamente inibiria uma margem de ação possível por parte dos nubentes, correto? Errado! Na prática, não foi bem assim, pois a referida lei teve uma repercussão tanto rápida quanto malfazeja.

Naquele mesmo ano, dezenas de requerimentos de jovens chegaram à Mesa do Desembargo do Paço, em Lisboa, alegando repugnância sobre o abuso de autoridade cometido por alguns pais de famílias, os quais, por puro capricho, impediam a realização do matrimônio de seus filhos sem apresentar à justiça provas cabais de incompatibilidade. O órgão então despacha uma consulta a 24 de novembro de 1775, e os termos desse documento são retomados na Carta de Lei de 29 de novembro de 1775, outorgada por D. José I. O novo texto passou a considerar aquele poder doméstico como uma possível ameaça ao poder do monarca, e, dessa feita, era preciso conter seus abusos e tiranias. Como? Concedendo aos(às) filhos(as) uma alternativa regular que estaria propositalmente sob a jurisdição e proteção da Coroa, ou seja, daquele a quem se autodenominava o "Pai comum dos [...] [seus] vassalos".

Assim o Estado se autoproclamava cada vez mais forte e centralizador, tornando-se um refúgio aos súditos ameaçados na esfera doméstica. De acordo com George Duby, nos períodos de instabilidade familiar, os laços de sangue entre parentes de linha reta ou colateral se afrouxavam, e muitos desses esquivavam-se de seus papéis culturalmente definidos em busca de interesses próprios. Repare, no entanto, que tal decisão não era um favor aleatório ou uma demonstração de bondade e compaixão real, mas sim uma resposta urgente e necessária a uma pressão coletiva. Não significava que daí em diante os pais perderiam completamente as suas prerrogativas nessa questão, tampouco que os filhos e as filhas fariam o que lhes dessem na telha, muito pelo contrário, os critérios de escolha do cônjuge, baseados no princípio de igualdade, e as formas de controle social continuavam em vigor, contudo, ao menos teoricamente, esses moços e essas moças desfrutariam do direito de serem ouvidos e de terem um julgamento menos passional.

Teresa e Vasco, Luísa e Antônio, Paula e Manoel, e Silvestre e Maria foram alguns dos que não abriram mão dessa garantia. Ousaram enxergar a vida por seus próprios olhos, ousaram sofrer as duras penas de suas escolhas pessoais e experienciar um ideal de família que levava em conta o afeto e não apenas a conveniência econômica, social ou étnica, como fator importante para a sua constituição.

Uma juventude revisitada e reinventada

A desconhecida juventude colonial não era só silêncio conformado aos modelos impostos, obediência cega aos desmandos e imitação (in) consciente de certos gestos e palavras dos mais velhos, era também franqueza inesperada, criatividade oportuna, ousadia e espontaneidade. Os jovens criavam, improvisavam, fugiam e às vezes empreendiam em determinados ofícios. Com poemas, beliscões, tosses e pisadelas, exerciam a arte da conquista em procissões, missas e festejos. Nos raros dias de folga e durante o entrudo – o antigo Carnaval –, dançavam e faziam música lambuzados pelos limões-de-cheiro. À meia luz das tabernas, compartilhavam anedotas e jogavam cartas.

Se a norma pressupunha um perfil idealizado de jovens como sendo irrepreensíveis, o cotidiano revelava um comportamento em diversos momentos discrepante. Nas casas, à vista de olhares curiosos e ouvidos atentos, a dinâmica das relações familiares, para além da harmonia representada em quadros de pintura e relatos diversos, era matizada pelas tensões e contradições. No cotidiano, os pais nem sempre correspondiam ao que deles era esperado e muito menos os filhos. Ressalvadas as condições socioeconômica e de gênero em que se encontravam os jovens na colônia, posto que aqui se imperava uma luta diária pela sobrevivência daqueles menos abastados, ser um adolescente na América Portuguesa, de modo geral, era estar sob a vigilância dos adultos, autoridades domésticas e públicas.

A juventude era vista como portadora de males ameaçadores à ordem social, os quais precisavam ser prevenidos, coibidos e, quando necessário, punidos com rigor. Manter as mentes e os corpos desses sujeitos ocupadas com o trabalho, os preceitos da religião e/ou os estudos era uma recomendação comum observada em ditados populares, livros devocionais, tratados médicos e filosóficos do período. O que se lê nas *Constituições Primeiras do Acerbispado da Bahia*, código religioso publicado em 1707, é a recomendação de que tais resoluções fossem observadas já “na primeira idade, e puerícia dos pequenos”, mas que não se encerrassem nesta e sim permanecessem também na vida adulta, ensinados com as “lições de ler, e escrever, [e] as do bem viver no tempo”.

Ainda assim, quão imensos fossem o zelo, a disciplina, a instrução e tudo o mais adotado pelos pais na educação dos seus filhos, nem sempre isso era uma garantia de êxito. Esse filho ou essa filha, embora parecido(a) consigo em muitos aspectos, não era a sua continuidade, era antes um sistema próprio, aberto à reciprocidade e em plena construção de si mesmo e da sua visão de mundo, que, a partir das múltiplas influências dos contextos social, cultural e econômico em que estava inserido, tomaria as suas próprias escolhas e seguiria os seus próprios caminhos. Compreender tal lógica, porém, não era uma tarefa fácil para muitos patriarcas e matronas encastelados em suas casas-grandes ou sobrados, porquanto o sentimento de posse perpassava as relações com a sua prole.

O mesmo sentimento, aliás, foi observado no início do século XIX por José da Silva Lisboa (1824-1825), que, por sinal, exortava em seus escritos que os filhos eram muito mais do que agentes das vontades dos pais ou troféus da sua vaidade e brincos da sua ociosidade. Em muitos casos, acrescentava o autor, algumas decisões e atitudes reprováveis daqueles poderiam ser uma resposta à postura déspota e arrogante de seus benfeitores. Será que tal leitura estaria restrita apenas àqueles dias? A despeito de tantas rupturas históricas, preservaram-se também algumas semelhanças. É válido ressaltar a complexidade dos sujeitos históricos em suas relações em qualquer tempo e espaço, e quanto não há ainda por ser explorado e conhecido de nosso passado colonial? Os vestígios históricos nos apontam experiências diversas, realidades heterogêneas que nos possibilitam imaginar um passado cada vez mais rico e verossimilhante.

Referências

Arquivo Histórico Ultramarino (AHU) – Coleções (Avulsos) e (CA-Castro Almeida)

AHU, Bahia, D.14528

AHU, Bahia, D.14615

AHU, Bahia, D.14647

AHU, Bahia, D.14939

AHU, Bahia, CA, D.10142-10145

AHU, Bahia, CA, D.10236-10240

AHU, Bahia, CA, D.15330-15333

AHU, Bahia, CA, D.21541-21549

AHU, Rio de Janeiro, D.9460

AHU, Rio de Janeiro, D.9590

AHU, Rio de Janeiro, D.19287

AHU, Pernambuco, D.9412
AHU, Pernambuco, D.10502
AHU, Pernambuco, D.10635
AHU, Pará, D.4871
AHU, Pará, D.7603
AHU, Minas Gerais, D.6300
AHU, Pernambuco, D.16303
AHU, Pernambuco, D.16645
AHU, São Paulo, D.1019

ABREU, J. L. N. *O corpo, a doença e a saúde*: o saber médico luso-brasileiro no século XVIII. Belo Horizonte, 2006. 302f. Tese (Doutorado em História) – Universidade Federal de Minas Gerais.

ALMEIDA, S. C. C. *O sexo devoto*: normatização e resistência feminina no Império português, XVI-XVIII. Recife: Editora Universitária da UFPE, 2005.

ANTONIL, A. J. *Cultura e opulência do Brasil*. 3.ed. Belo Horizonte: Itatiaia, Edusp, 1982.

ANTONY, P. S. *Relações intracoloniais*: Goa-Bahia: 1675-1825. Brasília: Funag, 2013.

ARIÈS, P. *História social da criança e da família*. Trad. Dora Flaksman. 2.ed. Rio de Janeiro: Guanabara, 1986.

BACELLAR, C. de A. P. *Viver e sobreviver em uma vila colonial*: Sorocaba, séculos XVIII e XIX. São Paulo: Annablume, Fapesp, 2001.

BERNARDES, M. *Nova floresta*: Ou silva de vários apotegmas e ditos sentenciosos espirituais e moraes; com reflexões em que o útil da doutrina se acompanha com o vário da erudição, assim divina, como humana; oferecida e dedicada à soberana mãe da divina graça Maria Santíssima Senhora Nossa pelo Padre Manoel Bernardes da Congregação do Oratório de Lisboa. Lisboa: Oficina de Valentim da Costa Deslandes, 1706-1708.

BLUTEAU, R. *Vocabulario portuguez & latino*: aulico, anatomico, architectonico... Coimbra: Collegio das Artes da Companhia de Jesus, 1712-1728. 8v.

BORGES, E. J. S. *Viver sob as leis da nobreza*: a casa dos Pires de Carvalho e Albuquerque e as estratégias de ascensão social na Bahia do século XVIII. Salvador, 2015. 313f. Tese (Doutorado em História) – Universidade Federal da Bahia.

BORREGO, M. A. de M. *A teia mercantil*: negócios e poderes em São Paulo colonial (1711-1765). São Paulo, 2006. 352f. Tese (Doutorado em História Social) – Universidade de São Paulo.

BOXER, C. R. O império colonial português. Lisboa: Edições 70, 1977.

CAMPOS, A. L. de A. *Casamento e família em São Paulo colonial*: caminhos e descaminhos. São Paulo: Paz e Terra, 2003.

CARMO, M. A. do. *Rerum Novus Nascitur Ordo*: a trajetória de Francisco Agostinho Gomes (1769-1842). Salvador, 2018. 167f. Dissertação (Mestrado em História) – Universidade Federal da Bahia.

CARVALHO, D. *Desenvolvimento e livre comércio: as ideias econômicas e sociais do Visconde de Cairu*: um estatuto de história do pensamento econômico brasileiro. São Paulo: Instituto de Pesquisas Econômicas, 1985.

CASTRO, D. de L. de F. e. *Politica moral, e civil, aula da nobreza lusitana authorizada com todo o genero de erudição sagrada, e profana para a doutrina, e direcção dos principes e mais politicos*... Lisboa: Offic. de Francisco Luiz Ameno, 1747. t.I, livro III.

CONSTITUIÇÕES primeiras do arcebispado da Bahia, feitas e ordenadas pelo Ilustríssimo, e Reverendíssimo Senhor D. Sebastião Monteiro da Vide, Arcebispo do dito Arcebispado, e do Conselho de Sua Majestade, propostas e aceitas em o Sínodo Diocesano, que o dito Senhor celebrou em 12 de junho do ano de 1707. Coimbra, 1720.

DEL PRIORE, M. *História do amor no Brasil*. 2.ed. São Paulo: Contexto, 2006.

______. *Ao sul do corpo*: condição feminina, maternidades e mentalidades no Brasil Colônia, São Paulo: Editora Unesp, 2009.

______. (Org.). *História das crianças no Brasil*. 7.ed. São Paulo: Contexto, 2010.

______. *Histórias da gente brasileira*: colônia. São Paulo: LeYa, 2016. v.1.

ELIAS, N. *A sociedade de corte*: investigação sobre a sociologia da realeza e da aristocracia de corte. Trad. Pedro Süssekind. Rio de Janeiro: Jorge Zahar, 2001.

FARIA JÚNIOR, C. *O pensamento econômico de José da Silva Lisboa, Visconde de Cairu*. São Paulo, 2008. 352f. Tese (Doutorado em História Econômica) – Universidade de São Paulo.

FIGUEIREDO, L. R. A. Mulheres nas Minas Gerais. In: DEL PRIORE, M. (Org.). *História das mulheres no Brasil*. São Paulo: Contexto, 2006. p.141-88.

FRANCO, F. de M. *Elementos da hygiene*: ou dictames theoreticos, e practicos para conservar a saude, e prolongar a vida. Lisboa: Na Typografia da Academia. 1814.

______. *Reino da Estupidez*. São Paulo: Editora Giordano, 1995.

FREYRE, G. *Sobrados e mucambos*: decadência do patriarcado rural e desenvolvimento do urbano. São Paulo: Global, 2013.

GUSMÃO, A. de. *Arte de criar bem os filhos na idade da puerícia*. Lisboa: Oficina Miguel Deslandes, 1685.

HERSON, B. *Cristãos-novos e seus descendentes na medicina brasileira*: 1500-1850. 2.ed. São Paulo: Edusp, 2003.

KIRSCHNER, T. C. Tradição e reformismo: a justiça no ultramar português. *Penélope*, Lisboa, n.30-31, p.75-91, 2007.

KOSTER, H. *Viagens ao Nordeste do Brasil*. São Paulo: Editora Nacional, 1942.

LAVRADIO, M. do. *Cartas do Rio de Janeiro*: 1769-1776. Rio de Janeiro: Instituto Estadual do Livro, 1978.

LISBOA, J. da S. *Constituição moral e deveres do cidadão, com exposição da moral pública conforme o espírito da Constituição do Império*. Partes I e III. Rio de Janeiro: Typographia Nacional, 1824-1825.

LONDOÑO, F. T. A. *Outra família*: concubinato, Igreja e escândalo na Colônia. São Paulo: Loyola, 1999.

MARCELO, C. M. *Os embates de um juiz de fora*: Balthazar da Silva Lisboa na capitania do Rio de Janeiro (1787-1796). Niterói, 2010. 176f. Dissertação (Mestrado em História) – Universidade Federal Fluminense.

MATTOSO, K. de Q. *Bahia, século XIX, uma província no império*. Rio de Janeiro: Nova Fronteira, 1992.

MATTOSO, K. de Q. Bahia, século XIX, uma província no império. Rio de Janeiro: Nova Fronteira, 1992.

MELO, F. M. de. *Carta guia de casados, para que pelo caminho da prudência se acerte com a casa de descanso*. Coimbra: F. de Oliveira, 1747.

MELLO, C. F. P. de. *Forças militares no Brasil colonial*: corpos auxiliares e de ordenanças na segunda metade do século XVIII. Rio de Janeiro: E-Papers, 2009.

MENDES, F. F. Encargos, privilégios e direitos: o recrutamento militar no Brasil dos séculos XVIII e XIX. In: CASTRO, C.; KRAAY, H.; IZECKSON, V. (Org.). *Nova história militar brasileira*. Rio de Janeiro: FGV, 2004. p.111-38.

MONTEIRO, N. G. Casa, casamento e nome. In: MATTOSO, J. (Org.). *História da vida privada em Portugal*: a idade moderna. Lisboa: Círculo de Leitores, 2011. p.130-58.

NUNES, F. J. de S. Do Estado Conjugal, discurso político e moral de Feliciano Joaquim de Souza Nunes, natural do Rio de Janeiro, e autor de huma obra tão preciosa como rara donde o extrahimos. Rio de Janeiro, Typografia Austral, Beco de Bragança. 15, 1845.

ORDENAÇÕES e leis do Reino de Portugal, recopiladas por mandato del Rei d. Felipe, o Primeiro. 14a ed. Rio de Janeiro: Typ. do Instituto Philomathico, 1870. 3t.

REBELO, B. C. N. Discurso sobre a inutilidade dos esponsais dos filhos celebrados sem consentimento dos pais; em que se mostra ser ele de Direito Divino, Natural, das Gentes, Canônico, Pátrio, e Civil de todos os povos da Europa e se mostra ofensiva de todos estes Direitos respeito, asseverando serem indignas de se observarem as leis dos príncipes católicos, que determinam esta necessidade. Dedicado ao Ilmo. e Exmo. Senhor Marquês de Pombal. Lisboa, 1773.

RIBEIRO, V. A. O comércio das almas e a obtenção de prestígio social: traficantes de escravos na Bahia ao longo do século XVIII. *Locus*, Juiz de Fora, v.12, p.9-27, 2006.

ROLLAND, F. *Adágios, provérbios, rifões e anexins da língua portuguesa, tirados dos melhores autores nacionais e recopilados por ordem alfabética*. Lisboa: Typografia Rollandiana, 1780.

SACRAMENTO, F.M.C. *De pardo infame a herói negro*: o mestre alfaiate João de Deus do Nascimento. Cachoeira, 2016. 150f. Dissertação (Mestrado Profissional em História) – Universidade Federal do Recôncavo da Bahia.

SANCHES, A. N. R. Educação de uma menina até a idade de tomar estado, no Reino de Portugal. Escrita a meu amigo o Dr. Barbosa a Elvas. Pelo ano de 1754. In: PINA, L de. *Plano para educação de uma menina portuguesa no século XVIII. No II Centenário da Publicação do Método de Ribeiro Sanches*. Porto: Faculdade de Letras da Universidade do Porto, 11 dez.1963.

SANCHES, A. N. R. Educação de uma menina até a idade de tomar estado, no Reino de Portugal. Escrita a meu amigo o Dr. Barbosa a Elvas. Pelo ano de 1754. In: PINA, L de. Plano para educação de uma menina portuguesa no século XVIII. No II Centenário da Publicação do Método de Ribeiro Sanches. Porto: Faculdade de Letras da Universidade do Porto, 11 dez.1963.

SCHWARTZ, S. B. *Burocracia e sociedade no Brasil colonial*. São Paulo: Perspectiva, 1979.

SILVA, M. B. N. da. Educação feminina e educação masculina no Brasil colonial. *Revista de História*, v.55 n.109, p.149-64, 1977.

______. *Sistema de casamento no Brasil colonial*. São Paulo: T. A. Queiroz, Editora da Universidade de São Paulo, 1984.

______. *História da família no Brasil colonial*. Rio de Janeiro: Nova Fronteira, 1998.

______. *Bahia, a Corte da América*. São Paulo: Companhia Editora Nacional, 2010.

SOARES, B. F. *Dotadas de bens*: os enlaces matrimoniais no Sertão de Piranhas e Piancó, Capitania da Paraíba do Norte – século XVIII. Campina Grande, 2017. 145f. Dissertação (Mestrado em História) – Universidade Federal de Campina Grande.

VALIM, P. *Da sedição dos mulatos à Conjuração Baiana de 1798*: a construção de uma memória histórica. São Paulo 2007. 243f. Dissertação (Mestrado em História) – Universidade de São Paulo.

VILHENA, L. dos S. *A Bahia no século XVIII*. Salvador: Itapuã, 1969. 3v.

VILLALTA. L. C. O que se fala e o que se lê: língua, instrução e leitura. In: SOUZA, L. de M. e. (Org.). História da vida privada no Brasil: cotidiano e vida privada na América Portuguesa. São Paulo: Companhia das Letras, 1997. p.331-85.

2

Jovens e escravidões no Brasil

Jonis Freire

A escravidão talvez seja um dos assuntos mais trabalhados pela historiografia brasileira. A partir, sobretudo, dos anos 1980, proliferaram os estudos acerca desse tema. Pesquisas sobre a família escrava, o tráfico, as alforrias, as irmandades, os quilombos, as rebeliões, a abolição etc. começaram a se avolumar, e o conhecimento sobre escravos, senhores e a(s) sociedade(s) escravista(s) permitiu o entendimento e redimensionamento de vários dogmas referentes às experiências, ao cotidiano, às estratégias, à demografia, à família, aos embates entre senhores e cativos etc.

Uma questão que sempre chamou a atenção e que é bastante importante para entender o sistema escravista é a relativa às características dos cativos e das cativas utilizados como mão de obra nas lavouras de cana, na mineração, na cafeicultura e nos ofícios especializados, fosse na cidade ou no campo. Roceiros, ferreiros, amas de leite, domésticos, pajens, carpinteiros, cangueiros, barbeiros, copeiros, artesãos, lavadeiras etc. eram algumas das atividades nas quais aqueles homens e mulheres – crianças, jovens, adultos e idosos – atuaram, como força de trabalho, ao longo de mais de três séculos. Nesse sentido, sexo, procedências (Minas, Congos, Angolas, Moçambique etc.), origem (africano ou crioulo – esse era o termo para cativos nascidos no Brasil) e faixa etária, desde muito cedo, definiram diversos aspectos da escravidão, os quais tiveram reflexos no cotidiano daqueles indivíduos. As idades foram importantes definidoras de aspectos como: o volume do tráfico de escravos africanos – com sua predileção por cativos jovens e do sexo masculino; o valor que se atribuía aos cativos, entre outros aspectos.

O Brasil não era uma sociedade com escravos – onde havia escravidão, mas a sociedade não dependia, predominantemente, do trabalho escravo. Era uma sociedade escravista, ou seja, a mão de obra escrava era a principal força de trabalho, e, portanto, o sistema era dependente dessa força de trabalho para a produção.

Neste capítulo, pretendemos abordar os "escravos jovens". Vamos dialogar com especialistas no tema e com documentos de época. Precisamos entender o(s) significado(s) dos termos jovem/juventude. Difícil defini-los, já que são palavras que tiveram seus significados modificados ao longo dos anos e que não tinham, necessariamente, o sentido que hoje damos a elas. É necessário pensar o "perfil etário" do tráfico transatlântico e posteriormente do tráfico interno. Em seguida, de maneira sucinta, visitaremos "diferentes escravidões" que utilizaram, preferencialmente, mas não só, o trabalho da mão de obra cativa jovem: a da cana-de-açúcar, da mineração, do café e das cidades. Os cativos jovens representavam uma mão de obra ideal para atuar em diversas atividades. Estavam, na visão dos proprietários, "prontos para o trabalho". Vigor físico, longevidade, rentabilidade e produtividade eram as características esperadas, sobretudo, daqueles homens e daquelas mulheres jovens.

É preciso ressaltar que as considerações sobre os diversos aspectos do trabalho e da vida desses jovens que faremos neste capítulo não eram a regra. A(s) sociedade(s) escravista(s) era/eram diversa(s). Várias conjunturas e especificidades locais, regionais, nacionais e mundiais, ao longo dos anos, influenciaram aquelas sociedades e, por consequência, o cotidiano e a sua principal força de trabalho que era a escrava. Portanto, um cativo que trabalhava na cidade do Rio de Janeiro como barbeiro tinha experiências distintas de trabalho, lazer, familiares etc. de um escravo barbeiro em Salvador ou Recife.

Outro ponto importante para ressaltar diz respeito à escravidão. Não é possível pensar em escravidão branda, idílica, benevolente ou amena. Escravidão é escravidão! Um sistema que retira(va) o controle sobre a vida daqueles indivíduos que eram, por força de lei, mercadoria não tem essas características. Os escravos eram sujeitos, agentes históricos e

> [...] não foram vítimas nem heróis o tempo todo, se situando na sua maioria e a maior parte do tempo numa zona de indefinição entre um e outro polo. [...] Ao lado da sempre presente violência, havia um espaço social que se tecia tanto de barganhas quanto de conflitos. (Reis; Silva, 1989, p.7)

Aspectos como constituir família, conseguir comprar a alforria, possuir um oficio especializado, casar-se e recorrer à justiça não são evidências de uma escravidão amena. Trata-se, na verdade, de fortes indícios da atuação, da experiência e das estratégias dos indivíduos nos embates cotidianos entre senhores e cativos, ora negociados ora conflituosos.

Juventude

O que era ser jovem no Brasil escravista? Essa não é uma pergunta de fácil resposta. Como já dissemos, palavras como infância e juventude, como as conhecemos hoje, não possuem os mesmos significados de séculos passados. A questão da infância no século XVIII pode ser trabalhada, como já fizeram alguns autores, a partir do importante *Vocabulário português e latino*, do religioso português Rafael Bluteau (1790). Nesse dicionário, a "infância era a idade dos meninos enquanto não falassem, ou até que fizessem uso da razão, que, por sua vez, era entendida como a potência intelectiva, primeira e principal faculdade da alma" (ibidem, p.121). O próprio dicionarista do século XVIII hesitava na definição, "conforme a opinião dos que querem que infância também signifique a idade que se estende até o princípio da adolescência, a saber, aos 14 anos" (Franco, 2014, p.38).

Além de Bluteau, podemos também utilizar, para pensar essas questões e para corroborar o quanto era difícil, mesmo para aqueles letrados, diferenciar as fases da vida dos indivíduos, as *Constituições Primeiras do Arcebispado da Bahia*, as quais determinavam como deveriam funcionar as estruturas da Igreja Católica na colônia e que tiveram vigor até o século XIX. As *Constituições...* estabeleciam para o sagrado matrimônio as idades de 14 anos para os "varões" e a de 12 anos para as "fêmeas". Pela leitura desse documento, eram essas as idades que propiciavam aos que até então estavam na infância a "capacidade" e o "domínio dos corpos" para constituírem, a partir de então, sob as bênçãos da santa Madre igreja, suas famílias (*Constituições Primeiras...*, 1853, p.107). "Capacidade" e "domínio dos corpos", portanto, podem ser pensados como atributos da passagem da infância para a fase adulta.

> O limite etário entre infância e adolescência também poderá ser diferente conforme o sexo: a puberdade [idade em que os moços e as moças são capazes para a geração] começa aos 14 anos para os meninos e aos 12 anos para as meninas. Se as fases da vida eram descritas sem maiores reveses – infância, puerícia, adolescência, mocidade, idade varonil, velhice e idade decrépita – os limites etários eram confusos e as fronteiras entre infância, puerícia e adolescência aumentavam os desacordos. "A 'puerícia é a idade do homem entre a infância e a adolescência, começa do terceiro ou quarto ano e acaba aos 9 ou 10 anos'". (Franco, 2014, p.38-9)

O *Vocabulário português e latino* e as *Constituições Primeiras...* são dois exemplos de documentos que permitem perceber como eram difíceis os limites para demarcar, ao menos de modo conceitual teórico, as fases da vida de um indivíduo na sociedade brasileira no período escravista. Apesar disso, parece factível afirmar que a juventude, "idade do juízo", "de constituir família" e "de domínio dos corpos", começava, apesar de meninos e meninas amadurecerem em tempos distintos, por volta dos 14 anos de idade. O término da juventude e o início da fase adulta, crescida, madura, talvez sejam os mais difíceis de verificar; é possível que, para os escravos, esse período tenha ficado entre os maiores de 14 e os que tinham por volta dos 45, 50 anos. Devemos nos lembrar de que, para os cativos inseridos em condições insalubres de trabalho, o esgotamento físico era uma realidade, fazendo com que estivessem, do ponto de vista dos senhores, "menos aptos" para o trabalho exigido nas plantações, fábricas, cidades etc. A idade dos idosos, em uma sociedade na qual a expectativa era particularmente penosa para os escravos, podia começar por volta dos 50 anos. Apesar das dificuldades para mensurar essas "passagens" da vida daqueles indivíduos, é possível problematizar a questão. Nesse sentido, um bom início é a análise do tráfico negreiro africano, pois foi a partir dele que se iniciou uma tendência para a aquisição de escravos homens e mulheres jovens.

Tráfico atlântico de escravos

Com o estabelecimento do tráfico de africanos para a Colônia e depois para o Império, a mão de obra escrava preferida, com variações ao longo do tempo, constituiu-se, sobretudo, de cativos jovens, fossem eles homens ou mulheres, para suprir a alta demanda por essa força de trabalho. Cabe destacar que essa não foi uma característica apenas do Brasil. A crescente importância das novas colônias europeias no Caribe, nos Estados Unidos e na América Espanhola levou a um crescimento das exportações de cativos africanos para as atividades agrícolas e minerais com as mesmas tendências no que diz respeito às faixas etárias do "cativo ideal".

Existiram, basicamente, duas formas de aumentar e/ou manter a posse de escravos e que não foram antagônicas. A primeira foi a que utilizou o tráfico negreiro africano, que se consolidou como um importante mecanismo para a manutenção e ampliação da mão de obra. Outra foi o crescimento natural dos escravos nascidos no Brasil (chamados crioulos) – não estamos falando de criatórios de escravos!

Nunca se saberá com precisão qual o volume de cativos traficados a partir do continente africano. No entanto, pode-se afirmar com certa segurança, pelas fontes disponíveis e pelos estudos de especialistas no tema, que o Brasil foi o local de destino do maior contingente dos escravos transportados do continente africano. As estimativas sobre a quantidade de africanos trazidos para a América Portuguesa (colônia) e para o Império do Brasil enquanto o tráfico vigorou são muitas. Entre 1561 e 1875, desembarcaram na Colônia/Império do Brasil 4.821.127 cativos vindos do continente africano.[1]

Apesar de arriscado e instável, o comércio negreiro era altamente rentável. Os lucros, vindos da alta demanda, justificavam os riscos – financeiros inclusive – da empreitada. Diversas conjunturas favoreceram esse "destino" brasileiro, além dos aspectos econômicos que justificavam a utilização de cativos africanos:

> O fim dos tráficos de escravos norte-americano e britânico em 1808, a destruição da frota escrava francesa durante a era da Revolução Francesa e a abolição formal da maior parte do tráfico europeu nas três primeiras décadas do novo século. A abolição da escravidão, em 1834, nas colônias inglesas e, em 1848, nas colônias francesas, eliminou totalmente estas regiões como importadoras de escravos. (Klein, 1987, p.169).

O tráfico intercontinental de escravos foi, sem dúvida, um dos pilares do sistema escravista brasileiro. O comércio negreiro foi proibido em 1815 (Tratado Anglo Lusitano que proibia o tráfico acima da linha do Equador) e em 1831 (lei de 7 de novembro de 1831 que proibia o tráfico transatlântico), e teve seu término "efetivo" no ano de 1850 (Lei Eusébio de Queirós). Apesar da sua proibição, foi por meio do tráfico (ilegal pós-1831) que se garantiu o abastecimento da Colônia e depois do Império, constituindo-se o tráfico atlântico "em variável fundamental para a reprodução física da mão de obra cativa" (Florentino, 2014, p.27).

Diversos livros, relatos de viajantes, descrições e iconografias, com distintas percepções, negativas ou positivas, foram feitos durante o período em que vigoraram o tráfico de escravos e a escravidão. Artistas produziram imagens sobre o cotidiano daqueles indivíduos. Em sua viagem ao Brasil, por volta dos anos 1830, o viajante alemão Johann Moritz Rugendas deixou uma imagem sobre os porões de um navio negreiro. Não é possível saber se o viajante esteve nos porões de um navio negreiro

---

1 Dados disponíveis em: www.slavevoyages.org. Acesso em: 19 jun. 2020.

Figura 1
Johann Moritz Rugendas, *Nègres a fond de calle (Negros no fundo do porão)*, 1835

Fonte: Rugendas (1940).

ou se "ouviu dizer" como era. No entanto, a imagem nos permite uma aproximação, mesmo que vaga, do local e para o que nos interessa aqui sobre o perfil etário e sexual dos cativos vindos para o Brasil, e se aproxima das descrições e da documentação sobre "quem eram" os escravos africanos vindos para o Brasil. Apesar de não ser uma constante, eram principalmente homens e mulheres jovens (Figura 1).

O tráfico trazia homens e mulheres – crianças, jovens e adultos. No entanto, a maioria foi composta por cativos "prontos para o trabalho" – principalmente homens jovens nas chamadas "idades produtivas". Essas proporções variaram, no decorrer dos anos, devido às conjunturas diversas. Nunca é demais lembrar que o tráfico de cativos era um comércio dirigido não só pelos grandes traficantes, mas também pelos comerciantes de cativos na África que também impuseram, nessa relação comercial, suas demandas. O escravo "ideal" buscado pelo comprador dependia de distintas variáveis, como a oferta disponível para atender os compradores. O comprador, por exemplo, podia não encontrar nos portos de embarque na África cativos com condições boas de saúde, com a idade pretendida, com bons preços, jovens ou com as "etnias" buscadas pelos compradores "brasileiros". Os estudos sobre o tráfico vêm apontando que o número de "crianças" traficadas para o Brasil não foi tão insignificante como se pensava. No entanto, fica patente a predileção dos compradores por cativos jovens.

Uma aproximação da importância do tráfico e dos escravos jovens nas escravarias brasileiras pode ser verificada entre 60 moradores do Rio de Janeiro entre 1687 e 1809. Esses proprietários possuíam 1.029 (83,25%) de escravos adultos e 207 (16,75%) de crianças. Apesar de não sabermos a faixa etária atribuída a esses adultos e crianças, não é difícil apontar, a partir de todo conhecimento que se tem sobre as dinâmicas do tráfico atlântico de escravos, que grande parte daqueles indivíduos eram jovens (Cavalcanti, 2005). Ainda no Rio de Janeiro, entre 1790 e 1835 (nos meios rural e urbano), as taxas entre infantes (de 0 a 14 anos), adultos (15 a 49 anos) e idosos (50 anos ou mais) demonstram o maior percentual de cativos adultos. Entre esses, havia adultos muitos jovens. O predomínio desses indivíduos era absoluto: "eles nunca perfaziam menos da metade de todos os escravos, chegando mesmo a constituir um contingente cerca de três vezes maior do que o de crianças" (Florentino, 2014, p. 30)

Maria Graham (1956), no seu *Diário de uma viagem ao Brasil...*, descreve, na sua segunda visita ao Brasil, uma cena bastante comum para a sociedade da época. Transitando pela cidade do Rio de Janeiro oitocentista, uma das maiores cidades escravistas da época, a viajante se deparou com o comércio de "carne humana". Cena parecida Graham (1956) presenciou no Recife. Era 1º de maio de 1823, na cidade do Rio de Janeiro, descreve a viajante inglesa:

> Vi hoje o Val longo [Valongo]. É o mercado de escravos do Rio. Quase todas as casas desta longuíssima rua são um depósito de escravos. [...] nos quais filas de jovens criaturas estavam sentadas, com as cabeças raspadas, os corpos macilentos, tendo na pele sinais de sarna recente. [...] Em uma casa as portas estavam fechadas até meia altura e um grupo de rapazes e moças, que não pareciam ter mais de quinze anos, e alguns muito menos, debruçavam-se sobre a meia porta e olhavam a rua com faces curiosas. Eram evidentemente negros bem novos. (Graham, 1956, p.254).

Os escravos vendidos no Valongo até 1830 eram "geralmente do sexo masculino, de dez a 24 anos de idade" (Karasch, 2000, p.68). Esse perfil é confirmado por alguns viajantes que visitaram o Brasil. Em 1807, o viajante inglês

> Vaux [James Hárdy] registrava que o melhor escravo para comprar era um jovem de quinze anos e, ainda em 1848, Ellis observava que, em geral, vendiam-se melhor os meninos entre doze catorze anos. No conjunto, os viajantes sugerem que as crianças em exibição no mercado tinham entre cinco ou seis e dez anos, enquanto os adolescentes iam de onze ou doze a quinze anos. (Karasch, 2000, p.69)

O contrabando de escravos responsável pela entrada de milhares de africanos escravizados no Brasil aconteceu como política de Estado e no período da ilegalidade (pós-1831) e se deu ao "arrepio das leis" vigentes (Chalhoub, 2012). Política e escravidão estavam, sobretudo nesse momento, intimamente ligadas em defesa da propriedade e do tráfico de escravos. Estado, lideranças políticas e grandes fazendeiros (muitos deles em altos postos do governo) constituíram uma cumplicidade no tocante ao tráfico atlântico de escravos que transportou para cá um número nada desprezível de pessoas, sobretudo no período de ilegalidade do comércio de escravos africanos (Chalhoub, 2012; Parron, 2011).

Para o período posterior a 1830, os novos africanos vendidos no Rio de Janeiro eram "crianças acima dos cinco ou seis anos de idade e adolescentes jovens. Além disso o mercado tinha uma propensão para jovens do sexo masculino" (Karasch, 2000, p.70). Entre os africanos importados para o Rio de Janeiro (1838-1852), período em que o tráfico era ilegal, cerca de 83% tinham entre 10 e 24 anos: "Em resumo, o novo escravo era com maior probabilidade um menino pequeno ou adolescente do sexo masculino, cuja própria juventude influenciaria a natureza de sua percepção no mercado" (ibidem, p. 71).

Ao longo de toda a primeira metade e na primeira década da segunda metade do século XIX, milhares de homens e mulheres vindos do continente africano foram desembarcados no continente brasileiro. Entre 1801 e 1830, desembarcaram no Brasil 1.262.268 escravos; entre 1831 e 1850, outros 737.74. Entre 1851 e 1875, período em que o tráfico havia "efetivamente" sido abolido pela Lei Eusébio de Queirós de 1850, ainda desembarcaram 6.899 indivíduos.[2] Fica claro que grande parte das importações de africanos para o Brasil ocorreu no período em que havia uma série de normas, tratados e legislação proibindo o comércio negreiro. Nesse aspecto, a Região Sudeste se destacou. O Sudeste do Brasil foi a região que recebeu o maior número de cativos, tanto em números absolutos quanto em números relativos.

Independentemente de serem vistos, por parte dos proprietários, como os "mais adequados" ao trabalho, os escravos jovens, assim como todos os cativos, possuíam condições de vida e de trabalho muito difíceis. As tarefas e os ofícios desempenhados por cada um deles eram múltiplos, apesar das especificidades bastante extenuantes.

Os jovens escravos trabalhavam, como já dissemos, nas mais diversas atividades. Eram, nos dizeres do missionário italiano André João Antonil (1711, p.31), "as mãos e os pés dos senhores de engenho" e, por que não dizer, de qualquer senhor. Uma análise, no tempo e em atividades distintas, permite verificar a importância dos cativos jovens na história da escravidão brasileira. Ressaltamos, uma vez mais, que, apesar de privilegiarmos a análise nos cativos jovens, escravos de todas as idades, sexos, origens e procedências foram utilizados como força de trabalho no Brasil e em outras sociedades escravistas.

Na mineração

As áreas mineradoras do distrito diamantino ou de Vila Rica, ao longo do século XVIII, passaram por um grande crescimento demográfico. Após a descoberta dos primeiros veios auríferos e diamantíferos, um número alto de pessoas se voltou para aquelas paragens levando esse período a se constituir como um dos primeiros fluxos migratórios

2 Estimativas do banco de dados Slave Voyages. Disponível em: www.slavevoyages.org. Acesso em: 16 jun. 2020.

interno da colônia portuguesa. Acompanharam esse fluxo um amplo contingente de cativos jovens que atuou na exploração e em outras atividades econômicas. Naquelas paragens, com as novas descobertas de ouro e diamante, os preços dos escravos moços, cada vez mais, se tornavam altos. Na década de 1720, na região mineradora da capitania de Minas Gerais, "um escravo robusto e moço, custava, em média, cerca de 300 oitavas de ouro nas Gerais" (Dias, 2002, p.79), sendo um preço bem maior do que em outras áreas da colônia. Para se ter uma dimensão do valor, naquele período, em Mariana e Ouro Preto era possível com essa quantia comprar gêneros importados: como 272 quilos de bacalhau ou de manteiga (do reino); ou 528 litros de vinho; de gêneros locais: 272 quilos de toucinho, banha de porco ou tabaco; todos de alto valor para os mineiros.

A mineração exigia que seus trabalhadores passassem grande parte do dia com os pés e as mãos dentro dos rios e com o sol nas costas. O trabalho nas encostas para faiscar era também bastante perigoso, sempre com risco de deslizamentos. Um escravo jovem que trabalhava na mineração estava sujeito a contrair enfermidades diversas por conta do tipo de trabalho. Os trabalhos no distrito diamantino, assim como em todas as atividades realizadas por cativos, eram bastante rigorosos, sobretudo por serem realizados em condições geográficas e de clima bastante insalubres, nos leitos dos rios e nas encostas, o que aumentava os riscos à sua saúde que se refletiram na diminuição dos dias de trabalho. Em *Erário mineral*, de 1735, um dos primeiros tratados de medicina brasileira, o cirurgião-barbeiro Luís Gomes Ferreira, por meio de sua atuação na capitania de Minas Gerais,

> [...] documentou a frequente perda de escravos nos serviços de mineração. A mortalidade era elevada em função dos riscos a que ficavam expostos. Os escravos ficavam muitas horas com os pés e os joelhos dentro da água dos ribeiros. Tanto o ribeirão do Carmo como o rio Sabará eram extremamente frios. Segundo uma fonte da época, *tão forte e insuportável era o frio das águas do ribeirão que era preciso entrar nele pela dez horas da manhã e sair dele pelas três da tarde.* (Silva Dias, 2002, p.79, grifos da autora)

A dificuldade nesse tipo de trabalho, bem como a predileção por escravos jovens, pode ser vista, no século XVIII, em outros documentos, como no livro de entradas e saídas de doentes no "hospital dos escravos" do distrito diamantino. Em 1754, o escravo Francisco, de nação Sabará, avaliado em 300$000 (trezentos mil réis), 18 anos de idade, foi internado para tratamento de saúde naquele "hospital". Possuía, segundo a descrição do documento, os seguintes traços físicos: "um lanho na face esquerda e riscos em ambas as fontes". No mesmo ano, um escravo por nome João, Nagô, de idade de 18 anos, com uma "cicatriz no peito de barriga, [?] grande na face direita" e na esquerda uma estrela pequena, e todo cheio de riscos, e no meio da testa uma "grella" de três riscos, foi avaliado em 270$000 (duzentos e setenta mil réis). Foram descritos 446 cativos naquele livro, muitos deles entrando e saindo, mais de uma vez, do "hospital", e na sua imensa maioria com idades entre 16 e 30 anos.

As condições de mortalidade dos cativos e, por consequência, sua longevidade foram, entre outros aspectos, condicionantes para a aquisição de mão de obra, determinando o volume e a intensidade do tráfico para a localidade, quando o investimento nesses trabalhadores era alto. Cada vez mais, buscavam-se escravos jovens que pudessem suportar as intempéries das condições de trabalho nas áreas mineradoras. Isso pode ser percebido pelo perfil etário dos cativos que foram tratados no "hospital", em sua maioria africanos, homens e em idade produtiva.

Entre 1715 e 1888, havia, em algumas localidades de Minas Gerais – São João del Rey, Mariana/Ouro Preto e Diamantina –, uma maioria de cativos entre 15 e 40 anos, que eram considerados os mais produtivos. Nesse período, 49% dos escravos tinham entre 15 e 40 anos, outros 30% estavam entre os cativos de 1 a 14 anos, e os 21% restantes, com 41 anos ou mais (Bergad, 2004). É lógico que havia diferenças entre as localidades citadas. No entanto, no geral era esse o panorama mineiro ao longo do período. No caso específico de Diamantina, por conta da mineração e da entrada constante de cativos africanos, havia um menor número de escravos com menos de 15 anos, mais um aspecto que permite afirmar o vigor do tráfico atlântico de escravos jovens em idade produtiva.

Nos engenhos e nas plantações de cana-de-açúcar

O açúcar foi um dos principais produtos de exportação brasileira na Colônia e no Império do Brasil; com solo apropriado e disponível, tornou-se um produto importante para exportação e com alta produtividade e rentabilidade. Parte dos lucros vindos do plantio e beneficiamento da cana-de-açúcar foi utilizada para a aquisição de trabalhadores em idades tidas como as mais apropriadas para o exercício das diversas funções nesse complexo produtivo. Os trabalhos desempenhados pelos cativos nos engenhos e nas plantações de cana-de-açúcar foram indispensáveis e eram também brutais (coerção, condições de trabalho, alimentação etc.).

Todas as fases até a fabricação e o beneficiamento do produto contaram com ampla mão de obra escravizada, em sua maioria composta de jovens. O trabalho nos canaviais era intenso, e lá os cativos passavam a maior parte do seu tempo. Em uma comparação entre as populações "escrava e livre" com a população branca em três paróquias baianas em 1788 (Taperagoa, Água Fria e Inhambupe), foi possível perceber que até a idade de 10 anos a população de cativos homens era 40% menor que a população "branca"; já na faixa etária seguinte, entre 10 e 40 anos, a população de homens escravos "excedia em muito a dos brancos", isso era "um resultado [óbvio] da importação de adultos jovens pelo tráfico negreiro". Essa tendência era a mesma para as cativas, embora de maneira menos extrema. Como já dissemos, havia uma predileção por cativos jovens, sobretudo homens, e isso se refletia novamente na faixa etária dos cativos com mais de 50 anos daquelas três paróquias. Ou seja, esses escravos (com mais de 50 anos) eram cerca de 50% e 60% menos do que os brancos na mesma faixa etária. (Schwartz, 1989, p.297) Essa discrepância entre "escravos e livres" com mais de 50 anos também representa as dificuldades, para os cativos, de atingir uma maior longevidade em sociedades escravistas como o recôncavo baiano canavieiro do século XVIII. Essa tendência, claro, se refletia na força de trabalho.

Alguns pesquisadores já destacaram o importante papel da idade na distribuição das ocupações dos escravos. Para se ter uma dimensão, no período entre 1713 e 1826, em uma amostra com 1.900 escravos de engenhos baianos, em sua maior parte homens, foram arroladas cerca de "oitenta ocupações ou especializações diferentes", alguns deles com mais de uma ocupação (ibidem), e essa força de trabalho era majoritariamente composta por cativos entre os "indivíduos saudáveis" de 14 e 45 anos.

Na cafeicultura

O café, um produto exigente quanto às condições de clima e de solo, que necessita de terras férteis, temperatura sem oscilações excessivas, pluviosidade bem distribuída durante todo o ano e sem épocas de seca prolongadas, encontrou nessas localidades suas condições ideais. A planta obteve principalmente nas florestas do Vale do Paraíba (fluminense, paulista e mineiro) o bom solo para o seu cultivo e a farta mão de obra escrava para seu cultivo, transformando-se no principal produto de exportação da economia no Brasil do século XIX. Esse produto foi, sem dúvida, o responsável pelo desmatamento dos morros e vales da região, e pela formação das vilas e cidades.

O plantio e a colheita do café eram feitos utilizando mão de obra de variados escravos, muitos deles jovens. A colheita do café, por exemplo, exigia "disciplina", uma vez que se devia evitar o desperdício e porque era estipulada para cada escravo ou grupo de escravos uma quantidade a ser colhida. O viajante Eugene de Robiano dizia que a colheita de café era um espetáculo muito interessante de se ver. Segundo ele,

> [...] os negros, homens e mulheres, espalham-se aqui e ali na plantação, carregando jacás ou prendendo na roupa, cestas feitas de caniços ou de bambus. Lá dentro é que, rindo e cantando, colhem o café, enquanto as crianças, negrinhos encantadores, reúnem, em cuias, os grãos que encontram pelo chão. (Robiano, 1874 apud Leite, 1984, p.137)

O café, principal produto brasileiro comercializado durante o século XIX e início do XX, teve importância fundamental na formação, no povoamento e na consolidação de inúmeras localidades do Vale do Paraíba. Foi por meio e por causa desse produto de exportação que os proprietários da região conseguiram as condições para o aumento do número de cativos em sua maior parte composta por jovens.

> Nas regiões de grande lavoura no Rio de Janeiro e em São Paulo, e nas áreas agropecuárias mais dinâmicas do Sul de Minas Gerais, a escravidão na primeira metade do século XIX era quase literalmente "africana". Recenseamentos da época indicam que cerca de 80% dos cativos adultos (acima de 15 anos) nessas regiões provinham da África. (Slenes, 1999, p.142)

Vassouras, um grande município cafeeiro no século XIX, teve uma conformação que pode ser pensada para a maior parte das localidades cafeeiras no chamado Vale do Paraíba. A região de Vassouras iniciou de maneira sistemática seu povoamento a partir da década de 1820; Juiz de Fora, outra importante produtora e café do Vale do Paraíba, por volta de 1830. Outros importantes municípios cafeeiros do Vale tiveram a partir dessas décadas iniciais uma intensificação de sua colonização e povoamento. No caso de Vassouras, até meados da década de 1840 "levas maciças de africanos jovens e adultos haviam sido trazidas para as fazendas". (Salles, 2008, p.232)

Por volta de 1831, a província de Minas Gerais determinou que fossem feitos levantamentos estatísticos acerca de sua população, os chamados "mapas de população". Uma das variáveis levantadas foi a relativa às idades da população. Na atual cidade de Juiz de Fora, uma das importantes localidades cafeeiras daquela província, morava o capitão Antonio Dias Tostes que, segundo o "mapa", era o maior proprietário de escravos. Eram 147 escravos, a maioria de jovens e adultos (de 15 a 40 anos), totalizando 105 indivíduos (77 homens e 28 mulheres), em seguida vinham as crianças (de 0 a 14 anos) com 35 pessoas e por último os idosos (mais de 41 anos) com sete cativos (Freire, 2014).

Alguns anos mais tarde, em 1866, faleceu o comendador Francisco de Paula Lima, outro importante personagem daquela sociedade. Não havia mais tráfico atlântico, o tráfico interno de cativos havia aumentado, e, apesar disso, notamos a mesma conformação na escravaria: predominância de uma maioria de cativos jovens e adultos. Eram 136 cativos (89 homens e 47 mulheres), seguidos por idosos e crianças (ibidem).

Como principal atividade econômica do Brasil ao longo do século XIX, a cafeicultura necessitava, além de grandes extensões de terra, de muitos cativos para continuar produzindo e exportando grandes quantidades de café, sobretudo para os Estados Unidos e a Europa. Essa força de trabalho não foi outra senão a escrava, principalmente composta por cativos jovens. Para tanto, os senhores utilizaram amplamente o tráfico atlântico, mesmo depois de proibido, e, a partir da segunda metade do XIX, o tráfico interno de escravos. Contaram também com o nascimento de cativos e com outras formas de trabalho que não a escrava.

Nas cidades

Em 1817, Victor A. Gendrin em viagens ao Brasil e a outras localidades das Américas, entre outros aspectos, teceu considerações sobre a vida, o cotidiano e o trabalho dos escravos. Não deixou também de falar sobre aspectos físicos dos cativos. Sobre os escravos domésticos, o viajante dizia que, em geral, as "famílias possuíam sete ou oito negros de quinze a dezoito anos, que cria como gado, faz de um, pedreiro, de outro, sapateiro, dum terceiro, carpinteiro, pintor ou alfaiate; depois aluga-os a quem tem necessidade" (Gendrin apud Leite, 1984, p.42).

Os cativos e as cativas dos núcleos urbanos, como Rio de Janeiro, Salvador e Recife, tinham diversas designações de "cor" (preto, pardo, mulato), procedência, origem e variantes que davam dimensões sobre suas faixas etárias. "Moleque" era uma delas. Segundo Mary Karasch (2000), esse era um termo utilizado para designar "meninos e homens negros entre as idades de seis e trinta anos", sobretudo meninos africanos. A palavra tinha, portanto, também um significado de juventude. A forma "'molequinho' designava muitas das vezes um menino negro muito jovem ou pequeno". É claro que as variantes de idade também tinham suas variáveis femininas, para africanas e crioulas, tais como "moleca", "negrinhas" ou "crioulinhas", "rapariga". Segundo a pesquisadora, "as diferenças no uso das palavras talvez refletissem diferentes atitudes da sociedade em relação a adolescentes negros" (ibidem, p.37-8).

Figura 2
Jean-Baptiste Debret, *Nègres cangueiros* (*Negros cangueiros*), 1835
Fonte: Debret (1954, v.2)

Nas cidades e em outras paragens do Brasil Colônia e Império, o aluguel, o leilão e a compra e a venda de escravos eram comumente anunciados na imprensa com outras mercadorias. Esse documento é interessante para se pensar a questão com a qual estamos trabalhando, pois a idade era uma variável que influenciava bastante nos preços dos escravos. Nos jornais, abundam anúncios dessas transações comerciais tão corriqueiras, sobretudo nos ambientes urbanos.

O leilão era um momento em que era possível se desfazer de cativos e adquirir outros. Quarta-feira, 11 de janeiro de 1860, o jornal *Publicador Maranhense* informava aos seus leitores um leilão de escravos, que seriam arrematados no sábado, dia 14 daquele mês. Eram escravos de diferentes proprietários, entre eles "Nicomedio molato de 25 annos vaqueiro", "Augusto 28 annos, sapateiro"; o anúncio do leilão prosseguia dizendo que havia ainda "Merencia preta de 45 annos" e "um preto de 12 annos bonita figura".

A província de São Paulo também teve seus leilões. No dia 18 de abril de 1855, o *Correio Paulistano* publicou a notícia de um leilão que aconteceria no dia 29 do mesmo mês, às 16 horas, no qual "se venderão em leilão os optimos escravos seguintes, todos sem vícios ou enfermidades". Foram vários os cativos comercializados: Bonifacio, crioulo, 23 anos de idade; Joaquina, crioula, 8 anos; Balbina, crioula, 6 anos; Justina, crioula, 5 anos; José, crioulo, 2 anos; Leopoldina, crioula, 12 anos; Maria, crioula, 32 anos; Jacobina, de nação, 40 anos; Moysés, de nação, 36 anos; Joaquim, crioulo, 18 anos; e Benedicto, de nação, 38 anos. No mesmo jornal, foi anunciado outro leilão de escravos, que aconteceria em virtude da herança de um fazendo do Alabama (Estados Unidos) a qual produziu a venda de 285 escravos. Eram todos descritos como pretos, da roça, e a maior parte deles era composta por crianças. Leiloou-se ainda "um jovem casal sem filhos" por três mil dólares, e venderam-se ainda "rapazes e raparigas de 11 a 20 annos de 1.500 a 1.700 cada um, dous irmãos gêmeos de 15 nanos por 3.700 dollars".

Sublinhamos anteriormente uma tendência à predileção dos senhores por um tipo específico de escravos oriundos do tráfico atlântico de cativos, principalmente homens jovens considerados prontos para o trabalho. A partir de 1850 (pós-Lei Eusébio de Queirós), o comércio de escravos mudou sua direção para incorporar, nas regiões mais dinâmicas, ligadas à cafeicultura no Vale do Paraíba, cativos provenientes de outras regiões do Império. Começava assim, de maneira mais intensa, a vigorar uma modalidade de tráfico que já existia, mas que a partir desse momento ganhou mais dinamismo, conhecida como tráfico interno de escravos (proibido pela Lei Saraiva-Cotegipe em 1885).

Diversos estudos sobre o tema demonstram, entre vários aspectos, que as idades eram uma variável importante nas compras e vendas de cativo do tráfico interno. Mantinha-se a predileção por cativos jovens, homens e mulheres, africanos ou crioulos (escravos nascidos no Brasil). Nos anúncios de compra e venda dos jornais, por exemplo, notamos essa característica. O *Jornal do Commercio* em 1860 anunciou a venda de escravos chegados por meio do tráfico interno à cidade do Rio de Janeiro e que vinham de variadas localidades. Foi assim que nas folhas daquele jornal se anunciou a venda de escravos "chegados ultimamente do Norte, e entre eles lindos moleques e negrinhas de 10 a 16 anos, pretas moças e prendadas, pardinhas e pardinhos de 10 a 15 anos, um preto Minas, duas pretas e pretos próprios para a lavoura; no beco dos Ferreiros n.15" (*Jornal do Comercio*, 2.6.1860). Dez anos depois, o mesmo jornal informava a venda de 50 escravos. O anúncio dizia que esses cativos poderiam ser vendidos juntos ou separados, "todos vindos do Norte, e sendo na qual totalidade moleques de 15 a 25 anos, alguns pedreiros, ferreiros, polidores, mucamas prendadas, lindas negrinhas e pardinhas, e excelentes escravos de roça, etc.: trata-se na rua da Alfandega, n. 37" (ibidem, 26.7.1870)

Em 1838, ainda na cidade do Rio de Janeiro, o *Diario do Rio de Janeiro*, de 10 de fevereiro, publicou em suas páginas vários anúncios de venda de cativos. Eis alguns exemplos: um pardo, cujo nome não foi mencionado, que tinha entre 18 e 20 anos, sendo "perfeito oficial de alfaiate"; uma "bonita mocamba de 20 annos, que sabe lavar, cozinhar, engomar, coser e o mais serviço de uma casa"; e "um bonito molecote de 16 annos, e outro de 14, próprios para o que os queriao aplicar". O mesmo anúncio descrevia que quem se interessasse poderia comprar ainda oito cadeiras americanas e dois pares de aparador.

Na cidade do Recife, o *Diario de Pernambuco*, de 31 de agosto de 1836, anunciava a venda de um "moleque de 16 a 18 annos de idade, bonita figura, sadio, próprio para todo o serviço, ou troca-se, por uma negra, que esta saiba fazer os serviços de uma casa de família, que seja fiel e sem vícios".

Anos mais tarde, no Rio de Janeiro, vendia-se de uma casa particular "uma mulatinha de 19 annos com uma filha de 4 mezes, cose, cosinha, lava e emgomma perfeitamente e está no caso de ser ama de leite; trata--se na rua dos Arcos, n. 56" (*Gazeta de Noticias*, 12.7.1876).

O aluguel de escravos era outro negócio típico, sobretudo nos núcleos urbanos do Brasil. Os anúncios ou o boca a boca (quando não se tinha dinheiro para pagar um anúncio nos jornais) sempre frisavam as idades e "as boas qualidades" de saúde e higiene. Uma boa propaganda era vital para um negócio rápido e para estabelecer os valores dos aluguéis. Muitas vezes, as idades não eram ditas, mas diziam-se palavras que remetiam à juventude dos cativos e das cativas que seriam alugados, como: "moça", "moço" e "moleque". A *Gazeta de Notícias*, de 29 de dezembro de 1879, anunciava ao público interessado que na Rua General Camara, número 69, em um sobrado, poderiam ser vistos e negociados alguns cativos: "Vendem-se dous escravos, chegados ultimamente do norte sendo: um moleque de 12 annos, e uma preta de 29 annos de idade, é optima ama de leite, sabe cozinhar e lavar". Outro anúncio remetia à Rua do Fogo, número 46: "Vende-se uma ama de leite, preta de 20 annos, bonita figura, sadia e carinhosa" (*Gazeta de Notícias*, 26.4.1878). Cativos para todos os serviços podiam ser encontrados no Largo do Catumby, número 34, no ano de 1876: "Alugam-se diversos escravos: sendo uma perfeita mucama, dois pardos marcineiros e lustradores, duas amas de leite de 8 a 12 dias, sem filhos, um moleque alfaiate, uma cosinheira, diversos moleques e pretas para todo o serviço" (ibidem, 8.8.1876). Na Rua do Mattoso, número 34, chácara: "Aluga-se uma escrava, preta, creoula, de 17 annos, para ama de leite" (ibidem, 16.11.1879).

Para alugar e vender, era preciso uma boa propaganda. Características que abonassem os cativos deveriam ser elencadas, e isso influenciava no valor final. Nesse sentido, a idade era, em conjunto com outros aspectos, fator fundamental para bons negócios.

No tráfico interno

Do ponto de vista dos senhores e do Estado, os cativos eram um bem, uma mercadoria que poderia ser comprada, vendida, alugada, emprestada, doada etc. Com relação às compras e vendas, além dos anúncios em jornal, existiam registros feitos em cartório para esse tipo de transação comercial. Portanto, como se tratava de um comércio regido pela lei, os impostos eram pagos ao governo.

Em algumas regiões do país, nota-se uma maioria, entre homens e mulheres, de indivíduos com idades "de trabalhar", "entre 84% e 86% tinham idades entre 10 e 40 anos". Em uma amostragem de cativos chegados ao porto do Rio de Janeiro, em 1852, pelo tráfico interno, 38% eram cativos na faixa de 20 anos. Em outra, cerca de 57% eram cativos entre 11 e 20 anos, ou seja, ainda mais jovens. Dos escravos vendidos do interior da Bahia no tráfico interprovincial, cerca de dois terços deles tinham idades entre 11 e 30 anos (Conrad, 2016). Em Campinas, nas décadas de 1860 e 1870, 85% dos escravos vendidos tinham entre 10 e 39 anos, e, em Rio Claro, também na província paulista, os cativos eram em sua maioria indivíduos com idades que variavam de 10 a 15 anos (Conrad, 1985).

Esse não era um tipo de negócio de um período específico da nossa história, mas cresceu bastante a partir do século XIX. Há histórias de homens, mulheres e crianças muitas vezes vendidos separados para longe de seus familiares, seus amigos e sua comunidade, e, em outros casos, mantinham-se as relações familiares e comunitárias. Na cidade do Parahybuna (atual Juiz de Fora), foi feita uma escritura de compra e venda de escravos no dia 16 de dezembro de 1862. Naquela ocasião, a cativa Benedicta, parda, de 18 anos, do serviço doméstico, foi vendida por 2:000,00 (dois contos de réis), e seu senhor dizia que a vendia com "todos os seus vícios e achaques, patentes e encobertos". Alguns anos mais tarde, na mesma localidade, em 29 de dezembro de 1870, foram vendidos 13 escravos. Eram eles Manoel, pardo, 25 anos; Micaela, sua mulher; Antonio, crioulo, 27 anos; Antonia, sua mulher; Gabriel, pardo, 34 anos; Gregoria, sua mulher; Ignacio, seu filho; João Cabra, 22 anos; Domingos, crioulo, 17 anos; Francisco, pardo, 22 anos; Cristina, crioula; Lus, crioulo; e Lino, crioulo. Nessa ocasião, podemos notar que as relações familiares foram mantidas. Isso não era pouca coisa para aqueles indivíduos, pois a família era muito importante para o cotidiano daqueles cativos. Notamos também que os escravos comercializados estavam na faixa de idade tida como a mais produtiva para o trabalho (Freire, 2014).

Por meio de uma dívida, foi feita uma hipoteca em Juiz de Fora, em 29 dia de agosto de 1881. O credor cobrava e recebeu, entre vários bens, um número significativo de cativos. É possível ver duas coisas importantes: a primeira que eram cativos jovens, e a segunda que eram oriundos de outras províncias do Império ou de outras localidades mineiras. Também podemos conhecer sobre suas condições conjugais (solteiro, viúvo, casado) e "cor". Eram eles: Cosme, pardo, 15 anos, natural do município de Paulo Affonso, província de Alagoas; Bernardo, pardo, 17 anos, solteiro, do município de Ipui; Aurora, parda, de 16 anos, solteira, do mesmo município; Raymundo, preto, 21 anos, solteiro, do município de Maranguape, no Ceará; Polycarpo, pardo, 22 anos, solteiro, da Corte (Rio de Janeiro); Liberato, preto, de 22 anos, solteiro, do município da Serra, no Espírito Santo; Diogo, pardo, de 22 anos, solteiro, do município da Corte; Vicência, preta, 35 anos, casada, do Recife, em Pernambuco; Procópio, pardo, 17 anos solteiro, do município de Grão Mogol, em Minas; Maximianno, preto, 28 anos, solteiro, do mesmo município; Maria, preta, 31 anos, solteira, do município do Para, em Minas; Generosa, parda, 13 anos, solteira, do mesmo município; Romão, preto, de 26 anos, casado do município de Queluz, em Minas; Rufo, preto, 34 anos, solteiro; Hortencio, pardo, 34 anos, solteiro; Bibiano, pardo, 44 anos; Urçula, preta, 38 anos casada, de Juiz de Fora; Baldoina, cabra, 44 anos, viúva; Flora, preta, 39 anos, viúva; Olumpio, preto, 17 anos, solteiro; Josefina, preta, 15 anos, solteira; André, mulato, 41 anos, casado; Sebastiana, parda, 39 anos, casada; Jose Mangalarga, pardo, 19 anos, solteiro; Antonio, pardo, 15 anos, solteiro; Benvinda, preta, 36 anos, viúva; Antonio Carlos, preto, 11 anos, filho de Bemvinda de Juiz de Fora (ibidem).

Na segunda metade do século XIX, apesar de um residual tráfico ilegal, a reposição da mão de obra por meio do tráfico atlântico estava terminada. O tráfico interno mais dinâmico teve uma tendência de comprar cativos jovens e homens, no entanto, a partir desse momento, as disparidades de sexo e idade, por exemplo, se tornaram menos marcadas.

No Rio de Janeiro, em uma amostra com 1.737 escravos, entre 1810 e 1849, "640 tinham menos de 20 anos de idade (36,85%), 702 entre 21 e 40 anos (40,61%), 222 entre 41 e 60 anos (12,78%), 35 mais de 61 anos (2,02%) e 138 não tiveram sua idade declarada (7,94%), mas acreditamos que, em sua maioria, estavam na faixa dos 21 e 40 anos" (Soares, 2007, p.102). Ainda no Rio de Janeiro, só que agora no período de 1850-1888, uma outra amostragem utilizando as idades dos cativos verificou tendência parecida. Naquele período, foram 698 escravos, "169 tinham menos de 20 anos (24,21%), 281 entre 21 e 40 anos (40,26%), 160 entre 41 e 60 anos (22,92%), 30 mais de 61 anos (4,30%) e 58 não tiveram sua idade declarada (8,315), mas que deviam se incluir, em sua maioria, na faixa dos 21 a 40 anos" (ibidem). Apesar das disparidades, a tendência de maior percentual era entre jovens e adultos.

Escravos fugidos

A juventude, do ponto de vista dos senhores, era uma das características mais importantes para o bom desempenho do trabalho. Mas também era um problema para os proprietários por conta das rebeliões (individuais ou coletivas) e das fugas; quando não havia mais limites para a negociação, o conflito era inevitável. Não é que cativos e cativas de idades mais avançadas ou até crianças não fugissem.

Um estudo sobre as fugas de escravos pela fronteira entre Brasil e Uruguai, entre 1846 e 1870, demonstrou que, dos 439 escravos fugidos, com idade declarada, a grande maioria foi composta por escravos entre 19 e 40 anos (304), os com mais de 40 anos e aqueles que tinham idades abaixo dos 19 também não deixaram de tentar a liberdade por meio da fuga e foram, respectivamente, 104 e 31 cativos. No caso dos com menos de 18 anos, muitos fugiram com suas famílias. Outro aspecto importante: os fujões eram, em sua maioria, homens que realizaram a façanha sozinhos (Jarenkow, 2018). Na região do Rio das Mortes (com sede em São João del Rey), entre 1827 e 1839, também havia muitos fujões, sendo as fugas com tendências próximas às encontradas para a fronteira entre Brasil e

Uruguai. Os fujões foram em sua maioria homens e jovens; dos 70 cativos com idades conhecidas, 62,9% tinham entre 21 e 40 anos; outros 28,6% tinham entre 11 e 20 anos; e os com mais de 41 anos eram 8,5% (Costa, 2012). No Rio de Janeiro, entre 131 anúncios de fuga da *Gazeta do Rio de Janeiro* publicados entre 1809 e 1821, foi possível verificar as idades dos fugidos: sete (5,3%) tinham menos de 10 anos; 44 (33,5%), de 10 a 15 anos; 37 (28,3%), de 16 a 20 anos; 34 (25,9%), 21 a 30 anos; quatro (3,1%), de 31 a 40 anos; e cinco (3,8%), de 40 a 50 anos (Gomes, 1996).

O *Jornal do Commercio* do Rio de Janeiro, em 15 de fevereiro de 1828, noticiava a fuga de cativos como Roza de nação Moçambique escrava do Sr. Simplicio Retratista de "idade pouco mais ou menos 16 annos, cara redonda chea de corpo, beiço furado hé bem feita[...]". Como de praxe, dava-se o endereço em caso de recaptura e dizia-se ser bem recompensado aquele que a entregasse.

O *Diario do Rio de Janeiro* noticiou em suas páginas, alguns meses antes da proibição do tráfico atlântico em 1831, a fuga de um "moleque por nome Antonio" e prosseguia dando outras características do jovem fujão. Antonio era de "Nação Caçange, de idade 16 a 18 annos, levou calça de pano azul, camisa de algodão, de manga curta, jaqueta azul, e chapéo de palha, estatura regular, alguma couza magro, he oficial de Caboqueiro, e trabalha no Arcenal da Marinha" (*Diario do Rio de Janeiro*, 12.1.1831). Como de costume, o anúncio descrevia o nome de seu proprietário e o endereço no qual o cativo poderia ser entregue e que também seria o local para quem o devolvesse receber a recompensa.

Muitas vezes, não é possível saber as idades, pois os fujões foram descritos com outros termos. No entanto, em muitos deles é possível perceber que se tratava de jovens, o que se pode depreender pelas informações que se referem aos fugitivos como: "moleque", "rapaz" e "jovem". Ainda sobre as descrições dos fugitivos, diferentemente dos anúncios de compra e venda de escravos, para tentar recapturar seus escravos era preciso descrever todas as características físicas dos fujões, mesmo que demonstrassem aspectos não muito positivos.

O *Diario do Rio de Janeiro* anunciava o desaparecimento de um escravo: "hum moleque, de nação Quillimane, tem marcas na cara, boa estatura, bem feito, dentes bem claros, retinto, de nome Manoel, cujo se perdeo há três para quatro annos". O mesmo periódico anunciava em 1821 a evasão de dois escravos que, assim como o moleque Manoel, estavam fugidos havia algum tempo. Eram um bem valioso, e o senhor ainda estava à procura deles

> [...] fugido a mais de trez annos hum molecão Mina, Francisco, ladino, cara sobre o comprido, olhos grandes, nariz afilado, orelha com a extremidade inferior rasgada, cambaio, tornozellos grossos, e malfeito de pez. Também lhe fugio outro moleque de 16 annos de idade, ha 2 annos e meio, nação caçange, buçal, bem encarado, e proporcionado de corpo. (*Diario do Rio de Janeiro*, 9.6.1821)

As fugas não aconteciam apenas nas cidades, mas também nas áreas rurais. Esse foi o caso da fuga do "escravo pardo escuro Crespim". Crespim era um jovem natural do Rio Grande do Sul e tinha "idade de 18 a 20 anos, pouco mais ou menos, tem muito pouca barba, é corpolento e diz que é domador de animaes, levou comsigo alguma roupa" (*Diario do Rio de Janeiro*, 8.11.1864).

Com relação à tendência de um maior número de fugas, uma série de questões pode ser levantada. A depender do momento, as cifras podem corresponder ao fato de que havia maior número de homens nas localidades, sobretudo quando o tráfico de jovens cativos era intenso. Havia ainda a possibilidade de eles não terem constituído família e exercerem ou não ofícios especializados (carpinteiros, ferreiros etc.). No caso das mulheres, considerava-se a maternidade ou ainda o fato de serem cativas de "dentro da casa", com maiores possibilidades de negociação com seus donos.

As fugas eram um resultado, independentemente de suas motivações, de uma série de experiências, percepções e estratégias que os escravos tinham sobre a liberdade e o que entendiam por um "cativeiro justo". Os motivos eram muitos, desde a retomada de laços comunitários e afetivos interrompidos até pequenas escapadelas e as fugas para quilombos. Isso foi buscado, como vimos anteriormente, por cativos de diversos sexos, origens e idades. As fugas não eram exclusividade de um grupo específico, no entanto, devido a diversos fatores, nem sempre fáceis de explicar, havia uma tendência de que jovens escravos fugissem mais.

Considerações finais

O intuito deste capítulo foi percorrer, mesmo que modo sucinto, alguns aspectos da escravidão brasileira e da utilização da força de trabalho escrava, sobretudo pela perspectiva dos escravos jovens. Vimos que os termos jovens e juventude não tinham a mesma conotação que lhes damos hoje. Igualmente, mesmo que de maneira rápida, é possível perceber que a questão da juventude não era muito bem definida até mesmo para os letrados no período da escravidão, nem para escravos nem para livres. Isso se percebe pela análise dos documentos de época, pela forma como eram descritos os indivíduos. Um "moleque" podia ter 9, 15 e até mais idade. Apesar da dificuldade de dizer com precisão quais eram as idades que determinavam a mudança para a fase jovem, tentamos problematizar a questão. No caso da escravidão, fica patente a preferência, apesar das diferentes conjunturas, da utilização de escravos homens e mulheres jovens, ou para os contemporâneos "em idade de trabalhar", "prontos para o trabalho" em uma sociedade que dependia primordialmente dessa mão de obra como força de trabalho.

Várias possibilidades para debater a questão poderiam ser utilizadas. Optamos por dialogar com a bibliografia pertinente e utilizar documentos de época que demonstram em variados recortes, cronológicos e geográficos, a importância dos escravos jovens e em diversas atividades exercidas, por exemplo, n mineração, na cana-de-açúcar, na cafeicultura e nas cidades. Essa mão de obra não surgiu do nada, pois foi fator primordial para a manutenção e ampliação do tráfico. Inicialmente contou com o tráfico atlântico (legal e ilegal) até seu fim efetivo em 1850 e a partir, sobretudo, da segunda metade do século XIX do tráfico interno, ambos com tendências próximas de uma preferência por cativos jovens que, teoricamente, poderiam propiciar maior lucratividade e produtividade, e teriam também maior longevidade. Mas a juventude também podia levar às fugas, às rebeliões e a outras formas de conflito na escravidão.

Esses cativos jovens faziam parte de um complexo sistema escravista. Não eram os únicos, e, uma vez mais, vale ressaltar que as considerações expostas neste capítulo não pretendem, por um lado, apagar a importância de crianças e idosos, fossem eles homens ou mulheres, e, por outro, não é possível considerar que havia para qualquer um daqueles sujeitos uma escravidão branda ou benevolente e muito menos que eles fossem desorganizados, apenas um joguete nas mãos dos senhores. Longe disso. Crianças, jovens, idosos (fossem eles homens ou mulheres, africanos ou crioulos, pretos, pardos ou cabras) eram seres dotados de experiências, expectativas, sociabilidades e solidariedades, que constituíam aspectos importantes para seu cotidiano.

Referências

ANTONIL, A. J. *Cultura e opulência do Brasil por suas drogas, e minas; com varias noticias curiosas do modo de fazer o assucar; plantar e beneficiar o tabaco; tirar ouro das minas, e descubrir as da prata; e dos grandes emolumentos, que esta conquista da America Meridional dá ao Reyno de Portugal com estes, e outros gêneros, e contratos reaes*. Lisboa: Na Officina Real Deslandesiana, 1711. Disponível em: http://ia700402.us.archive.org/3/items/culturaeopulenci00anto/ culturaeopulenci00anto.pdf. Acesso em: 17 ago. 2021.

BLUTEAU, R. *Vocabulário português e latino*. Lisboa: Oficina de Pascoal da Sylva, 1790.

CONSTITUIÇÕES Primeiras do Arcebispado da Bahia. Feitas, e ordenadas pelo Illustrissimo, e Reverendíssimo Senhor D. Sebastião Monteiro da Vide. 5 Arcebispo do dito Arcebispado, e do Conselho de Sua Magestade. Propostas, e Aceitas em o Synodo Diocesano, que o dito senhor celebrou em 12 de Junho do anno de 1707. Impressas em Lisboa no anno de 1719, e em Coimbra em 1720 com todas as Licenças necessárias, e ora reimpressas nesta capital. São Paulo: Typographia 2 de Dezembro de Antonio Louzada Antunes, 1853.

Bibliografia

BERGAD, L. W. *Escravidão e história econômica*: demografia de Minas Gerais, 1720-1888. Bauru: Edusc, 2004.

CAVALCANTI, N. O comércio de escravos novos no Rio setecentista. In: FLORENTINO, M. (Org.). *Tráfico, cativeiro e liberdade (Rio de Janeiro, séculos XVII-XIX)*. Rio de Janeiro: Civilização Brasileira, 2005.

CAVALCANTI, N. O comércio de escravos novos no Rio setecentista. In: FLORENTINO, M. (Org.). Tráfico, cativeiro e liberdade (Rio de Janeiro, séculos XVII-XIX). Rio de Janeiro: Civilização Brasileira, 2005.

CHALHOUB, S. *A força da escravidão*: ilegalidade e costume no Brasil oitocentista. São Paulo: Companhia das Letras, 2012.

CONRAD, R. Nos tumbeiros mais uma vez? O comércio interprovincial de escravos no Brasil. In: REIS, J. J.; SILVA JUNIOR, C. *Atlântico de dor:* faces do tráfico de escravos. Cruz das Almas, Belo Horizonte: EDUFRB, Fino Traço, 2016.

CONRAD, R. E. *Tumbeiros*: o tráfico escravista para o Brasil. São Paulo: Brasiliense, 1985.

COSTA, A. C. R. Escravos fugidos e seus senhores na comarca do Rio das Mortes – década de 1830. In: SEMINÁRIO SOBRE ECONOMIA MINEIRA, 15, 2012, Diamantina. *Anais*... Diamantina, 2012.

DEBRET, J.-B. *Viagem pitoresca e histórica ao Brasil.* Trad. Sérgio Milliet. São Paulo: Livraria Martins, 1954. 2v.

FLORENTINO, M. *Em costa negras*: uma história do tráfico negreiro de escravos entre a Africa e o Rio de Janeiro (séculos XVIII e XIX). São Paulo: Editora Unesp, 2014.

FRANCO, R. *A piedade dos outros*: o abandono de recém-nascidos em uma vila colonial, século XVIII. Rio de Janeiro: FGV, 2014.

FREIRE, J. *Escravidão e família escrava na Zona da Mata oitocentista.* São Paulo: Alameda, 2014.

GOMES, F. dos S. Jogando a rede, revendo as malhas: fugas e fugitivos no Brasil escravista. *Tempo*, Rio de Janeiro, v.1, n.1, 1996, p.67-93, 1996.

GRAHAM, M. *Diário de uma viagem ao Brasil e de uma estada nesse país durante parte dos anos de 1821, 1822 e 1823.* São Paulo: Cia. Editora Nacional, 1956.

JARENKOW, C. *Fugindo para os orientais*: as fugas de escravos pela fronteira meridional brasileira. (Brasil e Uruguai, 1846-1870). Rio de Janeiro, 2018. 131 f. Dissertação (Mestrado em História) – Universidade Federal do Estado do Rio de Janeiro (UFRJ).

KARASCH, M. *A vida dos escravos no Rio de Janeiro (1808-1850).* São Paulo: Companhia das Letras, 2000.

KLEIN, H. *Escravidão africana*: América Latina e Caribe. São Paulo: Brasiliense, 1987.

LEITE, M. M. (Org.). *A condição feminina no Rio de Janeiro, século XIX*: antologia de textos dos viajantes estrangeiros. São Paulo: Hucitec, Edusp, INL, 1984.

PARRON, T. *A política da escravidão no Império do Brasil, 1826-1865.* Rio de Janeiro: Civilização Brasileira, 2011.

REIS, J. J.; SILVA, E. *Negociação e conflito*: a resistência negra no Brasil. São Paulo: Companhia das Letras, 1989.

RUGENDAS, J. M. *Viagem pitoresca através do Brasil.* Trad. Sérgio Milliet. São Paulo: Livraria Martins, 1940.

SALLES, R. *E o Vale era o escravo. Vassouras – século XIX.* Senhores e escravos no coração do Império. Rio de Janeiro: Civilização Brasileira, 2008.

SCHWARTZ, S. *Segredos internos*: engenhos e escravos na sociedade colonial, 1550-1835. São Paulo: Companhia das Letras, 1989.

SILVA DIAS, M. O. L. Sertões do Rio das Velhas e das Gerais: vida social numa frente de povoamento – 1710-1733. In: FURTADO, J. F. Erário Mineral de Luís Gomes Ferreira. Belo Horizonte: Fundação João Pinheiro, 2002.

SLENES, R. W. *Na senzala uma flor*: esperanças e recordações na formação da família escrava – Brasil Sudeste, século XIX. Rio de Janeiro: Nova Fronteira, 1999.

SOARES, L. C. *O "Povo de Cam" na capital do Brasil*: a escravidão urbana no Rio de Janeiro do século XIX. Rio de Janeiro: Faperj, 7Letras, 2007.

3

Juventude dos filhos do imperador D. Pedro I: educação numa gaiola dourada

Paulo de Assunção

No século XIX, as delimitações para compreender a juventude e a adolescência normalmente diziam respeito às transformações biológicas (funções sexuais e reprodutivas), psicológicas, sociais e culturais. Essas mudanças poderiam variar em função de serem meninas ou meninos, das diferentes classes sociais, do espaço urbano ou rural em que estavam inseridos, entre outros fatores, que se encontravam num processo permanente de construção social e histórica. A palavra adolescência, oriunda do latim *adolescere*, no sentido de crescer, passou a ser utilizada para se referir a uma das fases de desenvolvimento a partir da primeira metade do século XV, na Inglaterra. Naquele momento, o termo era utilizado para ser referir às idades de 14 a 21 anos, para os meninos, e de 12 a 21 anos, para as meninas. Porém, é apenas no século XIX que se passa a entender a adolescência como uma fase distinta do desenvolvimento humano, sendo reconhecida como um "momento crítico" da existência, que poderia ser ou não marcada por impactos profundos na sua maneira de ver, sentir e reagir. Pode-se notar que nesse momento havia uma preocupação em tutelar e disciplinar a conduta dos jovens que adentrariam na vida adulta. Era importante infundir bons comportamentos. Para as camadas sociais mais baixas da sociedade, havia a necessidade de controlar ou inibir o comportamento desviante, mesmo que fosse por meios coercitivos. Nos registros, é possível identificar que, nas principais cidades europeias, havia uma preocupação com o controle da delinquência juvenil que era um perigo para toda a população, passando a ser comum a adoção de políticas repressoras, a fim de evitar a desordem social. Era preciso conter os excessos dos apetites, controlando as suas pulsões. Não raro, os jovens tinham uma imagem ligada aos excessos e ao desregramento. A realidade era outra para os jovens das camadas sociais privilegiadas que recebiam atenção da família na sua formação, deixando claro que havia expectativas com o futuro dos filhos. Era importante que nessa fase fossem incorporados valores morais e conhecimento, à medida que se processava o amadurecimento para a vida adulta, sempre com disciplina e respeito à hierarquia. O processo de socialização, pouco a pouco, era realizado pela família, pelos tutores e pelas escolas que lapidavam a identidade dos indivíduos, que eram submetidos a um rito de passagem para que pudessem ser capazes de desempenhar seus papéis sociais.

Podemos indagar nesse contexto como se processou a transição do início da puberdade para a vida adulta dos filhos do imperador D. Pedro I. Diferentemente de outros jovens, os filhos do imperador já tinham uma posição social consolidada e, quando possível, poderiam galgar uma posição de poder mais elevada. Contudo, tal como os demais jovens, eles estavam sujeitos às eventualidades que acometiam todos. Era uma fase de riscos em potencial em que eles tinham que adquirir atributos para enfrentar as demandas da vida e construir sua trajetória singular. No contexto brasileiro, o imperador D. Pedro I e D. Leopoldina tiveram os seguintes rebentos: Maria da Glória (1819-1853 – futura D. Maria II, rainha de Portugal); Miguel, príncipe da Beira, natimorto, em 24 de abril de 1820; João Carlos, príncipe da Beira (1821-1822); Januária Maria de Bragança (1822-1901); Paula de Bragança (1823-1833); Francisca de Bragança (1824-1898); e Pedro de Alcântara (1825-1891), futuro D. Pedro II. Do segundo casamento de D. Pedro com D. Amélia de Leuchtenberg, houve uma filha: Maria Amélia (1831-1853). O imperador era fogoso e teve outros filhos, sendo impossível precisar a quantidade deles. Contudo, interessa-nos considerar as adolescências das quatro princesas: Maria da Glória, Januária, Francisca, Maria Amélia, bem como do futuro imperador D. Pedro II. Tratava-se de período de transição e controle, em especial para príncipes e princesas que precisavam desempenhar papéis sociais, cercados de grandes expectativas. Recebiam, por vezes, uma educação esmerada, mas eram tolhidos de sua liberdade tão cara atualmente.

Maria da Glória – a missão de dar um herdeiro ao trono lusitano

Em 4 de abril de 1819, domingo de Ramos, nascia no Palácio Real de São Cristóvão a primeira filha do príncipe D. Pedro e de D. Leopoldina que seria batizada com o nome de Maria da Glória Joana Carlota Leopoldina da Cruz Francisca Xavier de Paula Isidora Micaela Gabriela Rafaela Gonzaga de Bragança. A morte de D. João VI, aos 59 anos, em 10 de março de 1826, alteraria o destino da pequena Maria da Glória. Pelas leis que regiam a sucessão do trono lusitano, D. Pedro I era o herdeiro da coroa portuguesa. Entre 26 de abril e 2 de maio de 1826, ele recebeu a designação de D. Pedro IV de Portugal. Por decreto, ele confirmou que assumia a regência do reino português e que governaria até que tivesse lugar a instalação das normas a serem definidas na Carta Constitucional. Dom Pedro, em 2 de maio de 1826, assinou a abdicação do trono português em nome da sua filha primogênita Maria da Glória, que passou a ser rainha de Portugal e Algarves, sendo chamada de D. Maria II, primeira rainha europeia nascida na América. A abdicação deixava explícitas algumas condições, entre as quais constava que D. Maria II se casaria com o seu tio paterno, D. Miguel, sendo necessário antes obter as dispensas católicas devido à consanguinidade. Além disso, era preciso aguardar que D. Maria II chegasse à idade competente para ter indulto especial papal, normalmente aos 14 anos. Enquanto o casamento não se realizasse, a regência do trono de Portugal ficaria nas mãos da infanta Isabel Maria, que já regia o reino desde o afastamento de D. João VI. Esse arranjo garantiria a continuidade da linhagem da dinastia dos Braganças.

Dom Pedro e D. Leopoldina trataram de começar os preparativos a fim de que Maria da Glória seguisse para a Europa, com o propósito de receber uma educação digna de uma rainha. A intenção do casal imperial era enviar a filha para receber uma formação mais esmerada na corte de Francisco I da Áustria, pai da imperatriz do Brasil. Até a morte de D. Leopoldina, em 11 de dezembro de 1826, Maria da Glória viveu cercada do afeto da mãe.

Após regressar a Portugal, D. Miguel usurpou o poder, sendo reconhecido apenas pela Espanha, governada por seu tio Fernando VII, pelo Vaticano e pelos Estados Unidos. Enquanto isso, sem ter conhecimento do que estava em curso em Portugal, no dia 5 de julho de 1828, D. Maria da Glória, com pouco mais de 9 anos de idade, deixou a cidade do Rio de Janeiro tendo como destino a cidade de Viena, conforme estabelecido no contrato nupcial. Na viagem, ela foi acompanhada por Felisberto Caldeira Brant, marquês de Barbacena, que tinha a incumbência de assessorá-la durante o processo de tomada de posse do trono. A embarcação em que seguiam, em 3 de setembro, quando estavam na altura do Estreito de Gibraltar, tomou conhecimento, por intermédio de um emissário, do que acontecera recentemente em Lisboa, ou seja, a usurpação do trono feita por D. Miguel. Analisando a situação, o marquês de Barbacena preferiu seguir em direção à Inglaterra com D. Maria da Glória, a fim de obter apoio aos direitos dela ao trono lusitano. A presença de D. Maria da Glória em Londres fez reacender o espírito de luta dos liberais. O duque de Palmela ao convidar D. Leonor da Câmara para dama de companhia da jovem, descreveu esta como “dotada de muita viveza de espírito e duma índole a mais feliz”. O regime imposto foi austero, e Maria da Glória, por reiteradas vezes, reclamou da beatice de D. Leonor. Educação religiosa que foi posteriormente questionada por muitos. A vida da adolescente era regrada. Levantava-se às oito horas, almoçava das oito e meia às nove. Jantava das duas e meia às três, e a ceia era servida às oito horas da noite. Recebia lições de francês, inglês, história, geografia, desenho, dança, piano e outras atividades. Entre o meio-dia e as duas da tarde, ela passeava a pé e, por vezes, de carruagem. A rotina era extremamente cansativa, e, quando possível, D. Maria da Glória fugia dela, mostrando sua rebeldia. A sua dedicação aos estudos era relativa, sendo considerada por muitos como aquém do que deveria ser a de uma futura soberana.

Os impasses em relação à disputa do trono lusitano fizeram com que D. Pedro I determinasse que Maria da Glória regressasse ao Brasil, com a comitiva em que seguia a segunda esposa de D. Pedro, D. Amélia de Leuchtenberg. De 1829 até a abdicação de D. Pedro I (7 de abril de 1831), D. Maria da Glória viveu no Rio de Janeiro. Dona Amélia se preocupou com a preparação intelectual da enteada. Dona Leonor da Câmara continuava a acompanhar a rainha dos portugueses, que, conforme sua avaliação, gozava de ótima saúde e era bonita e dócil. Notava que o clima tropical tinha feito com que a soberana engordasse muito e entendia que o clima europeu seria melhor para o seu desenvolvimento físico. A causa do direito ao trono lusitano efervescia em Portugal. Em 1829, Almeida Garrett, apoiador da causa liberal, escreveu *Da educação*, que foi dedicado à preceptora da rainha, num claro desejo de que o seu conteúdo fosse seguido no processo de formação da jovem. Almeida Garrett (1829, p.7), de forma direta, afirmava que "uma princesa que tem de reinar por si e por seu próprio direito". Ressaltava que ela era "fêmea de facto e varão de direito", e, por conseguinte, a educação, nesse caso, tinha a função "de contrastar a natureza, e diminuir quanto é possível a *mulher*, para que só fique a *rainha*" (ibidem, p.115). Nada consta que ela tenha seguido as orientações ali apresentadas.

Em 7 de abril de 1831, após abdicar D. Pedro I, D. Amélia de Leuchtenberg e D. Maria II deixaram o Rio de Janeiro, tendo como destino a Europa. Dom Pedro I perdia o título de imperador e passava a ostentar o título de duque de Bragança. Dom Pedro desembarcou na França e, depois de algumas peripécias, passou a viver numa residência em Paris, no número 10 da Rue de Courcelles. Dona Amélia e D. Pedro se dedicaram a fornecer uma educação mais refinada para D. Maria II, que contava com 12 anos de idade. Foram contratados professores que ficaram sob supervisão de D. Amélia. A dedicação de Maria da Glória aos estudos era reduzida, situação que foi lamentada por D. Pedro por reiteradas vezes. Paulatinamente o leque de amizades da jovem D. Maria II se ampliou na pacata vida entre os estudos, os passeios e as recepções oficiais. Pode-se dizer que o estreitamento dos laços de amizade com a família d'Orléans foi importante para que Maria da Glória aprendesse o que era a vida na Corte. Breves respiros, numa rotina diária controlada e com poucos prazeres.

A adolescente Maria da Glória crescia, e seu corpo ganhava um contorno avantajado que foi notado em comentários da imprensa francesa. Era sugerido que a alimentação que ela recebia era pouco adequada. Outro aspecto notado foi a falta de refinamento dos seus hábitos nas cerimônias públicas. O cotidiano da vida dos Braganças passou a ser alvo da atenção dos parisienses. Em relação à D. Maria II, circulava rumores de que ela não queria usar o *corset* (espartilho), contrariando as orientações da família. Dom Pedro, segundo o periódico *La Mode*, era "um príncipe inflexível" e fez valer o seu desejo, recorrendo a "métodos dos séculos góticos". Impôs à filha que usasse a peça, que moldava o corpo feminino. Geniosa, D. Maria da Glória se recusou a comer durante 24 horas. Outra crítica feita dizia respeito à indumentária rebuscada que ela portava, considerada ultrapassada, bem como seu penteado, sempre com uma grande quantidade de coisas adornando a cabeleira. Por ocasião da visita ao marquês de Lafayette, Gilbert du Motier, a jovem usava um vestido repleto de detalhes e na cabeça portava "uma quantidade tão grande de coisas que era impossível de compreender o seu penteado" e teria surpreendido todos, conforme noticiou o periódico *La Mode*.

Dona Maria da Glória permaneceu em Paris sob os cuidados de D. Amélia de Leuchtenberg que acompanhava com atenção a formação da enteada. Dom Pedro, em Portugal lutando pelo trono lusitano, cobrava constantemente que sua filha se dedicasse aos estudos, dando-lhe orientações importantes para quando ela assumisse o poder. Advertia que ela deveria se emendar, autorizando D. Amélia a "fazer o que entenda que possa ser necessário para te obrigar, já que por bem tu não vais". Em outra missiva, dizia que ela não tinha cuidado ao escrever as cartas, além de não se aplicar aos estudos como deveria. Não ocultava seu desprazer em fazer essa cobrança. Sem rodeios dizia: "espero que estudes de agora em diante como convém a quem tem que reger uma Nação que precisa de bons exemplos e de uma rainha assaz instruída para a fazer feliz".

Figura 1
Retrato de D. Maria II por autor desconhecido, 1833
Fonte: reprodução

Em 23 de setembro de 1833, acompanhada da madrasta, D. Amélia, e da irmã Maria Amélia, a rainha de Portugal desembarcou e enfim conseguiu ascender ao poder, depois da vitória dos liberais. Era a primeira vez que a rainha de Portugal via a capital do reino, e uma questão passou a ser fundamental: o casamento de D. Maria II. A intenção de D. Pedro era casar a rainha com o duque de Leuchtenberg, seu cunhado e irmão de D. Amélia. Para tanto, mobilizava os deputados que eram seus aliados.

Em 4 abril de 1834, D. Maria II completou 15 anos, e nem tudo eram celebrações. Os adversários políticos não poupavam ataques e criticavam as bases do acordo de paz feito em Evoramonte, considerado favorável para D. Miguel. Era preciso consolidar o governo de D. Maria II, que foi aclamada rainha em 26 de maio de 1834. Após o falecimento de D. Pedro, a negociação de casamento com D. Augusto Leuchtenberg prosseguiu. Conduziram-se as tratativas para acertar as cláusulas do contrato de casamento. Foi acordado, em 8 de novembro, que o casamento aconteceria em Lisboa, primeiro por via de procuração. Outra cerimônia seria realizada após a chegada do príncipe a terras portuguesas, conforme as determinações da Igreja Católica. Augusto de Leuchtenberg conhecera D. Maria II nos idos de 1829. Ele acompanhou a irmã, já casada com D. Pedro, no seu deslocamento da Europa para o Brasil. Durante alguns meses, ele teve a oportunidade de conhecer D. Maria II e conviver com ela, que contava com pouco mais de 10 anos de idade. Uma menina que ainda estava iniciando a adolescência.

O casamento, por palavras de presente, realizou-se na Sé de Lisboa, a 26 de janeiro de 1835. Enfim, começa uma nova fase da vida de D. Maria II que debutava. Em 27 de fevereiro de 1835, D. Augusta Amélia escreveu ao filho, D. Augusto, dizendo que recebera a missiva de D. Maria II "tão boa e terna". Segundo fora informada pelo conde de Méjan, a nora tinha crescido "muito e ficou muito mais bonita. Isso encanta-me; embora não seja a principal coisa num casamento, também não estraga nada". O conde de Méjan informava, em outra correspondência, que D. Maria II, pouco a pouco, deixava de lado a sua extrema timidez e mostrava possuir um "excelente coração, com um espírito muito fino e penetrante, e muito amável". O informante de D. Augusta Amélia se aproximara da jovem rainha e tinha a convicção que não tinha "um único defeito – nada de coquetaria, nada de excessos expressivos, nem uma palavra que não exprima uma verdade". Em resumo, ele definia o que era esperado de uma esposa naqueles idos.

Em março de 1835, o inverno terminava, e os primeiros sinais da primavera se faziam presentes. No dia 21, circulou a notícia de que D. Augusto estava doente, sem grandes detalhes sobre o diagnóstico da doença. A inflamação da garganta passou da amígdala para a faringe. Era dia 25 de março, e as previsões não eram das melhores. Passados dois dias, D. Augusto começou a ter uma expectoração albuminosa, que foi considerada extremamente grave pela junta médica que se reuniu para assistir o doente. Por volta das 13h30 do dia 28, ele recebeu a extrema-unção. Uma hora depois, falecia nos braços da irmã, D. Amélia. A união de D. Maria II e D. Augusto durara apenas 72 dias. Aos 15 anos, ela era viúva.

Dona Maria II não teve tempo de chorar a perda do marido, nem guardar luto por um longo tempo. Era preciso ter um rei consorte e garantir um herdeiro à Coroa. A situação política exigia que as negociações para um novo casamento começassem imediatamente. Dez dias depois do sepultamento de D. Augusto, D. Maria II foi lembrada pelo Parlamento lusitano da necessidade de dar encaminhamento às tratativas de uma nova união matrimonial. A prospecção, que foi autorizada pelas Cortes Gerais e ficou a cargo do conde de Lavradio, Francisco de Almeida Portugal, surtiu efeito. Ele tratou com Christian Friedrich Frelherr von Stockmar, que representava os interesses do pretendente, Fernando Augusto Francisco António de Saxe-Coburgo-Gota. Este era conhecido por ser amável e espirituoso, possuía um porte esguio, mas, entre as suas qualidades, destacavam-se a generosidade e a simplicidade. O novo contrato matrimonial de D. Maria II foi assinado em 1º de dezembro de 1835. Os artigos do contrato eram similares àquele celebrado anteriormente com D. Augusto de Leuchtenberg. Dona Maria II não escondeu a ansiedade em ter um retrato do futuro marido, que tinha 19 anos. Também mandou fazer uma representação sua para ofertar a D. Fernando. Na imagem, era possível identificar um rapaz loiro, um ar imponente, olhos marcantes, sorriso elegante, esbelto e, segundo alguns, calmo e bondoso. A sua cultura era exaltada, como também a sua afabilidade e modéstia. Num de seus arroubos, depois de buscar conhecer por via de diversos interlocutores o futuro marido, D. Maria II confessou ao conde de Lavradio: "parece-me que já gosto dele sem o conhecer porque me parece pelas informações que tenho dele que há de fazer tanto a felicidade da Nação-Portuguesa como a minha". Dona Maria II, em carta missiva ao mesmo destinatário, mostrou o seu perfil impaciente quando o pai do príncipe Fernando interpôs questões em defesa dos interesses do filho. Ela, sem freios, afirma: "para o que eu não tenho paciência é para as lenturas verdadeiramente alemãs do Duque Fernando Pai do príncipe e Deus queira que o Príncipe Fernando não tenha o gosto das lenturas e se o tiver há-de o perder, que cá não se gosta de lenturas". Um mês depois, ao mesmo conde do Lavradio:

> O que eu não posso de todo aturar são as lenturas dos meus novos Parentes; espero que sejam só os velhos e que os moços não partilhem desses sentimentos lentos, porque cá em Portugal não são em geral bem recebidos, por isso já lhe peço que esperte o Príncipe Fernando pelo caminho.

Nem tudo acontecia como a mimada soberana desejava.

Em 1º de janeiro de 1836, D. Fernando e D. Maria II se casaram por meio de procuração. Dom Fernando deixou a cidade de Coburgo, na Baviera, e chegou a Lisboa em 8 de abril. Finalmente os noivos se encontraram pessoalmente, conforme o protocolo, que incluía uma grande recepção. No dia seguinte, foi realizada a cerimônia de casamento. As comemorações foram como as anteriores, com muitos festejos e exaltações à rainha. Agora restava conhecer como seria o convívio com ele. Dom Fernando deixou um registro interessante sobre o primeiro casamento de D. Maria II com D. Augusto de Leuchtenberg. Segundo ele, D. Maria II não chegara a manter relação sexual durante os dois meses que durou aquela união. Dizia que ele a tinha encontrado viúva sim, "mas sem ter sido Esposa". O casal lentamente foi construindo uma relação de afeto e respeito mútuos. Mantiveram um pelo outro uma viva felicidade refletida na sua descendência. Engravidar logo nos primeiros meses de casamento era importante para garantir a descendência e cumprir com a função de maternidade. A demora de a rainha engravidar causava apreensão de um reino que deseja um herdeiro. Este só nasceria em 16 de setembro de 1837 e receberia o nome Pedro de Alcântara Maria Fernando Miguel Rafael Gonzaga Xavier João Antônio Leopoldo Victor Francisco de Assis Júlio Amélio. Dona Maria II cumpria enfim o seu papel que era dar ao reino português um herdeiro.

Januária de Bragança: o casamento é um bom negócio

Na noite do dia 10 de março, D. Leopoldina começou a sentir as contrações do parto. Andava para lá e para cá nos salões do Palácio de São Cristóvão. A imperatriz deu à luz em pé, agarrada ao pescoço do príncipe regente D. Pedro. Nascia, em 11 de março de 1822, Januária Maria Joana Carlota Leopoldina Cândida Francisca Xavier de Paula Micaela Gabriela Rafaela Gonzaga de Bragança. A infância e adolescência de Januária foram como as dos irmãos que receberam uma educação rígida. Ciente de que não tivera uma educação adequada, D. Pedro I desejou dar aos filhos uma boa formação. Definiu que as crianças deveriam se levantar às 7 horas e se deitar antes da 20h30. A primeira refeição era feita às 8 horas; a segunda, ao meio-dia; e a terceira e última, às 19 horas. No decorrer da manhã, deveriam ser ministradas lições, e, no final da tarde, eram realizados exercícios. Cada uma das filhas possuía uma dama de companhia instruída para não permitir que as princesas tivessem "conversas com pretos ou pretas"; também não era desejável que elas brincassem com os filhos de pretos. Ressaltava para as damas de companhia que elas não deveriam deixar que as princesas vissem as crianças escravas nuas. As filhas de D. Pedro I deveriam ser criadas para serem mulheres piedosas e dóceis, papel que era atribuído a uma boa esposa na época. Também ficava evidente que desejava que elas vivessem afastadas da realidade da colônia brasileira.

A abdicação de D. Pedro I, que ocorreu em 7 de abril de 1831, mudaria o destino de Januária, Paula, Francisca e Pedro. No Palácio de São Cristóvão, procurou-se manter a rotina diária a que estavam sujeitas as princesas Januária, Paula e Francisca. Os professores das jovens continuaram as suas aulas. Na comemoração do Dia da Constituição, em 25 de março de 1835, o comandante inglês Graham Eden Hamond mencionava que ocorreu uma grande gala no Paço da Cidade onde ele teve audiência com o imperador. Ele foi conduzido à presença do imperador, então com 9 anos, tendo suas duas irmãs à esquerda. As duas princesas estavam "bem-vestidas, de branco, com largas bandas azul-claro de alguma ordem, sobre o ombro direito". Januária, com 13 anos, foi descrita como uma menina de "olhos pretos e firmes", com traços típicos da família dos Braganças. Ela ostentava diamantes na vasta cabeleira que chamavam a atenção. Aparentemente o exagero fazia parte da identidade das mulheres da dinastia de Bragança. A rotina das missas diárias era respeitada pelas princesas que frequentavam a Capela de São Cristóvão e a Capela Imperial, e, por vezes, iam até à Igreja de Nossa Senhora da Glória do Outeiro. De fato, era imposta a elas uma vida muito próxima das moças que entravam para um convento, muitas vezes forçadas a levar uma vida que não desejavam.

Pela Lei nº 91, de 30 de outubro de 1835, a Assembleia Geral reunida removeu a rainha de Portugal, D. Maria II, do título de princesa imperial do Brasil, da linha de sucessão ao trono imperial brasileiro. Por conseguinte, D. Januária passou a ser a herdeira presuntiva ao trono brasileiro,

Figura 2
Retrato de D. Januária por Arnaud Pallière, ca. 1835
Fonte: reprodução

alteração que foi deferida pela duas Câmaras em 31 de maio de 1836. Em 1835, o mesmo Bernardo Pereira de Vasconcelos aventou a possibilidade de declarar a princesa Januária regente, em nome do seu irmão D. Pedro II. A ideia, extremamente ousada, careceu de campo fértil para conseguir algum tipo de ressonância. Concomitantemente se cogitou o casamento de D. Januária, tendo em conta a necessidade de garantir a sucessão do trono brasileiro. No dia 4 de agosto de 1836, no salão nobre do Paço do Senado, ela declarou solenemente manter a Constituição da nação brasileira, ser obediente às leis e ao imperador. Na cerimônia, ela usou um vestido dourado, sobre o qual era possível ver a insígnia da grã-cruz da imperial Ordem do Cruzeiro. Deputados liberais, tentando neutralizar a figura do regente padre Diogo Antônio Feijó, insistiram para que a regência fosse entregue à princesa D. Januária. A imprensa da época questionava como uma adolescente, sem experiência, poderia governar o Brasil. A situação exigia alguém que tivesse maior cabedal para enfrentar os confrontos que irrompera no Rio Grande do Sul e que ficaria conhecido como Guerra dos Farrapos.

No final de 1839, especulava-se, como mais intensidade, sobre o casamento de D. Januária. Um dos possíveis pretendentes era Augusto

Luís Victor, príncipe de Saxe-Coburgo-Koháry, que era filho de Fernando de Saxe-Coburgo-Gota e de Maria Antônia de Koháry. Na corte, circulavam também outros rumores. Dizia-se que se negociava o casamento de D. Januária com o príncipe Eugênio Manuel José Maria Paulo Francisco Antonio de Savoia-Villafranca-Soissons, príncipe de Carignano, que era primo do rei da Sardenha. As negociações com a embaixada francesa, no Rio de Janeiro, sinalizavam para o interesse de agentes franceses do Palácio de São Cristóvão atuarem para que o casamento de S. Januária se realizasse com o duque de Nemours ou príncipe de Joinville, filhos do rei da França Luís Filipe I. Contudo, a princesa manifestou seu desejo de se casar com um príncipe germânico. Consta que o arquiduque Luís, filho mais moço de Leopoldo II, fez uma consulta sobre ser conveniente para a Áustria pedir a mão de D. Januária imperial do Brasil, tendo em conta que ela seria herdeira do trono em caso de falecimento de D. Pedro II. Ficava evidente que o contrato de casamento da princesa fazia parte de uma complexa rede de interesses geopolíticos das nações europeias.

A negociação do casamento de Januária com o príncipe de Carignano foi encetada. Porém, o rei Carlos Alberto impôs uma condição: o príncipe de Carignano deveria receber o título de imperador do Brasil caso sua futura mulher viesse a ascender ao trono, por morte de D. Pedro II, não havendo outros herdeiros. Essa cláusula não foi bem-aceita, as tratativas foram esfriando, e o projeto casamento não veio a se consolidar. Dona Januária, então com 18 anos, mostrava possuir pouca desenvoltura social. O isolamento imposto às infantas, a exigência de uma etiqueta da corte e uma educação religiosa austera faziam com que a jovem fosse comedida em seus atos. Recatada, fazia comentários ponderados, não alongando as conversas com interlocutores com que tivesse pouca afinidade. A sua beleza também não era destacada, apenas a docilidade.

Após mais de um ano de procura, o diplomata José da Silva Lisboa, barão de Cairu, encontrou uma pretendente à altura para D. Pedro II. A negociação foi feita na Itália com o embaixador das Duas Sicílias, Vincenzo Ramírez. O acordo foi negociado em Viena, e a perspectiva de a princesa Teresa Cristina Bourbon-Duas Sicílias, irmã mais nova do rei das Duas Sicílias, casar-se com um imperador era extremamente importante para a família reinante em Nápoles. Essa negociação matrimonial acabaria por afetar o destino de D. Januária. Dona Teresa Cristina chegou ao Rio de Janeiro em 3 de setembro de 1843. Uma salva de tiros de canhão da Fortaleza de São João anunciou a chegada. A pequena frota napolitana era composta pelo navio *Vesúvio* e três fragatas, *Isabella*, *Partenope* e *Amália*. Nesta última, seguia o acompanhante oficial da princesa Luís Carlos Maria José de Bourbon, conde d'Áquila, irmão de Teresa Cristina. Logo que souberam do acontecimento, D. Pedro II e D. Januária seguiram na fragata brasileira *Constituição* para visitar a imperatriz Teresa Cristina e seu irmão. Esse foi o primeiro contato da princesa Januária com seu futuro marido. No dia seguinte, ocorreu a cerimônia de casamento. Nessa ocasião, D. Januária teve a oportunidade de conhecer melhor D. Luís de Bourbon, conde d'Áquila, um jovem de aparência agradável, que contava então com 19 anos. A troca de olhares foi inevitável, e o início de outro enlace matrimonial começaria a ser tecido. Dom Pedro II, num primeiro momento, afeiçoou-se ao cunhado, conde d'Áquila, e identificou nele os atributos necessários para ser o marido de sua irmã Januária. A jovem, que herdara do pai a epilepsia, não tinha a beleza de sua irmã D. Francisca, mas possuía um dote expressivo, já que era princesa do Brasil e assim continuaria, conforme estabelecia a Constituição brasileira. Pela Carta Magna da nação, Januária seria princesa do Brasil até o nascimento do primeiro filho de D. Pedro II e D. Teresa Cristina; até lá, não poderia deixar o Brasil. Dona Januária, segundo os registros, teria apreciado a figura do conde d'Áquila. Ambos passaram a ter um convívio diário e próximo com o jovem casal imperial. Tal situação fez com que as tratativas de casamento de Januária com o conde d' Áquila fossem iniciadas.

O conde d'Áquila deixou o Rio de Janeiro em primeiro de outubro de 1843, levando consigo uma proposta de contrato matrimonial, que deveria ser submetida ao irmão do conde, o rei das Duas Sicílias, D. Fernando II. O regresso do conde d'Áquila ao Rio de Janeiro aconteceu na tarde do dia 17 de abril de 1844. Foi anunciado que casamento ocorreria no dia 23. A celebração foi adiada devido a uma questão do contrato matrimonial. O conde d'Áquila estava pouco propenso a fixar residência nos trópicos, não desejava deixar os atrativos da vida europeia. Em pauta estava a liberdade do futuro casal que só poderia ocorrer de maneira plena quando estivesse garantido um herdeiro para o trono brasileiro. A cerimônia só veio a ocorrer no dia 28 de abril. Nem tudo tinha sido alegria. A tratativa do dote da princesa Januária foi tumultuada. O primeiro acordo foi assinado em Nápoles, no dia 26 de janeiro de 1844, sendo previsto que ele poderia ser ratificado dentro de seis meses, por qualquer uma das partes. Ficou estabelecido que, logo que ocorresse o matrimônio, o conde d'Áquila seria considerado príncipe da casa e da família imperial do Brasil, gozando de todas as prerrogativas que lhe eram garantidas. Era confirmado o pagamento de dotação anual de 96 contos de réis, em moeda corrente no Brasil, extinguindo-se a pensão alimentícia que Januária recebia como solteira. Os filhos do casal, que seriam tratados como príncipes do Império, passariam a receber uma pensão alimentícia, a qual seria definida pela Assembleia Geral Legislativa do Império e devidamente paga pelo Tesouro Nacional, enquanto Januária e o marido residissem no reino. Eram detalhados os bens que pertenceriam ao casal. Este teria direito a um palácio na cidade do Rio de Janeiro ou em seus arrabaldes e receberiam também 12 fazendas de criar, compreendidas na inspeção de Canindé, na província do Piauí. Tomariam posse de quatro léguas, em quadro, de terras devolutas nacionais na província do Rio de Janeiro. A mesma extensão de terra seria doada na província de Santa Catarina. Na província de São Paulo, em específico na comarca de Curitiba, seriam concedidas mais seis léguas. Todas as referidas terras e fazendas seriam medidas e tombadas à custa da nação. Esse patrimônio poderia ser aumentado com outros prédios, fazendas e terras que fossem designados pela Assembleia Legislativa do Brasil. O casamento se revelava um bom negócio. Posteriormente, outras cláusulas foram inseridas tratando da questão dos descendentes e da concessão das terras. A princesa D. Januária receberia também uma fortuna particular de 158 apólices ou inscrições da dívida pública brasileira, além de diamantes, joias e objetos de ouro e prata cujo montante era estimado em 60 mil ducados do reino de Nápoles. O inventário dessas peças seria feito oportunamente entregue ao conde d'Áquila, como também os outros direitos de propriedades, bens ou ações que lhe pertencessem.

Os relatos registram que o jovem casal mantinha uma relação harmoniosa entre si. Porém, um problema se apresentou: o convívio formal com D. Pedro II. Este tinha um temperado instável e genioso, talvez influenciado pelas intrigas palaciana, que conflitava com o perfil do conde de Áquila. Nas cerimônias oficiais, o conde e D. Januária passaram a ser marginalizados, o que acabava por aumentar o abismo entre os cunhados. O conde de Áquila, criado num ambiente europeu, esperava ser tratado com maior deferência. Além disso, como *bon vivant*, demonstrava uma preocupação intensa com as atividades de entretenimento. Era aventureiro, expansivo e sabia usar das armas da sedução, também possuía um espírito comunicativo, buliçoso, e se destacava por sua elegância e seu *savoir-faire*. Corria a fama de que era esbanjador e gastava além das suas posses, e que vivia assediado pelos seus credores. Os ingleses o descreviam com um cavalheiro ruidoso e mal-educado, em outras palavras, um verdadeiro salafrário. Esse perfil era o oposto de D. Pedro II, que de certa forma se incomodava com o resplendor do cunhado, revelando ser extremamente inseguro e com uma certa dose de inveja. Para o conde d'Áquila, no Palácio de São Cristóvão não se sabia o que eram os prazeres da vida. A deliberação do conde d'Áquila foi se retirar do Brasil, levando consigo D. Januária, sem respeitar os artigos estabelecidos no contrato matrimonial. O embarque aconteceu no dia 22 de outubro, por volta das 15 horas. O conde de Rechberg, novo ministro do Império Austro-Húngaro no Rio de Janeiro, registrou que o conde d´Áquila desejava se livrar de uma "etiqueta minuciosa e severa", que fazia parte do cotidiano do Palácio de São Cristóvão. Ele desejava alegria para si e sua esposa.

Francisca de Bragança: a que sabia distinguir o essencial do acessório

A vida de Francisca, Januária e Pedro era reservada aos estudos e a poucas distrações. Viviam no Palácio de São Cristóvão, por vezes no

Paço da Cidade e no verão frequentavam a Fazenda de Santa Cruz. Isolados eram espectadores das disputas políticas que ocorriam entre 1831 e 1840. Durante a adolescência, Francisca teve a companhia da irmã Januária, amiga inseparável. Ela recebeu a educação destinada a uma princesa. Dentre as atividades que desenvolveu, o desenho era algo que lhe causava grande prazer. Tinha predileção pelos pássaros que representou em situações diferentes.

No dia 1º de janeiro de 1838, o príncipe de Joinville, a bordo do *Hercule*, embarcação com 100 canhões, ancorou na Baía de Guanabara acompanhado da corveta *La Favorite*. No dia 5 de janeiro, foi oferecido um jantar para o príncipe de Joinville. Logo que chegou ao Palácio de São Cristóvão, ele foi recepcionado por D. Pedro II e convidado a ver a coleção de minerais de D. Leopoldina. Tudo com muita cerimônia. Dessa visita participaram Januária e Francisca. Paulatinamente, um clima amistoso foi sendo construído. Serviu-se o jantar, e depois uma conversa foi mantida entre eles, o que permitiu ao príncipe francês observar melhor a aparência dos primos. As princesas tinham um corpo delicado, Januária era tímida e um pouco mais gorda e curvada que Francisca. Esta princesa era mais sagaz e comunicativa, segundo ele, conforme deixou registrado no seu diário. Ambas estavam bem-vestidas com tecidos leves e mangas frouxas. Um detalhe chamava a atenção que eram as luvas de crochê, e, num comentário objetivo, ele disse: "um terror". Elas também portavam joias que deveriam ter pertencido à mãe e não condiziam com idade das princesas. A sua impressão do encontro é cirúrgica:

> [...] me retirei cheio de piedade por essas pobres crianças abandonadas a quem danos apenas aquilo que é preciso para viver e que são incessantemente perseguidas por uma nuvem de gente sem moral que deixa o país que lhes foi confiado dividir-se e cair em uma rápida decadência.

Nada mais tinha a dizer.

Nos seus registros, não consta nenhuma lembrança especial da sua futura esposa, a princesa Francisca. Os seus olhos ainda não estavam preparados para apreciar a adolescente de 13 anos de idade e de dentes terríveis. No dia 16 de fevereiro, após passar a tarde desenhando caricaturas para o imperador e as princesas, o príncipe de Joinville foi jantar no Palácio de São Cristóvão. No registro feito por ele, é mencionado que a refeição ocorreu como habitualmente, "só que tentaram todas as oportunidades para me aproximar e *de me juntar com a princesa Francesca*", acrescentando: "estranhas manobras". No dia 21, antes de partir, o príncipe de Joinville deu uma festa a bordo do *Hercule*, em homenagem ao imperador e às princesas. Na ocasião, o príncipe francês dançou com as duas princesas. Depois, segundo ele, liberou-se e jogou por terra uma das leis da etiqueta brasileira, já que o imperador foi forçado a dançar com as senhoras e as princesas com os oficiais e diplomatas, como era costume na França. Dias depois, o príncipe de Joinville regressou para a Europa. Quatro anos depois, estavam em curso as tratativas de seu casamento. União que seria realizada com Francisca de Bragança.

Em 14 de setembro de 1842, o ministro François Pierre Guillaume Guizot escreveu ao barão de Emile de Langsdorff, comunicando que este deveria partir imediatamente para o Rio de Janeiro, como embaixador do rei de França, de maneira que chegasse antes que o príncipe de Joinville, que seguia para o mesmo destino. Ele estava incumbido de tratar de todas as questões pertinentes ao casamento do príncipe. A fortuna pessoal da princesa Francisca de Bragança era conhecida e constituída de um considerável conjunto de bens e propriedades, que deveriam ser conservados. A venda dos bens naquele momento não era conveniente. No que dizia respeito ao dote de terras, aconselhava que fosse concedido no Norte do território brasileiro e melhor seria se estivesse na fronteira da Guiana Francesa. Egédie Victorine, baronesa de Langsdorff, acompanhou o marido e participou do processo de negociação do casamento. Ela deixou um registro importante sobre a jovem, que foi publicado como *O diário da viagem de D. Francisca de Bragança (1842-1843)* (Langsdorff, 2006). Segundo a francesa, a princesa parecia "um verdadeiro anjo, sempre preocupada com seus semelhantes". Dizia que poderia haver princesas que fossem mais sábias, que tocassem melhor piano ou tivessem mais habilidade para desenhar. Essas qualidades, para ela, eram valores secundários. Considerava mais importantes a pureza e a inocência, qualidades que eram melhores para uma mulher na adolescência.

No dia 27 de março de 1843, o príncipe de Joinville chegou ao Rio de Janeiro e foi recebido de maneira efusiva. Para Egédie Victorine, os primeiros dias de permanência do príncipe de Joinville no Rio de Janeiro foram de expectativa. Para ela, a apresentação dele na corte "foi glacial". Na ocasião, logo após a chegada, nos "primeiros cinco minutos ninguém disse alguma palavra". Nem o imperador, nem as irmãs se manifestaram, como também os membros da corte. A situação era constrangedora, e Egédie Victorine interveio para estabelecer um diálogo de interação. A fim de facilitar a aproximação do casal, foi combinado um passeio a cavalo para o dia seguinte. No dia 3 de abril, todos seguiram para uma cavalgada na região do Jardim Botânico. Ao retornar da cavalgada, Francisca foi descrita por Egédie Victorine. A jovem desmontou do cavalo e estava com as faces coradas. Fora a primeira a chegar. Tinha na cabeça um pequeno gorro e portava um lenço branco. A poeira estava por toda a vestimenta. Ela, com o chicote, batia na saia. A sua felicidade era grande, falava alto e em tom agudo. Logo depois do almoço, uma nova cavalgada teve início. No final do dia, todos retornaram e aguardaram pelo jantar. Francisca entrou na sala elegantemente vestida e tinha os cabelos "apanhados em cima, à chinesa", causando boa impressão a todos os presentes. Na noite seguinte, foi oferecido um baile no Palácio de São Cristóvão. No evento, o príncipe de Joinville e Francisca dançaram de forma alegre.

As atividades para aproximação do casal fizeram com que o príncipe de Joinville passasse a se interessar por Francisca. A hesitação chegou ao final, e a decisão foi tomada. O casamento seria celebrado, o mais breve possível em terras brasileiras. No dia 5 de abril, o casal Langsdorff deu um grande jantar em honra do príncipe. Em certo momento, o príncipe de Joinville chamou o barão de Langsdorff para uma conversa à parte e revelou que a princesa Francisca lhe agradava e que a aceitaria em casamento. Na sequência, foi encaminhado o pedido de solicitação de dispensa eclesiástica devido ao impedimento existente de consanguinidade em terceiro grau misto. A autorização foi concedida pelo bispo Manoel do Monte Rodrigues de Araújo. Com certeza o amor não era o critério principal nas negociações de casamento. O príncipe de Joinville, ao desejar ver a sua pretendente, não cogitava uma situação amorosa, mas sim conhecer melhor a figura feminina de Francisca e identificar melhor suas características e seus atributos femininos.

Em 11 de abril de 1843, o príncipe de Joinville, da sua embarcação *Belle-Poule*, escreveu para o barão de Langsdorff sobre a recusa de Maria Antonieta (Antônia), uma aia, em acompanhar a princesa na sua viagem para França. De maneira objetiva dizia que seria "um embaraço a menos para nós". Também entendia que seria muito vantajosa essa situação, já que a ascendência dele sobre a "Princesa seria desde logo mais forte, ou, pelo menos, não haveria ninguém que precisássemos de observar". O príncipe de Joinville externava a visão masculina do período, pois entendia que o marido, ao se casar com uma jovem, poderia modelá-la da forma que melhor lhe aprouvesse. Esperava, dessa forma, que o barão e a baronesa de Langsdorff acompanhassem a princesa a bordo da *Belle-Poule*. Por conseguinte, a princesa estaria rodeada da "sociedade francesa ao ter junto de si uma senhora de pura linhagem, habituada ao convívio social, bem como aos modos, à polidez e à urbanidade que são para nós o emblema da boa sociedade". A convivência com a baronesa de Langsdorff permitiria que Francisca aprendesse bons hábitos. O mínimo necessário para o convívio social em França.

Dona Francisca e o príncipe de Joinville se casaram em 1º de maio de 1843. Os registros dos jornais informavam que o casamento foi fruto muito mais de romance verdadeiro, uma paixão entre o casal, do que por conveniências políticas ou negociações diplomáticas. O que de fato não era uma verdade. Francisca era a única que estava vestida à francesa, ou seja, toda de "branco, sem manto, com um véu branco e um ramo de flor de laranjeira na cabeça". A noiva estava tranquila, mas pálida e comovida ao atravessar a sala onde ocorreu o casamento civil. O próximo ato foi o da benção nupcial, dada pelo bispo do Rio de Janeiro. Terminado o culto, o imperador abraçou a irmã, e ela foi oficialmente entregue ao esposo, tornando-se princesa francesa.

Após o casamento, Francisca pôde gozar da liberdade que não tinha no Palácio de São Cristóvão. Ela e o marido foram fazer compras na Rua do Ouvidor. Tudo lhe era novo, e a euforia era grande. Falava com o

Figura 3
Retrato de Francisca de Bragança por Franz Xaver Winterhalter, 1844

Fonte: reprodução

marido de forma contínua, mesmo no teatro, como foi notado pela baronesa. O seu deslumbramento era visível. Era rompido o isolamento do Palácio de São Cristóvão. Josephina Neuville (1864, p.60), em *Memórias da minha vida*, registra que vira o casamento de D. Francisca acrescentando que ela se "casou por amor, (o que foi muito extraordinário) com o príncipe de Joinville".

A baronesa de Langsdorff, no decorrer da viagem de regresso à França, empenhou-se para que D. Francisca modificasse os seus hábitos tropicais e se adequasse aos modos de conduta à francesa. Victorine fez uma avaliação fria do círculo em que vivia a jovem, dizendo que ele era "tão restrito, e é tão pequena a ideia que faz do mundo, que em tudo o que diz nos apercebemos como é impressionante que alguém com uma expressão tão inteligente possa fazer comentários tão infantis". Lamentava que os prazeres das princesas Francisca e Januária fossem tão reduzidos. O príncipe de Joinville avaliava a criação da esposa no Palácio de São Cristóvão, "um verdadeiro convento onde nada aprendera, razão por que tinha agora que aprender tudo". Por reiteradas vezes, Francisca demonstrou ser ainda uma adolescente, pois pulava por cima das camas e abria as malas das roupas para experimentar toucas, ao mesmo tempo que dançava e cantarolava. Victorine entendia que esse comportamento, naquelas condições, era tolerável, porém não era possível de ser mantido no futuro. Sobre o episódio, ela teceu o seguinte comentário: "Brincar com as camareiras é uma infantilidade que não se pode manter; porém, trata-se de algo que não foi adquirido a bordo, mas sim a continuação do que vinha de trás". O príncipe de Joinville e o barão de Langsdorff estabeleceram horários de leituras, destinados a ensinar a história da França, para Francisca. No período matutino, até as 14 horas eram realizadas leituras de obras de história e literatura francesa. Francisca escutava os leitores com atenção, revelando desejo de aprender. Contudo, Victorine afirmava: "muitas vezes duvido que a Princesa compreenda tudo o que ouve, e chego a pensar que os seus esforços para entender as palavras do meu marido [barão de Langsdorff] contribuem para fechar o seu espírito". Para ela, esse tipo de comportamento revelava "uma atitude infantil, resultante também da sua falta de prática em exercitar a inteligência, o que dificultava a aprendizagem". Victorine também ponderava que o príncipe de Joinville não dava mostras de compreender os limites da sua jovem esposa. Para ela, Francisca era "tão submissa e tem tanto interesse em aprender os modos e o espírito próprios de França que segue todas as indicações que o Príncipe ou outras pessoas lhe fazem nesse sentido".

Em 23 de julho, depois de 72 dias de viagem, a embarcação a vela *Belle-Poule* ancorou no porto de Brest. Victorine, após a chegada, notou que a princesa estava vestida com uma roupa muito apertada, que a tornava mais magra e rígida. A saia de baixo, "com três fiadas de armação, estava extremamente afastada do corpo: a sua pele estava tão pálida", como ela nunca vira antes. Notara também os "olhos vermelhos e o semblante inteiramente mudado". O motivo de tal situação era simples: as cerejas consumidas no dia anterior não tinham feito bem a Francisca. Victorine não apreciou o vestido, nem o chapéu, que as aias haviam preparado para Francisca usar na cerimônia oficial de recepção. Entendia que a indumentária tornava a jovem mais pálida do que naturalmente era. O príncipe de Joinville, que entrou no recinto para ver a esposa, também foi de opinião semelhante e comentou: "Mas isto não é uma mulher, é uma campainha!". Sem querer decepcionar a esposa, logo em seguida disse que as damas é que conheciam a moda. Antevendo problemas, soube desviar a atenção para outros assuntos.

De Brest o casal partiu para o seu destino numa caleche que era o Castelo de Bizy, em Vernon, na Normandia, onde se encontrava parte da família real. Depois de um breve descanso, Francisca compareceu em público de braços dado com o sogro, que a apresentou a todos os convidados. A rainha, em conversa particular com a baronesa de Langsdorff, questionou se Francisca estava perturbada e se tinha chorado muito por ocasião da partida no Brasil. Acrescentando: "Pobre menina, é tão simples e tão ingénua!... Fizestes muito bem em tê-la reconfortado, baronesa. Nós também a vamos fazer feliz". A rainha demonstrou ter conhecimento que a educação de Francisca tinha sido "um pouco negligenciada". A baronesa de Langsdorff concordava que a jovem não sabia muitas coisas, porém recebera uma educação que lhe permitia "distinguir o essencial do acessório", lembrando que os seus princípios eram "iguais aos que se aprendem nos conventos". Sem desmerecer a formação recebida nas terras tropicais, ela esclarecia que as "senhoras que a acompanhavam no Brasil preocupavam-se sobretudo em afastá-la de tudo e de todos que dela se quisessem aproximar, encerrando-se com ela e privando-se também de tudo, a fim de cumprirem o seu dever". As ponderações da baronesa de Langsdorff eram marcadas por extrema lucidez.

Em Paris, o jovem casal foi confortavelmente instalado no último andar do Palácio das Tulherias. Como todos os membros da família real francesa, eles tinham que seguir uma vida de formalidade e obrigações. Na capital francesa, a educação de D. Francisca de Bragança, agora princesa de Joinville, foi sendo lapidada, a fim de que ela adquirisse o verniz necessário ao convívio com a nobreza europeia. Ela conseguiu captar a atenção de todos na corte francesa, principalmente por conta de sua beleza. A sua constituição física, alta e esbelta, chamava a atenção. O seu rosto levemente oval, com olhos negros e penetrantes, era digno de ser exaltado. Além disso, era portadora de um espírito vívido e um temperamento alegre que conferiram um pouco de cor à cinzenta corte francesa. Sagaz e comunicativa, ela aprendeu rápido os modos e o espírito próprios da França.

Maria Amélia de Bragança: a mais frágil das princesas

Na quinta-feira fria de 1º de dezembro de 1831, nasceu Maria Amélia Augusta Eugénia Josefina Luísa Teodolinda Heloísa Francisca Xavier de Paula Micaela Gabriela Rafaela Gonzaga de Bragança e Beauharnais, que passaria a ser conhecida como Maria Amélia de Bragança, *superbe petite fille*. A alegria de D. Pedro e D. Amélia era esfuziante. Contudo, ele não ocultava de ninguém que tinha saudades dos filhos que deixara no Brasil.

Dom Pedro no começo de 1832, depois de ter reunido os recursos necessários para empreender a luta contra D. Miguel para tomar o trono para D. Maria II, decidiu seguir para Portugal. Dona Amélia permaneceu em Paris com a filha Maria Amélia, ao mesmo tempo que tinha a seu encargo a guarda de D. Maria II, sua enteada. A família voltaria a se reencontrar em setembro de 1833, e a convivência seria curta. É registrado que, enquanto D. Pedro agonizava, D. Amélia ordenou que buscasse rapidamente a princesa Maria Amélia, que dormia. A pequena, não compreendendo o que acontecia, foi levada ao quarto do moribundo. Dom Pedro teria esboçado o derradeiro gesto de carinho para com a criança, que estava prestes a completar 3 anos.

Em 29 de agosto de 1840, no Rio de Janeiro, a Câmara dos Deputados decidiu o seguinte em relação a Maria Amélia:

> [...] havendo sido concebida no tempo em que o Senhor D. Pedro I era imperador do Brasil, é incontestável que, segundo a legislação do país, a mencionada Senhora D. Maria Amélia é princesa brasileira, e como tal lhe competem todos os direitos que a constituição do império lhe garante.

O reconhecimento de Maria Amélia como princesa brasileira foi longo, tendo em conta que alguns advogados defendiam que ela não teria

Figura 4
Retrato de Maria Amélia de Bragança por Friedrich Dürck, ca. 1837

Fonte: reprodução

direito ao título por ter nascido depois da abdicação. Pela Lei nº 184, de 5 de julho de 1841, D. Pedro II sancionou o decreto do governo imperial, reconhecendo Maria Amélia como princesa brasileira. Por conseguinte, Maria Amélia, durante a menoridade, teria os mesmos direitos que as irmãs. Ao atingir a maioridade, passaria a vigorar o que estava definido pelo artigo 2o da lei de 26 de setembro de 1840 para a princesa D. Francisca.

Em 1843, D. Amélia e Maria Amélia visitam a cidade de Munique novamente. Passaram a viver na residência dos Leuchtenberg. Durante a estada na Baviera, os estudos da jovem, que já tinha quase 15 anos, foram devidamente refinados. Dona Amélia entendia que a inteligência deveria se compor com as artes na formação de uma princesa. Maria Amélia sabia falar fluentemente o português, o francês e o alemão. Também era instruída na música e tinha como professora de piano Cecília Sthal. Frederico Kunstmann, lente de Teologia da Universidade de Munique e membro da Academia de Ciências daquela cidade, foi contratado para ensinar religião, noções de gramática, geografia, história universal, filosofia racional e moral, e literatura alemã. À medida que aprofundava os seus conhecimentos, a jovem mostrava apreciar a poesia sacra. Everill era o professor de língua inglesa, e o Dieber ministrava aulas de matemática e de física. Tudo isso sem deixar de lado outras atividades como a pintura. Uma educação esmerada como essa fez com que Maria Amélia fosse a primeira mulher de linhagem nobre a realizar com brilhantismo os exames na Universidade de Munique, vindo a ser reconhecida como uma das princesas mais bem-educadas das cortes europeias.

Durante a estada em Munique, D. Amélia encetou alguns contatos para negociar o casamento de Maria Amélia. A operação exigia um exame minucioso e estratégico da união. Os interesses familiares antecediam a eventual paixão e o amor dos nubentes. Dona Amélia fez uma pesquisa ampla dos jovens que reunissem as qualidades que ela considerava essenciais para se casar com sua filha. Pedidos foram realizados por: Fernando Maria Alberto Amadeu Felisberto Vicente de Saboia, segundo filho do rei Carlos Alberto da Sardenha; Adalberto Guilherme Jorge Luís, filho de Teresa Carlota Luísa Frederica Amália de Saxe-Hildburghause, conhecida como Teresa da Baviera; e pelo príncipe Alberto da Saxônia. Nenhum deles foi escolhido. O pretendente mais conveniente, segundo D. Amélia, era o arquiduque Ferdinando Maximiliano José de Habsburgo-Lorena, sendo iniciada as tratativas para a aproximação dos jovens.

Nessa altura, Maria Amélia passou a ter como dama de corte Carolina Frederica Leopoldina, baronesa Carolina von Stengel, filha do conselheiro barão Von Stengel zu Ansbach e de Magdalena, nobre de Lütthein. Carolina von Stengel tinha estudado no conceituado Colégio Josef Stift. A sua habilidade e maestria fizeram com que conquistasse reconhecimento em Munique. Após conhecê-la e assistir a alguns concertos, foi feito o convite para que ela fosse dama de companhia de Maria Amélia. Pesou na decisão o fato de ela ter uma boa instrução e fazer o uso correto da língua. A partir de 1º de junho de 1850, ela assumiu a função, sendo elaborado um contrato de prestação de serviços, redigido pelo marquês de Resende. No contrato firmado, Carolina von Stengel assumia a incumbência de encaminhar Maria Amélia nas prendas femininas, além de orientá-la em questões de moralidade, civilidade e religiosidade, a fim de evitar corrupção do espírito. Também deveria ensinar música e trabalhos manuais.

Após uma longa estada na Baviera, Maria Amélia e D. Amélia regressaram a Lisboa. No Palácio das Janelas Verdes, sua residência, foi mantida uma estrutura rígida de ensino para Maria Amélia, em especial o aperfeiçoamento da língua portuguesa. Dona Amélia contratou o professor Francisco Freire de Carvalho, reitor do Liceu de Lisboa e sócio efetivo da Academia Real de Ciências, para ministrar aulas de história e literatura portuguesa, área que apresentaria à jovem os autores clássicos lusitanos. A questão do dote de casamento de Maria Amélia demorou a ser resolvida. Impaciente, D. Amélia escreveu a D. Pedro II solicitando que deveria ser fixado rapidamente o valor da dotação, já que a filha já completara 18 anos. Em carta dirigida a D. Pedro II, D. Amélia externou a insatisfação pelo fato de o valor do dote concedido a Maria Amélia, pelos senadores do Império brasileiro, ser menor do que o solicitado. Lamentava não haver paridade com os dotes conferidos às princesas Januária e Francisca, pelo fato de a filha ter nascido depois do ato de abdicação. Como a questão ainda não estava fechada, ela acreditava que pudesse haver alterações.

O inverno de 1851 para 1852 não foi favorável para Maria Amélia. Ela foi acometida pela febre escarlatina, e seu estado de saúde se agravou progressivamente. O desespero foi grande a ponto de ser chamado um padre para ministrar os sacramentos em viático. A recuperação foi lenta, mas os diagnósticos não eram bons: ela estava com tuberculose. Os médicos aconselharam que ela passasse a viver numa região com ares mais favoráveis. Em 12 de abril de 1852, Maria Amélia escreveu para D. Pedro II dizendo que tinha ficado com febre escarlatina, mas se recuperara. Para ela era desgastante ficar longos períodos na cama. No *post-scriptum* comunicava que tinha a cabeça rapada, pois perdera muito cabelo com a febre que tivera. Sua intenção era fortalecer o cabelo. Com seu ar juvenil, dizia que era muito cômoda a situação, principalmente devido ao calor e aos banhos de mar. Previa que dentro de três anos teria um cabelo bom.

O pretendente escolhido, o arquiduque Fernando Maximiliano José de Habsburgo-Lorena, irmão de Francisco José I, imperador da Áustria, passou por Lisboa e aproveitou para fazer uma visita a Maria Amélia. O casal se encontrou, e ambos fizeram um longo passeio às margens do Rio Tejo. Ele era um rapaz "muito louro" e tinha "olhos azuis e francos, queixo um pouco fugidio, encoberto pela barba loura, bem cuidada, repartida ao meio, que costumava acariciar". Talvez a postura elegante e o aspecto jovial tivessem chamado a atenção de Maria Amélia. Para D. Amélia, o que importava era a sua boa formação cultural. Sem titubear, ele pediu ao pai, o imperador Francisco Carlos da Áustria, autorização para o noivado que deveria ser oficializado dentro de um ano. Pretendia finalizar a sua viagem e posteriormente efetivar a união matrimonial. O destino não permitiria que isso viesse a acontecer.

Em junho, a saúde de Maria Amélia piorou, e a situação inspirava cuidados. Os médicos eram unânimes em dizer que o mais aconselhável era que ele passasse uma longa temporada na Ilha da Madeira para recuperar as forças. Havia risco de se fazer uma viagem, mas era preciso buscar a recuperação de Maria Amélia. No dia 26 de agosto de 1852, Maria Amélia e a mãe deixaram Lisboa. Três dias depois, a embarcação chegou ao Funchal. A cena do desembarque foi comovente, já que a fraqueza de Maria Amélia era visível, e D. Amélia não escondia o sofrimento. Um cortejo acompanhou a comitiva que seguiu em silêncio pelas ruas da cidade de Funchal, apinhoada de gente para contemplar os primeiros membros da família real que ali aportavam. A Quinta das Angústias foi o local escolhido para elas se instalarem. A designação da propriedade refletia o sentimento de mãe e filha.

Os primeiros dias de setembro foram marcados por sinais de melhora de Maria Amélia. Passados alguns dias, foi constatada a piora do estado de saúde pelos médicos. A proximidade do inverno fez agravar a doença de Maria Amélia. Os passeios que ela fazia em carros de bois, para apreciar a paisagem e observar as flores e os pássaros, diminuíram. A debilidade aumentou, e ela passou a ficar confinada no quarto, sendo proibida de fazer qualquer tipo de esforço, inclusive tocar piano, atividade que preenchia o tempo livre. Restavam a ela paciência e resignação naquela conjuntura. Ciente de que a foice da morte a espreitava, Maria Amélia pediu à mãe que, após a sua morte, os seus restos mortais fossem transportados para Lisboa e depositados no Mosteiro de São Vicente de Fora, ao lado do túmulo de seu pai. Determinou ainda que o dinheiro existente em caixa fosse integralmente doado aos pobres. Também desejou registrar como D. Amélia deveria proceder na distribuição dos pertences mais estimados, após o seu falecimento. No dia 22 de janeiro de 1853, ela recebeu a comunhão, e, nos dias seguintes, as condições de saúde pioraram. Foram ministrados os sacramentos e aguardava-se pelo pior final. No primeiro dia de fevereiro, Maria Amélia quis se confessar. Dois dias depois, Maria Amélia sentiu algum alívio dos seus sofrimentos, mas, passado esse breve período, começou a se sentir aflita, com dificuldade para respirar, e a ansiedade aumentava. A tosse ficou mais fraca e a expectoração mais difícil, apesar dos remédios utilizados. Os médicos a examinaram, e o diagnóstico não era favorável. De maneira assertiva, eles confidenciaram a D. Amélia que nada mais poderia ser feito. Maria Amélia estava expectorando sangue pelo aparelho respiratório. As sufocações eram repetidas e o desespero reinava. Ainda lúcida, Maria Amélia pediu perdão à mãe pelos aborrecimentos que lhe tinha causado. Também solicitava que a mãe se despedisse, por ela, dos demais parentes. Demonstrando grande afeto pela ama, também pedia que ela lhe perdoasse se tivesse causado algum desgosto na sua infância. Agora restava apenas aguardar o suspiro final. Foi dada a santa unção, e ela se encontrava ainda consciente. Seu último gesto foi retirar o anel que trazia no dedo, pedindo que fosse entregue à irmã Francisca de Bragança, princesa de Joinville. Desligava-se dos bens materiais e estava pronta para partir. A madrugada do dia 4 de fevereiro foi fria e torturante para D. Amélia. Nova crise ocorreu. A agonia aumentou. Desfalecida, Maria Amélia foi reanimada, e logo em seguida as convulsões voltaram. O sacerdote presente deu um crucifixo para a jovem beijar e assim ela deu seu último suspiro. Por volta das quatro horas, do dia 4 de fevereiro de 1853, Maria Amélia faleceu, tinha 21 anos de idade. Era a mais frágil das princesas.

D. Pedro II: um menino velho sem a aura imperial

Na manhã do dia 7 de abril de 1831, D. Pedro II e as irmãs assistiram à missa na Capela de São João Batista, no Palácio de São Cristóvão, como era costume. Apenas dois dias depois é que as crianças foram informadas sobre a abdicação de D. Pedro I e conduzidas ao Paço da Cidade. O objetivo era apresentar o novo imperador ao povo: o pequeno Pedro, nascido em 2 de dezembro de 1825, que nada entendia do que acontecia. A carruagem em que seguia com D. Mariana Verna, sua camareira, era saudada por muitos, e a agitação causava-lhe medo. No Paço da Cidade, eles foram acolhidos pelas autoridades e receberam os cumprimentos. Ele era o novo imperador do Brasil. A criança foi exibida quase como um troféu nos braços de Bernardo José da Gama, visconde de Goiana, acompanhado dos três regentes que foram guindados ao poder.

A escolha de José Bonifácio de Andrada e Silva para tutor de D. Pedro II e das princesas não foi a mais acertada, conforme revelaria o tempo. Havia muitos interesses em jogo, e as articulações políticas eram intensas. Dona Mariana Carlota de Verna Magalhães Coutinho (conhecida Dadama e futura condessa de Belmonte) exerceu, de fato, um controle efetivo na educação das crianças e agia nos subterrâneos da rede de intrigas que permeava o Palácio de São Cristóvão. Dom Pedro I, apesar de estar na cidade do Porto lutando pelos direitos de D. Maria II, não se esqueceu dos filhos que ficaram do outro lado do Oceano Atlântico. Em 4 de novembro de 1832, ele escreveu fazendo elogios à boa escrita de "Nhonho" (apelido familiar de D. Pedro II). À medida que crescia, o pequeno imperador foi forçado a assumir comportamento condizentes com o título que detinha. Um amadurecimento forçado que teria implicações na sua maneira de agir na fase adulta. Na infância, já deixava clara a sua superioridade. Tratava as suas irmãs, na maioria das vezes, de forma cordial, mas deixava claro que desejava delas obediência. Um menino egocêntrico que gostava de ser mimado. Januária e Francisca se habituaram ao temperamento do irmão e agiam de maneira cautelosa. Manteve-se o afeto entre eles, porém a convivência no decorrer dos anos foi diminuindo.

A rotina diária do adolescente era rígida. Ele acordava cedo e deveria sair da cama às 7 horas para fazer a ablução. O criado francês Richer era o responsável por vesti-lo da maneira mais confortável conforme a estação do ano, bem como cuidar para que a temperatura da água a ser utilizada para a higiene pessoal fosse adequada. Às 8 horas era servido o café da manhã, refeição que era acompanhado por um médico que examinava a quantidade, a qualidade e a temperatura dos alimentos servidos. Entre 9 e 11h30, ocorriam as lições que eram devidamente planejadas. Na sequência, havia uma pausa para o lazer até o almoço que era servido às 14 horas, no qual era acompanhado pelo médico da semana, pelo camarista e pela camareira-mor. Os temas permitidos durante o repasto eram sobre assuntos científicos e questões de benemerência. Findado o almoço, ele podia visitar as irmãs, sendo proibido que ele brincasse, pulasse, dormisse ou estudasse. Entre 16h30 e 17 horas, começavam os passeios. Era permitido andar a cavalo, com moderação. Ao retornar, fazia suas leituras. Às 20 horas, ele fazia as orações noturnas e, às 21 horas, jantava. Passada uma hora, ele se recolhia para seu aposento. Disciplina que foi internalizada e seguida por toda a vida. No decorre dos anos, os estudos passaram a ser o grande refúgio de D. Pedro II. Seu espírito ficava incomodado com as coisas do mundo, preferia a reclusão e a reflexão, ou foi forçado a isso pela educação que recebeu. Ele era observador e capaz de discernir bem em diferentes situações, apesar de em algumas situações optar pela inação.

Em 2 de dezembro de 1837, foi celebrado o 12º aniversário de D. Pedro II, com toda a pompa que a situação exigia. Cada vez mais a ideia de que o poder deveria ser dado ao jovem, assim que completasse 14 anos, ganhava impulso. Principalmente entre aqueles que anteviam nessa situação uma via de obter benefícios pessoais. Em 1º de janeiro de 1838, o príncipe de Joinville ancorou sua embarcação nas proximidades do Pão de Açúcar. Os periódicos anunciavam a chegada do "príncipe perfeito". Um jovem inteligente, astuto, engraçado e alegre. Como exigia o protocolo diplomático, foi realizada uma visita oficial ao imperador do Brasil, D. Pedro II, no dia 3. O príncipe foi recebido por um camarista no porto que dava acesso ao Palácio de São Cristóvão. No local, a multidão se comprimia para ver o visitante. Coube ao regente do trono, Pedro de Araújo Lima, fazer as vezes de cicerone. A descrição que o príncipe de Joinville fez do imperador é curiosa e poderíamos dizer fria e objetiva. Descreveu-o como uma "figura miudinha, da altura da minha perna", acrescentado "empertigada, compenetrada, emproada". Um "menino velho". O jovem possuía um perfil arredio e pouco amistoso, o que fez com que o príncipe francês estranhasse, depois de fazer uma profunda reverência. Posteriormente, eles trocaram um aperto de mão, mas o silêncio entre eles foi mantido. Dom Pedro II olhava o príncipe de Joinville fixamente, que, por sua vez, tentava estabelecer um diálogo amistoso. O constrangimento era grande. Apesar das tentativas de se manter um diálogo, o imperador brasileiro se mantinha calado. O regente, logo em seguida, encaminhou D. Pedro II e o visitante para a sala onde se encontravam as princesas.

No dia 23 de julho de 1840, os senadores se reuniram para deliberar sobre o assunto. Francisco Vilela Barbosa, marquês de Paranaguá, que então ocupava o cargo de presidente do Senado, comunicou a D. Pedro II que ele era declarado maior de idade, a partir daquela data, passando a gozar do exercício pleno de seus direitos. O encarregado dos negócios dos Estados Unidos no Brasil, William Hunter, em julho de 1840, afirmou o seguinte sobre D. Pedro II:

> [...] é inocente e amável, e dizem ser vivo e intelectual. Ele se considera um americano por nascimento, suas impressões, tanto quanto pude saber de seu tutor ou dele mesmo, são favoráveis ao nosso país, e seu tratamento e o da família imperial à minha família e a mim mesmo é considerado bastante gentil.

Os viajantes que passaram por terras brasileiras descreveram o jovem D. Pedro II como um rapaz tímido e reservado, demonstrando em muitas situações desejar se esquivar também dos outros. Por ocasião das cerimônias oficiais, a etiqueta o protegia, e ele cumpria de maneira competente as suas obrigações. Evitava, tanto quanto possível, expor-se ao público. Não apreciava tratar com pessoas que não conhecia. Por reiteradas vezes, manifestou a predileção por trabalhar na solidão da sua biblioteca.

Apesar de ter sido declarado maior de idade, D. Pedro II era extremamente imaturo. A sua instabilidade emocional é registrada no seu diário, em 27 de agosto de 1840. Era comum que D. Pedro II e as irmãs almoçassem juntos nos aposentos dele. Ao fazer o registro do seu dia a dia, D. Pedro II menciona que conversava com as irmãs e que uma delas não prestava atenção no que ele dizia. Não aceitando tal comportamento, ele a advertiu sobre o fato. Sem dar atenção, ela lhe voltou as costas. O jovem imperador, de maneira irascível, deu um soco nela, escrevendo no seu diário "sem ser de propósito", acrescentando que a irmã se banhara em lágrimas. Ele revelava, nesse gesto, um grau de infantilidade, ao mesmo tempo que não conseguia avaliar seus atos, nem controlar seus ímpetos, quando contrariado. Possuía um gênio difícil. Após se retirar do recinto, ele foi abordado por D. Mariana de Verna Magalhães, que tinha tomado conhecimento sobre o ocorrido. Ela o aconselhou a fazer as pazes com irmã, dizendo que a "Mana estava em choroso". Demonstrando certa frieza e insensibilidade, ele relata que "não quis" pedir desculpas pelo que tinha feito. Se, por um lado, D. Pedro II era inteligente, como muitos relatam, por outro, faltava-lhe habilidade para o convívio e respeito ao próximo. O seu sentimento de superioridade não era disfarçado, e talvez nem ele desejasse ocultar essa sua maneira de ser.

O aprisionamento de D. Pedro II era evidente. Aureliano Coutinho, futuro visconde de Sepetuba, e Paulo Barbosa criaram uma redoma no entorno do jovem com intuito de controlá-lo e impedir que qualquer grupo político se aproveitasse da imaturidade dele. Como lobos, guardavam a sua presa que pouca chance tinha de gozar de uma vida mais livre. O que ficava evidente era um amadurecimento externo precoce do jovem monarca. Como todo o adolescente, ainda mostrava em muitos dos seus atos uma certa criancice.

Perto de completar 15 anos, o médico Joaquim Candido Soares de Meireles fez o seguinte registro: "constituição linfático-sanguínea, possuindo uma cabeça assaz desenvolvida e bem-organizada". Era considerado um jovem robusto, de cabelos loiros, olhos azuis e expressivos. Tímido ou inseguro, como definir D. Pedro II? Havia aqueles que entendiam que o caráter reservado era devido à timidez. Porém, muitos lhe

Figura 5
Dom Pedro II por Johann Moritz Rugendas, 1846
Fonte: reprodução

imputavam um comportamento que se distanciava da gente simples, que, para ele, diferia da cepa que tinha se formado. Ao chegar aos 16 anos, D. Pedro II tinha uma juventude sem a dinâmica da adolescência. O seu dia a dia era cercado de ocupações e poucas distrações. Não lhe eram facultados os prazeres que eram comuns nas classes menos favorecidas. Chegou à idade varonil pouco conhecedor das artimanhas dos relacionamentos afetivos, sem ter experiência de viver em família. Carregava consigo o dever de respeitar as tradições. Como bem observou a baronesa de Langsdorff, por ocasião do casamento de D. Francisca, D. Pedro II possuía um conhecimento digno de admiração, porém era um saber de "caráter meio morto", o qual foi "adquirido mais pela leitura que pela observação direta". Entendia que era preciso que ele tivesse outros atribuídos para ser reconhecido como soberano apesar de possuir um belo porte. Faltava-lhe a aura imperial.

As negociações para casar D. Pedro II ganharam mais velocidade. Aureliano de Sousa e Oliveira Coutinho, ministro dos Negócios Estrangeiros, relatou que, ao conversar com D. Pedro II sobre a necessidade de pensar no seu casamento, "ele baixou os olhos e enrubesceu". O jovem tinha crescido sem aprender a malícia da vida. Registrava que ele era um apaixonado pela leitura e conversação com pessoas de educação. Reconhecia que o jovem possuía um ar circunspecto. Na carta que escreveu a Klemens Wenzel von Metternich, ministro do Exterior da Áustria, exaltava as qualidades de D. Pedro II, dizendo que este tinha sempre o desejo de enriquecer o espírito. Era comedido nos divertimentos, destacando que era "forte e robusto". Observou ainda: "A natureza brasileira desenvolve-se mais depressa que a europeia, e ao completar 17 anos pode-se sem exagero atribuir-lhe 19". No que dizia respeito à moralidade, era até aquele momento perfeita: "Contudo o perigo cresce com cada dia que passa". As experiências sexuais eram nulas até aquele momento.

Em julho de 1842, circulou a notícia do casamento do imperador D. Pedro II com a irmã mais nova do rei de Nápoles, Fernando II das Duas Sicílias. O retrato de D. Teresa Cristina chegou ao Rio de Janeiro em 23 de julho de 1842, com o acordo matrimonial. Dom Pedro II anotou no seu diário ter ficado excitado com o casamento, principalmente depois de ver a imagem de futura esposa. As deliberações necessárias foram tomadas para dar encaminhamento à negociação, e ele retirou o retrato das mãos do deputado Aureliano Coutinho, ministro dos Negócios Estrangeiros, e se dirigiu ao quarto de Januária, que se encontrava naquele momento com Francisca. Sem conter a ansiedade, mostrou o retrato de D. Teresa Cristina para ambas. Ao serem apresentadas à imagem da futura cunhada, segundo registro de D. Pedro II, elas disseram que "gostaram muito". É possível indagar se outra resposta seria possível? A sua euforia não permitia qualquer tipo de contrariedade. Pelas informações que recebera, a noiva era bela, prendada e instruída. Uma esposa aparentemente ideal.

Teresa Cristina tinha 21 anos quando se casou com D. Pedro II. Ela era três anos mais velha que o imperador do Brasil. Após o primeiro contato de D. Pedro II com a futura esposa, a sua avaliação mudou em relação aos encantos da jovem esposa. É conhecido que, extremamente desapontado, ele teria dito para D. Mariana Verna Magalhães que o haviam enganado. A futura esposa era baixa e obesa, também tinha uma perna mais curta que a outra, e os atributos de beleza eram poucos, ou seja, ela não era uma mulher bonita ou uma princesa como sonhara. É difícil imaginar quão grande era a expectativa de D. Pedro II, como também a sua decepção.

Não seria de se estranhar que o primeiro contato de D. Pedro II com D. Teresa Cristina foi frio e embaraçoso. O jovem imperador tinha pouca ou nenhuma desenvoltura no trato com mulheres e com certeza ficou mais tímido do que era ao se deparar com a futura esposa. Dona Teresa Cristina notou que a receptividade de D. Pedro II não fora aquela que construíra nos seus pensamentos. Jovem e imatura, deveria ter muitas dúvidas em relação aos seus dotes, além de baixa estima. A intimidade do jovem casal, logo após o casamento, era de interesse público, e havia muitas especulações. Em 3 de outubro, o deputado Rodrigo de Sousa Pontes registra no seu diário que até aquela data não se tinha "achado nos lençóis o vestígio de cópula" do casal imperial. Mencionando, de forma ácida: "Diz-se que o P. é impotente". Essa informação não procedia, já que tempos depois a imperatriz engravidou. Deram vazão às suas pulsões. A relação de D. Pedro II com a esposa não foi, na fase inicial do matrimônio, a mais tranquila. As discussões foram constantes, tendo em conta o hábito de fazer rapidamente as refeições e se isolar, e sua falta de habilidade em lidar com as pessoas. No decorrer dos anos, D. Teresa Cristina teve que se conformar e se amoldar às esquesitices do imperador. Como muitas mulheres do período, a plasticidade era um atributo importante. No decorrer dos anos, o casamento teria feito com que D. Pedro II se desenvolvesse e se tornasse mais sociável, procurando ser mais afável nas suas funções sociais, sem esconder uma certeza reserva ao agir. O casal teria quatro filhos o que mostrava uma vida sexual dos cônjuges, aparentemente normal ou periódica, durante algum tempo.

A adolescência de D. Pedro II foi um período de dolorosas transformações de um menino tímido, mimado e egoísta no homem introvertido, desconfiado, melancólico e intransigente. Com o decorrer dos anos, seu comportamento impeliu-o para a solidão. Anos mais tarde, a amiga condessa de Barral, que privou da intimidade de D. Pedro II, reconhecia que ele era uma pessoa egoísta e autoritária, vendo a forma como tratava D. Teresa Cristina. Concluía dizendo: "Toca a ser insuportável e malcriado".

Princesas e príncipes eram criados para constituírem novas famílias. Eles eram atores estratégicos da rede de interesses familiares, não sendo possível construir um "projeto de vida" que fosse totalmente autônomo e desvinculado de complexas questões diplomáticas e de interesses políticos e financeiros. Desde cedo, eram impelidos a assumir responsabilidades da vida adulta, do casamento e do filhos. Como observamos, eles viveram numa atmosfera de controle e cerceamento impostos por serviçais que nem sempre possuíam formação adequada para conduzir a educação deles. Almas aprisionadas na infância, carentes de afeto, que tiveram pouca liberdade que era mais comum àqueles que pertenciam aos estratos sociais menos favorecidos.

Referências

ALMEIDA, S. L. M. *Uma filha de D. Pedro I – D. Maria Amélia*. São Paulo: Cia. Nacional, 1973.

ANAIS da Câmara dos Deputados, v.2, sessão em 29 ago. 1840.

BARMAN, R. J. *Imperador cidadão*. São Paulo: Editora Unesp, 2012.

BOLÉO, L. V. de P. *D. Maria II – a rainha insubmissa*. Lisboa: A Esfera dos Livros, 2014.

BONIFÁCIO, M. de F. *D. Maria II*. Lisboa: Temas & Debates, 2007.

BRAGANÇA, C. T. de S. C. *A princesa flor Dona Maria Amélia*. Funchal: Drac, 2009.

CALÓGERAS, P. *A política exterior do Império*: da regência à queda de Rosas. Brasília: Senado Federal, 1998. v.III.

CARVALHO, J. da S. *Visita de sua magestade a imperatriz viúva, duqueza de Bragança, à Ilha da Madeira*. Funchal: Typographia da Flor do Oceano, 1867.

DEL PRIORE, M. *Condessa de Barral, a paixão do imperador*. Rio de Janeiro: Objetiva, 2008.

D'ORLÉANS, F. F. P. L. M. *Diário de um príncipe no Rio de Janeiro*. Rio de Janeiro: José Olympio, 2006.

ALMEIDA GARRETT, J. B. da S. L. *Da educação*. Londres: Sustenance Stretch, 1829.

GUILLON, A. J. *François d'Orléans – prince de Joinville*. Paris: France-Empire, 1990.

HAMOND, G. E. *Os diários do almirante Graham Eden Hamond*. Rio de Janeiro: Editora JB, 1984.

LA MODE – Revue du Monde Élégant. Paris: Chaussée D'Antin, 1º oct. 1831 – a 31 dec. 1831, p.20.

LANGSDORFF, E. *O diário da viagem de D. Francisca de Bragança (1842-1843)*. Lisboa: Aletheia, 2006.

LEMOS, E. de. *D. Maria II*: a rainha e a mulher. Lisboa: Fundação Casa de Bragança, 1954.

LEVI, G.; SCHMITT, J. C. (Org.). *História dos jovens*: da Antiguidade à era moderna. São Paulo: Companhia das Letras, 1996.

LYRA, H. *História de D. Pedro II*. São Paulo: Companhia Editora Nacional, 1938-1940. v.I.

MAGALHÃES JR., R. *Três panfletários do Segundo Reinado*. São Paulo: Companhia Editora Nacional, 1956.

MARTIN-FUGIER, A. *Louis-Philippe et sa famille*: 1830-1848. Paris: Perrin 1992.

MARTINS, M. M. P. L. *D. Augusto de Leuchtenberg e Santa Cruz*. Lisboa: Colibri, 2001.

MELVIN, L.; WOLKMAR, F. R. *Aspectos clínicos do desenvolvimento na infância e adolescência*. 3.ed. Porto Alegre: Artes Médicas, 1993.

NEUVILLE, J. *Memórias da minha vida*: recordações das minhas viagens por Josephina Neuville dedicadas a minhas filhas. Lisboa: Typographa do Panorama, 1864. t.I.

NOTA biográfica sobre Dona Maria-Amélia de Bragança. [s.l.]: Leipsic, 1857.

RAFFAELLI, M. *A Monarquia e a República*: aspectos das relações entre Brasil e Estados Unidos durante o Império. Rio de Janeiro: CHDD; Brasília: Funag, 2006.

RAMIREZ, E. S. *As relações entre a Áustria e o Brasil*. São Paulo: Companhia Editora Nacional, 1968.

REZZUTTI, P. *Pedro II*: a história não contada. São Paulo: LeYa, 2019.

RUSINS, A. T. O casamento de dom Pedro II. In: MINISTÉRIO DA EDUCAÇÃO E SAÚDE. *Anuário do Museu Imperial*. Petrópolis. Ministério da Educação e Saúde, 1944, v.5.

SANTOS, E. *D. Pedro IV*. Lisboa: Temas e Debates, 2008.

SCHMIDT, M. J. *A segunda imperatriz do Brasil (Amélia de Leuchtenberg)*. São Paulo: Companhia Melhoramentos, [s.d.].

SILVEIRA, L. N. E. da; FERNANDES, P. J. *D. Luís*. Lisboa: Temas & Debates, 2009.

SOUSA, O. T. *A vida de D. Pedro I*. Brasília: Senado Federal, 2015. t.III. (Coleção História dos fundadores do Império, v.IV).

TORRES, L. L. *Imperatriz Dona Amélia*. São Paulo: [s.n.], 1947.

Fonte primárias

Manuscritos

Biblioteca da Ajuda – Cota BA-54-XI-5, nº 5.

Biblioteca Nacional do Rio de Janeiro – BN-Ms. 250, nº 231.

Arquivo da Torre do Tombo – Fundo Cartório Real e Fundo Legação do Rio de Janeiro.

Museu Imperial de Petrópolis – Carta de Maria Amélia para Pedro II. Lisboa, 12 de abril de 1852. Liv. 1-10 – 1852 – docs. 04.

Instituto Histórico e Geográfico Brasileiro (IHGB) – Arq. 2.4.3 – documentos diversos.

Periódicos

Correio Paulistano, 10.12.1841.
Diário de Pernambuco, 26.9.1843.
Jornal do Commercio, 17.4.1840.
Sentinela da Monarquia, 23.10.1844.

4

Alice Clapp, uma adolescente no movimento abolicionista

Miriam Zanutti

Alice Clapp nasceu no dia 8 de dezembro de 1863, no Rio de Janeiro, filha primogênita do casal João Fernandes Clapp e Joanna Jardim Basílio Clapp.[1] Na primeira vez em que o abolicionista João Clapp foi mencionado nos periódicos, em 1864, sobre a mudança de endereço comercial, Alice tinha 1 ano de vida. Quando mencionado em seus primeiros momentos nas atividades abolicionistas, Alice tinha 10 anos. Aos 13 anos de idade, ela foi citada no periódico *O Globo* sobre a tradução do *Catechismo do bom republicano*, sua primeira referência pública. Esses dados

1 Não foi encontrado o registro de nascimento de Alice. Nos livros de registros de batismos da Arquidiocese de Niterói, entre 1860 e 1865, onde a família Clapp residiu e batizou os filhos, não possui registro do seu nascimento. É possível que ela tenha nascido no Município Neutro, mas o registro também não foi encontrado. Os registros de nascimentos de seus irmãos Ataliba, Telasco, Maria e América, e o óbito de seu irmão Huascar constam nos livros da Arquidiocese de Niterói. O atestado de óbito de Alice e as citações nos periódicos reforçam a data de seu nascimento no dia 8 de dezembro de 1863.

servem para compreender o período de ausência de informações, imagens e atividades comuns à infância e adolescência.

O lugar da criança na história é algo recente, consolidado pela história social. Philippe Ariès (1986), o pioneiro da historiografia da infância, aponta a idade como fator de apressar a criança para a fase adulta. Enquanto isso, perdia-se a sua equivalência de percepções e sensibilidade: "a passagem da criança pela família e pela sociedade era muito breve e muito insignificante para que tivesse tempo ou razão de forçar a memória e tocar a sensibilidade" (ibidem, p.10).

Diários de viajantes e cartas entre familiares e amigos são preciosos documentos fornecendo dados históricos da infância. A condessa de Barral enviava cartas para a imperatriz Teresa Cristina informando sobre a saúde de suas filhas Leopoldina e Isabel (Mauad, 2018, p.162). Maria Graham, escritora britânica de literatura, foi preceptora da princesa Maria da Glória, filha de D. Pedro I e Maria Leopoldina. Graham costumava escrever cartas para a imperatriz afirmando a delicadeza e boa postura de sua filha (ibidem, p.163). As crianças de famílias nobres são mais visíveis na história, seus diários e memórias são mais acessíveis, contudo há uma nulidade da infância e de suas experiências, deixando lacunas historiográficas. Se as experiências infantis fossem percebidas pelos adultos, trariam protagonismos mais acentuados, e teríamos ricas e profundas historicidades biográficas e eventos mais elucidados. O mundo infantil oitocentista não foi totalmente desvalorizado, todavia faltaram interesse e disposição de documentos e confirmações históricos relevantes. O caso de Alice Clapp não foge à regra. Onde estão assinaladas suas experiências de contatos com os escravos? Quais sentimentos ela refletia quando seu pai conduzia algum escravo para sua residência, que serviu como quilombo abolicionista? O que de fato motivou sua incursão no movimento abolicionista? Essas perguntas são, em parte, respondidas pela imprensa, a fonte histórica principal na construção da trajetória de Alice, mas outras situações ainda carecem de respostas.

Como as experiências infantojuvenis não são vistas como autoridade, são irrelevantes: "ninguém admitiria como válida uma autoridade cujo único título de legitimação fosse uma experiência" (Agamben, 2005, p.23). Essa recusa desconsidera o mérito da criança em suas percepções e sua identidade própria. Ana Maria Mauad (2018, p.140) tece a mesma conclusão em que há falta de registros das experiências da criança e da juventude, expondo lacunas de suas próprias histórias e da compreensão do mundo ao seu redor. As crianças alfabetizadas certamente poderiam revelar seus olhares, sentimentos e experiências em diários. Sem querer criticar em demasia os adultos do século XIX, pois já viviam avanços que séculos anteriores não portavam, houve pouco interesse em descobrir a potencialidade dos infantes. Tudo é uma construção da época, do conceito de infância e de um mundo do *homo adultus*. Posturas, costumes, vestes e fotografias não são totalmente ausentes da cultura citadina do Oitocentos retratada por historiadores, pintores, viajantes, entre outros. Sabe-se que registros pessoais eram preservados pela própria família. A vida privada de Alice, suas vivências pessoais e suas impressões mais íntimas de menina entrando na adolescência são praticamente desconhecidas, ficando mais evidente sua atuação no espaço público, revelada, principalmente, pelos periódicos da época. Mas é possível compreender que houve uma peculiaridade em sua infância e adolescência, provavelmente de outras filhas de abolicionistas, que foi seu convívio com os escravos e o envolvimento no movimento abolicionista, pois sua residência serviu como quilombo abolicionista, conduzindo uma relação diferente com os escravizados.

A Confederação Abolicionista apoiava a resistência escrava e encaminhava os negros para um local de proteção designado quilombos abolicionistas. Um documento especial, o diário de André Rebouças escrito em 1888, 11 dias após a abolição, descreve o movimento abolicionista e os quilombos fluminenses. Suas anotações só foram publicadas no ano seguinte entre 1º e 11 de julho, no periódico *Cidade do Rio*. A terceira e quarta partes das crônicas trazem informações de alguns quilombos, sua localização e funcionamento. Entre esses quilombos, alguns receberam nomes dos abolicionistas: Senna, Raymundo, Patrocínio, Miguel Dias, Padre Ricardo e Clapp (*Cidade do Rio*, 11.7.1889, ed. 153, p.2).

> Pelas notas que pudemos recolher, vamos offerecer aos nossos leitores, e ao futuro historiador da abolição dos escravizados do Brasil, uma breve noticia d'esta importante phase da propaganda libertadora, tão perseguida e tão diffamada pelos mantenedores da torpe instituição, morta e sepultada no glorioso dia 13 de maio de 1888. (*Cidade do Rio*, 11.7.1889, ed. 153, p.2)

Os quilombos eram marcados por grande ousadia, a começar pelo espaço ocupado: casas de famílias, escritórios comerciais, redações de jornais, hotéis, padarias, fábricas, quartéis, tipografias. Rebouças mencionava os quilombos fluminenses como os mais notáveis. Destacamos o quilombo Clapp, situado tanto no escritório da confederação, "onde raras vezes se entrava sem encontrar, na sala interior escravizados com sua clássica trouxa" (ibidem), como também na residência de João Clapp no bairro São Domingos, em Niterói.

A relação entre crianças com escravos em suas residências ou fazendas poderia ser de hostilidade, pelo próprio tratamento dado aos escravos quando torturados, alimentando o sadismo nas crianças que cresciam assistindo como normalidade a um negro apanhando até esvair em sangue, quando não morria no tronco (Altman, 2018, p.244). Cenas desse tipo ainda existiam, mesmo com o declínio do número de escravos na segunda metade do século XIX. Ao contrário do ambiente de tortura, os quilombos abolicionistas foram espaços para amparar o escravo, acolher e não açoitar, permitindo um convívio de respeito e compaixão. Esse ambiente no espaço privado, no lar, certamente ajudou a moldar o caráter compassivo de Alice, tornando-a diferenciada entre tantas meninas de sua idade. Alice, a mãe Joanna e os irmãos abrigavam escravos fugidos, comprovando que a família estava unida na mesma causa. Sua casa nunca foi ambiente de maus-tratos para os escravos, o que confirma uma infância e adolescência mais saudáveis que estimularam sua dedicação ao abolicionismo.

A família Clapp residia no endereço da Rua Domiciano, nº 6, no bairro São Domingos, em Niterói. São Domingos era, e ainda é, bairro de classe média onde residiam muitos comerciantes e industriários. Sua localização próxima ao ponto das barcas facilitava o deslocamento dos moradores até a Corte. O bairro bem arborizado, descrito "pelo seu clima ameno e seus banhos de mar" (Del Priore, 2016, p.223), tornava-o desejado pelas camadas mais abastadas do Rio de Janeiro. A casa de Alice seguia o padrão de moradias da época mais europeizada, com jardim vasto, cômodos grandes, janelas amplas permitindo boa ventilação e um salão para festas com piano de duas cordas (*Gazeta da Tarde*, 2.3.1883, ed. 48, p.1).

Percebe-se, nesses detalhes, que Alice vivia em uma residência confortável e abolicionista, pois, além de servir como quilombo, almoços e jantares eram realizados para celebrar alguns encontros do movimento. Em comemoração à lei de 7 de novembro de 1831, também conhecida por Lei Feijó, que proibia a importação de escravos no Brasil, foi oferecido um jantar na casa de João Clapp, em 1880. A *Gazeta da Tarde* (8.11.1880, ed. 104, p.3) noticiou: "O nosso amigo João Clapp e sua Exma. familia, em sua aprazivel residencia, em S.Domingos, reunio um pequeno numero de amigos e offereceu-lhes um magnifico jantar". Esse permanente convívio com amigos da família, muitos abolicionistas, recheado de conversas emancipatórias, era corriqueiro para Alice Clapp. Certamente, nessas ocasiões, ela absorveu a cultura antiescravista da sua família, em especial de seu pai. Entretanto, a trajetória de Alice no movimento abolicionista não foi à sombra dos adultos ou dos homens, mas de sua própria compaixão pelo escravo, do seu desejo em lutar pela abolição e traçar seu destino em prol de uma causa nobre, de modo a tirar seu país do atraso escravista.

Outro diferencial constatado: se Alice tinha a idade de 10 anos quando seu pai foi mencionado em seus primeiros momentos no movimento abolicionista e aos 13 terminava a tradução do *Catechismo do bom republicano*, ela não era tão comum quando comparada às meninas de sua idade e classe social. A concepção da mudança de fase entre infância e adolescência não era percebida em suas diferenças na sociedade oitocentista, somente no século XX essas fases são mais elaboradas e distinguidas (Santos, 2007). Embora não houvesse a distinção na época, é possível perceber, na passagem entre as faixas etárias, seu envolvimento além das brincadeiras de menina. A adolescência feminina tinha pouca vivência para aventuras e rupturas, pois seu destino já estava designado: família e afazeres do lar. Todavia, a adolescente estava atenta ao elemento servil, pois convivia com ele com mais proximidade, sem os vícios da hostilidade em tantas pessoas no trato com o escravo. Por certo, houve o diferencial dessa menina que crescia assistindo às ações do pai abolicionista, e sua entrada na adolescência demonstrava um lado incomum para sua época de meninas de sua idade: estar engajada na extinção escrava. Tal adesão não significa que Alice se ausentava de brincadeiras de meninas ou do convívio com suas colegas. Pelas condições sociais da classe média, provavelmente ela desfrutava de uma infância bem assistida, porém, para não recorrerem apenas às conjecturas, as fontes apontam para o envolvimento na causa abolicionista. Pode-se afirmar que Alice era uma menina diferenciada.

Formação educacional

Alice recebeu instrução formal no Collégio Brazileiro,[2] inaugurado em 1870, na Rua das Laranjeiras, nº 95, depois 157, no bairro de mesmo nome. O bairro Laranjeiras garantia educação para classe média, onde era possível encontrar residências elegantes, chalés e casas com jardins semelhantes às casas europeias (Del Priore, 2016, p.172). Bairro aristocrático, residência da princesa Isabel e de seu esposo conde d'Eu no Paço Isabel, era a escolha de muitos estrangeiros para fixarem moradia, principalmente ingleses. Escolas mais conceituadas passaram a se estabelecer em áreas próximas ao mar, com ar puro e propícias para exercícios físicos (Mauad, 2018, p.155). Em 1871, a diretora Florinda de Oliveira Fernandes anunciou no jornal *Almanak Lammert* a opção pelo bairro, por ser mais saudável que o restante da cidade, afastando doenças como varíola, ancilostomíase, febre amarela e hanseníase. O Rio de Janeiro com clima quente e úmido favorecia a proliferação de algumas doenças,

2 Vários jornais narram a educação de Alice no Collégio Brazileiro. Provavelmente a alfabetização aconteceu no lar, e, a partir de 7 anos de idade, foi matriculada na educação formal, estudando ali até os 17 anos. Não obtive fontes históricas que fornecessem outras informações sobre o prosseguimento de sua vida educacional.

principalmente na área urbana do centro onde havia cortiços. Mesmo com todo encanto, o bairro Laranjeiras não estava totalmente isento de doenças contagiosas e reunia alguns cortiços.

A arquitetura do colégio era de palacete, comum em várias escolas particulares. A estrutura contava com vários salões, dormitórios com cama de ferro, banheiros, refeitórios, capela e pátios jardinados. As despesas de uma aluna ou um aluno no internato apontavam para a condição da família que podia arcar com altos custos e manter seus filhos na classe social privilegiada. O colégio, em 1871, cobrava pensão por aluna no valor anual de 480$000, dividido em parcelas trimestrais de 120$000. Para as aulas de latim, piano e dança, os valores não estavam inclusos na pensão, era necessário pagar quantia extra, elevando o preço anual do pensionato para 540$000 (*Almanak Administrativo, Mercantil e Industrial do Rio de Janeiro*, 1871, ed. 28, p.432-3). Alunos de outras províncias, como Alice, residente em Niterói, eram enviados pelos pais para estudar na Corte por ser referência na formação educacional brasileira (Conceição, 2013).

O plano pedagógico do colégio incluía aulas de geografia, história do Brasil, gramática portuguesa, climatologia, princípios gerais de física e química, inglês, francês; aulas práticas de bordado, crochê, piano e dança, entre outras atividades extraclasses. As professoras, em sua maioria, oriundas da Alemanha, França, Inglaterra e Itália, alojavam-se na própria instituição. O colégio era de confissão cristã e com aulas de doutrina católica, capelania e atividades religiosas em paróquias próximas. A instituição se alinhava com outras de ensino de sua época, tendo como objetivo principal preparar a mulher para ser dona do lar e boa mãe.

> O estabelecimento só recebe pensionistas [...] a educação é muito mais completa desde que a alunma não tem distracções nas idas e vindas do collegio. [...] A regularidade de estudo, de alimentação, e de dormir em horas determinadas e invariáveis, é um dos meios hygienicos mais aconselhados para a saúde. [...] onde as meninas brasileiras vão aprender a ser verdadeiras mães de familia. (*Jornal Semana Illustrada*, 1º.1.1871, ed. 525, p.4199).

Apesar desse objetivo, o colégio primou pela formação intelectual de suas alunas. Vários artigos publicados nos periódicos da cidade do

Rio de Janeiro do século XIX mencionaram a fundadora e diretora da instituição, Florinda Fernandes, como pessoa determinada a possibilitar o caminho do conhecimento de suas alunas. Ser mãe e dona do lar não é desonroso, todavia a mulher poderia ocupar outros espaços fora do quarto, da cozinha e do lavabo. As meninas do século XIX se mostravam aptas para adentrar na escolaridade com talentos para ciências e literatura e ativas em movimentos político-sociais.

O anúncio do Collégio Brazileiro em alguns periódicos explicitava a busca por uma instituição que atendesse às necessidades da escolaridade feminina em local aprazível e bem selecionado. Em toda corte, existiam 109 escolas particulares, sendo 54 para meninos e 55 para meninas. Na freguesia da Glória, à qual pertencia o bairro Laranjeiras, não havia muitos estabelecimentos de ensino particular em 1870, apenas 14 escolas. O ensino primário para meninos era de quatro escolas e uma para meninas. No ensino primário/secundário, eram três escolas para meninos e seis para meninas. Na Tabela 1, consta a relação de alunas matriculadas em escolas particulares na freguesia da Glória, em que é possível perceber as meninas em maior número.

Tabela 1
Matriculados em escolas públicas e particulares da freguesia da Glória

Ensino	Público		Particular		Total
	Primário	Secundário	Primário	Secundário	
Masculino	160	0	257	64	481
Feminino	132	0	386	274	792
Total	**292**	**0**	**643**	**338**	**1.273**

Fonte: Relatório do Ano de 1870 Apresentado à Assembleia Geral na Terceira Sessão da Décima Quarta Legislatura. Anexo A-D5 p. 18 e A-D5-N.3. Secretário Theophilo das Neves Leão

A escolaridade da metade do século XIX não atendia de maneira eficaz a população mais pobre, pois o número de escolas públicas não era suficiente e as particulares atendiam um público privilegiado. A educação priorizava os meninos, entretanto as meninas estavam presentes nas escolas, e algumas foram abertas para atender especificamente esse público.

Os dados censitários de 1870 informam que a população no município da Corte era de 235.381 habitantes. O percentual de alfabetizados era 15%, apontando para um número expressivo de analfabetos. Aquele ou aquela matriculados nas escolas destoavam dos demais e poderiam

População	Masculina	Feminina
Livres	107.801	77.488
Escravos	28.519	21.573
Total	136.320	99.061

Tabela 2
População do município do Rio de Janeiro em 1870
Fonte: Relatório do Ano de 1870 Apresentado à Assembleia Geral na Terceira Sessão da décima Quarta Legislatura. População da Corte em abril de 1870. Anexo A-C-A-N.1. José Vicente Jorge

assegurar a vida socioeconômica com mais vantagens, principalmente em escolas particulares em sistema de internato, pois a qualidade do estudo sobrepujava as demais escolas.

O número da população de 1870, apesar de legítimo, é contestado pelo relator, ministro João Alfredo (Oliveira, 1871).

> A Commissão Central, ponderando as difficuldades que não podiam deixar de encontrar-se na parte concernente aos dados para verificação da população, e fazendo considerações fundadas em combinações e calculos de probabilidade, entende que o algarismo total da população não póde ser inferior a 260.000 almas.

A constatação do relator indica a ausência de 25 mil habitantes, no entanto não altera o analfabetismo e a realidade de crianças pobres comparadas àquelas inseridas no ambiente escolar elevado. Se Alice estudou em uma escola de excelência, com estrutura de palacete, em boas condições sociais por ser filha do comerciante e abolicionista João Clapp, ela não fez parte de um todo, mas dos privilegiados que tinham acesso à educação de qualidade. Enquanto as crianças pobres, muitas vezes, trabalhavam para garantir algum sustento familiar, as de classe média estudavam em bons colégios. O convívio com meninas da sua idade e suas famílias endossa relações com a elite fluminense. Entretanto, seu contexto familiar não permitiu que sua vida ficasse em uma bolha protegida sem contato com a realidade escravista. Pelo pai e por sua dedicação, Alice não se absteve de defender a abolição dos escravos. A menina que ficava alojada no internato durante a semana e, a cada quinze dias, desfrutava da companhia de sua família, certamente presenciava escravos no quilombo abolicionista, seu lar. A educação escolar de alta qualidade e seu envolvimento no abolicionismo lhe deram chances de atuar como tradutora, saindo do perfil comum de meninas de sua época.

Tradução do *Catechismo do bom republicano* em 1877

O trecho publicado no jornal *A Pátria* de 17 de março de 1878, do proprietário Carlos Bernardino de Moura,[3] traz a seguinte nota: "Alice Clapp. – Já não é desconhecido este nome: os democratas que acompanham as glórias dos seus, sabem que esta intelligente joven, é uma promessa auspiciosa e esperança brilhante". Um ano após a publicação do livro político *Catechismo do bom republicano*, a nota do periódico enalteceu Alice pela sua primorosa tradução e apontou para um futuro promissor. Alice tinha 13 anos quando publicou o livreto sobre a República em março de 1877, conforme descrito nos periódicos *O Globo*, *Gazeta de Notícias*, *A Pátria* e *Gazeta da Noite*. Não é possível afirmar se o labor de Alice havia sido uma iniciativa própria ou se atendeu a alguma solicitação de João Clapp pelo desejo de acentuar em seus discursos os ideais republicanos para o Brasil. Ou seria Alice tão politizada a ponto de propor um escrito confrontando o modelo monárquico? Diante do quadro familiar à época, é plausível que Alice tenha atendido a um desejo do pai. Pode-se ainda pensar na possibilidade de a tradução representar o início da caminhada de Alice no movimento abolicionista. A contribuição dela para essa tradução pontua dois elementos importantes: a formação educacional e o envolvimento na causa abolicionista.

> Como bom pae, esmerado pela educação moral dos seus filhos, o bom, independente e democrata cidadão americano, que o é como os melhores, e mais conscientes dos que sabem o que é ser cidadão livre, mandou o Sr. Clapp imprimir uma edição de 5 mil exemplares, que faz distribuir gratuitamente. [...] A traducção faz honra á intelligente cidadã Alice Clapp, e quando todos os paes derem a suas filhas a fecunda educação instructiva que o cidadão Clapp está dando ás suas, a emancipação da mulher como cidadã hade ser um facto natural e necessário. (*A Pátria*, 28.3.1877, ed. 25, p.3)

---

3 Carlos Bernardino de Moura, republicano e adepto dos ideais abolicionistas, foi redator e proprietário do jornal *A Pátria*, fundado em Niterói em 1856 e que circulou até 1889. Os jornais *A Revolução Pacífica* e *Echo*, ambos de Niterói, também foram fundados por Carlos Moura.

Ávidos por esse regime, grande parte dos abolicionistas se reunia para discutir as ideias republicanas participando de eventos em Niterói e no Rio de Janeiro.[4] Sob a influência do pai, Alice poderia alinhar-se com as propostas e possibilidades de um novo modelo político para o Brasil, formalizando a tradução do *Catéchisme du bon républicain*, do redator francês Elphège Boursin.[5] Os ideais republicanos presentes na Europa desde o século XVIII serviram de modelo e desejo em outras partes do mundo, principalmente em países com o sistema escravocrata. No período da Revolução Francesa, entre 1788 e 1804, estima-se a publicação de 346 catecismos políticos, também denominados *catéchismes révolutionnaires* (Buttier, 2011, p.166). Após 1870, diminuiu a produção literária dos catecismos por conta do momento de laicização com recrudescimento da secularização. Sendo assim, o formato catequético da literatura política já não era tão necessário. O estilo considerado pedagógico contou com a participação de muitos clérigos católicos desejosos de reformar a política, que também atuaram no movimento abolicionista, inclusive sediando espaços eclesiásticos.

> O catecismo político é um gênero literário com grande estabilidade retórica. Dois terços dos catecismos políticos são compostos na forma de perguntas e respostas como os pequenos catecismos católicos. Há, portanto, uma verdadeira continuidade formal entre os catecismos religiosos e os catecismos políticos. (Buttier, 2011, p.172, tradução nossa)

O *Catéchisme du bon républicain* contém perguntas e respostas que expressam os pontos fundamentais da política republicana. Essa obra

---

4 Em novembro de 1880, no Club Republicano de São Cristóvão, foi realizada a comemoração de aniversário do terceiro ano da instituição. No evento, entregaram-se as cartas de libertação de quatro escravos. No evento, estavam presentes José do Patrocínio, Quintino Bocaiuva, André Rebouças, Ubaldino do Amaral e João Clapp, que foi o orador (*Gazeta da Tarde*, 16.11.1880, ed. 111, p.3).

5 Elphège Boursin (1836-1891), nascido em Falaise, na França, foi jornalista, literário e historiador. Usava o pseudônimo de Le Père Gérard (O Pai Gerard) em alguns de seus escritos. Autor de *Histoire de la Révolution française*, *Histoire romaine*, *Révolution Parlementaire du 24 mai 1873*, entre outras obras. Publicou o *Catéchisme du bon républicain* em 1872.

teve tiragem de 27 edições nos anos de 1872-1873, marcando a larga defesa do republicanismo. Boursin não foi um literato republicano propagado acentuadamente no Brasil, porém sua obra, reconhecida na França, corroborou o interesse em traduzi-la e o firme propósito de reforçar o movimento político republicano unido ao abolicionismo. O formato catequético também aceito e de fácil compreensão atingiu um número expressivo de pessoas, lembrando que a propaganda abolicionista se fazia pela leitura e pelo discurso.

A tradução de Alice preservou o formato literário do catecismo e demonstrou que ela tinha conhecimento da língua francesa. Ao analisar e comparar as duas obras, o original em francês e a tradução para o português, percebi que faltavam cinco perguntas e suas respectivas respostas no livro traduzido. No contexto geral, a tradução é *ipsis litteris*, não alterando o conteúdo e sentido originais. A ausência das cinco perguntas pode ter ocorrido por problemas na tipografia ou Alice pulou as perguntas por alguma falha de atenção. Esse erro não desmerece seu empenho e dedicação, visto que manteve a tradução fiel ao original. Foram publicados cinco mil exemplares distribuídos gratuitamente para redações de jornais, amigos de João Clapp e sociedades abolicionistas. Certamente Alice recebeu

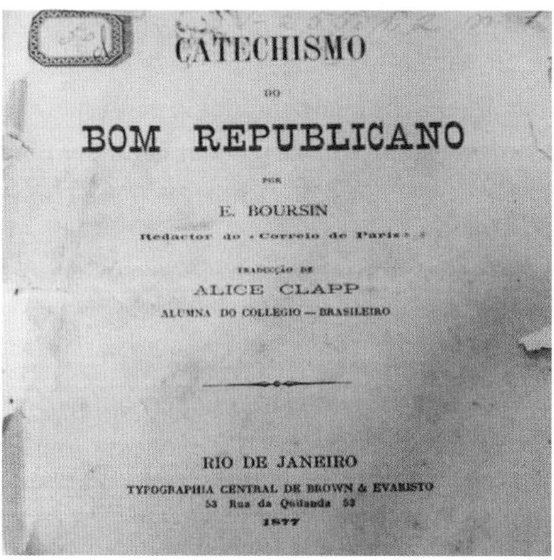
CATECHISMO
DO
BOM REPUBLICANO
POR
E. BOURSIN
Redactor do «Correio de Paris»
TRADUCÇÃO DE
ALICE CLAPP
ALUMNA DO COLLEGIO — BRASILEIRO

RIO DE JANEIRO
TYPOGRAPHIA CENTRAL DE BROWN & EVARISTO
53 Rua da Quitanda 53
1877

Figura 1
Capa do livro *Catechismo do bom republicano*
Fonte: Biblioteca Nacional.

Capítulo	Título		Perguntas	
	Francês	Português	Francês	Português
1	*La République*	*A República*	21	19
2	*Liberté, Égalité, Fraternité*	*Liberdade, Igualdade, Fraternidade*	26	24
3	*Du Gouvernement Républicain*	*Do Governo Republicano*	26	26
4	*Instruction Obligatoire Gratuit et Laïque*	*Instrução Obrigatória, Gratuita e Secular*	30	30
5	*Séparation de L'Église et de L'État*	*Separação da Igreja e do Estado*	9	8
6	*Du Service Militaire Obligatoire*	*Do Serviço Militar Obrigatório*	27	27
7	*Droits et Devoirs D'un Bon Citoyen*	*Direitos e Deveres de Um bom Cidadão*	16	16
Total			**155**	**150**

Tabela 3
Relação dos capítulos do *Catechismo do bom republicano* em francês e português

Fonte: *Catéchisme du bon républicain*. Disponível em: https://babel.hathitrust.org/cgi/pt?id=mdp.39015020063940&view=1up&seq=3. Acesso em: 15 jan. 2020.

apoio financeiro do pai, garantindo a impressão de tantos exemplares, pois o custo não era barato e a tecnologia gráfica permanecia em fase mais artesanal na segunda metade do século XIX (Azevedo, 2009, p.89).

A obra consiste em sete capítulos com 155 perguntas e respostas sem numerá-las, contendo 29 páginas.[6]

As perguntas e respostas suprimidas estão relacionadas com os capítulos 1, 2 e 5, conforme a Tabela 3. Essas perguntas não desconstroem o cerne do conteúdo nem atingem negativamente os abolicionistas republicanos, sempre dispostos a combater a escravidão utilizando as propostas da República. É possível que, ao distribuírem os exemplares em português, alguns mais eruditos e dotados da língua francesa tenham percebido a falta dessas perguntas e respostas. As fontes históricas de maior informação sobre Alice, os periódicos, não comentam nem invalidam seu trabalho, pelo contrário, sempre elogiam e exaltam a importância de um material com novos ares políticos. Para que possamos verificar se a falta das cinco perguntas e respostas compromete a tradução de Alice, listamos no Quadro 1 a versão em francês do *Catechismo do bom republicano*.

6 Existe apenas um exemplar da tradução de Alice na Biblioteca Nacional, que permitiu que eu fotografasse todas as páginas. No momento, a obra está no setor de restauração, não sendo permitido o acesso ao público, devido ao desgaste do livro, com páginas soltas e algumas partes quebradiças.

Capítulo	Perguntas	Respostas
1	Quem o fez cidadão, quem o fez eleitor?	A República francesa.
1	Quem o admitiu nos poderes públicos?	A República francesa.
2	Como o indivíduo é chamado na República?	Chama-se cidadão.
2	O que significa a palavra cidadão?	Significa habitante livre de um país livre.
5	Como deve ser considerado pelo Estado os ministros de diferentes religiões?	Como cidadãos comuns, possuidores de direitos e tendo que cumprir todos os seus deveres.

Quadro 1
Perguntas e respostas no *Catechismo do bom republicano* não encontradas na versão em português
Fonte: *Catéchisme du bon républicain*. Disponível em: https://babel.hathitrust.org/cgi/pt?id=mdp.39015020063940&view=1up&seq=3. Acesso em: 15 jan. 2020.

Essas perguntas complementam as demais em seus respectivos capítulos, porém a ausência delas no livro em português não traz dificuldades de interpretação da política republicana no ambiente abolicionista. Outras literaturas eram traduzidas e/ou escritas por brasileiros, ratificando os ideais republicanos. Alice trouxe uma grande contribuição ao dispor mais um texto na galeria das literaturas republicanas.

Após essa análise da tradução, apresento algumas páginas relevantes do livro. Na primeira, João Clapp se dirige a Quintino Bocaiúva, proprietário do jornal *O Globo*, apresentando o trabalho de sua filha para ser apreciado pelo redator. Bocaiuva responde com a mesma elegância de Clapp e parabeniza Alice. A apresentação é bem formal e polida entre dois amigos republicanos e abolicionistas. Eles poderiam mostrar-se educados e não ter afeto ou concordância, contudo não há menção em documentos ou jornais apontando para discórdias entre ambos. A sofisticação era comum na linguagem oitocentista nos homens de fino trato.

Na segunda página, Alice escreve uma pequena dedicatória e agradecimento à senhora Maria de Oliveira Fernandes, diretora do Collégio Brazileiro, onde ela recebeu formação educacional. Alice consultou a diretora para sua tradução, porém não descreveu que tipo de apoio recebeu. Não houve qualquer alteração do texto original, de modo não contrariar as ideias republicanas, o que demonstra atuação nula da diretora na questão política. A palavra de Maria Fernandes expressou sua principal função de preparar as moças para serem boas mães de família, exatamente como objetivo central da escola e perfil da sociedade do Oitocentos. A diretora, nora de Florinda Fernandes, fundadora do colégio, evidenciou não ter afinidade com a política republicana e reconheceu o desempenho de Alice na tradução da língua francesa. O cerco educacional de Alice direcionava sua vida para uma boa dona de casa, até aí nada novo. Talvez a surpresa maior tenha sido o fato de Alice traduzir um catecismo político.

O livro contém perguntas básicas sobre o que é república, diferença entre república e monarquia, os direitos do cidadão, o Estado laico e os benefícios para uma nação desejosa de avanço e prosperidade. Por ser de cunho político, Alice certamente partilhava das propostas do catecismo. Destaco algumas perguntas expressivas que dialogam com a conduta de Alice e, certamente, ajudaram a aprofundar suas atividades no movimento abolicionista.

> O que é Republica?
>
> É um governo que não é exercido por um rei ou imperador isto é, por um chefe hereditário do povo, mas pelo proprio povo soberano.

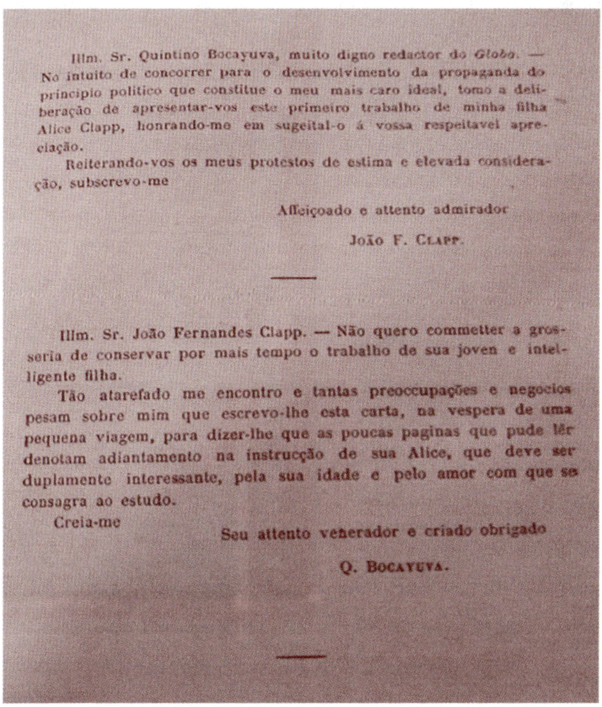

Illm. Sr. Quintino Bocayuva, muito digno redactor do *Globo*. — No intuito de concorrer para o desenvolvimento da propaganda do principio politico que constitue o meu mais caro ideal, tomo a deliberação de apresentar-vos este primeiro trabalho de minha filha Alice Clapp, honrando-me em sugeital-o á vossa respeitavel apreciação.

Reiterando-vos os meus protestos de estima e elevada consideração, subscrevo-me

Affeiçoado e attento admirador

João F. Clapp.

Illm. Sr. João Fernandes Clapp. — Não quero commetter a grosseria de conservar por mais tempo o trabalho de sua joven e intelligente filha.

Tão atarefado me encontro e tantas preoccupações e negocios pesam sobre mim que escrevo-lhe esta carta, na vespera de uma pequena viagem, para dizer-lhe que as poucas paginas que pude lêr denotam adiantamento na instrucção de sua Alice, que deve ser duplamente interessante, pela sua idade e pelo amor com que se consagra ao estudo.

Creia-me

Seu attento venerador e criado obrigado

Q. Bocayuva.

Figura 2
Página de apresentação de João Clapp para Quintino Bocaiúva do *Catechismo do bom republicano*

Fonte: Biblioteca Nacional.

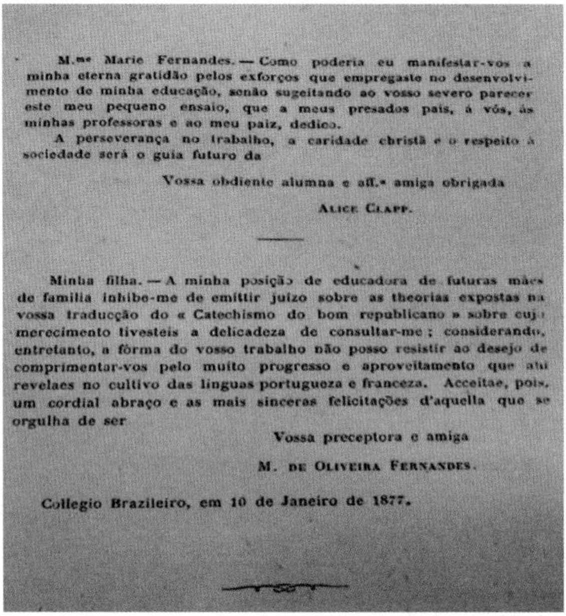

M.me Marie Fernandes. — Como poderia eu manifestar-vos a minha eterna gratidão pelos exforços que empregaste no desenvolvimento de minha educação, senão sugeitando ao vosso severo parecer este meu pequeno ensaio, que a meus presados pais, á vós, ás minhas professoras e ao meu paiz, dedico.

A perseverança no trabalho, a caridade christã e o respeito á sociedade será o guia futuro da

Vossa obdiente alumna e aff.a amiga obrigada

ALICE CLAPP.

Minha filha. — A minha posição de educadora de futuras mães de familia inhibe-me de emittir juizo sobre as theorias expostas na vossa traducção do « Catechismo do bom republicano » sobre cujo merecimento tivesteis a delicadeza de consultar-me; considerando, entretanto, a fôrma do vosso trabalho não posso resistir ao desejo de comprimentar-vos pelo muito progresso e aproveitamento que ahi revelaes no cultivo das linguas portugueza e franceza. Acceitae, pois, um cordial abraço e as mais sinceras felicitações d'aquella que se orgulha de ser

Vossa preceptora e amiga

M. DE OLIVEIRA FERNANDES.

Collegio Brazileiro, em 10 de Janeiro de 1877.

Figura 3
Página de agradecimento do livro *Catechismo do bom republicano*. Alice Clapp manifesta sua gratidão pela educação recebida no Collégio Brazileiro

Fonte: Biblioteca Nacional, Obras Gerais.

A Republica tem ainda outras qualidades?

A Republica é o governo economico por excellencia. Com elle não ha grandes honorários, nem lista civil, nem reis, nem imperadores a sustentar e a pagar, assim como ás suas familias. O lucro é liquido. Mais de duzentos milhões por anno.

O que é a igualdade?

É o direito natural, semelhante, igual, de todos os cidadãos, sem distincção de nascimento, fortuna ou de posição social, de ser protegido ou castigado pela mesma lei pelos mesmos actos.

Qual é a mais preciosa de todas as liberdades?

É a liberdade individual.

O que é a fraternidade?

É a amizade, é o auxilio que os republicanos como irmãos devem prestar entre si. Fraternidade quer ainda dizer: unidade republicana e humanidade.

Quaes são as vossas idéas a respeito da pena de morte?

Eu a repilo completamente, porque não é outra cousa senão a lei barbara do Talião: olho por olho, dente por dente; porque ella não é digna de uma sociedade civilizada; porque ella não corrige o condenado; porque o corpo social está bastante preservado pela privação da liberdade do culpado; porque, emfim, ella repugna á consciencia e é contraria á humanidade.

Para uma adolescente que iniciou a tradução, entre os 12 e 13 anos de idade, de um conteúdo contestador do regime imperial, incitando a busca por uma nova governança, acima de tudo, da liberdade do povo, da igualdade entre as pessoas livres, da extinção do escravismo, do uso do dinheiro público para o povo e da justiça comum a todos, não parece uma jovem tão preocupada em como arrumar a casa e se manter no ambiente privado do lar doce lar. Pode parecer um ato pequeno diante de tanta conquista a ser feita, porém a obra traduzida por uma adolescente foi bastante ousada e com conotações sempre altivas sobre a moça promissora na sociedade fluminense.

Tradução do livro A Suissa contemporanea

Na sequência da tradução do *Catechismo do bom republicano*, Alice manteve seu interesse por livros que contivessem algum cunho político. Enquanto publicava o catecismo, Alice terminava outra tradução, *A Suissa contemporanea*, do historiador inglês William Hepworth Dixon.[7] O interesse por leituras políticas demonstrava o desejo da jovem em aprofundar-se em temas não muito comuns à realidade da mulher fluminense. Percebe-se a inclinação de Alice em conhecer outros mundos que refletissem exemplos e bons anseios para a sociedade brasileira. O desejo pela política pôde refletir o ambiente abolicionista influenciado por seu

7 William Hepworth Dixon foi um historiador e viajante inglês nascido em 30 de junho de 1821, em Manchester. A partir de 1861, iniciou suas viagens em várias regiões da Europa, incluindo Portugal, Espanha, seguindo depois para Marrocos, Palestina, Estados Unidos, Rússia. Esteve na Suíça em 1871 e, no ano seguinte, publicou o livro *The Switzers*. Outros livros foram publicados com o mesmo teor, como: *Holy Land*, de 1866, em dois volumes; *New America*, em dois volumes publicado, de 1867; *Free Russia*, de 1870; entre outros. Os livros narram suas viagens e tecem a história e o comportamento político do povo visitado. Dixon faleceu em 26 de dezembro de 1879. Informações disponíveis em: https://catalogue.bnf.fr/ark:/12148/cb12442836n. Acesso em: 18 abr. 2020.

pai, mas provavelmente a dedicação aos estudos a levou a desenvolver o lado literário com destaque para as ciências humanas. O primeiro a mencionar a tradução foi Aprígio Guimarães[8] que redigiu uma nota endereçada a João Clapp datada de 20 de novembro de 1877:

> Illm. Sr. João F. Clapp. – Meu Amigo. – Consinta, que a sua Alice receba esta minha insignificante offerenda: a traductora do Catecismo do Bom Republicano e da Suissa Contemporanea, a brasileira com que V.S. ha de dotar a nossa pátria, bem merece efficazes animações, que lhe não posso dar; no entanto, animo-me a provocar os competentes, os mais a que me é dado chegar. E consinta ainda, que eu abrace a gentil Martha do Evangelho liberal, a primeira das nossas patrícias que, rompendo com a decisão da nuvem do indifferentismo, atravessando impavida as turbas de uma politica liberticida, surge na imprensa exclamando: Beata Libertas! Releve-me a importunação. Faço votos para que a joven Cornelia seja feliz, concedendo-lhe o ceo mais de dous Grachos, que de muitos preciza o nosso Brazil; pois que só assim serão plenamente realisados os sonhos do seu generoso Pai.[9] (*O Globo*, 30.12.1877, ed.312, p.3)
>
> Recife, 20 de novembro de 1877.
> Sou de V.S. amigo e criado obrigado. Aprígio Guimarães

A declaração de apreço de Aprígio Guimarães para Alice denota o ensejo de mudança política no Brasil. Sua proximidade com João Clapp permitiu receber a tradução do livro, contudo o motivo do envio não foi explicitado, pois fora o único a receber.

---

8 Aprígio Justiniano da Silva Guimarães nasceu na província de Pernambuco, em 3 de janeiro 1832, e faleceu em 3 de setembro de 1880. Em 1851, formou-se em direito pela academia de Recife. Foi deputado suplente na província do Ceará entre 1854 e 1856. Foi considerado um orador distinto, versado nas ciências do direito e escritor. Exerceu o cargo de oficial maior da secretaria do Tribunal do Comércio de Pernambuco nos anos de 1855 e 1859. Na política, primava pelas ideias liberais conjugadas à liberdade de consciência e de culto. Proferia publicamente sua fé católica, mas contestava o poder pleno exercido pela liderança da Igreja de impor o "*sylabbus* político, fazendo-se arbítrio das nações" (Blake, 1898, p.331-5).

9 A *Gazeta da Tarde* fez referência a essa tradução alguns anos depois, em 7 de dezembro de 1885, ed. 282.

Existe uma probabilidade de a não publicação estar relacionada ao custo gráfico. Como mencionado no tópico anterior, no século XIX os custos para impressão de um livro eram elevados, e o livro de Dixon dispunha de mais páginas que o catecismo recém-lançado. No Brasil não foi encontrada qualquer tradução em português.

O título do livro original é *The Switzers*, com 364 páginas e 35 capítulos, publicado em Londres, em 1872. Trata-se da narrativa da viagem de William Dixon, em que se abordam geografia, cultura, história e política da Suíça. A versão que interessou a Alice estava em francês, traduzida por M. E. Barbier, cujo título *é La Suisse contemporaine*. A tradução em francês não alterou o texto original e foi publicada no mesmo ano, 1872. Alice mantinha familiaridade com a língua francesa e demonstrava gostar de leitura oriunda dessa cultura.

Não se pode desmerecer o atrativo que a Suíça exercia sobre o Brasil, e ainda exerce, por toda sua robustez de um país democrático, avançado na educação e com belas paisagens. No catecismo, uma das perguntas do capítulo IV faz referência ao exemplo da boa educação existente na Suíça: "A instrucção é obrigatoria em outros paizes? A instrucção é ha muito tempo obrigatória nos Estados Unidos, na Suissa e na Alemanha, e sabemos infelizmente, á nossa custa, que felizes resultados ella produziu nesses paizes" (Boursin, 1877, p.18). Mas a Suíça não exercia somente o fascínio de um país mais adiantado, era um país republicano. O ideal de República estava na pauta abolicionista, apesar de alguns serem monarquistas como André Rebouças e Joaquim Nabuco. Porém, associar a República com o fim da escravidão ajudava a pautar uma única direção: sair do atraso sociopolítico. Mas seria só esse o motivo de Alice Clapp apreciar a leitura de *La Suisse contemporaine*?

O país belo e democrático tem marcas de se beneficiar do tráfico de escravos entre Europa e América. Apesar de não ter ligação com o mar, a Suíça participou das transações do comércio escravo entre os séculos XVII e XIX. O envolvimento da Suíça na escravidão não fazia parte dos debates abolicionistas no Brasil; afinal, países europeus construíram suas bases sólidas na economia escrava e os abolicionistas não praticavam sua dialética contra o escravismo de outrora; pensavam nos continuísmos do presente e reagiam a eles. Na segunda metade do século XIX, o tom dos ideais abolicionistas brasileiros não se pautava por críticas aos países que um dia se beneficiaram com o tráfico negreiro, mas a proposta era dissipar a escravidão do Brasil. Países europeus em outro patamar político, consolidados a caminho do progresso, tornavam-se referência para a terra Pindorama.

Adentrando nas páginas do livro, Dixon narra elementos culturais, geografia e história da Suíça. Dos 35 capítulos, 24 descrevem aspectos da política republicana e/ou democracia, em que se destacam os capítulos: 7, "As comunas"; 8, "Autoridades comunais"; 9, "Governo comunal"; 13, "Democracia pura"; 17, "O pacto federal"; 26, "Democracia na escola. O termo político está presente 32 vezes; república ou republicanos, 59 vezes; e democracia, 36. O livro em inglês contém 364 páginas; e a tradução em francês, 286. A diferença do número de páginas entre as duas versões deve-se à diagramação, na língua inglesa cada página contém 26 linhas, e, na francesa, 33, mas o conteúdo não sofreu alteração.

O historiador aborda temas como: a festa religiosa de Nossa Senhora, conhecida como Festa do Rosário; a vida do santo suíço Meinrad; o santo alemão Gotardo; os habitantes dos cantões suíços; a estrutura política republicana, entre outros. A educação promovida pelas comunas habilita o suíço desde sua infância até mesmo quando sair da escola. Os aldeões deixam de ser alunos quando mais adultos, porém tornam-se colaboradores na direção da escola. Os capítulos sobre a política republicana enfatizam o modelo das comunas na Suíça comparando com o modelo francês, contudo enxergando peculiaridades típicas adotadas para o país. A democracia é a conquista inegociável e elenca o povo como seu dignitário.

> Na pura democracia criada por sua nova constituição, Zurique deixou para trás seu antigo princípio de Regimento Parlamentar e cessou, até Cantonal está preocupado em ser um estado representativo. O governo dela agora é direto. O povo nomeia seus oficiais; o povo escolhe seus juízes; e o povo faz suas leis. Os deputados são funcionários, não reis. Cada eleitor tem uma participação, direta e visível, em atos públicos. Ele contrata um empregado, em seu substituto, para relatar tal e tal caso, e redigir um projeto de lei em tal e

BIBLIOTHÈQUE
D'HISTOIRE CONTEMPORAINE

LA SUISSE
CONTEMPORAINE

PAR

HEPWORTH DIXON

TRADUIT DE L'ANGLAIS PAR M. E. BARBIER

PARIS
LIBRAIRIE GERMER BAILLIÈRE
17, RUE DE L'ÉCOLE-DE-MÉDECINE

1872

Figura 4
Capa do livro *La Suisse contemporaine*

Fonte: reprodução

tal sentido. Mas ele investe neste servidor sem poderes plenários. Em todos os assuntos importantes, ele dá seu voto com a própria mão e língua. Ele é apenas o príncipe soberano e, em sua esfera, apenas reina e governa. (Dixon, 1872, p.119)

Algo atraiu Alice para traduzir o livro logo após terminar o outro. À primeira vista, pode parecer um interesse pelo belo da nação alpina, mas Alice estava atenta para algo a mais, queria conhecer um povo instruído, evoluído, de garantias políticas mais sólidas. É concebível supor o interesse de Alice pelo teor político republicano da publicação como a razão para a sua tradução, mas qualquer outro motivo não é explicitado pelas fontes consultadas.

O livro de Dixon está repleto de histórias de um povo atento ao progresso e servindo de parâmetro para outros povos, o que refletia o interesse nos intelectuais, republicanos e abolicionistas do Brasil. Não houve no século XIX, nem mesmo no XX, a tradução do livro *The Switzers*, Alice foi a única escritora a oferecer esse valioso préstimo, entretanto a publicação não aconteceu. Algumas pesquisas foram feitas para descobrir a existência de alguma tradução em português de outras obras de Dixon, e a única descoberta foi um trecho do livro *White Conquest*, publicado no periódico *Illustração Brasileira* de 1876, na edição número 6.

Por um vácuo historiográfico sobre as mulheres abolicionistas, talvez nos surpreenda uma jovem, com 13 anos de idade, estar preocupada com o destino do país e dos escravos, e querer contribuir com traduções de textos para construir um novo regime para o Brasil. Trazer Alice para a história é mergulhar num mar de possibilidades de que outras adolescentes possam ter atuado de forma semelhante. A trajetória de Alice contribui para configurar a história da mulher para além do espaço preestabelecido pela sociedade oitocentista: moça de fino trato, cuidava da casa e desejava casar-se.

Alice Clapp no movimento abolicionista

O abolicionismo é reconhecido como um dos maiores e mais importantes movimentos sociais do Brasil. Para que o movimento cumprisse seu papel social de libertar os escravos, era necessário ter uma organização muito bem articulada e dinâmica. O movimento contou com apoio de diversos profissionais, gêneros e classes sociais: jornalistas, escritores, políticos, negociantes, industriais, artistas, religiosos, homens, mulheres, crianças. Todos se engajavam para contribuir com suas profissões e relações com a sociedade oferecendo dedicação e apoio em festas abolicionistas, quermesses, banquetes, debates e manifestações populares. Surgiram sociedades abolicionistas desempenhando diversos papéis: escolas para negros libertos, jornais e caixas econômicas para fundos monetários por todo Brasil, com o objetivo principal de extinguir a escravidão. O movimento iniciado com a elite (Alonso, 2012) abriu portas para todos os interessados pela causa e adeptos dela. O que torna alguém historicamente mais evidenciado é a percepção do historiador e suas buscas em fontes de onde emergem pessoas e fatos significativos: "Os fatos estão disponíveis para os historiadores, nos documentos, nas inscrições, nos jornais, nas narrativas e assim por diante, como peixes na tábua do peixeiro" (Carr, 1996, p.37). Homens e mulheres cooperaram e trabalharam juntos para extinguir a escravidão, porém as mulheres são poucos salientadas; a adolescente Alice Clapp confirma essa lacuna.

As referências sobre João Clapp em eventos da Confederação Abolicionista e reuniões sociais na sua residência, iniciadas em 1873, não mencionam diretamente Alice, contudo a família estava presente, como também a primogênita com 10 anos de idade. Pode-se constatar que Alice mantinha contato com o movimento abolicionista aproximadamente desde os 7 anos. O fato de sua trajetória estar referenciada nos periódicos não significa que seu envolvimento se iniciou a partir daquela data. Tal afirmação sem fonte documental direta não anula a pesquisa, pois as checagens apontam para essa conclusão.

As três vias de acesso da mulher no movimento abolicionista, propostas por Angela Alonso (2011),[10] são observadas na vida de Alice: braços dados com o pai, a filantropia e a via artística. A primeira está relacionada com a idade; por ser ainda criança, não teria vida própria para ir aonde quisesse; a relação com o pai foi a entrada de Alice no abolicionismo. A experiência entre pai e filhos concebia uma certa distância, em que o pai estava mais ausente do lar cumprindo seu papel de provedor. A mãe em permanente contato com os filhos dentro de casa normalizava a cultura

10 Angela Alonso (2011, p187) expressa que o associativismo político feminino alterou o modo de a mulher exprimir seus ideais e, consequentemente, atuar em causas sociais. As sociedades abolicionistas femininas caracterizadas por três vias – filantrópica, agregada pela vertente religiosa; "entrar de braço dado" com os maridos, pais ou irmãos em eventos políticos abolicionistas; e artística, apresentação nos teatros por suas habilidades como atrizes, escritoras e cantoras – constituíram o *modus operandi* feminino.

social oitocentista. A tal equivalência exposta por Marinete Silva (2009) sustentava a condição familiar do pai fora de casa e a mãe cuidando dos rebentos.

No século II da Era Comum (EC), o médico Claudio Galeno,[11] que definiu a idade do homem, continuou a ser descrito em séculos posteriores em manuais de medicina ainda utilizados no século XIX. A definição proposta desenhava as cinco fases do homem: puerícia, adolescência, juventude, virilidade e senectude (Valenciano, 1805, p.5). As fases pertinentes ao tema do capítulo são duas: 1. do nascimento até os 14 anos, fase designada como a puerícia, que corresponde hoje à infância. e 2. a adolescência, entre 14 e 25 anos. Enquanto Alice estava na primeira fase, sua condição social responderia por sua formação educacional e seguiria os desígnios dos pais, pois "crianças cresciam à sombra dos pais, acompanhando-os nas tarefas do dia a dia" (Del Priore, 2018, p.84). Então, envolver-se no abolicionismo no primeiro momento não era uma opção, mas obediência.

Alice na fase da infância e adentrando a adolescência estaria afinada aos intuitos dos pais; ter vida própria seria impensável no século XIX. A condição normal seria Alice passar mais tempo em casa, vivendo no ambiente privado, presente em festas e jantares. No diário de Bernardina Botelho de Magalhães,[12] as anotações preservadas indicam poucas saídas:

11 Claudio Galeno, romano de origem grega, nasceu no ano 129 EC em Pérgamo, na Ásia Menor, atual Turquia. Foi médico e filósofo, com especialidade em anatomia e fisiologia. Escreveu vários tratados de medicina de autoridade incontestável que foram utilizados durante 15 séculos no Ocidente. Reforçou os estudos do corpo e desenvolveu teorias sobre o organismo saudável adjacentes à filosofia de Aristóteles e Platão comparados com Hipócrates, de modo a harmonizar os conceitos. Das centenas de manuscritos produzidos por Galeno, conservaram-se apenas 130. A data de sua morte ainda é pesquisada, sabe-se que provavelmente aconteceu entre 210 e 217 (Mansur; Stulp, 2019).

12 Bernardina Botelho de Magalhães (1873-1928) nasceu no Rio de Janeiro, filha de Benjamin Constant e Maria Joaquina Bittencourt Costa. Ela começou a escrever seu diário com 16 anos de idade, antes do evento da Proclamação da República, sendo o pai um dos fundadores da República em 15 de novembro de 1889. Escreveu quatro cadernos de suas memórias, mas apenas dois foram preservados. Após sua morte, os escritos ficaram com seu filho Mário Constant de Magalhães Serejo, historiador da família. Após sua morte em 1991, o diário esteve com sua tia Diva e depois

"quando sai, é em companhia da mãe ou do pai, nunca sozinha. [...] Esse padrão repete-se para suas irmãs, que sempre saem e voltam escoltadas" (cf. Castro; Lemos, 2009, p.13). A vida de uma menina adolescente seguia tal padrão, porém esse destino socialmente traçado não foi vivenciado todo tempo por Alice. Ela não personificava a moça somente no lar. Alice saiu, participou dos eventos públicos do movimento abolicionista e, ainda que acompanhada do pai, passou a viver o lado de fora, bem mais colorido e dinâmico.

Por ser a filha mais velha, sem grande diferença de idade entre os irmãos, provavelmente Alice deveria ajudar a mãe nas tarefas domésticas. Sendo menina, a educação no lar acrescentava habilidades oportunas em eventos sociais: "Na Corte Imperial, das meninas da alta sociedade, exigia-se perfeição no piano, destreza em língua inglesa e francesa, e habilidade do desenho, além de bordar e tricotar" (MauaD, 2018, p.154). As aptidões empreendidas em casa e no colégio lhe renderam participações constantes no movimento abolicionista em matinês, quermesses, homenagens, almoços, jantares, consagrando sua aparição pública e seu reconhecimento posteriores. Caminhos trilhados que tinham como princípio a força e atuação do pai, nos quais Alice entrava de "braços dados" com ele.

Após a tradução do *Catechismo do bom republicano*, Alice passou a ser vista em eventos públicos, fez parte de sociedades abolicionistas femininas e colaborou no jornal *O Sorriso*. Os encontros abolicionistas em teatros, repartições de jornais e praças começaram na década 1870. Primeiro com forte presença dos homens e pouco tempo depois das mulheres, descritas nos periódicos em constantes participações. Crianças e adolescentes eram conduzidos por seus pais e tornavam os eventos mais alegres e inspiradores, pois seus talentos em conferências-concerto enchiam o ambiente de graça com cantos, instrumentos de sopro e teclas, e recitações de poemas, adoçando o ambiente após os longos e muitas vezes tensos discursos de oradores renomados: Joaquim Nabuco, Rui Barbosa,

---

passou a fazer parte da documentação do poder público no acervo do Museu Casa de Benjamin Constant. Celso Castro e Renato Lemos (2009) pesquisaram os dois cadernos do diário de Bernardina e organizaram o livro sobre suas memórias.

José do Patrocínio, Lopes Trovão, entre outros. Com os eventos mantinham a primazia da figura masculina, as mulheres surgiam pela via "braço dado" com o pai ou marido. Aos poucos, o cenário feminino se tornava independente, e as mulheres passaram a liderar seus eventos, mas sempre com alguma aparição masculina. Alice se fez presente nesses eventos ainda pelos "braços do pai", porém a via filantrópica e a artística estavam em perfeita sintonia, e aos poucos sua autonomia, sem perder o distanciamento com o pai.

O movimento abolicionista promoveu vários tipos de evento fortalecendo a campanha contra o escravismo. Entre 1880 e 1881, os abolicionistas realizaram conferências nas tardes de domingo, no Teatro São Luiz, no centro do Rio de Janeiro, conhecidas como Conferências Emancipadoras. André Rebouças era o redator oficial do boletim das atividades dessas conferências publicadas semanalmente no jornal *Gazeta da Tarde*; a primeira em 25 de julho de 1880.[13] Uma em especial, a nona conferência ocorrida no dia 19 de setembro de 1880, trouxe um tom mais dinâmico a favor das mulheres, encorajando-as a labutar pela causa abolicionista. O orador oficial dessa conferência foi o médico Nicolau Moreira.[14] Seu discurso audacioso mencionou como exemplo as abolicionistas do outro lado do Atlântico, as norte-americanas.

---

13 André Rebouças (1938), em *Diário e notas autobiográficas*, relata ser o responsável pelas matérias no jornal *Gazeta da Tarde* das Conferências Emancipadoras promovidas pela Associação Central Emancipadora, fundada por Nicolau Moreira. As conferências aconteciam aos domingos no início da tarde. Abolicionistas reconhecidos eram convidados como oradores: Lopes Trovão, Vicente de Souza, José do Patrocínio e Nicolau Moreira. João Clapp passa a ser mencionado na 18ª conferência realizada no dia 21 de novembro de 1880. Tais conferências configuravam a propaganda abolicionista com discursos inflamados de apelo à extinção da escravidão e concediam carta de liberdade aos escravos.

14 Nicolau Joaquim Moreira nasceu no Rio de Janeiro, em 10 de janeiro de 1824, e faleceu em 12 de setembro de 1894. Formou-se em medicina pela Faculdade de Medicina do Rio de Janeiro em 1847. Foi cirurgião do hospital militar, diretor da seção de botânica, subdiretor do Museu Nacional e diretor do Jardim Botânico. Foi membro da Comissão de Química Industrial da Sociedade Auxiliadora, defendendo o uso de máquinas agrícolas no lugar da mão de obra escrava. O discurso mais econômico que humanitário foi o caminho para convencer os donos da lavoura a se

> A peroração foi extraordinariamente comovedora. Dirigio-se ás senhoras, que ornavam os camarotes, e pedio-lhes que seguissem o sublime exemplo de suas irmãs norte americanas, das Lucrecias Motts e das Becher Stowe; que se devotassem á esta santa obra de Justiça, de Caridade e de Reparação; e que franqueassem todos os tesouros do seu ternissimo coração brazileiro á libertação e á educação dos escravos. (*Gazeta da Tarde*, 20.9.1880, ed. 62, p.2)

Na conferência seguinte, a décima, decorrida em 26 de setembro, as mulheres em grande número ocuparam o teatro atendendo ao chamado de Nicolau Moreira: "respondendo ao bello apelo do Dr. Nicolau Moreira, exhibio-se o sexo feminino, nesta conferencia, de um modo especial, ornando quasi todos os camarotes" (*Gazeta da Tarde*, 27.9.1880, ed.68, p.1). A oportunidade inédita foi a apresentação com flauta de Cacilda de Souza, tornando-se oficial nas conferências posteriores. Não por coincidência, as conferências a partir desse momento foram cercadas pela presença feminina por meio de seus talentos de maneira mais efetiva, não apenas como espectadoras.[15] A vez da mulher desabrocha, as vias filantrópicas e artísticas são consagradas, e as sociedades femininas no Rio de Janeiro surgem em maior escala idealizando diversos compromissos. Na eminência feminina, o anonimato dá lugar a nomes de muitas mulheres, e Alice Clapp marcou presença em várias comemorações, homenagens e eventos abolicionistas. Nesse momento, ela está na segunda fase da idade proposta pelos estudos de Claudio Galeno, na adolescência com 17 anos.

Na 27ª conferência, João Clapp solicitou a participação das mulheres para a próxima conferência, a 28ª, ocorrida no dia 6 de fevereiro de

---

desfazer do sistema escravista. Nicolau Moreira, ferrenho abolicionista, recorreu à ciência a fim de provar o atraso da escravidão para a economia. Fundou a Associação Central Emancipadora com José do Patrocínio e foi idealizador das conferências e um dos principais oradores (Carula, 2013, p.3-5).

15 As conferências relacionadas no jornal *Gazeta da Tarde* anteriores ao dia 26 de setembro foram analisadas para verificar a presença feminina. O jornal passa a publicar as matérias "Conferências de Emancipação" a partir de 25 de julho, em que as mulheres são retratadas apenas como espectadoras sentadas na galeria do teatro. Após a fala de Nicolau Moreira, aumentou o número de mulheres que passaram a ocupar lugar de destaque tocando instrumentos, recitando poemas e entoando cantos líricos.

1881, convocando para apresentação especial na matinê musical exclusivamente de senhoras (*Gazeta da Tarde*, 31.1.1881, ed.27, p.1). Como solicitado, a matiné na 28ª conferência contou com presença de várias mulheres. Alice apresentou com a Evangelina Accioli uma fantasia a quatro mãos,[16] causando muito entusiasmo nos participantes. Antes de sua apresentação, as irmãs menores, Maria e América Clapp, tocaram a quatro mãos a valsa *Paulo e Virginia* do compositor e pianista belga Jean Louis Streabbog. O talento artístico de Alice se evidencia, uma das vias propostas por Angela Alonso (2011), porém, sem perder a via com o pai.

As Conferências Emancipadoras avançaram até setembro de 1881, foram 44 no total (Alonso, 2015, p.133). Alice continuava suas apresentações musicais com outras moças abolicionistas, tornando-se sócia benemérita da Associação Central Emancipadora – ACE (*Diario do Brazil*, 27.9.1881, ed. 96, p.1). Para tais ajuntamentos, as sociedades femininas se fortaleciam e suas ações valorizadas exprimiam a necessidade de criar mais associações. No dia 24 de junho de 1883, foi organizado o Club das Senhoras Abolicionistas, no salão nobre do Paço da Câmara Municipal, no Rio de Janeiro. A reunião começou com a apresentação de João Clapp, presidente da conferência, logo após passou a palavra para a senhora Elisa de Beaurepaire Rohan de Aragão[17] que conduziu a assembleia. Alice Clapp foi comissionada com outras mulheres, inclusive a mãe Joanna Clapp, a fazer parte da diretoria da associação. (*Gazeta da Tarde*, 25.6.1883, ed. 145, p.3). Seguindo a propaganda abolicionista, as reuniões de senhoras em eventos artísticos e filantrópicos permaneceram até a abolição da escravatura em 13 de maio de 1888.

Alice Clapp, a menina que cresceu no ambiente da luta antiescravista, parece que tinha menos tempo para coser vestidos, como Bernardina. Por

16 Fantasia é uma variação instrumental sobre um trecho de música trabalhada livremente conforme o sabor musical do artista. Não foi descrita no jornal qual a fantasia tocada por Alice e Evangelina (*Gazeta da Tarde*, 7.2.1881, ed.33, p.1).

17 Elisa de Beaurepaire Rohan de Aragão nasceu no Rio de Janeiro, em 12 de maio de 1849, e faleceu em 7 de janeiro de 1927. Filha do visconde de Beaurepaire Rohan, foi uma abolicionista fluminense participativa nas sociedades abolicionistas com seus dotes artísticos.

opção, talento, disposição e, quem sabe, muita sensibilidade com o escravizado, Alice construiu uma trajetória única, aproveitando seu precioso tempo e educação formal para deixar sua marca. Escrevendo, traduzindo, cantando ou tangendo o ébano e marfim, a adolescente serviu à causa mais nobre de sua época, o movimento abolicionista.

Referências

AGAMBEN, G. *Infância e história*: destruição da experiência e origem da história. Belo Horizonte: Editora UFMG, 2005.

ALONSO, A. Associativismo *avant la lettre*: as sociedades pela abolição da escravidão do Brasil oitocentista. *Sociologias*, Porto Alegre, ano 13, n.28, set./dez. 2011. Disponível em: https://www.scielo.br/pdf/soc/v13n28/07.pdf. Acesso em:

______. A teatralização da política: a propaganda abolicionista. *Tempo Social*, São Paulo, v.24, n.2, p.101-122, nov. 2012. Disponível em: http://www.revistas.usp.br/ts/article/view/53134. Acesso em: 20 jan. 2020.

______. *Flores, votos e balas*: o movimento abolicionista brasileiro (1868-1888). São Paulo: Companhia das Letras, 2015.

ALTMAN, R. Z. Brincando na história. In: DEL PRIORE, M. *A história das crianças no Brasil*. São Paulo: Contexto, 2018.

ARIÈS, P. *História social da criança e da família*. Rio de Janeiro: Guanabara, 1986.

AZEVEDO, D. A evolução técnica e as transformações gráficas nos jornais brasileiros. *Mediação*, Belo Horizonte, v.10, n.9, p.81-97, jul./dez. 2009. Disponível em: http://www.fumec.br/revistas/mediacao/article/view/296/293. Acesso em: 20 jan. 2020.

BLAKE, A. V. A. S. *Diccionario bibliographico brazileiro*. Rio de Janeiro: Imprensa Nacional, 1898. v.1

BOURDIEU, P. A ilusão biográfica. In: AMADO, J.; FERREIRA, M. de M. *Usos e abusos da história oral*. Rio de Janeiro: FGV, 2006.

BOURSIN, E. *La politique du père Gérard*: Catéchisme du bon républicain. Paris: Se Trouve, 1872.

______. *Catechismo do bom republicano*. Trad. Alice Clapp. Rio de Janeiro: Typ. Central de Brown e Evaristo, 1877.

BUTTIER, J.-C. Les trois vies du *Catéchisme républicain, philosophique et moral* de la Chabeaussière. *Annales Historiques de la Révolution française*, Paris, v. 364, avr./juin 2011. Disponível em: https://journals.openedition.org/ahrf/12041ftn18. Acesso em: 20 jan. 2020.

CARR, E. *Que é história?* Rio de Janeiro: Paz e Terra, 1996.

CARULA, K. Nicolau Joaquim Moreira e as questões raciais da imigração. In: SIMPÓSIO NACIONAL DE HISTÓRIA: CONHECIMENTO HISTÓRICO E DIÁLOGO SOCIAL, 27, 2013. Natal: Anpuh, 2013. Disponível em: http://www.snh2013.anpuh.org/resources/anais/27/1364576007_ARQUIVO_ANPUH2013.pdf. Acesso em: 13 maio 2020.

CASTRO, C.; LEMOS, R. *O diário de Bernardina*: da monarquia à República pela filha de Benjamin Constant. Rio de Janeiro: Zahar, 2009.

CONCEIÇÃO, J. T. Colégios-internatos nas páginas do *Almanak Laemmert* (1845-1889). *Clio*, Recife, v.31, n.1, [s.p.], jan./jun. 2013. Disponível em: https://periodicos.ufpe.br/revistas/revistaclio/article/viewFile/24368/19738. Acesso em: 17 jan. 2020.

______. Pensões e enxovais: investimentos familiares com a instrução em internatos na Corte Imperial do Rio de Janeiro (século XIX). *Revista História da Educação*, v.23, p.1-35, set. 2019.

DEL PRIORE, M. Biografia: quando o indivíduo encontra a história. Topoi, Rio de Janeiro, v.10, n.19, p.7-16, jul./dez. 2009. Disponível em: http://www.scielo.br/pdf/topoi/v10n19/2237-101X-topoi-10-19-00007.pdf. Acesso em: 1 abr. 2020.

______. *Histórias da gente brasileira*. São Paulo: LeYa, 2016. v.2.

______. *A história das crianças no Brasil*. São Paulo: Contexto, 2018.

DIXON, W. H. *The Switzers*. London: Hurst and Blackett, 1872. Disponível em: https://archive.org/details/switzers00dixouoft/page/150/mode/2up. Acesso em: 2 mar. 2020.

DOSSE, F. *O desafio biográfico*: escrever uma vida. São Paulo: Edusp, 2009.

FÄSSLER, H. *Swiss participation in slavery, the slave trade, and anti-black:* racism as relevant to Caricom members and the Caribbean economic space. Switzerland: Caricom Compilation, [s.d.]. Disponível em: https://louverture.ch/caricom-compilation/. Acesso em: 29 maio 2020.

HAHNER, J. E. *A mulher brasileira e suas lutas sociais e políticas*: 1850-1937. São Paulo: Brasiliense, 1981.

LEÃO, T. Relatório do ano de 1870 apresentado à Assembleia Geral na terceira sessão da décima-quarta Legislatura. Anexo A-D5-N.8. Rio de Janeiro: Typographia Nacional, 1871. Disponível em: http://brazil.crl.edu/bsd/bsd/u1697/index.html. Acesso em: 28 mar. 2020.

MANSUR, S. S.; STULP, C. B. *O estudo de Claudio Galeno como fonte de conhecimento da anatomia humana*. *Khronos*, São Paulo, n.7, p.156-8, ago. 2019. Disponível em: https://www.revistas.usp.br/khronos/article/view/159295. Acesso em: 12 maio 2020.

MAUAD, A. M. A vida das crianças de elite durante o Império. In: DEL PRIORE, M. *A história das crianças no Brasil*. São Paulo: Contexto, 2018.

MONTAGNER, M. Â. Trajetórias e biografias: notas para uma análise bourdieusiana. *Sociologias*, Porto Alegre, ano 9, n.17, p.240-64, jan./jun. 2007. Disponível em: http://www.scielo.br/pdf/soc/n17/a10n17.pdf. Acesso em: 27 mar. 2020.

OLIVEIRA, I. C. B. *Vocabulário controlado sobre escravidão, abolição e pós-abolição*: a representação dos conceitos. Rio de Janeiro: Fundação Casa de Rui Barbosa, 2015.

OLIVEIRA, J. A. C. Relatório do Ano de 1870 Apresentado à Assembleia Geral na Terceira Sessão da Décima Quarta Legislatura. Ministro e Secretário de Estado dos Negócios do Império. Rio de Janeiro: Typographia Nacional, 1871. Disponível em: http://brazil.crl.edu/bsd/bsd/u1697/index.html. Acesso em: 28 mar. 2020.

REBOUÇAS, A. *Diário e notas autobiográficas*. Texto escolhido e anotações de Ana Flora e Inacio José Verissimo. Rio de Janeiro: José Olympio, 1938. (Coleção Documentos brasileiros, v.12).

ROCHA, M. B. M. O ensino elementar no Decreto Leôncio de Carvalho: "visão de mundo" herdada pelo tempo republicano? *Revista Brasileira de Educação*, v.15, n.43, p.126-47, jan./abr. 2010. Disponível em: https://www.scielo.br/pdf/rbedu/v15n43/a09v15n43.pdf. Acesso em: 7 maio 2020.

SANTOS, J. D. F. As diferentes concepções de infância e adolescência na trajetória histórica do Brasil. *Revista Histedbr*, n.28, p.224-38, dez. 2007. Disponível em: http://www.histedbr.fe.unicamp.br/revista/edicoes/28/art15_28.pdf. Acesso em: 23 set. 2020.

SILVA, E. *As Camélias do Leblon e a abolição da escravatura*: uma investigação de história cultural. São Paulo: Companhia das Letras, 2003.

SILVA, M. dos S. *Gênero, cidadania e participação política*: as aventuras e desventuras de uma "cocote" no movimento abolicionista. *Caderno Espaço Feminino*, Uberlândia, v.21, n.1, jan.-jul. 2009, p.239-254. Disponível em: <http://www.seer.ufu.br/index.php/neguem/article/view/3696>. Acesso em: 10 abr. 2020.

SILVA, W. B. *Escravidão e sociedade*: o protagonismo feminino na campanha abolicionista. Rio de Janeiro, 2014. Dissertação (Mestrado em Relações Étnico-raciais) – Centro Federal de Educação Tecnológica Celso Suckow da Fonseca.

SOARES, J. B.; SOARES, W. P. *Bem-vindos ao grande Méier*: história, memória e vivência. Rio de Janeiro: [s.n.], 2007.

VALENCIANO, G. C. *O non plus ultra do lunario, e prognostico perpetuo, geral, e particular para todos os Reinos, e Provincias*. Lisboa, 1805. Disponível em: http://bdlb.bn.gov.br/acervo/handle/20.500.12156.3/43444. Acesso em: 18 maio 2020.

5

Jovens imigrantes e jovens descendentes: presença, trajetórias e vivências no Brasil (século XIX-século XXI)

Ana Silvia Volpi Scott
Maria Sílvia C. B. Bassanezi

A experiência de ser um jovem imigrante ou um jovem descendente de imigrantes no Brasil não foi a mesma nos finais do século XIX, ao longo do XX ou nos inícios do XXI. Ela variou conforme as diferentes dinâmicas do processo imigratório que caracterizaram a história do país. Foi distinta de acordo com os espaços ocupados pelos recém-chegados e com o grupo étnico ao qual pertenciam (de origem portuguesa, italiana, espanhola, japonesa, judaica, árabe etc.). Expectativas de gênero e as relações sociais por elas estabelecidas também marcaram diferentemente a vida de rapazes e moças. Muito embora tenha havido algumas semelhanças no processo da inserção desses jovens na sociedade brasileira, os distintos contextos internacionais e brasileiros e as aspirações individuais e familiares também afetaram as possibilidades e os resultados, enfim, as trajetórias de cada um. Portanto, compreender as questões que envolvem juventude e migração significa enfrentar grandes desafios.

Um deles é definir a categoria "juventude", que está ligada às etapas da vida de acordo com a idade – infância, juventude, idade adulta e velhice –, ou seja, ao indicador cronológico que as distintas sociedades usam para medir o avanço do curso de vida, mas não se reduz a um processo fisiológico/biológico, porque é também uma construção social e cultural. Por isso, os historiadores partem da concepção da juventude como uma etapa da vida diferente das outras e por seu "limite móvel", situado em algum ponto entre a dependência infantil e a autonomia da idade adulta, entre a imaturidade e a maturidade sexual, entre a falta e a aquisição de autoridade e poder (Levi; Schmitt, 1996).

Outro desafio que se impõe é observar que a face da população migrante mudou ao longo do tempo. Assim, é preciso contextualizar e caracterizar as migrações internacionais no Brasil, desde o século XIX, trazendo o foco para os jovens imigrantes, seus descendentes, filhos e netos. No movimento migratório, muitos jovens acompanharam suas famílias, seus amigos e conhecidos, enquanto outros imigraram sós, desacompanhados. Todos trouxeram consigo a bagagem sociocultural e experiências vividas na terra natal, às quais somaram outras na terra hospedeira, inclusive a de se desdobrar em novas gerações que, sobreviventes, chegaram à juventude como descendentes. Mais recentemente, outra novidade: não só as mulheres passaram a migrar muito mais que antes, como também cresceram a diversidade étnica e de classe social dos migrantes, a clandestinidade e o contingente de refugiados. (Bassanezi, 2012; Scott, 2017). Além disso, hoje o Brasil passou a integrar as rotas migratórias internacionais do mundo globalizado, que se caracterizam por novas formas de seletividade e modalidades migratórias (Baeninger, 2014; Peres; Baeninger, 2018).

Perenidade e complexidade do fenômeno imigratório no Brasil

Excetuando-se a presença dos portugueses, que até a independência do Brasil eram considerados colonizadores e não imigrantes (papel que passaram desempenhar a partir de 1822), a vinda de estrangeiros, sobretudo europeus, para o país remonta às primeiras décadas do século XIX, por meio de um projeto de colonização agrícola com imigrantes livres, para defender as fronteiras, povoar e ocupar a terra com base na pequena propriedade policultora. Ele atraiu primeiramente alemães, em especial para o Sul do país. Na segunda metade do século XIX, ele tomou impulso ao acolher italianos e outros europeus, prolongando-se até o século XX.

Em meados do século XIX, chegaram portugueses, suíços alemães e outros imigrantes para trabalhar nas fazendas de café do oeste paulista, em regime de parceria, que não teve o sucesso esperado. Nos anos seguintes, novas experiências de trabalho livre nas fazendas de café foram tentadas, mas com pouco êxito (Truzzi; Scott, 2017). Na época, muitos imigrantes acabaram canalizados para o trabalho em obras de infraestrutura urbana e na construção de caminhos e estradas necessários à expansão cafeeira (Bassanezi, 1995).

Somente a partir de meados da década de 1870 e, principalmente, no período que seguiu à abolição da escravidão (1888), foi que a imigração internacional ganhou força no Brasil. A província e depois estado de São Paulo tornou-se o maior polo de atração de imigrantes estrangeiros, recebendo milhares e milhares de "braços para o café". A opção de empregar mão de obra livre estrangeira para os cafezais do oeste paulista esteve, por um lado, intimamente ligada à necessidade de substituir a mão de obra escravizada em extinção e, por outro, à existência de excedentes populacionais em várias regiões do mundo, que com maior ou menor intensidade eram conduzidos às emigrações oceânicas em um fenômeno que se convencionou chamar de "migração de massa", facilitada inclusive pelo desenvolvimento dos meios de comunicação e transporte na época. Além disso, por parte do Brasil, havia o interesse de "branquear e civilizar" o país.

Em meados dos anos 1880, o governo brasileiro e o paulista adotaram uma série de medidas com o objetivo de atrair imigrantes para o café. Entre elas, um programa de subsídios que privilegiava a imigração familiar (que perdurou até finais da década de 1920) e uma propaganda agressiva, sobretudo na Europa, dirigida aos potenciais imigrantes (Bassanezi, 1995; Scott; Bassanezi, 2020).

O desenvolvimento e a ampliação da rede urbana no país, estimulados pela expansão cafeeira, criaram também oportunidades de trabalho nas cidades paulistas e de outros estados, nos setores secundário e terciário da economia. Isso levou muitos imigrantes estrangeiros, de diferentes camadas sociais, a encaminhar-se diretamente a elas ou a elas se dirigindo após um tempo de permanência nas áreas rurais.

A Primeira Guerra Mundial (1914-1918) trouxe um arrefecimento do movimento imigratório no Brasil, que foi retomado depois, mas não com a mesma intensidade do período anterior ao conflito. O fim da política de subsídios (1927), somado à crise de superprodução do café (1930), às restrições impostas pelo governo brasileiro nos anos 1930 e depois à eclosão da Segunda Guerra Mundial (1939-1945), contribuiu para que a imigração internacional perdesse terreno no Brasil.

No pós-Segunda Guerra Mundial, com o afrouxamento das restrições à imigração internacional do governo Vargas, iniciou-se uma nova fase imigratória no país. Nesse momento, o Brasil esteve empenhado na inserção de trabalhadores para atividades urbanas e industriais, e, com menor ênfase, em projetos de colonização agrícola, mais modernos e mecanizados, principalmente nas Regiões Norte e Centro-Oeste do Brasil.

A partir dos anos 1960, o Brasil passou a registrar níveis bem baixos de entrada de imigrantes. O país deixou de ser atrativo aos europeus e passou a receber gente vinda de outros lugares. Na contramão, a partir das décadas finais do século XX, o Brasil, sem deixar de ser país de imigrantes, passou a ser também um país de emigrantes (Bassanezi, 1995, 2012).

Os imigrantes entrados no Brasil até meados do século XX eram provenientes principalmente da Europa Ocidental (italianos, portugueses e espanhóis) e, em menor escala, oriundos da Europa do Leste (poloneses, russos, ucranianos e outros) e da Ásia (sírios, libaneses e japoneses). Nos anos 1960 e 1970, o Brasil recebeu gente vinda da Coreia, de Angola e de países sul-americanos, em um fenômeno que se intensificou nas décadas posteriores, e a esses imigrantes vieram se juntar os haitianos, mais recentemente os venezuelanos e os procedentes de outras regiões do continente africano. Isso indica não só a diversidade geográfica dos imigrantes, mas também que distintas culturas e modos de vida continuaram a coexistir no território brasileiro.

Dos cerca de cinco milhões de estrangeiros que se destinaram ao Brasil, das últimas décadas do século XIX aos anos 1970, em torno quatro

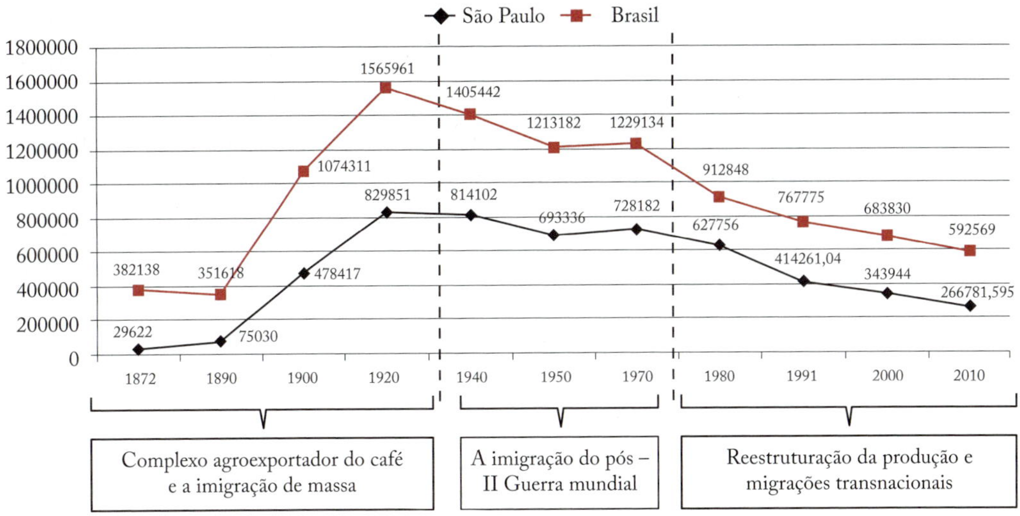

Gráfico 1
Evolução da população de imigrantes internacionais no Brasil e no estado de São Paulo segundo os censos demográficos (1872, 1890, 1900, 1920, 1940, 1950, 1970, 1980, 1991, 2000 e 2010)

Fonte: Instituto Brasileiro de Geografia e Estatística (IBGE). Tabulações do Observatório das Migrações em São Paulo do Núcleo de Estudos de População Elza Berquó (Nepo) da Universidade Estadual de Campinas (Unicamp).

milhões chegaram entre 1882 e 1934. Embora todas as regiões do país tenham recebido fluxos de imigrantes desde o século XIX, eles têm se dirigido mais para as Regiões Sudeste e Sul, sobretudo para o estado de São Paulo, que absorveu a maior parte deles em todos os tempos (Gráfico 1). Dos imigrantes entrados entre 1872 e 1972, dois milhões e oitocentos mil foram encaminhados a esse estado, dos quais 36% eram italianos, 20% portugueses, 16% espanhóis, 8% japoneses e os demais pertenciam a nacionalidades diversas. Seguindo de longe o estado de São Paulo e, em ordem decrescente, estão Rio de Janeiro, Paraná, Santa Catarina e Rio Grande do Sul (Levy, 1974).

Como assinalado, o lugar privilegiado do estado de São Paulo, como polo de atração de imigrantes, primeiramente se deveu às oportunidades de trabalho geradas pela expansão cafeeira e por seus desdobramentos (ampliação da rede ferroviária, desenvolvimento urbano e instalações industriais). Posteriormente, e ainda hoje, continua atraindo imigrantes devido às oportunidades oferecidas por seu parque industrial, o maior do país, pela abertura de novas frentes de trabalho nos setores de serviços, transporte e comunicação, e pela existência de uma rede de escolas em todos os níveis.

Resta ainda lembrar que reduzir os imigrantes a pobres desclassificados é uma homogeneização que apaga diversidades importantes tanto no passado como no presente. É certo que a maioria dos imigrantes tem origem mais humilde, que eles procuram escapar de situações de dificuldades criadas e/ou agudizadas pelas transformações socioeconômicas e políticas que atingem sua terra natal. Não se pode esquecer, porém, que essas mesmas transformações igualmente canalizam para o Brasil muitos imigrantes provenientes de camadas sociais mais elevadas e escolarizadas, integrando, nos anos 2000, a imigração internacional "qualificada" (Domeniconi, 2017).

No enorme caudal de imigrantes e descendentes que se inseriram neste país, como dar visibilidade à presença da juventude imigrante? Quais são o perfil, o papel e os espaços de inserção dos jovens nesse complexo processo migratório?

Como chegar aos "jovens imigrantes" e aos seus "jovens descendentes"

Desde, pelo menos, os meados do século XX, a produção do conhecimento histórico passou por inflexões importantes em termos dos objetos de interesse, de novas fontes e novas abordagens teórico-metodológicas. O e/imigrante deixou de ser considerado um sujeito passivo, subordinado apenas às leis da atração e da repulsão do capitalismo, para se tornar sujeito das suas ações.

Nessa nova perspectiva, ganharam destaque no estudo das migrações temas antes pouco ou nada abordados: o contexto de saída, a estratégia e o ciclo de vida familiar, a economia doméstica, o papel da família na tomada de decisão para emigrar, a trajetória migratória unindo as pontas do percurso, as redes migratórias tecidas na origem e no destino.

Com base nesse universo de possibilidades, é possível ter uma visão mais completa e detalhada das migrações e dos migrantes, inclusive da presença e participação dos jovens no processo migratório.

Resta a questão: que critérios usar para definir a categoria "jovem" nesse processo? Ainda que a juventude não possa ser delimitada apenas a partir de dados demográficos ou jurídicos e que se deve levar em conta a realidade cultural, é importante ter como parâmetro inicial as (in)definições trazidas pelas fontes para chegar aos jovens imigrantes. Isso nos dará a medida da visibilidade/invisibilidade desse grupo no conjunto dos imigrantes.

Para o período de imigração de massa, existe documentação que categoriza os imigrantes por grupos etários (de zero a 3 anos, de 3 a 7 anos, de 7 a 12 anos e de mais de 12 anos), visando fixar o pagamento de passagens às companhias de navegação encarregadas de trazer imigrantes para o Brasil e para efeito do cálculo da ração (e seus custos) distribuída nos navios e na Hospedaria de Imigrantes (Bassanezi, 2013).

Essa divisão por grupos etários levava em conta, sobretudo, a questão do trabalho do imigrante. Ou seja, os maiores de 12 anos já eram considerados como "adultos", plenamente aptos para o trabalho, para receber rações inteiras de alimento e pagar o preço cheio da passagem de navio. Outro indicador que reforça o recorte vinculado à questão do trabalho é o fato de que, no início do século XX, a legislação permitia o trabalho nas fábricas a partir dos 12 anos.

Diante disso, podemos admitir a "invisibilidade" da categoria "jovem", já que pessoas acima dos 12 anos eram consideradas como "adultos". Naquela época, a transição para a vida adulta não considerava a etapa da "juventude". Ainda mais tendo em conta que a esperança de vida ia pouco além dos 35 ou 40 anos.

Do ponto de vista jurídico, as Ordenações Filipinas (1603) consideravam a responsabilidade penal a partir dos 7 anos, embora a pena de morte fosse aplicável somente para os maiores de 16 anos. Elas foram substituídas em 1916 pelo Código Civil brasileiro, que considerava pessoas abaixo dos 16 anos incapazes para exercer atos civis e dos 16 aos 21 "relativamente incapazes". Por sua vez, a legislação canônica aplicada no Brasil (Constituições Primeiras do Arcebispado da Bahia, 1707) fixava a idade mínima para o casamento em 12 anos para as meninas e 14 para os meninos. No Código Civil de 1916, a idade elevou-se para 14 anos para as mulheres e 16 para os homens.

Como se vê, dependendo do "olhar" havia um entendimento mais explícito sobre as etapas da vida, mas, da perspectiva mais pragmática do mundo do trabalho, ela era "virtualmente apagada", levando a uma passagem direta da infância para a vida adulta.

Essas considerações reforçam o argumento de Levi e Schmitt (1996) sobre a importância de se considerar a questão dos valores, das distintas culturas, além do papel e do posicionamento dos jovens, nas diferentes organizações familiares, tendo como fio condutor a questão da imigração.

Mais ainda, para analisar a juventude no cenário de imigração internacional para o Brasil, temos que considerar origem e destino, o período temporal, o grupo étnico a que pertence (volume, características socioeconômicas, culturais e religiosas), as motivações, as trajetórias e as estratégias que marcaram as famílias e os indivíduos, inserção e incorporação em áreas rurais e urbanas, as diferenças de classe, gênero, geração e acesso à educação.

Antes de prosseguirmos, alertamos o leitor que não cabe no escopo deste capítulo analisar detidamente todos esses tópicos, daí privilegiarmos uns em detrimento de outros.

Independentemente do que se possa definir como "jovem", não resta dúvida de que eles sempre estiveram entre os milhões de estrangeiros que aportaram nas terras brasileiras desde o século XIX até os dias atuais. É possível reconhecê-los (e os jovens descendentes) nas muitíssimas fotos em que aparecem: no trabalho nas fazendas, nos núcleos coloniais, nas cidades, nas fábricas, nas lojas, na ferrovia, em frente às suas casas, nos movimentos reivindicatórios, nas festas e em retratos com a família.

Contudo, é complicado enumerá-los. Se considerarmos apenas a idade, podemos identificá-los nos passaportes, nas listas de navios, nos livros de matrículas das hospedarias de imigrantes, nos controles oficiais de estrangeiros, nos registros civil e paroquial (de nascimento ou batizado, de casamento e óbito) e nos recenseamentos.

Com relação aos jovens descendentes, é ainda mais difícil contabilizá-los. A legislação brasileira considera que as crianças filhas de imigrantes nascidas no Brasil são brasileiras, caso não haja uma manifestação expressa em contrário. Vigora entre nós, a norma do *jus soli*, ou seja, do ponto de vista estatístico, a prole de estrangeiros nascida é "contabilizada" como brasileira.

É possível ainda encontrar números sobre jovens imigrantes e seus jovens descendentes em levantamentos específicos, como o feito para a colônia japonesa no Brasil e publicado em 1964 (Bonatti; Scott, 2018), bem como em outros elaborados por órgãos públicos, por administradores dos núcleos coloniais, por fazendeiros, entre outros.

Jovens imigrantes e descendentes: o passar das gerações

Pensar a presença, as trajetórias e as vivências dos jovens no processo migratório pressupõe aceitar que os caminhos que conduziram à integração na sociedade de acolhimento são construídos ao longo de gerações e que eles podem variar muito, dependendo do percurso de cada grupo étnico e dos variados contextos de inserção.

Nesses caminhos, encontram-se fronteiras interpostas entre cada grupo étnico e "os outros", cuja ultrapassagem ocorre em modos e ritmos diferentes. O cruzamento de fronteiras pode acontecer: em nível individual, quando sujeitos mudam de um para o outro lado (atravessadores) sem que, de fato, a fronteira mude ou haja uma alteração da ordem da estratificação étnica; quando há uma quebra da rigidez étnica, tornando a fronteira menos nítida, alterando a ordem da estratificação étnica; ainda quando ocorre uma "realocação" da fronteira, quando grupos antes situados de um lado são agora incluídos do outro lado da fronteira, transformando-se em *insiders*, ao mesmo tempo que novos grupos recém-chegados são encarados como os novos *outsiders* (Truzzi, 2012, 2015).

No entanto, o deslocamento das fronteiras étnicas ou mesmo a interação não foram simples ou fáceis, ao contrário, dependendo das circunstâncias, podem ter gerado conflitos e dificuldades entre as diferentes etnias, além de embates intergeracionais dentro do mesmo grupo.

Ao mesmo tempo, quando se evidencia a importância da passagem das gerações no processo de mudança e desaparecimento das fronteiras étnicas, desloca-se também a perspectiva em direção à família, pois ela é a instância socializadora básica tanto entre os imigrantes de origem rural-camponesa como entre os de origem citadina. Portanto, ela é um elemento importante para analisar a juventude imigrante e seus jovens descendentes.

Acompanhar a passagem das gerações entre as famílias, observando as diferenças de gênero, oferece oportunidade para refletir sobre o trabalho, a educação, as diferenças entre o rural e o urbano, as distinções de classe e etnia, as escolhas familiares e individuais. Família, gênero e geração constituem os três pilares eleitos aqui para continuarmos a refletir sobre os jovens no processo migratório brasileiro.

"Com trabalho e perseverança tudo se alcança"

Onde quer que os imigrantes estejam inseridos, é por meio do trabalho que os distintos grupos étnicos constroem seus projetos de mobilidade social e melhoria das condições de vida, que nem todos chegam a alcançar.

Os jovens, rapazes e moças, que chegaram ao Brasil no período de imigração de massa, a maioria em unidades familiares, eram oriundos de áreas rurais, de pequenas aldeias e, em menor escala, de núcleos urbanos, e emigraram na condição de filhos ou parentes próximos ao chefe da família que encabeçava o passaporte coletivo.

Na fazenda de café, com as suas famílias, os jovens labutavam de sol a sol, sob as rígidas regras ditadas pelo fazendeiro, a vigilância constante de um fiscal da fazenda e a coordenação do chefe da família, que era quem contratava os serviços com o fazendeiro. Guerino, Domingos, José e Albino – filhos de Santo e Ludovica Codo, colonos em uma fazenda de café no interior paulista – passaram a juventude dedicando-se juntamente com seus familiares aos cuidados do cafezal, à colheita do café, ajudando na roça de subsistência da família, em terrenos cedidos pelo fazendeiro. Chegaram inclusive a prestar serviços avulsos à fazenda. À jovem Teresa, irmã desses garotos, assim como às outras jovens mulheres de famílias colonas, eram reservadas aquelas mesmas atividades, dependendo da necessidade (maior ou menor) de contribuir nas tarefas da casa e nos cuidados dos irmãos, idosos e doentes. As jovens colonas dedicavam-se também ao aprendizado da costura, fundamental para eliminar gastos com vestuário da família e roupas para a casa. Algumas delas chegavam a prestar serviços na casa do fazendeiro, como arrumadeira, cozinheira, copeira (Bassanezi, 2003, 2019).

Na pequena propriedade da família, a intensidade no trabalho da terra não diferia muito do reservado aos jovens de ambos os sexos na fazenda de café. Nela também o pai, dono da terra, determinava as atividades que os filhos deveriam executar para garantir a propriedade da terra e era ele quem decidia a saída de filhos jovens e adultos quando a terra possuída não era suficiente para manter todos. Os filhos partiam, então, em busca de outras oportunidades de trabalho, incluindo a possibilidade da migração para áreas urbanas, como ocorreu com muitos (Stürmer, 2007; Andreazza, 2007).

Na colônia ucraniana de Antonio Olinto, no Paraná, quando a capacidade produtiva dos lotes dos pais não era capaz de manter toda a família, a estratégia adotada era que o filho mais jovem se casasse e trouxesse uma "esposa jovem" para trabalhar na propriedade e cuidar da geração mais velha. Os demais filhos deveriam buscar alternativas nas áreas urbanas, como Curitiba (Andreazza, 2007).

Na fazenda e na pequena propriedade, os jovens, como os demais membros da família, submetiam-se às vontades e aos desígnios dos mais velhos, especialmente o *pater familiae*, e as mulheres se curvavam às vontades dos homens.

O processo de urbanização ocorrido sobretudo no Sul e Sudeste do país fez com que as cidades proporcionassem às famílias imigrantes recém-chegadas e a seus jovens possibilidades de inserção no mercado urbano, assim como para aqueles egressos das áreas rurais, desde o final do século XIX até os dias atuais.

Nas capitais, sobretudo em São Paulo e Rio de Janeiro, mas também em muitas cidades do interior, os jovens imigrantes continuavam (e continuam) contribuindo para a renda familiar.

Nas cidades, os jovens, homens e mulheres, imigrantes de várias nacionalidades (sobretudo italianos) ou filhos brasileiros de imigrantes integraram a força de trabalho nas fábricas, dos mais diversos ramos, marcando a diversidade na composição da classe operária (Moura, 1999). As condições de trabalho nas fábricas eram precárias. As jornadas eram excessivas (de 10 a 14 horas), muitas vezes noturnas, e o ambiente era insalubre e mal ventilado. Esse cenário, a má alimentação e as condições precárias das moradias levavam os jovens a adquirir enfermidades, sobretudo a tuberculose, e às vezes à morte.

Cabe acrescentar que muitos dos donos de fábrica eram também imigrantes, como Matarazzo, Crespi, Jafet, Renner, Eberle e outros, e legaram seus bens aos descendentes.

As famílias Cristofoletti e Casagranda, originárias de aldeias trentinas (norte da Itália), instalaram-se primeiramente em pequenos sítios no município de Rio Claro, em São Paulo. Seguindo uma trajetória representativa de muitas outras que aqui chegaram, no decorrer do tempo se deslocaram para o núcleo urbano, onde passaram a se dedicar ao comércio de secos e molhados, e ao beneficiamento do arroz, proporcionando aos seus jovens filhos outros tipos de trabalho, que não na terra, assim como oportunidades de estudo. Outras famílias, contudo, empregaram os filhos como operários nas oficinas locais, na Companhia Paulista de Estrada de Ferro, nas Indústrias Reunidas Francisco Matarazzo e em outras fábricas, de calçados ou de outros produtos.

Muitos filhos dos velhos operários de origem imigrante tornaram-se os novos operários, e a vida deles começava e terminava na fábrica (Tisott, 2008). O trabalho nas empresas de diferentes setores da indústria (têxtil, metalúrgico, calçadista, vinícola, entre outros) era, para a maioria dos empregados, uma estratégia para o aumento da renda familiar, e algumas empresas, inclusive, ofereciam uma série de benefícios, como moradia com água, luz e horta, cooperativa de consumo, ambulatório médico, atividades recreativas, atendimento religioso e escola. Para os pais, o emprego dos filhos jovens e mesmo de crianças traria, além da formação profissional, um rendimento extra para a família. Para a empresa, essa mão de obra era desejada, pois crianças e jovens recebiam metade do salário pago ao adulto do sexo masculino.

No Rio Grande do Sul, na Metalúrgica Eberle e na Vinícola Peterlongo, os jovens, entre 14 e 20 anos, na maioria filhos de imigrantes, compunham o grande contingente de operários contratados e plenamente integrados na força de trabalho (Tisott, 2008; Trivilin, 2009).

Contudo, havia exceções, e as histórias poderiam ser muito diferentes. Uma descendente de imigrantes, questionada se ajudava na padaria de propriedade de sua família, respondeu com o sonoro e característico sotaque italiano: "Nó, nó, nó!", justificando que "era criança" (Tisott, 2008).

Homens e mulheres jovens também se dedicavam às atividades comerciais e artesanais da própria família, as quais, às vezes, eram extensões da própria casa. Italianos, alemães, portugueses e espanhóis trabalhavam nas máquinas de beneficiamento, em feiras, armazéns, padarias, bares e pequenas fábricas da família. Judeus, sírios e libaneses, principalmente, nas lojas de armarinhos, confecções, e na atividade de mascates; japoneses no ramo da tinturaria, nas quitandas e feiras.

O caso dos jovens portugueses encaminhados para as atividades comerciais também é interessante, pois, até os finais do século XIX, os que partiam para o Brasil não eram aqueles egressos das camadas mais pobres da população. Eram jovens alfabetizados, provenientes de famílias com recursos para arcar com os custos da viagem e instalação no Brasil e que desfrutavam de redes de conterrâneos instalados sobretudo no Rio de Janeiro, que recebiam os jovens mancebos que se empregavam como caixeiros em empreendimentos comerciais dirigidos pelos compatriotas. Esse perfil modificou-se com a imigração subsidiada, que trouxe jovens lusos mais humildes, com baixo grau de instrução e com menos preparo para as atividades ligadas ao mundo urbano (Rowland, 1998; Scott, 2000, 2010).

Em São Paulo, muitos jovens naturais da Toscana empregaram-se nas empresas de mármore de seus conterrâneos, assim como em outros empreendimentos. Aliás, a Rua da Boa Vista era conhecida como a "rua dos toscanos", onde se situavam inúmeros de seus estabelecimentos, ateliês e tabernas, e onde era comum que os filhos aprendessem a exercer o mesmo negócio do pai ou da família (De Ruggiero, 2017).

Nas áreas urbanas, também as jovens mulheres de origem imigrante mais humilde encontravam trabalho como empregadas domésticas, balconistas, costureiras, chapeleiras, bordadeiras. As de camadas mais elevadas podiam tornar-se professoras, enfermeiras, concertistas. Várias ainda se tornaram "profissionais do sexo", prostitutas conhecidas como "francesas", que atendiam clientes da elite, e "polacas", que atendiam homens das camadas médias e baixas da população, além de marinheiros nas regiões portuárias.

Crianças e jovens imigrantes ou descendentes também estavam empenhados no que poderíamos chamar de "trabalhos na rua". Assim que fossem capazes, os filhos de pais toscanos que se ocupavam de tirar areia das margens do Rio Tietê, na capital paulista, conhecidos como *renaioli*, participavam desse serviço duro que rendia pouco dinheiro (Cenni, 1975).

Muitos jovens meninos oriundos da Basilicata e de Salerno percorriam as estações das estradas de ferro e as principais ruas e praças das cidades, com sua caixa de engraxate a tiracolo. Bareses e calabreses percorriam as ruas do Rio de Janeiro e de São Paulo vendendo jornais. Vários deles, "aos 15 anos, mudavam de profissão, transformando-se em operários ou dedicando-se ao comércio. Grande parte, porém, 'ficava na profissão', dominando completamente seus setores, tornando-se amigos de todo mundo" (ibidem, p.226).

No pós-Segunda Guerra Mundial e, mais tarde, em tempos de globalização, os imigrantes e seus descendentes encontram um Brasil diferente. Os jovens descendentes de imigrantes que haviam chegado durante a imigração de massa já se encontravam bastante integrados à sociedade brasileira. Eles, de um modo geral, já haviam atravessado a "fronteira étnica", enquanto os vindos no pós-Segunda Guerra Mundial traziam ainda muito presente a cultura da terra natal, acrescida de uma bagagem emocional e ideológica forjada por quem vivera de perto os traumas gerados pela guerra e sobreviveu.

Mas todos indistintamente estavam vivendo num Brasil em mudança, otimista com seu desenvolvimento industrial e urbano sem precedentes e a ascensão da classe média. A população do país havia ampliado seu acesso à informação, ao lazer e aos bens de consumo e, paralelamente, avançado seu nível de escolaridade, em particular as mulheres. O aumento das frentes de trabalho nos setores industrial e de serviços proporcionou a muitos jovens projetos de ascensão econômica e independência familiar (Pinsky, 2000).

Nesse momento, a inserção dos jovens imigrantes no mercado de trabalho se deu principalmente na indústria e no setor de serviços. Eles chegaram para trabalhar diretamente nas cidades. As jovens mulheres continuaram vivendo no mundo do trabalho e da casa experiências semelhantes às jovens que as precederam, embora as novas imigrantes, sobretudo bolivianas, paraguaias e coreanas, apresentassem culturas bem diferentes das anteriores.

Os bolivianos e paraguaios vieram primeiramente para a capital paulista e posteriormente começaram a buscar trabalho nas cidades do interior. De modo geral dedicaram-se ao trabalho na confecção (costura), entre 14 e 17 horas/dia em condições precárias, sem a proteção das leis trabalhistas e submetidos a um patrão que exigia fidelidade, submissão e dedicação ao trabalho. Algumas das jovens mulheres desses grupos de imigrantes também desempenharam atividades como empregadas domésticas ou dedicaram-se ao pequeno comércio, trabalho que culturalmente é desprezado pelos homens (Silva, 2005).

Os coreanos, por sua vez, se concentraram principalmente na cidade de São Paulo e se dedicaram inicialmente à confecção de roupas. Com o passar do tempo, as famílias ascenderam economicamente, estabelecendo-se no ramo da confecção e na abertura de lojas, onde homens e mulheres exerciam papéis diferentes (Choi, 1991). Mais recentemente, fábricas e montadoras de veículos coreanas abriram postos de trabalho aos jovens oriundos.

O terremoto ocorrido no Haiti, em 2010, trouxe sérios problemas à população do país e acabou por fazer com que jovens haitianos emigrassem para o Brasil. A crise econômica e política da Venezuela também estimulou o deslocamento de importantes fluxos populacionais, com parcela expressiva de jovens de ambos os sexos, para o Brasil.

Desde o período de migração de massa, muitos dos jovens imigrantes que acabaram se inserindo no mercado de trabalho brasileiro chegaram desacompanhados de suas famílias. No país, como trabalhadores assalariados, exerceram as mais diversas atividades rurais e urbanas. Os homens atuaram como estivadores nos portos, trabalhadores da construção civil, mascates, operários no ramo da costura e confecção, e outras. A maioria das jovens no passado vinha ao Brasil com os parentes, e mais recentemente as moças começaram a chegar desacompanhadas. Contudo, para a maioria das pessoas (de ambos os sexos) que imigram sós, a vinda ao Brasil está atrelada a estratégias familiares, que buscam melhorar as condições de vida de todo o grupo familiar.

Desde as últimas décadas do século XIX até o presente, o Brasil recebeu também, por motivos diversos, uma parcela de jovens que vieram a se tornar profissionais liberais, médicos, escritores, artistas, empresários.

Da enxada, do balcão e da fábrica aos bancos escolares

Grande parte dos jovens imigrantes que chegaram ao Brasil no período de imigração de massa era analfabeta. Entre as jovens mulheres, os índices de analfabetismo eram ainda maiores que entre os homens. Em terras brasileiras, muitas famílias imigrantes acabaram por relegar a um segundo plano a instrução de seus filhos, pois dependiam do trabalho deles para sua sobrevivência. Além disso, havia carência de escolas, sobretudo nas áreas rurais.

Com o tempo, porém, os imigrantes foram percebendo que, para que pudessem atuar em uma economia de mercado comercializar seus produtos, era importante que pelo menos os filhos homens aprendessem a ler e contar, além de dominar a língua da terra de adoção. Na ausência de escolas, vários imigrantes jovens e adultos, assim como os jovens descendentes, aprendiam a ler e contar com seus conterrâneos que tinham tais habilidades. Júlio Caritá, colono "inteligente e com letra bonita", ministrava aulas, à luz do lampião de querosene, aos outros colonos da fazenda em que vivia. Somente os homens jovens e adultos participavam dessas aulas, pois "não ficava bem às mulheres frequentar" (Bassanezi, 2019, p.164).

Imigrantes que foram para o Sul do país cuidaram desde o início da instrução de suas crianças e jovens. Na colônia de Antonio Olinto no

Paraná, nas duas primeiras décadas de Brasil, as aulas dadas a crianças e jovens eram ministradas por professores leigos conterrâneos. Com o tempo, cresceu a preocupação das famílias para que nenhuma criança ou jovem deixasse de frequentar a escola local (Andreazza, 1999).

Havia a mesma atenção entre os colonos judeus que se instalaram na colônia Quatro Irmãos, no Rio Grande do Sul, nos inícios do século XX, trazidos pela Jewish Colonization Association (ICA ou JCA). Além das sinagogas, as escolas e bibliotecas tinham papel fundamental entre as comunidades judaicas que se instalaram nos núcleos coloniais (Patzer, 2013).

Nas colônias alemãs espalhadas pelo Brasil meridional, a instrução das crianças e dos jovens era também uma aspiração tanto entre os imigrantes de confissão católica como entre os evangélicos (Stürmer, 2007).

Os imigrantes japoneses, igualmente, demonstraram grande interesse na educação de seus filhos. O alto grau de escolaridade desse grupo, perante os demais recém-chegados, com certeza, ajudou a valorizar os estudos entre suas crianças e jovens. A própria organização de associações entre os japoneses visava suprir a educação dos descendentes (Demartini, 2000).

Até os meados do século XX, nas cidades os jovens imigrantes careciam de oportunidades para frequentar a escola, especialmente os mais pobres, pois aqui também a subsistência da família vinha por meio do trabalho, formal ou informal, não sobrando tempo para os estudos.

No tempo em que as escolas brasileiras eram poucas e não dispunham de bons recursos, vários grupos étnicos, mais bem posicionados, enviavam seus filhos para escolas particulares criadas por professores das diferentes nacionalidades na capital paulista e em outros centros urbanos importantes. Contudo, muitas dessas escolas étnicas tiveram duração efêmera ou sofreram transformações com as medidas nacionalistas que marcaram a era Vargas, quando os italianos, alemães e japoneses passaram a ser associados aos "inimigos", já que seus países natais se alinhavam com o Eixo.

No decorrer do tempo, muitas ordens religiosas fundaram numerosas escolas que abrigaram em suas salas jovens imigrantes, jovens descendentes, inclusive brasileiros e jovens de outras etnias que não as que originaram a escola, assim como fundaram seminários, para os quais foram enviados muitos jovens filhos de imigrantes. Inclusive, fazia parte de estratégia familiar de pequenos agricultores encaminhar um ou mais filhos ao seminário como uma forma de contornar a questão da fragmentação da terra entre os herdeiros – isso foi mais comum nas colônias do Sul do país entre alemães e italianos, onde se destaca a atuação dos seminários mantidos pelos jesuítas.

As famílias imigrantes das camadas médias buscaram enviar seus jovens, sobretudo os homens, para as chamadas "escolas industriais" e as escolas de contabilidade, públicas ou privadas, como a Escola Técnica de Comércio Álvares Penteado, na capital paulista, além de outras no interior do estado, à medida que elas iam sendo criadas. Nas escolas industriais, as jovens tinham oportunidade de frequentar aulas consideradas apropriadas a meninas: de costura, bordado, tricô e crochê.

Alguns poucos jovens chegaram a ser encaminhados por seus pais para estudos na Europa. Fernando Furlanetto, filho de pais oriundos do Vêneto com marmoraria em São João da Boa Vista, em São Paulo, aos 14 anos foi enviado à Pietra Santa, na Toscana, para estudar escultura. Retornou oito anos depois e tornou-se um importante escultor do interior paulista.

Famílias de camadas sociais mais elevadas enviavam seus filhos para as escolas particulares criadas e bancadas por instituições de diferentes congregações religiosas de confissão católica e confissão evangélica. Nessa direção, é interessante o comentário de Ellis Jr. (1960 apud Truzzi, 1997, p.60) sobre os sírios na cidade de São Paulo:

> [...] os collegios de meninas, onde freiras severas ministravam a instrucção com a religião catholica tiveram uma súbita invasão de syrios, que nelles punham suas filhas. O mesmo acontecia nos collegios de S. Bento e S. Luiz para onde os syriosinhos entravam em massa.

Jovens imigrantes de famílias bem-sucedidas frequentavam, lado a lado, as mesmas escolas dos filhos e das filhas da elite brasileira. Além disso, as elites estrangeiras buscavam também enviar seus jovens para as universidades europeias e norte-americanas. Nabid Assad Abdalla, de família síria que ascendeu social e economicamente no ramo de tecidos e armarinho, foi enviado para estudar na Inglaterra no início dos anos 1920. Além dos estudos, foi estagiário em fábricas de máquinas têxteis e de tecidos, e retornou ao Brasil aos 21 anos (Greiber; Maluf; Mattar, 1998).

No campo ou na cidade, desde cedo, famílias imigrantes e descendentes reconheceram na instrução de seus membros a possibilidade de ascender econômica e socialmente. Seguindo esse projeto, trabalharam herculeamente e despenderam muito sacrifício para proporcionar a seus filhos acesso à educação formal. Nessa questão, sobressaíam os japoneses, judeus, coreanos, sírios e libaneses, o que não significa que famílias italianas, portugueses, espanholas e outras deixassem de tentar proporcionar a seus filhos uma educação formal.

Se, de um modo geral, era o pai quem definia quando e quais filhos deveriam estudar, também foram muitíssimas as mães oriundas de grupos estrangeiros que se sacrificaram para que seus filhos estudassem e chegassem à universidade. O depoimento de um descendente de uma família judaica lembra que sua mãe escolheu ir morar no porão de uma mansão em Higienópolis, bairro nobre da capital paulista (onde não residiam judeus ou outros imigrantes pobres), para que ele pudesse estudar numa escola de elite situada naquela região (Pinsky, 2000). Olívia Andreazi é outro bom exemplo. Descendente de italianos do Vêneto, ela passou longos anos debruçada sobre a máquina de costura bordando enxovais para as moças casadoiras da região, para dar aos seus cinco filhos oportunidade de frequentar o ensino superior e foi vitoriosa no seu empenho.

Contudo, nem sempre os projetos que envolviam a educação formal dos filhos dos imigrantes tinham o mesmo desfecho. A família de Ludovico Volpi e Giuseppina Guasperini, que chegou ao Brasil no final do século XIX proveniente da província de Lucca (região da Toscana, na Itália), dirigiu-se à capital paulista, instalando-se no bairro do Cambuci, um reduto de operários. A trajetória dessa família revela que, nem sempre, a instrução formal jogava um papel decisivo na inserção profissional dos imigrantes e de seus descendentes. O filho João, nascido no bairro em 1908, não prosseguiu nos estudos, preferindo empregar-se desde muito jovem na empresa de conterrâneos italianos, Massucci, Petracco & Nicoli, que atuava no ramo da estamparia, gravuras e fundição de placas de bronze. O irmão mais velho, Alfredo Volpi, nascido na Itália, seguindo a trajetória de tantos filhos de imigrantes, começou a trabalhar aos 12 anos e estudou, por pouco tempo, quando era criança. Acabou se tornando um reconhecido pintor no meio artístico paulistano e brasileiro, integrando o grupo de "pintores carcamanos" (Rosa, 2015).

Enquanto, para alguns, a educação formal ocupou lugar secundário ou, ao menos, não decisivo, para outros se transformou numa "tradição familiar", quando os jovens descendentes seguiram, por gosto ou imposição, a profissão ou ocupação de seus pais. Isso é comum entre as famílias de imigrantes sírios, libaneses e judeus que formam médicos que vão atuar no Hospital Sírio-Libanês, no Hospital Albert Einstein e outros hospitais de referência da capital paulista.

Sexualidade e casamento: "se queres bem casar, teu igual vai procurar!"

Como acontece com os jovens em geral, a passagem da imaturidade para a maturidade sexual, assim como a vivência da sexualidade entre os jovens imigrantes, também não seguiu um modelo único. Contudo, pelo menos até a década de 1970, o ideal da virgindade e da sexualidade exercida somente no leito matrimonial foi um valor hegemônico tanto na sociedade brasileira quanto entre os imigrantes das distintas etnias que se deslocaram para o Brasil.

No período da imigração de massa e pelo menos até os anos 1950, a forte presença da Igreja, na figura do padre, nas comunidades imigrantes católicas contribuiu para restringir a sexualidade e a reprodução ao matrimônio, impondo esses valores sobretudo às jovens mulheres, que eram criadas com muita severidade. Na maioria das comunidades evangélicas luteranas e presbiteranas, esses valores também predominavam. Na contramão, uma parcela da comunidade germânica de Curitiba conservou nos primeiros tempos de Brasil uma prática da cultura camponesa trazida da terra de origem, permitindo liberdade sexual aos jovens, sobretudo aqueles em idade de se casar (Nadalin, 1998).

Apesar da severidade com que eram tratados os jovens, muitos encontraram brechas para o exercício da sexualidade e mesmo para escolha do(a) parceiro(a) conjugal. A documentação do Registro Civil revela que ocorriam casamentos que foram oficializados com interferência do delegado, para "salvar a honra" da família de origem imigrante. A questão da necessidade de "defesa da honra familiar" era, contudo, recorrente não só entre os imigrantes, como também entre os brasileiros, fruto da sociedade patriarcal dominante.

Relatos da existência de abortos provocados por parteiras estrangeiras também são indícios de que relações sexuais aconteciam fora. Práticas abortivas igualmente ocorriam entre as casadas (Bassanezi, 2012). As mulheres jovens e adultas tinham, inclusive, o conhecimento de métodos contraceptivos, mas o uso de tal prática encontrava a resistência dos valores culturais e religiosos, como entre as imigrantes de origem ucraniana (Andreazza, 1999).

Os homens jovens e adultos, imigrantes e brasileiros, contudo, beneficiavam-se da dupla moral vigente que separava para eles o amor do sexo e permitia que eles vivenciassem experiências sexuais fora do casamento.

A partir dos meados do século XX, modificaram-se alguns padrões culturais que tornaram o convívio dos jovens e das jovens (brasileiros, descendentes de imigrantes e novos imigrantes) mais próximo. Passaram a usufruir mais oportunidades de encontro que os que os antecederam, cujo lazer se pautava nas atividades e festas religiosas, na praça para ouvir a banda e nos bailes da roça ou aqueles preparados pelas associações de imigrantes na cidade e sempre sob a vigilância atenta dos familiares.

No Brasil, a partir dos anos 1960, com a introdução da pílula anticoncepcional e, sobretudo, no contexto posterior da globalização, novos padrões de sexualidade são observados, principalmente com relação às mulheres, salvo algumas poucas exceções. A difusão dos anticoncepcionais e o maior acesso a eles entre todos os segmentos populacionais, nacionais e estrangeiros, proporcionaram às jovens mulheres a possibilidade de separar sexo e reprodução, repercutindo com maior ou menor intensidade nos diversos grupos étnicos.

Sobre as meninas e jovens imigrantes e descendentes, principalmente das camadas mais pobres, é preciso lembrar que muitas delas foram vítimas de violência sexual, estupros e defloramentos, por parte de jovens e adultos homens brasileiros e estrangeiros, nas áreas rurais, na periferia e nos centros urbanos, tanto no passado e ainda no presente. Processos-crimes e ocorrências policiais mostram que não foram raros os casos que envolviam fazendeiros, seus filhos e administradores, patrões, mestres e contramestres das fábricas e outros (Bassanezi, 2012).

Além de ser o lócus onde se exercia a sexualidade permitida, que garantia a reprodução da família, a formalização do casamento, "no civil e no religioso", simbolizava para a maioria dos noivos e das noivas a passagem da juventude para a idade adulta, sendo um marcador cultural importante dessa transição (entre brasileiros, imigrantes e descendentes), principalmente para as jovens mulheres.

Por isso, o matrimônio sempre esteve cercado de tradições e costumes, bem como submetido a fortes pressões familiares, que jogavam um papel importante na escolha do parceiro conjugal.

Mais no passado do que em tempos recentes, os jovens tinham pouco poder de negociação na escolha do seu cônjuge ou estavam tão arraigados às tradições e aos costumes que não passava pela cabeça da maioria deles a ideia de transgredir as regras do grupo. A quebra dos costumes acontecia, mas, com frequência, gerava conflitos intransponíveis. Mesmo quando a juventude em geral teve maior poder decisório para escolher seus parceiros (a partir do início da segunda metade do século XX), os conflitos continuaram a existir quando não havia acordo entre eles e as gerações mais velhas. Muitas famílias, sobretudo as de origem japonesa, judaica, síria e libanesa, ainda lutavam pela manutenção da endogamia étnica entre seus descendentes.

Entre os sírios e libaneses, a escolha de uma esposa, muitas vezes, levava os rapazes a se deslocar até o Líbano ou a Síria para que pudessem se casar com a "noiva adequada", geralmente com mulheres que eram parentes (sobretudo primas) ou de famílias conhecidas. Esse costume só diminui na década de 1930, quando começaram a chegar famílias trazendo mais jovens para integrar o mercado de casamento da colônia. Nas elites, a endogamia matrimonial ainda continuou bastante comum, já que valia o conhecido ditado: "quando a filha se casa fora, meia fortuna vai embora" (Truzzi, 1997).

A tendência geral de as pessoas escolherem seus parceiros nos locais que frequentavam (clubes, associações, igrejas) ajudava na manutenção da endogamia (casamentos entre iguais) entre jovens imigrantes e seus descendentes, tanto nas áreas rurais como nas cidades.

Nas áreas cafeeiras, as oportunidades de encontrar pessoas de fora da fazenda onde trabalhavam imigrantes eram restritas. A organização do espaço e do trabalho na fazenda, somada ao hábito do fazendeiro em alocar patrícios e parentes em uma mesma colônia (grupos de casas nos diferentes planos da fazenda), ajudava a estreitar os laços entre eles. Esse contexto, os valores culturais e o peso da interferência familiar contribuíam para que a escolha matrimonial se desse entre iguais, dentro do mesmo grupo étnico (italianos com italianos, espanhóis com espanhóis). Muitas vezes até entre famílias que já se conheciam na terra de origem ou que se encontraram no navio a caminho do Brasil. Não por acaso, três filhos de Domenico Buoro e Maria Brescia de Treviso (Itália) casaram-se com os filhos de Antonio e Angela Pin também de Treviso e outros quatro com pessoas de Treviso e Rovigo na Itália. José Romero e Ana Batista Romero, ambos de Granada, na Espanha, casaram-se na fazenda em que trabalhavam. (Bassanezi, 2019)

Nos locais onde imigrantes se instalaram como pequenos proprietários rurais, os contatos com o mundo exterior eram ainda mais esporádicos. As possibilidades de encontro entre os jovens e familiares fora do núcleo colonial também eram poucas. Além da interferência dos pais e parentes na escolha dos noivos e das noivas, jogava um peso importante o padre ou pastor, geralmente do mesmo grupo étnico, que reforçava o consenso de que o casamento interétnico não seria bem acatado na comunidade (Balhana, 1977; Andreazza, 1999).

Nas áreas urbanas, comunidades imigrantes empenhavam-se em proporcionar a seus filhos casamentos entre seus iguais, levando-os a clubes, escolas, igrejas, associações culturais e recreativas frequentadas pela colônia. Rosinha, filha de sírios, por exemplo, conta que foi criada em Santos, onde havia muitos patrícios e que conheceu seu marido, Eduardo, na Sociedade Beneficente Síria. Em seu depoimento, inclusive, salientou: “Eu não tinha amigos brasileiros, só me dava com a colônia” (Greiber; Maluf; Mattar, 1998, p.131-132).

Jovens solteiras, muito mais no passado do que no presente, aceitavam com passividade a proposta de casamento conduzida por seus pais e o pretendente ou a família, não só no campo mas também na cidade. Os pais, como vimos, acertavam com as famílias de patrícios que residiam na terra natal casamentos entre seus jovens, que deveriam se casar com homens ou mulheres do seu grupo étnico que já viviam aqui.

A preferência pela endogamia matrimonial, portanto, vinha marcada pelas especificidades dos respectivos contextos e da bagagem cultural que, por sua vez, interferiam na idade para contrair matrimônio ou ainda poderiam levar ao celibato definitivo (pessoas que jamais se casariam, seja por escolha/imposição da família ou falta de pretendentes adequados).

O casamento entre jovens imigrantes ou jovens descendentes visava reunir força de trabalho nas camadas mais pobres e a manutenção ou ampliação do patrimônio entre as camadas superiores. Onde predominava o modelo de família extensa, as mães buscavam interferir mais na escolha das esposas para os filhos, pois das jovens noras esperavam-se a submissão à sogra, uma força de trabalho a mais na família, no âmbito da lavoura e/ou da casa, a manutenção dos valores familiares e a geração de filhos. Nem sempre isso ocorria sem conflitos, sobretudo se a nora fosse de outro grupo étnico. Os pais, por sua vez, inferiam na escolha de maridos para as filhas, para garantir um genro trabalhador e capaz de gerenciar o patrimônio na velhice ou ausência deles.

Embora em menor proporção, casamentos mistos ocorreram entre jovens imigrantes e jovens descendentes desde a chegada ao Brasil, contribuindo com maior ou menor intensidade para o esgarçamento da fronteira étnica no tempo e no espaço. Muito do cruzamento da fronteira étnica devido ao casamento aconteceu em nível individual, sem que houvesse alteração significativa da ordem da estratificação étnica. Contudo, no decorrer do tempo, à medida que a integração dos jovens na sociedade brasileira foi se tornando mais intensa, a fronteira passou a ficar cada vez mais porosa. É verdade que o atravessar da fronteira, entre imigrantes e descendentes por meio do casamento, dependeu muito das condições do mercado matrimonial (da presença de cônjuges considerados elegíveis), da mobilidade geográfica e social, da proximidade dos jovens de diferentes origens na vizinhança, na escola, no trabalho.

No período de imigração de massa, os jovens imigrantes europeus casavam-se em idades mais precoces e mais intensamente que nos países de origem, onde os casamentos eram mais tardios e mais pessoas permaneciam solteiras definitivamente. Na Itália, na Espanha, em Portugal e na Alemanha, em geral os homens se casavam após os 27 anos e as mulheres depois dos 24 anos. No Brasil, as mulheres se casavam entre 19 e 20 e os homens por volta de 24-25 anos. Esse padrão de casamento dos imigrantes no Brasil foi um mecanismo usado no enfrentamento das condições encontradas na nova terra, que não colocou obstáculos às uniões conjugais. Ao contrário das regiões de origem desses jovens imigrantes, no Brasil havia oportunidade de trabalho e possibilidade de acesso à terra. Já entre os imigrantes, a existência de mais homens que mulheres elegíveis para o casamento pressionava o mercado matrimonial, no sentido de baixar a idade das mulheres para o casamento e de elas se casarem mais intensamente que as suas conterrâneas que permaneceram em sua terra de origem (Nadalin, 1978; Bassanezi, 1992; Andreazza, 1999).

Os padrões de idade para o casamento de imigrantes no Brasil estavam, sobretudo, relacionados ao processo imigratório: o período, a forma e o volume de imigração, a razão de sexo entre as diferentes etnias, o destino (rural ou urbano), a atividade ocupacional e o grau de intensidade com que ocorreu o processo de integração deles na sociedade brasileira.

Jovens descendentes de imigrantes que viraram "brasileiros"

A "conversão" de jovens imigrantes estrangeiros e de seus descendentes em brasileiros foi um processo que se construiu ao longo do tempo, com velocidade variável, de acordo não apenas com cada grupo, mas também por conta de outros elementos, ligados inclusive às próprias transformações pelas quais a sociedade de acolhimento passou. Além do casamento fora do grupo de origem, há sinais importantes que indicam o gradativo apagamento das distinções baseadas em aspectos de etnicidade, como aqueles ligados ao uso da língua materna. Diga-se de passagem, as crianças e os jovens imigrantes tinham mais facilidade em aprender a língua do país receptor e, por isso, tiveram papel importante na comunicação, servindo de intérpretes entre os mais velhos e os recém-chegados com a comunidade receptora.

Expressar-se ou não no idioma dos ancestrais é, portanto, um bom marcador nesse processo, que afetou de maneira distinta os grupos de imigrantes. Aqueles provenientes de países com maior proximidade cultural, religiosa e linguística com o Brasil, como os portugueses, espanhóis e italianos, perderam mais rapidamente esses marcadores étnicos. Afinal, eram oriundos de países católicos e de matriz cultural latina.

Quando esses grupos de "latinos" são comparados aos imigrantes e descendentes de alemães, sírio-libaneses, judeus, japoneses, entre outros, percebe-se que houve estratégias para perseverar as distinções étnicas por meio das escolas, das celebrações e das várias formas de sociabilidades, que se construíam também em clubes, associações e imprensa étnica. Nesses ambientes, o idioma natal persistia mais fortemente, reforçando tradições culturais e costumes que os distinguiam dos brasileiros.

O quesito sobre "língua falada", que consta no Censo de 1940, mostra que, entre os imigrantes e descendentes de países europeus, os alemães foram o grupo que por mais tempo preservou a língua materna. Os brasileiros natos, filhos de alemães, inclusive apresentavam proporções muito próximas dos nascidos na Alemanha. Entre italianos e espanhóis, os percentuais eram muito mais baixos (Truzzi; Bassanezi, 2013).

Os jovens que chegaram ao Brasil no pós-Segunda Guerra Mundial tiveram mais oportunidades de romper fronteiras étnicas, porque o mundo e o Brasil mudavam rapidamente por conta da urbanização acelerada, da maior oferta de escolas, da modernização e popularização dos meios de transporte (imigrantes passaram a entrar também pelos aeroportos) e dos meios de comunicação disponíveis (rádio, televisão e, recentemente, internet).

Esse processo de apagamento das marcas étnicas pode ser observado, por exemplo, nas práticas de nominação, ou seja, como foram mudando os nomes recebidos pelos descendentes ao nascerem e onde os contatos culturais estabelecidos entre imigrantes e sociedade receptora repercutiram fortemente para diluir as fronteiras entre o imigrante estrangeiro e os "outros". No contexto da imigração para o Brasil, a atribuição dos nomes pode revelar aspectos do processo de construção da "linhagem imigrante" (Nadalin, 2007). Afinal, como um Johann, Peter ou Josef, ou um Giovanni, Pietro, Giuseppe se transformam em João, Pedro e José? É sinal de que as gerações sucessivas escolhem marcadores sociais incorporados na sociedade receptora.

Nos primeiros tempos de Brasil, principalmente, o peso da herança cultural marcou a escolha dos nomes dos filhos de imigrantes e descendentes. Entre os imigrantes italianos católicos, a maioria de nomes dados aos filhos fazia parte do repertório de santos e santas da Igreja.

Entre católicos e protestantes, era também comum os pais escolherem nomes de parentes, como forma de homenagem e preservação de tradições étnicas ou familiares.

Os judeus *ashkenazim* nunca davam nome dos pais vivos aos filhos, enquanto os sefaradis o faziam. Entre os *Ashkenazim*, quando morria alguém da família, os descendentes procuravam ter filhos e dar-lhes o nome da pessoa morta para perpetuar sua memória. Um descendente de judeus, de família *ashkenazi*, relatou que, quando o avô paterno (que se chamava Moiche, em ídiche, Moisés em português) morreu, cinco dos seis filhos dele logo trataram de ter seus próprios filhos e dar a eles o nome do avô (Moiche/Moisés e Mache/Marta, Márcia).

Entre os sírios e libaneses, havia o costume de incorporar ao nome do filho o nome do pai. Exemplos dessa tradição são os casos de Faris Nicolau Ansarah, filho de Nicolau Ansarah, e de Paulo Salim Maluf, filho de Salim Maluf (Truzzi, 1997).

No decorrer do tempo, a questão da transmissão dos nomes entre as pessoas de origem estrangeira vai mudando. Entre os imigrantes japoneses, considerando os três principais fluxos que se dirigiram ao Brasil, nota-se que as escolhas dos casais para nomear os filhos evoluíram, e as gerações do segundo e terceiro fluxos passaram a escolher nomes combinados, isto é, um nome retirado do estoque brasileiro, mas um segundo nome de origem japonesa (Nabão, 2006; Handa, 1987). O prenome de origem brasileira era usado socialmente para facilitar a integração no meio que os acolhia, como ocorre com as jovens descendentes Márcia Ayumi e sua irmã Cristiane Ariça. Hoje, mesmo mantendo um segundo nome japonês, o nome brasileiro é utilizado no âmbito familiar.

Outras histórias e memórias de brasileiros e descendentes de imigrantes trazem episódios curiosos que indicam as acomodações que marcaram o cotidiano de comunidades que viviam em bairros com forte presença de estrangeiros na cidade de São Paulo. As lembranças de João Carlos, sobre o bairro da Mooca, na cidade de São Paulo, ilustram bem experiências que marcam a infância e a juventude de muitos descendentes de imigrantes. Como ele rememora, ter o nome de "João" na velha Mooca era um mau começo de jornada. Esse nome foi imposto pelo pai português à sua esposa italiana. O nome "escolhido" conferiu certa dificuldade na comunidade onde o casal vivia, por conta da pronúncia do som "ão", inclusive para sua própria mãe... Por isso, passou a ser chamado de "Giancarlo", "Giovanni", "Giovannino". Mas o nome João gerou ainda outros percalços a João Carlos, que também ficou conhecido entre os amigos e vizinhos do bairro como "Chon". Isso ocorreu porque era assim que a mãe japonesa de seu melhor amigo de infância, William, chamava João. Aliás, é interessante destacar que os outros dois irmãos de William (filhos de pai e mãe japoneses) chamavam-se Douglas e Washington, nomes que nem os próprios pais conseguiam pronunciar corretamente. A escolha, provavelmente, deve-se a uma estratégia de inserção e aceitação na comunidade, e, podemos imaginar que, em casa, os três irmãos fossem tratados por seus nomes japoneses... Essas memórias colocam em evidência a riqueza de experiências no processo de inserção e incorporação dos imigrantes, e como as gerações sucessivas lidaram com a herança de serem descendentes de estrangeiros no Brasil.

A revalorização das origens estrangeiras

A partir das últimas décadas do século XX, as gerações sucessivas (filhos, netos, bisnetos, tataranetos) da maioria dos imigrados desde os finais do XIX já tinham rompido as fronteiras étnicas e se transformado em "brasileiros". A maior parte dos jovens que descendiam das levas pioneiras tinham apenas referências distantes da terra dos antepassados e da experiência de inserção na terra de acolhimento. Tais reminiscências estariam ligadas, por exemplo, a práticas alimentares, como a lembrança dos "almoços de domingo" nas casas dos avós, onde predominavam e ainda predominam as cores e os sabores da gastronomia étnica.

A língua nativa, para muitas das famílias que descendiam dos pioneiros imigrantes, estava adormecida e esquecida em algum canto da memória, e, quando muito, era usada somente em algumas expressões ou palavras empregadas no cotidiano familiar.

No entanto, os desdobramentos da situação econômica da década de 1980, considerada "a década perdida", estimularam que parcela significativa de jovens descendentes de famílias de imigrantes passasse a valorizar sua herança étnica essencialmente por motivos pragmáticos, ligados a possíveis oportunidades de sair do Brasil, para estudar, fugir do desemprego ou aceder a novas oportunidades de trabalho que garantissem uma vida mais confortável e segura, ou no país estrangeiro, ou no retorno ao Brasil, depois de uma temporada no exterior, em especial na terra natal de seus antepassados.

Muitos brasileiros, então, emigraram para Itália, Portugal e Espanha, alvos mais visados, sobretudo pelos benefícios que poderiam conceder aos brasileiros com "dupla cidadania", condição que facilitava a entrada e a permanência naqueles países e posteriormente nos Estados Unidos.

Descendentes de japoneses, em número crescente, investiam recursos para tentar a vida na terra do sol nascente, já que a política migratória japonesa concedia permissão de ingresso no Japão aos brasileiros descendentes (nisseis) encaminhados por meio de agências para o trabalho legal em indústrias.

Tal conjuntura levou à revalorização da língua, da cultura e das tradições dos ancestrais, principalmente entre os jovens descendentes, que tinham não apenas aspirações relativas ao estudo ou ao trabalho, mas também interesse avivado de conhecer o país e os costumes de seus antepassados.

Da invisibilidade à conquista de espaços

Ao longo dos últimos dois séculos, a sociedade brasileira e o mundo mudaram muito. Nesse contexto, a inserção dos jovens nos distintos processos migratórios também se transformou. De uma etapa do ciclo de vida praticamente invisível, que os lançava ao mundo do trabalho, que os submetia aos interesses coletivos da família, determinados pela vontade soberana dos pais e das gerações mais velhas, para tempos mais recentes em que os jovens e as jovens imigrantes e descendentes conquistaram o direito de ter suas aspirações e escolhas levadas em conta nas lógicas migratórias do mundo globalizado. Hoje, as relações entre as gerações se dão em bases mais igualitárias, acompanhando as transformações pelas quais todas as famílias passaram (inclusive a de imigrantes e seus jovens descendentes).

No Brasil dos finais do século XIX a meados do XX, o processo migratório era construído a partir dos projetos de mobilidade ascendente, capitaneados pelo *pater familae*, que geria todos os recursos materiais e imateriais, para alcançar o sucesso almejado, ainda que nem sempre alcançado. Os projetos coletivos da família também definiam a mobilidade geográfica, a aquisição de bens e propriedades, as oportunidades de estudo. Enfim, os jovens tinham pouco ou nenhum poder de decisão em relação a todas essas questões. Nessa estrutura familiar, mais subalterna ainda era a posição das jovens filhas de imigrantes e suas descendentes, que passavam da tutela do pai para a do marido se chegassem a se casar.

Gradativamente, com a erosão dessa lógica patriarcal, que inclui os imigrantes que optaram por fincar suas raízes no Brasil, as gerações mais novas ganharam mais visibilidade e algum grau de poder de decisão para escolher seus destinos, rompendo várias fronteiras, e não apenas as étnicas. Trabalho, estudo e relacionamentos afetivos ganharam novos contornos no Brasil de hoje, que integra as rotas migratórias internacionais no mundo. Uma mudança e tanto que coloca os jovens imigrantes e as novas gerações de descendentes em um patamar de poder e autonomia que os jovens das gerações pioneiras não puderam desfrutar.

Referências

ANDREAZZA, M. L. *Paraíso das delícias*: um estudo da imigração ucraniana para o Brasil (1895-1995). Curitiba: Aos Quatro Ventos, 1999.

______. O impacto da imigração no sistema familiar: o caso dos ucranianos de Antonio Olinto, Paraná. História Unisinos, v. 4, p.28-39, 2007.

BAENINGER, R. Migrações internacionais no século 21: desafios para uma agenda de pesquisa. In: CONGRESO DE LA ASOCIACIÓN LATINOAMERICANA DE POBLACIÓN, 6 2014, Lima. Lima: 2014.

BALHANA, A. P. *Famílias coloniais*: fecundidade e descendência. Curitiba: A. M. Cavalcanti, 1977.

BASSANEZI, M. S. C. B. Padrões de casamento em uma comunidade em mudança. In: ENCONTRO NACIONAL DE ESTUDOS POPULACIONAIS, 8, 1992, Brasília. *Anais*... Brasília: 1992. v.1. p.273-94.

______. Imigrações internacionais no Brasil: um panorama histórico. In: PATARRA, N. (Coord.) *Emigração e imigração internacionais no Brasil contemporâneo*. São Paulo: Fnuap, 1995.

______. Santo Codo (1861-1942) an Italian immigrant on Brazilian coffee plantation. In: BAILY, S. L.; MÍGUEZ, E. J. (Ed.) *Mass migration to modern Latin America*. Wilmington, DE: Scholarly Resources, 2003. p.221-6.

______. Mulheres que vêm, mulheres que vão. In: PINSKY, C. B.; PEDRO, J. M. (Org.). *Nova história das mulheres*. São Paulo: Contexto, 2012.

______. Crianças imigrantes e crianças geradas de ventres imigrantes em terra brasileira. In: BAENINGER, R.; DEDECCA, C.S. (Orgs.). *Processos migratórios no Estado de São Paulo*: estudos temáticos. Campinas: Nepo; Unicamp, 2013. p. 63-72. (Por Dentro do Estado de São Paulo,10)

______. *Colonos do café*. São Paulo: Contexto, 2019.

BONATTI, T. F.; SCOTT, A. S. V. O Censo The Japanese Immigrant in Brazil: suas limitações e potencialidades no âmbito dos estudos da demografia histórica e da análise dos processos de integração e assimilação dos imigrantes japoneses (1908-1962). In: ENCONTRO NACIONAL DE ESTUDOS POPULACIONAIS, 21, 2018, Belo Horizonte. *Anais*... Belo Horizonte: Abep, 2018.

CENNI, F. *Italianos no Brasil.* São Paulo: Martins, Edusp, 1975.

CHOI, K. J. *Além do arco-íris*: a imigração coreana no Brasil. São Paulo, 1991. Dissertação (Mestrado) – Universidade de São Paulo.

DEMARTINI, Z. de B. F. Relatos orais de famílias de imigrantes japoneses: elementos para a história da educação brasileira. *Educação & Sociedade*, ano XXI, n. 72, p.43-72, ago. 2000.

DE RUGGIERO, A. Comerciantes e artesãos toscanos nas ruas de São Paulo (1875-1914). *Cadernos de História*, Belo Horizonte, v.18, n.28, p.129-49, 1º sem. 2017.

DOMENICONI, J. O. S. *Migração internacional qualificada*: trabalhadores do conhecimento em São Paulo no início do século XXI. Campinas, 2017. Dissertação (Mestrado) – Universidade Estadual de Campinas.

GREIBER, B. L.; MALUF, L. S.; MATTAR, V. C. *Memórias da imigração*: libaneses e sírios em São Paulo. São Paulo: Discurso Editorial, 1998.

HANDA, T. O imigrante japonês: histórias de sua vida no Brasil. São Paulo: T. A. Queiroz, Centro de Estudos Nipo-Brasileiros, 1987.

LEVI, G.; SCHMITT, J. C. Introdução. In: ______. *História dos jovens.* São Paulo: Companhia das Letras, 1996. p.7-17.

LEVY, M. S. F. O papel da migração internacional na evolução da população brasileira (1872-1972). *Revista de Saúde Pública*, São Paulo, v. 8, (supl.), p.49-90, 1974.

MOURA, E. B. B. de. Crianças operárias na recém-industrializada São Paulo. In: DEL PRIORE, M. *História das crianças no Brasil.* São Paulo: Contexto, 1999. p.259-88.

NABÃO, R. M. *O estudo de nomes próprios de nipo-brasileiros de Terra Roxa.* Cascavel, 2006. Dissertação (Mestrado) – Universidade Estadual do Oeste do Paraná.

NADALIN, S. O. *Une paroisse germanique au Brésil*: la Communauté Évangélique Luthérienne à Curitiba entre 1866 et 1969. Paris, 1978. Tese (Doutorado) – École des Hautes Études en Sciences Sociales.

NADALIN, S. O. Construção de uma cultura imigrante: comportamentos demográficos numa paróquia de origem germânica em Curitiba – séculos XIX e XX. In: CELTON, D.; MIRÓ, C.; ALBORNOZ, N. S. *Cambios demográficos en America Latina*: la experiencia de cinco siglos. Cordoba: Universidad Nacional de Cordoba; International Union for the Scientific Study of Population, 1998.

NADALIN, S. O. J, Hans, Johann, Johannes: dialética dos nomes de batismo numa comunidade imigrante. *História Unisinos*, v.11, n.1, p.14-27, 2007.

PATZER, R. C. *"Dê a seu filhos raízes. Mais tarde, asas"*: dinâmicas familiares de imigrantes judeus na colônia de quatro Irmãos (Rio Grande do Sul, início do século XX). São Leopoldo, 2013. Dissertação (Mestrado) – Universidade do Vale do Rio dos Sinos.

PERES, R. G.; BAENINGER, R. Migrações Sul-Sul: renegociações, trajetórias e estratégias de mulheres imigrantes no Brasil. In: ENCONTRO NACIONAL DE

ESTUDOS POPULACIONAIS, 21, 2018, Belo Horizonte. *Anais*... Belo Horizonte: Abep, 2018.

PINSKY, C. B. *Pássaros da liberdade*: jovens, judeus e revolucionários no Brasil. São Paulo: Contexto, 2000.

ROSA, M. P. M. O espelho de Volpi: o artista, a crítica e São Paulo nas décadas de 1940 e 1950. Campinas, 2015. Dissertação (Mestrado) – Instituto de Filosofia e Ciências Humanas, Universidade Estadual de Campinas, 2015.

ROWLAND, R. Velhos e novos Brasis. In: BETHENCOURT, F.; CHAUDHURI, K. (Dir.). *História da expansão portuguesa*. Lisboa: Círculo de Leitores, 1998. p.303-74.

SCOTT, A. S. *Os portugueses*. São Paulo: Contexto, 2010.

______. Família. O caleidoscópio dos arranjos familiares. In: PINSKY, C. B.; PEDRO, J. M. *Nova história das mulheres no Brasil*. São Paulo: Contexto, 2012. p.15-42.

SCOTT, A. S. V. Verso e reverso da imigração portuguesa: o caso de São Paulo entre as décadas de 1820 a 1830. *Oceanos – Portugueses no Brasil Independente*, n.44, p.126-42, out./dez. 2000.

______. História da infância, da juventude e da família: que caminhos percorrer? In: CARDOZO, J. C. da S. et al. (Org.). *História das crianças no Brasil meridional*. São Leopoldo: Oikos, Editora Unisinos, 2016. p.14-34.

______. Prefácio. In: VENDRAME, M. I.; PEREIRA, S. M. (Org.). *Mulheres em movimento*: experiências, conexões e trajetórias transnacionais. São Leopoldo: Oikos, Editora Unisinos, 2017. p.7-12.

SCOTT, A. S. V.; BASSANEZI, M. S. C. B. "Molliamo tutto e ce ne andaimo a vivere in Brasile!". Trajetórias de imigrantes italianos em São Paulo. In: VENDRAME, M.; KARSBURG, A. (Org.). *Micro-história, um método em transformação*. São Paulo: Letra e Voz, 2020. p.249-81.

SILVA, S. A. *Bolivianos*: a presença da cultura andina. São Paulo: Companhia Editora Nacional, 2005. (Série Lazuli, Imigrantes no Brasil).

STÜRMER, D. M. *A infância e adolescência na colônia alemã General Osório (1909-1979)*. Passo Fundo: UPF, 2007.

TISOTT, R. V. *Pequenos trabalhadores*: infância e industrialização em Caxias do Sul (fim do século XIX e início do XX). São Leopoldo, 2018. Dissertação (Mestrado) – Universidade do Vale do Rio dos Sinos.

TRIVILIN, S. *A família operária*: o processo de industrialização e a inserção da família no espaço industrial da vinícola Armando Peterlongo (1915-1966). São Leopoldo, 2009. Dissertação (Mestrado) – Universidade do Vale do Rio dos Sinos.

TRUZZI, O. *Patrícios*: sírios e libaneses em São Paulo. São Paulo: Hucitec, 1997.

______. Assimilação ressignificada: novas interpretações de um velho conceito. *Dados – Revista de Ciências Sociais*, v.55, n.2, p.517-553, 2012.

______. (Coord.) *Percursos histórico-sociais na incorporação de imigrantes no oeste paulista (1880-1950)*. Projeto Fapesp, 2015.

TRUZZI, O.; BASSANEZI, M. S. C. B. Processos migratórios e "assimilação": São Paulo e Santa Catarina (1920 e 1940). In: BAENINGER, R.; DEDECCA, C. S. (Org.). *Processos migratórios no estado de São Paulo*: estudos temáticos. Campinas: Nepo, Unicamp, 2013. v.10, p.47-61.

TRUZZI, O.; SCOTT, A. S. V. Pioneiros para o café: a experiência de colonos portugueses em Nova Lousã, no interior de São Paulo. In: MENEZES, L. M.; SOUSA, F. (Org.). *Brasil-Portugal*: Pontes sobre o Atlântico, múltiplos olhares sobre a e/imigração. Rio de Janeiro: EdUERJ, Faperj, 2017 p.109-22.

6

Notas sobre a sexualidade e adolescência do Império à República

Mary Del Priore

"Adolescência" é uma palavra que aparece ao final do século XIII. Ela designava, então, os anos que sucediam à infância, ou seja, dos 12 aos 18 para meninas e dos 14 aos 20 para meninos. Apesar de ausente da maior parte dos dicionários da língua portuguesa até o século XIX, ela aparece nos manuais de medicina. Estava associada à segunda idade do homem – a primeira era a infância – e caracterizava-se por ser "quente e seca", segundo Galeno, médico grego. Uma tal ausência no mundo luso--brasileiro não é gratuita. Ela significava que a fase de amadurecimento ou de crescimento dos jovens se perdia entre milhares de afazeres relacionados à sua sobrevivência.

A juventude sempre suscitou reações ambivalentes e foi, em diferentes épocas, percebida e vivenciada de forma específica, segundo o grupo social no qual o jovem estava inserido. Os trabalhos do historiador francês Philippe Ariès, uma autoridade e um pioneiro no assunto, sugeriam que, entre o feudalismo e a industrialização, o indivíduo passava diretamente da infância à idade adulta. Sem adolescência. Hoje se sabe que as coisas não eram bem assim. Em diferentes regiões do planeta, modalidades de saída da infância e entrada no mundo adulto obedeciam a rituais precisos.

Um exemplo? Na Idade Média, o termo *juventus* remetia a realidades diversas: a dos clérigos que, ao fazerem seus votos de entrada nos mosteiros, viviam o noviciado na juventude, mas, igualmente, a dos jovens nobres cujo ritual de entrada na cavalaria era codificado por sofisticada cerimônia de recepção. A literatura dos trovadores cantava, em prosa e verso, a juventude destes mancebos, capazes de se destacar por sua coragem e beleza física, enquanto a Igreja alertava contra as tentações que eles mesmos inspiravam. A partir da metade do século XVIII, conceitos como adolescência e juventude começam a se consolidar graças aos avanços da pedagogia, da medicina e da filosofia. O pensador Jean-Jacques Rousseau foi dos primeiros a definir a crise da identidade sexual, durante a puberdade, no seu conhecido livro *Emílio*.

As poucas informações sobre a adolescência no período colonial mais contam sobre os rapazes. Sim, pois as moças tinham como única função preservar sua virgindade. Numa sociedade cristã, seu único destino foi, durante muito tempo, o casamento ou o convento, este último significando um confinamento muito maior do que aquele proposto pelos conventos masculinos. O que distinguia a vida das moças da vida dos rapazes era a total ausência de liberdade.

O trabalho feminino era associado à moral e à disciplina. Além disso, desenvolvia-se o horror do corpo e da sexualidade, ambos esmagados pelo controle exercido pela família ou pelo grupo. Para as moças, as transformações da idade tinham que ser interiorizadas e vividas ao abrigo dos olhares do outro sexo. Moças ou rapazes sofriam, contudo, as consequências do controle dos adultos. A juventude era vivida como um tempo que inspirava temor aos defensores da ordem e das convenções sociais. O adolescente era visto como ameaça, sinônimo de desordem.

Definida em 1818, pelo dicionarista Antônio Moraes Silva, como a idade que se seguia à puerícia, indo dos 14 aos 25 anos, a adolescência, sob o Império, sofrerá as consequências de um regime familiar patriarcal. A autoridade do pai ou dos pais se exercia, de preferência, sobre os filhos homens, futuros herdeiros de seus esforços. Pouco a pouco, eles concederiam aos professores e mestres as prerrogativas de exercer, em seu lugar, a violência contra os filhos. O chicote seria trocado pela palmatória.

Tratados como "carneiros ou carneirinhos" – alcunha que receberam os jovens estudantes do Seminário de Olinda, primeiro colégio de instrução secundária no Brasil –, cabia ao jovem manter os olhos baixos, as mãos às costas, a boca fechada. A ideia era transformá-los em adultos o mais rápido possível. Fazê-los passar de meninos a homens. Ao mesmo tempo que buscava monopolizar a autoridade e educar os jovens, a Igreja valorizava a piedade filial. Era preciso assegurar a influência patriarcal, apesar das mudanças que atravessavam a paisagem urbana e a rural. A imagem exemplar e majestosa de Deus Pai, pintada em gravuras e tetos de capelas ou distribuída em "santinhos", confirmava o poder paterno. A iconografia sobre São José, pai adotivo e marceneiro, ensinando o Menino Jesus a trabalhar exprimia um modelo feito de força e ternura. São José protetor, tal como o pai de carne e sangue, devia ser guia e mestre.

Mas como identificar-se a um comportamento amistoso se a relação entre gerações era vertical? Às perguntas dos jovens, as respostas eram poucas ou nenhumas. O costume de não dialogar era tão difundido que o bispo Azeredo Coutinho, fundador do seminário-colégio, admoestava os genitores: "antes pelo contrário, convém dar-lhes mostras de gosto em respondê-las". Afinal, o pai só conjugava os verbos no imperativo. Foi Capistrano de Abreu quem definiu a família nos primeiros séculos da América Portuguesa: "Pai soturno, mãe submissa, filhos aterrados".

Ao chegar ao Brasil, em 1808, o inglês John Luccock não pôde deixar de observar que a pressão patriarcal fazia meninos tristes, calados, doentes, de olhos fundos. Desde cedo, usavam ternos escuros, portavam barbas e bigodes enormes, e eram dados ao rapé e ao fumo, queixava-se, igualmente o padre Miguel do Sacramento Lopes Gama, redator do jornal *O Carapuceiro* que circulou entre 1832 e 1847.

Ao conservar resquícios do sistema romano, o direito pré-codificado conferia ao pai poderes que nem a maioridade interrompia, quando o filho completava 25 anos. A sujeição dos filhos era absoluta e alcançava os naturais e espúrios pela indicação de um tutor. As características gerais do instituto do pátrio poder não competiam à mãe. Cabiam-lhe, apenas, certos direitos relativos à obediência filial, registrados no livro IV, título 87, das Ordenações Filipinas. E a situação só mudaria depois da Proclamação da República, em 1889.

No século XIX, com a implementação da indústria no Brasil, o trabalho de jovens, transformados em "proletários", era apresentado como "ajuda econômica" que vinha reforçar o orçamento doméstico. A fábrica era vista por patrões e pais de família como uma escola, um lugar que podia formar o cidadão do futuro. Embora, nessa mesma época, uma lei proibisse o trabalho de adolescentes entre 25 e 16 anos, a legislação só se consolidou com as Leis do Trabalho, em 1943. Enquanto isso, milhares de rapazes e de moças ficaram sem espaço para viver os rituais da adolescência, pois a passaram entre teares e máquinas.

Saber ler e escrever não era habilidades estimulada para moças pobres, obrigando-as a realizar o trabalho doméstico e a sonhar com o casamento e a maternidade como única via de passagem para o mundo adulto. Obedecer e trabalhar era o pão cotidiano da maioria das crianças e dos adolescentes no século XIX. Entre as escravas, o trabalho não cessou até a abolição. Lembra a historiadora Heloísa Maria Teixeira que, no período de transição para a mão de obra livre, muitos senhores aproveitaram a Lei do Ventre Livre, de 28 de setembro de 1871, para fazer os filhos de escravas trabalharem até os 21 anos. Ante a conjuntura adversa ao trabalho escravo, as crianças poderiam representar uma boa alternativa. E muitas vezes se cometeram ações ilegais para garantir a mão de obra infantil, como a compra de crianças isoladas, mesmo existindo uma legislação proibitiva a partir de 1869; a valorização dos serviços dos ingênuos; e até mesmo o furto de crianças. Não se cumpriam as leis de 1869 e a de 1871 "que proibiam a separação das crianças escravizadas – menores de 15 anos na primeira data e menores de 12 anos na segunda – de suas mães

Em muitas ocasiões, especialmente após a abolição, a tutela representou um meio de assegurar a "posse" das crianças pobres – principalmente as descendentes da escravidão – com a finalidade de servirem como trabalhadoras para o tutores. Os tutelados eram crianças desamparadas que precisavam de uma pessoa idônea que lhes fornecesse o bastante para a sobrevivência: casa, alimentação, vestimenta e aprendizado de um ofício para o qual tivessem inclinação. A falta de recursos financeiros fazia com que famílias de ex-escravos não encontrassem alternativas senão a transferência da tutela de seus filhos a quem tivesse condições de sustentá-los.

Quanto às jovens livres, vivências da rotina doméstica podiam ser registradas em diários, como o fez Bernardina, a filha do político e militar Benjamim Constant. Os dias de uma adolescente eram passados em casa entre a costura, a cozinha, tomando lições ou ditando pontos aos irmãos e as atividades assim registradas:

> Comecei a fazer um aventalzinho para o Adozindo [...] como a costura é simples, eu incumbi-me de fazê-los (9/8). Cortei hoje uma camisa de dormir para mim (5/9) Benjamim faltou ao colégio por estar com dores no corpo, disse ele, papai ficou muito aborrecido com isso. Alcida depois do almoço teve um pega com Aracy que queria experimentar nela um vestidinho que está fazendo. [...] Mamãe ralhou muito por ela ter feito isso (6/9). Mamãe e eu fizemos doces de ovos para o jantar (8/9). Estive ditando a Alcina o fim dos pontos que está copiando (12/9).

No Nordeste, as meninas como a futura escritora Amélia Beviláqua "batiam bilros" em almofadas, ouviam estórias contadas por "beatas" ou "narrativas de mistérios de outras vidas", e aprendiam a ler sob a férula da palmatória do professor particular. Já os meninos da família Cavalcanti empinavam papagaios de papel: "tapiocas" tristonhas que não subiam tão alto quanto os "baldes" ou os "gamelos" dos moleques da rua. Ou pescavam, nos viveiros dos Afogados ou de Jiquiá, camorins, carapebas e curimãs. Liam o *Dicionário popular*, de Pinheiro Chagas, e os romancistas franceses Eugene Sue e Alexandre Dumas.

Já o relato de férias de Pedrinho, filho do rico cafeicultor na região de Bananal, Pedro Luiz Pereira de Souza, revela as férias de jovens de elite: passeios a cavalo pela fazenda, refeições abundantes, muitos "bolos e biscoitos", caminhadas ao luar, piqueniques, mesinhas de jogo, excursões pela Serra da Cambira, no alto da Bocaina, prosas animadas e anedotas. O ponto alto era o Carnaval, quando os jovens se molhavam uns aos outros!

No lado oposto, temos uma rápida imagem da triste adolescência de D. Pedro II que, no dia de seu aniversário de 15 anos, registrou sobre as homenagens recebidas:

> Às cinco da manhã os tiros ribombavam pelos montes de S. Cristóvão. [...] Às seis levantei-me. [...] Depois almocei o meu costumado: ovos e café com leite, aprazível bebida; às oito para às nove ouvi missa no novo oratório, que na verdade ficou bom. Fui me vestir. Coitados dos meus ombros gemiam com o peso, tem oito libras, afora as ordens, a espada e a banda, safa [...] chegando ao paço, descansei um pouco e depois fui ao *Te Deum*, grandezinho, mas suportável por ter sido composto por meu pai [...] quando cheguei à janela tocaram o Hino Nacional que acenando mandei parar. Depois, a trombeta tocou o seu clarim que outrora me era tão terrível, principiaram os tiros de artilharia, que antigamente, até me faziam verter lágrimas de terror.

Quase uma caricatura do "pobre menino rico", ao final do dia, depois de uma série de despachos, compromissos sociais e uma peça de teatro em que soavam desafinados instrumentos, D. Pedro II comentava de mau humor: "dormindo fui para casa, dormindo me despi e dormindo me deitei, agora façam-me o favor de me deixar dormir, estou cansado, não é pequena a maçada!".

Diversão? Durante os festejos de São João, os jovens ajudavam a erguer o mastro diante da igreja e disputavam, depois, as prendas aí penduradas, enquanto as moças faziam adivinhas com copos de água para saber os amores prometidos para a próxima estação agrícola. No entrudo – nome que se dava ao Carnaval –, os rapazes perseguiam as moças, procurando seus braços roliços para esmagar os limões de cheiro. A vida religiosa também incentivava encontros. Mas de longe. Na missa, os olhares trocados revelavam verdadeiros códigos secretos, e, com sorte, era possível cochichar algumas frases de amor durante o sermão. Como não havia bailes públicos, eram frequentes as reuniões em residências particulares, onde se juntavam amigos e vizinhos e onde a mocidade dançava e fazia música. Em meados do século XIX, os jovens de ambos os sexos já eram vistos pelas praias e, nas palavras de um viajante estrangeiro, o missionário anglicano Kidder, "corriam pela praia soltando gritos de prazer toda a vez que uma onda mais pesada rolava em cima do grupo e os atirava cambaleando à praia".

A adolescência era também a idade da iniciação sexual. Os rapazes principiavam com frutas – como a melancia –, árvores ou animais. O onanismo – ou masturbação – era severamente condenado. Ao jovem que se masturbava, fazia-se medo com o Mão de Cabelo e outros monstros do folclore. As flores vermelhas do mandacaru, os ocos de bananeira, as simples galinhas ou as ancas largas das vacas, tão úteis nos primeiros passos da vida sexual, passaram a ser perseguidos por pais, médicos e confessores. A masturbação destruía famílias. Dizia-se que não apenas fazia mal à saúde, como também prejudicava o trabalho e os estudos por esgotar as forças. Suprimiam-se os bolsos das calças. Ameaçavam-se as meninas bonitas de ficar feias. Proibia-se dormir de dorso. Eram proibidas as leituras picantes – "as pestilenciais novelas" ou a poesia erótica, assim como a ingestão de chá e vinho. Nos livros de medicina, a descrição dos masturbadores não variava: hálito forte, gengivas e lábios descorados, espinhas em toda a parte e perda de memória.

Na época, o olhar do médico se detinha longamente no jovem estudante, examinando-o. Ao entrar para o colégio, ele deveria se sujeitar a toda sorte de controle. Já no momento da matrícula, sofria uma inspeção física e moral. Identificavam-se sua carteira de vacinação e sua saúde. Uma triagem por grupos aglomerava os estudantes que passavam a sofrer uma vigilância maior. Dia e noite, eram observados. Levantavam-se às 6, dormiam às 22 horas. Tinham quatro horas de estudo, três horas de curso, duas horas para as refeições, uma para o banho e cuidados de asseio, uma hora para música e arte, uma para ginástica e quatro horas para jogos, esculturas e artes mecânicas. Dois perigos rondavam: a desobediência e a masturbação. A primeira tratada com castigos "mais morais do que físicos". A exibição do infrator, a publicidade de seus erros entrava no lugar da palmatória que, antes, fazia dos "colégios, o pelourinho dos meninos indóceis e desenfreados". Os obedientes recebiam gratificações.

Já a masturbação, "culto que termina quase sempre com o sacrifício da saúde e do pundonor", provocava, segundo os médicos, a tísica, a loucura, a epilepsia, a hipocondria, a flegmasia crônica de todos os mortos e, finalmente, a morte. Para corrigi-la, muita ginástica e outros meios de prevenção: do tipo examinar todos os dias leitos e vestes, observar como se deitam e o que fazem antes de dormir, proibir palestras levianas, advertir o culpado e, em última instância, expulsá-lo do colégio.

Para os jovens menos vigiados, a vida seguia. Era comum que entre rapazes e moças se desenvolvessem rápidos namoros. As redes e esteiras serviam para os embates amorosos. Para encontros eram utilizados os "*matos*", as praias, os quintais, enfim, todo o canto que desse um pouco de privacidade. Muitas eram seduzidas e – como se dizia então – "levadas de sua virgindade". Cair no mundo era o pior que podia acontecer às moças que, muitas vezes, eram expulsas de casa para não cobrirem a família de vergonha.

Malquerenças e insubordinação podiam nascer de uma brecha da lei? É possível que uma resolução inserida no direito tenha dado início a uma mudança de comportamento. Em outubro de 1831, fixou-se a idade de 21 anos, não mais de 25, para a aquisição de capacidade civil.

Conta Gilberto Freyre que são várias as cartas que na época refletem atitudes de revolta, quando não de independência, da parte dos moços para com os velhos. O jovem que estudou na Europa, na Bahia ou em São Paulo, polido e urbano ia tomando o lugar do chefe de família, arraigado ao seu engenho ou à fazenda de café. Sinais de revolta podem ser detectados na correspondência de então: "Meu pai e senhor. A benção. Recebi duas cartas de Vossa Mecê [...] pratiquei uma ação que era absolutamente oposta ao preceito sagrado de Vossa Mecê, sim, cometi este horrendo crime e por que cometi? Seria porventura porque me vendesse por dinheiro?". E explicava que se casara com a filha de um padre rico. Fugas, raptos de noivas e casamentos fora da escolha paterna foram os primeiros traços de insubordinação de filhos contra pais. Algo mudava.

Observa-se que a sociabilidade juvenil, exercitada nos cursos de Direito ou Medicina de Recife, Salvador e São Paulo, engendrava um desejo de autonomia da vida privada. Festas, bailes, cafés, confeitarias e *footing* nas principais ruas das grandes capitais incentivavam encontros, amores, pecados. Os rapazes começavam a ignorar limites para obediência. Tanto mais quanto a vida de estudos ou de formação profissional – os que não estudavam iam aprender um ofício – os deixava à mercê de outros homens mais velhos: o professor, o mestre de ofício. Instaurava-se uma clivagem – iniciada lá atrás com as escolas jesuíticas – entre o princípio de pedagogia paterna e a separação entre vida familiar, trabalho e formação. O pai deixava de ser a única fonte de conhecimento. Mas tal clivagem também colocava no lugar de obrigações e constrangimentos o apego voluntário e livremente consentido ao genitor.

Além de as escolhas matrimoniais serem ainda causas de conflitos entre pais e filhos, esses também resultaram do modo de vida da juventude, de suas aspirações e de desvios dos adolescentes recusados pelos pais em nome da honra da família. Conflitos de interesse devidos à designação do primogênito para assumir negócios, a cupidez de uns e outros na partilha de bens, e a excessiva longevidade do pai também resultavam em tensões.

Os filhos ganhavam, também, visibilidade na vida pública. Moços foram tomando os lugares de maior importância na administração, na política, na magistratura e na diplomacia do Segundo Reinado. O país que se acostumou a governadores e a bispos arrastando os pés e patriarcas cuja idade era um título de nobreza e uma condição de prestígio acabaria vendo o bispo de Olinda quase um menino: Dom Frei Vital Maria de Gonçalves de Oliveira. Bispo aos 20 e tantos anos, a barba de capuchinho parecendo postiça em rosto tão moço.

E na presidência das províncias, nos ministérios, na Câmara, foram aparecendo bacharéis de 20 e poucos, 30 anos. Ninguém com 40: Honório Hermeto Carneiro Leão, depois marquês do Paraná, aos 30, já era ministro da Justiça; aos 31, Manuel Francisco Correa governava a província de Pernambuco; João Alfredo, aos 35, era ministro do Império; Rodolfo Dantas, advogado, jornalista e político aos 28 anos; Afonso Celso, aos 27, ministro da Marinha. Os patriarcas reagiam. Um deles não deixou de registrar a outro sua indignação:

> Depois que a escola de Direito tomou conta do governo da nação e se apoderou dos empregos públicos, tudo se complicou, pois em nome do Direito apareceu o governo da mentira [...] quando me recordo, meu venerando amigo,

> do passado do Brasil e o confronto com os tempos que vamos atravessando, de certa época para cá, vejo que apesar da mal entendida política da metrópole portuguesa com relação ao Brasil, eram mandados homens experimentados para o governo de nossas capitânias; e hoje, são mandadas criançolas, saídas de escolas provinciais do Império. [...] Nos tempos coloniais não se mandavam para o governo do Brasil, senão homens já traquejados no governo civil e político do Estado [...] em vez disso, o bacharel jovem passara a tudo dirigir no Brasil [...] organizar o Exército e dirigi-lo, sem conhecer o manejo das armas e nem as necessidades [...] dar ordens à Marinha sem conhecer ao menos o nome das velas de um navio [...] providenciar as necessidades da agricultura e comércio e dirigir a engenharia sem nada conhecer dessas matérias.

Ou que reagisse mais fortemente. O autor gaúcho, José Antônio do Vale Caldre e Fião, em 1847, num dos primeiros romances escritos no Brasil, o seu *A divina pastora*, narra a estória de um pai que descobre que seu filho roubara um amigo que seguia, cheio de patacas, a caminho da cidade. A honra manchada da família resolveu-se com um castigo definitivo. Depois de interpelar a vítima, o pai se dirige ao quarto:

> – E ele dorme! Exclamei tremendo de raiva em uma convulsão espantosa; e pode um ladrão dormir assim tranquilo!... Um ladrão!... Um salteador!... E lançando arrebatadamente mão de uma das pistolas, engatilhei-a [...] descarreguei contra a cabeça de meu filho e a fiz em pedaços.

A literatura explorava o tema da honra ferida. As atitudes perante os filhos pouco tinham mudado. Sobretudo nas áreas rurais.

Poucos estudos históricos sobre a adolescência permitem uma definição diferente da do dicionário de Antônio Houaiss, nos primeiros anos da República Velha: "processo de amadurecimento, jovem". Nessa fase, passava-se de criança a adulto, sem considerações específicas, como querem alguns pesquisadores? Não. Tudo indica que houvesse marcos. E a descoberta da sexualidade era um deles. Se os pais estavam aparentemente concentrados nas questões de casamento e profissão para seus filhos adolescentes, a mesma coisa não se pode dizer dos próprios jovens que desvendavam como podiam as transformações dos próprios corpos. As fontes históricas em que se constituem as "memórias" de diversos autores brasileiros são um prato cheio para nos aproximarmos dos jovens. Vamos ouvi-los:

> Nena não era da minha idade, talvez um pouco mais velha; eu não ia muito com a cara dela, e indo ao Brás, escondia-me para não vê-la... Não gostava de seus modos e muito menos de suas conversas de menina metida a sabichona. Certa vez, Nena me perguntou:
>
> – Ei, Zélida! Você tem laranjinha?
>
> Não entendi o que ela desejava saber.
>
> – Laranjinha? Que laranjinha?
>
> Nena soltou uma gargalhada de deboche diante de minha ignorância, de meu espanto.
>
> – Puxa vida! Você é mesmo uma trouxa! – disse-me com ar de malícia – laranjinha nasce aqui, olhe! Mostrou-me o lugar dos seios. – Começa com um botão que dói pra burro, depois vai crescendo, vai crescendo até ficar peito de mulher...
>
> [...] Fiquei baratinada com essa revelação, nunca havia pensado na transformação do corpo, passei a me apalpar de vez em quando.
>
> Aquelas crianças do Brás eram muito avançadas. Sabiam coisas de arrepiar, diziam palavrões, cheias de malícia [espanta-se Zélia Gattai, em suas memórias].

Com Tônia Carrero, a chegada da puberdade também provocou um misto de surpresa e repugnância:

> Até que um dia realmente, no banheiro, a calcinha aparece com uma mancha. Não parece sangue como falaram. Quer dizer, parece sim, mas já escuro, como envelhecido. Susto. E agora? Chama a mãe, chorando. Não consegue falar. Vai dizer que já sabe? Ela vai ficar furiosa. Então chora, ali na porta do banheiro, perdida, a calcinha manchada entre as mãos. Mancha de culpa? (Mãe, me alivia pelo amor de Deus!) A mãe ciosa vai explicando num jeito de quem dá receita à cozinheira. "– Olha, põe esta toalhinha assim dobrada entre as pernas. Prende com um alfinete. Assim. Viu? Pronto, você ficou moça. Agora já sabe que é assim. Ser mulher é uma cruz. (Suspira.) Uma chatice. Todo mês, até o fim da vida.
>
> A menina se sente estúpida. Ouve tudo sem abrir a boca. E se fecha no banheiro, desorientada. Ali, falando com a mãe sobre "essas coisas", dando uma intimidade involuntária, entregando o jogo, que remédio? O coração bate tanto! Chora por isso. A mãe pensa que é pudor. Talvez até fosse. Não pelo assunto, mas sim por ela.

> Agora desce a escada com essa coisa entre as pernas, todo mundo vai ver o morundu. Não sai do quarto. Vaga, deitada, olhando o teto. Pelo menos não chora mais, o coração apaziguou. Aquela "coisa" foi com ela pra escola no dia seguinte. Todas as amigas souberam. Falou livremente, feliz.

A menstruação era um rito de passagem. Ontem menina, hoje mulher. Assunto entre as jovens na recreação da escola – quem já tinha ou não ficado "incomodada"? –, no mais a menstruação era cercada de silêncio.

"Naqueles dias", muitas se isolavam por consideradas pouco limpas. Mas, para que pudessem esconder o "morundu" e sentir-se naturalmente protegidas, começaram as soluções. Nada de antiquadas toalhinhas higiênicas, mas "Miss" ou "Modess" As revistas femininas se enchiam de anúncios: "Compre a caixa de 36 para maior economia". "Fantástico!" "Todas preferem Miss porque é produzido mecanicamente e embrulhado, unidade por unidade, sem nenhum contato manual...Não irrita e é invisível sob vestidos leves." E o conselho às mães: "Dê a sua filha dias inteiros de bem-estar". Com o advento dos absorventes, as mulheres adquiriam novos hábitos de asseio e passaram a tomar contato mais direto com o próprio corpo. As moças tinham o conforto de produtos higiênicos, porém sem jamais quebrar o tabu. Confessou Marta Novís:

> Imagine se uma mulher podia dizer que ficou menstruada! Era uma vergonha. A palavra jamais era pronunciada. Uma moça de família, mesmo em situações mais íntimas, deveria usar metáforas, como "estou de Chico" ou "naqueles dias". E o melhor mesmo é que não dissesse nada.

Além da menstruação, o aparecimento dos seios também era severamente vigiado, pois denunciava o crescimento dos pelos púbicos. E vigilância exercida tanto pelas mães, que viam na transformação do corpo todos os riscos de ceder às tentações da carne, quanto pelas próprias jovens, cuja feminilidade lhes permitia distinguir umas das outras. Afinal, a peituda era mais apreciada pelos rapazes, como demonstra Tônia Carrero:

> Puxa, ela tem cada seio grande, né? Letícia diz que ela fica aflita não é por Luzinha ser magra, é que tem esqueleto franzino demais. Não adianta a mãe fazer sutiã matelassê com pasta de algodão. Os vestidos sempre rodados,

franzidinhos. Não disfarçam nada. Ela não é "boa". Os cadetes dançam com ela, namoriscam um minuto e já somem.

A expressão comum entre rapazes "nada de peito e nada de costas" para definir as magrelas, sem formas e consequentemente, sem interesse, era corrente, ironizou Paulo Francis.

Considerados altamente eróticos, os seios, mesmo os maternos, eram escondidos, como conta Geraldo Holanda Cavalcanti: "Certa vez em que o cromo que acompanhava a *Revista da Semana* representava uma negra amamentando um bebê, a revista sumiu nos arcanos do baú onde mamãe guardava tudo que pretendia esconder de nossos olhares inocentes".

Como no passado rural, o convívio com animais dava ideias libidinosas, comprovadas por Veríssimo, mesmo nas cidades:

> Havia também bichos no pátio e naquelas casas: cachorros, gatos e clandestinamente, ratos. Os animais faziam o amor ao ar livre, à vista de todos, ao passo que os rapazes e raparigas escondiam-se atrás das portas ou no fundo dos porões. E eu que ainda era virgem, vivia em permanente excitação ante aqueles espetáculos eróticos.

Dali para a experimentação, era um passo:

> Mas... como se processava a minha educação sexual? Ora, nisso eu não era diferente dos outros meninos da minha idade. Nossos companheiros viviam a contar uns aos outros "estórias de safadezas". Por outro lado, entreouvíamos as conversas obscenas dos mais velhos. Nossas próprias criadas adultas encarregavam-se de fazer diante de nós referências veladas ou claras, e quase sempre de natureza jocosa, ao sexo e ao ato sexual. Mais de uma vez os componentes de nosso grupinho empenhavam-se em torneios fálicos, para verificar qual de nós era "o mais bem armado". Essas liças processavam-se em nossos esconderijos, sob risadinhas mal abafadas [...] agora precisamos ver a coisa das mulheres – sugeriu um dos companheiros. E daquele momento em diante nos transformamos em espiadores de vulvas. [...] Contentávamo-nos com conjeturas: "É só uma racha... com cabelos em roda, quando a mulher é grande" – dizia um. Outro adiantava: "Ouvi dizer que parece um figo aberto". Um terceiro informava: "Dizem que as chinesas e as japonesas têm a coisa enviesada, como os olhos".

> Eu não saberia dizer com que idade me alistei como soldado na legião de Onan. Mas me lembro – isso sim – de meu harém imaginário composto de retratos de artistas de teatro e de cinema que as revistas do Rio de Janeiro – principalmente o Eu Sei Tudo me forneciam... Por muito tempo a minha favorita foi a brava Pearl White [...] porque usava ousados maiôs de banho que lhe deixavam um bom palmo de cada coxa à mostra [...]. Estava eu um dia escondido num canto, empenhado num ato desse amor proibido, quando notei que de meu sexo esguichava um líquido de aspecto leitoso [...]. Imaginei que aquela perda seminal me ia deixar terrivelmente debilitado. Lera, em publicações protestantes contra a masturbação, que uma gota de esperma valia uma gota de sangue [...]. Era voz corrente que aqueles jogos manuais acabavam deixando o jogador reincidente sem memória, fraco da cabeça e até meio idiota.

De fato, as doenças decorrentes da masturbação eram listadas por médicos e padres confessores desde sempre. Gilberto Freyre contou que, aos 15 anos, fez a leitura do livro *Sexology*, em que um médico admoestava: "perda de memória, indolência e declínio da inteligência" eram marcas visíveis do pecado solitário. Nos colégios internos, como o que frequentou Pedro Nava, os alunos que tinham lapsos de memória eram identificados pelos professores como "punheteiros". Os "livrinhos de putaria", comprados livremente nas bancas de jornais, estimulavam a imaginação juvenil. O problema era escondê-los. Agripino Grieco recorria a outras imagens: "Nesse tempo, as carteirinhas de cigarro costumavam trazer figuras de lindas mulheres nuas, em atitudes mais ou menos provocadoras. Pois o meu maior prazer era roubar dinheiro na gaveta de casa para ir adquirir às dúzias essas carteirinhas".

Ao formar-se no tradicional Colégio Pedro II, em 1916, Nava dizia ter conquistado com louvor o "diploma do terceiro grau" de sua educação pornográfica: posições, descrição dos órgãos, doenças venéreas, palavras impudicas, as matérias eram inúmeras. Banheiros, carteiras e paredes se enchiam de desenhos obscenos. Segundo ele, tudo colaborava para descomprimir o ambiente sufocante onde tudo era recalcado. O jovem confraternizava, igualava-se e gratificava-se com o proibido. O historiador Paulo Sérgio do Carmo sublinha que, ao ser educada em moldes tradicionais, a juventude seguia acreditando, como seus avós, que o corpo era algo impuro, devendo, na medida do possível, ser ocultado pela vestimenta e mesmo negado. Além disso, eram tidas como "inferiores", "vergonhosas", "baixas" e "sujas" as partes corporais vinculadas à sexualidade.

Segundo tais normas morais, explica Carmo, os órgãos genitais não deveriam ser tocados ou contemplados. Se possível, eles deveriam se comportar como se o sexo não fizesse parte de sua vida. Acreditava-se que o despertar da sexualidade masculina merecia um tratamento diferenciado daquele reservado às mulheres. Contra o ideal de castidade das moças, a iniciação sexual precoce valorizava os rapazes. Tal como no passado, a admissão de doenças venéreas, quase obrigatória, era valorizada como prova de virilidade. A mentalidade machista e patriarcal da sociedade os incentivava a todos os excessos, enquanto as moças não podiam ter qualquer liberdade.

Esta era a tese: uma sociedade repressiva em que as moças não ousavam. Não ousavam porque rapidamente eram colocadas de lado, com a pecha de "perdidas". Como bem dizia Nelson Rodrigues:

> Eu poderia fazer, aqui, todo um capítulo sobre o pudor. O comportamento do homem e da mulher até princípios de 1919 era medieval, feudal ou que outro nome tenha. Psicologicamente, ainda não ocorrera para nós a abertura dos portos. A mulher que ia ao ginecologista sentia-se, ela própria, uma adúltera.

Muitas, porém, ultrapassavam as barreiras. Deixavam-se tocar, eram curiosas.

O ideal era a moça virginal, a que não sabia ou fingia nada saber, como a namorada de Pedro Calmon:

> "No final da rua habitava o primeiro amor. Era Vivi Caymmi, tão pequena que cabia no patamar da janela. Desabrochou vagarosamente no portão de ferro, onde conversávamos as futilidades e os ideais da adolescência que chegava com seu trinado de primavera – e daquelas noites perfumadas de jardim e inocência.

E houve aquelas que foram forçadas a aprender, como relatado, em 1930, por Humberto de Campos, sobre uma jovem que ficou dos 14 aos 17 anos interna no Colégio Notre Dame de Sion, em Petrópolis, região serrana do Rio de Janeiro:

> Ao fim de algum tempo quando os parentes iam visitá-la no colégio, a pequena caía em choro repentino [...]. concluído o curso voltou definitivamente para a companhia da família – quando confidenciou:
>
> – Há no colégio um capelão, o Padre Magalhães, que é o homem mais infame do mundo. Esse miserável não podia encontrar uma de nós, as maiores, sem nos apalpar, dizendo-nos as coisas mais indecentes. Mesmo no confessionário, ele fazia e dizia tudo o que é possível imaginar para perverter uma menina. Ao final do ano levava as preferidas para a capela, tirava a custódia do santuário e fazia-nos sob pena de perder a nossa alma, jurar que não contaríamos em casa o que ele fazia.

Apesar das restrições e dos tabus, a juventude banhava em sexo. Da consequente excitação em observar os animais, passava-se a praticar sexo com eles. O coito com animais estava disseminado, sobretudo nas áreas rurais, em que, segundo Carmo, sobrava pouco tempo para os devaneios que levavam à masturbação. E, sem preconceitos, por favor. Afinal, a zoofilia foi praticada por séculos em todas as partes do mundo. Confirmado por estudos do crítico literário Antonio Candido, até meados do século XX, o coito com animais abusava das criações domésticas mais acessíveis – cabras, porcas, galinhas. Mas vacas também, como contou José Lins do Rego, confirmando a prática de "encostar no barranco":

> Sabiam demais os primos de Santo Antônio. Sabiam tanto que não havia segredo para eles. E tanto não havia que andavam pelo cercado em libertinagem com as vacas. Havia uma vaca chamada Selada, com defeito na espinha. Quando ia chegando a boca da noite, os moleques corriam com os primos para os fundos do curral. Com pouco mais, chegava-se para junto deles a pobre Selada. E começavam a servir-se dela uns atrás dos outros. A vaca não se movia do lugar enquanto Silvino ou Zé Moreira subia no barranco para cobri-la. Depois passei a fazer parte do grupo dos libertino. [...] Aconteceu que o primo Silvino não mais se contentava com a mansidão da escolhida e procurou seduzir a égua branca que viera do engenho Fazendinha. [...] O animal sacudiu as patas num coice que derrubou o primo no chão, desacordado.

Mas, se a parte teórica do aprendizado sexual passava pela masturbação e pela zoofilia, a parte prática era adquirida nas zonas de meretrício, confessou Veríssimo:

> Durante esses meses de verão vinham-me com frequência cada vez mais urgente desejos de amor físico, mas, eu não ousava bater à porta das "chinas reservadas" as quais além de caras, tinham lá seus coronéis. Apesar das minhas leituras realistas, eu temia cometer no ato sexual algum erro técnico que me causasse embaraço ou mesmo lesão física. Tinha a impressão que ao penetrar a mulher eu seria fatalmente submetido a um doloroso dilaceramento, como o da circuncisão. Havia ainda o temor das doenças venéreas. Eu esperava ainda o cumprimento da promessa que me fizera meu pai de me levar oportunamente à casa de uma "mulher da vida" para a minha iniciação no ato do amor carnal.

Para chegar lá, era preciso ser taludo, como explicou Humberto de Campos: "Aí está entre outros, taludo. Que é um menino taludo? Uma criança taludinha? É o menor cujo membro viril já vai tomando expressão e vai caracterizando o homem. O taludo é o que tem o talo". A essa ideia de virilidade somava-se outra: a da disponibilidade sexual das mulheres, aliás, bastante machista:

> Eu devia ter meus treze anos, ou pouco mais, quando começou a se caracterizar em mim o instinto genésico. As conversas que eu ouvia de companheiros mais velhos davam-me a entender que todas as mulheres só esperavam a oportunidade para se entregarem aos homens. Certa vez, eu fui passar uns tempos em casa de umas tias solteironas que me deram o quarto ao lado. Eram duas moças quase quarentonas, uma das quais, minha madrinha. Que ideia me havia de vir à cabeça? Esta, apenas: de fazer-me de sonâmbulo e empurrando a porta ir deitar-me com elas. Ficava horas, a espiar pela fresta da porta à hora em que elas mudavam de roupa; e alta noite, preparava-me para fazer o sonâmbulo. Mas quando chegava junto à porta, adeus coragem! E eu me deitava suando frio, deixando a aventura para a noite seguinte.

Apesar dos experimentos vividos às escondidas, a repressão era forte, e a ênfase no pudor, uma obsessão. E havia quem fosse contra ou a favor. "A nossa educação está errada. Todo o domínio sexual está envolto em um mistério que não é natural, entre véus de excessivo pudor", dizia um manual intitulado *Leitura reservada*, em 1913. Já congressos e trabalhos científicos sobre a importância dos anos "púberes" multiplicavam-se, preocupados em impor à família "uma reação doméstica coletiva, no sentido de combater o despudor". O assunto era tão sério que deveria passar por uma política de Estado, segundo o jurista José Gabriel de Lemos Brito.

> A puberdade acarreta para os jovens de ambos os sexos perigos não só de ordem física, mas ainda de ordem moral, cumprindo ao Estado preservá-los o mais possível de tais perigos. A revelação dos segredos da procriação deve ser feita de modo elevado, e paulatinamente, aos menores, sendo o silêncio até hoje adotado no caso, prejudicial. Este v, da parte dos pais e dos mestres, não impede o conhecimento do que se pretende encobrir, sendo que a aprendizagem feita por intermédio de companheiras ou companheiros viciados, leva o cunho da imoralidade e degrada o caráter dos jovens, os quais, ainda na mais tenra idade, se fazem obscenos e se entregam geralmente à prática de atos condenáveis. O ensino deve orientar-se de modo que aos impúberes se ministrem noções de História Natural, fisiologia e higiene, e aos púberes se alarguem gradativamente os conhecimentos de molde a evitar-lhes as surpresas desta perigosa fase da vida.

Martelava-se uma só mensagem: era preciso envergonhar-se diante das coisas de natureza sexual. Estampar decência nos gestos, no olhar, nas palavras. Lutar contra quem dissesse o contrário:

> O pudor é o perfume da virtude: pudor é um recato físico ou moral, pejo de mostrar ou certas partes do corpo, desagrado em proferir ou ouvir expressões sobre misérias materiais ou morais da vida. É produto do meio, de preconceitos, de convenções, de hábitos adquiridos [...] o pudor é consequência da civilização, um atestado moral dos tempos, uma fórmula de consideração e respeito para consigo mesmo e para com os outros, útil, portanto e necessário. É o perfume da virtude, o encanto do amor, a beleza da educação.

Difícil era adequar a norma à prática. Enquanto juristas e educadores argumentavam em favor do pudor, jovens se esfalfavam no quarto das empregadas, como conta Paulo Francis:

> "Me servi das empregadinhas, residentes e itinerantes. Estas apareciam ninguém sabe de onde, e os meninos formavam fila, na escuridão da Rua Icatu, onde moram hoje alguns amigos do autor, e elas nos praticavam o que os padres da Idade Média resolveram desencorajadoramente apelidar de *fellatio*, sexo oral.

Já quando o colega de colégio contou a Geraldo Cavalcanti que tinha "comido a empregada na véspera", ele se assustou: "fiquei estarrecido e sem saber como reagir àquela inesperada e brutal admissão de um ato de canibalismo. Sem saber o que dizer, procurei informar-me como pudera ele fazer isso sem ser notado por ninguém em casa e o que tinha feito com os restos da morta". *Sancta simplicitas*!

Veríssimo foi mais longe e procurou uma prostituta:

> Antes de deitar-se, Déa diminuiu a intensidade da luz do lampião. Deduzi que não queria despir-se com o quarto iluminado. Mas não se despiu. Estendida na cama ergueu a saia e disse: "Vem". Fui. Procurei comportar-me como um veterano experimentado e não como um neófito. Tudo aconteceu muito depressa: o sonhado orgasmo veio pálido, rápido, sem espasmos e quase sem gozo. Déa teve a honestidade de não fingir que sentia prazer comigo.

Em 1935, Sebastião Mascarenhas Barroso lançava *Educação sexual, guia para os pais e professores, o que precisam saber, como devem ensinar*. O sumário do livro explicava os "intuitos" necessários e úteis do guia: higiene e resguardo dos órgãos sexuais. Para evitar "atos errôneos e inconvenientes à saúde e à moral" até 12 anos. Para preparar sem surpresas nem desmandos para a puberdade. Dos 12 aos 18 anos, para evitar ao rapaz e à rapariga vícios e aberrações da genitalidade. Para precaver-se contra doenças venéreas. Quem passaria tais noções? E quando? Logo que a criança começasse a fazer perguntas aos pais, eles mesmos. "Sempre em tom de conversa, nunca com ares de lição." Menos ainda dando ares de mistério, mas sempre mostrando a importância do assunto. Na ausência dos pais, a tarefa cabia aos professores primários. Para tal, na escola ou no ginásio, os alunos passavam por uma bateria de testes de higiene. Seus órgãos genitais podiam ser examinados em "gabinete reservado". "Uma ou outra vez, no recreio, no meio de uma lição, a um pretexto qualquer, será abordada a questão dos sexos de modo rudimentar", explicava o manual.

Mas o fantasma da virilidade, numa sociedade patriarcal, acompanhava os meninos até o final da vida:

Quando eu era menino, aí pelos 9 ou 10 anos de idade, fui, em Pojuca, iniciado num segredo importante: havia, no mato, uma determinada folha, que, esfregada debaixo do sovaco e em outras partes menos visíveis, nascia "cabelo" depressa. Não sei se por medo ou por desconfiança, não cheguei a usar tal folha. Ou será que foi por falta de oportunidade? Já que, com essa idade, passava em Pojuca só as férias escolares, certamente não houve tempo do segredo cozinhar no meu cérebro e fazer nascer o desejo de experimentá-lo. Certa vez, estava no Poço das Tainhas tomando banho, quando vi um senhor idoso, após enxugar-se, esfregar qualquer coisa em determinada parte do corpo.

– Que é aquilo? – perguntei a outro menino.

– Não tá sentindo o cheiro de fumo? Ele está esfregando fumo nos ovos para não perder tesão!", registrou José Lemos de Sant'Ana que engrenou outra estória:

"Quando cursava o primeiro ano complementar – correspondente ao que é hoje o segundo científico – no Ginásio da Bahia, foi meu professor de História Natural o. professor Ignácio de Menezes. Inteligência admirável, cultura brilhante, era Ignácio de Menezes catedrático na Faculdade de Medicina e professor em vários ginásios. Muito acessível, embora exigente, tinha o dom de explanar bem o assunto, intercalando a exposição de fatos agradáveis ou curiosos ligados ao mesmo. Certa vez, numa aula sobre o amendoim, ele acrescentava que o prof. George Washington Crave afirmava que o amendoim possuía mil utilidades. Nesse momento, um colega interveio e perguntou:

– Professor, não são mil e uma?

Ele não perdeu a vaza e, sorrindo, respondeu em cima:

– Essa outra utilidade já está incluída nas mil."

Pano rápido!

Referências

DEL PRIORE, M. *História do amor no Brasil*, São Paulo: Contexto, 2005.

______. *Histórias íntimas*. São Paulo: Planeta, 2012.

______. *Histórias da gente brasileira*. São Paulo: LeYa, 2016. v.2.

______. *Histórias da gente brasileira*. São Paulo, LeYa, 2017. v.13.

DEL PRIORE, M.; AMANTINO, M. *História do corpo no Brasil*. São Paulo: Editora Unesp, 2011.

______. *História dos homens no Brasil*. São Paulo: Editora Unesp, 2012.

7

Esporte: coisa de mocidade, coisa de juventude

Victor Andrade de Melo

Moço(a)s e jovens

No princípio era o verbo, e antes de tudo se criou o tempo. O tempo mede as fases da vida: nascemos, crescemos, envelhecemos, morremos. No meio disso, há um período pouco preciso. De início, era chamado de mocidade. Depois veio a verba, e, em função do mercado, delineou-se o que chamamos de juventude.

As representações de mocidade e juventude guardam semelhanças, entre as quais noções de potência, expansão, conquista. Por isso também, foram usualmente consideradas perigosas. A contenção dos impulsos marcou historicamente a relação com ambas. A questão central era o projeto civilizatório e a ideia de nação – como induzir moço(a)s/jovens a perceber o papel que deveriam ocupar no futuro, sabendo que uso adequado da energia deveriam mobilizar? Até mesmo por isso, tratou-se de uma obsessão social o cuidado com aqueles que nem são mais crianças tampouco adultos. O meio do caminho foi sempre um problema.

Nesse cenário, para a mocidade e para a juventude, o esporte (e as práticas corporais em geral) foi largamente entendido como apropriado não somente em função de seu potencial para permitir o extravasar de uma contida energia, como também por ser compreendido como ferramenta disciplinar, estratégia para modular características consideradas ideais forjadas sobre esse período pouco preciso da vida.

A despeito dos discursos e das intenções, nem sempre as práticas funcionaram dessa forma esperada. Mais ainda, mudaram, no decorrer do tempo, as ênfases na relação contenção-extravasamento. Se, a princípio, preponderava a ideia de disciplinamento – até mesmo porque era uma novidade o envolvimento sistemático com exercícios físicos –, posteriormente ela teve que se ajustar à ideia de expansão, uma novidade promovida pela própria autodescoberta juvenil de suas potencialidades, ocorrência que, por sua vez, foi cercada por cada vez mais refinadas estratégias comerciais que entendem o período de vida como um alvo primordial.

Na esfera esportiva, sentiram-se efeitos desse conjunto de mudanças. Façamos um passeio pelas relações que historicamente, no Brasil, se estabeleceram entre as práticas corporais e as noções de mocidade/juventude.

Mocidade

Em dezembro de 1888, em crônica publicada no *Diário de Minas* (Juiz de Fora), ao comentar um evento promovido pelo Clube Guanabarense, uma agremiação que se notabilizou por estimular as corridas de patins no Rio de Janeiro, uma novidade que muito agradou à população (Melo, 2017a, 2018), Raul Pompeia (1996, p.65) lançou um alerta:

> Mais do que o aproveitamento dos exercícios de carreira, devia interessar ao observador a desagradável exibição de formas sem elegância e sem músculo que a roupa de meia proporcionava. Bem pobre plástica a da nossa mocidade para um espetáculo de ginásios. *Corpore sano*! meus amigos.

O literato, sempre atento ao espírito de seu tempo, voltou a tratar do assunto em algumas crônicas e notavelmente no seu celebrado romance *O Ateneu* (Melo; Peres, 2016). Talvez não imaginasse que, um século depois, na direção do que propugnava, a demonstração de uma boa forma física se tornaria um elemento tão valorizado para um setor da juventude que invade as ruas, praias e academias de ginástica à busca de um corpo ideal exaltado nos meios de comunicação.

Se hodiernamente esse corpo ideal é uma questão fundamentalmente de estética, ainda que traga enormes restrições aos comportamentos – ditames sobre o que se deve ou não fazer para que se mantenha essa plástica socialmente valorizada –, no século XIX era uma questão de saúde, um conceito ainda impreciso em um momento em que o conhecimento científico ainda era precário (Melo; Peres, 2014). Ainda que não se soubesse bem que relações havia entre a prática de exercícios físicos e a manutenção de boas condições corporais, era evidente que tal investimento estava ligado ao futuro da nação que precisava de braços fortes para o trabalho e para a defesa de suas fronteiras (Silva; Melo, 2011).

Não surpreende assim que preocupações com a formação corporal dos jovens brasileiros tenham surgido tão cedo. O assunto ocupou, por exemplo, várias sessões da Comissão de Instrução Pública da Constituinte de 1823. A partir de proposta do deputado Belchior Pinheiro de Oliveira, aventou-se convocar um concurso nacional para que fosse apresentado um "tratado de educação física, moral e intelectual para a mocidade". Para Cristiano Ferronato (2006, p.108), entre alguns parlamentares, havia uma ideia de que

> [...] a educação física tinha importância fundamental no desenvolvimento da intelectualidade da mocidade. O corpo robusto, segundo ele, e a boa saúde dariam mais disponibilidade para os estudos. A educação física e a intelectualidade estavam ligadas. A educação na visão do deputado promove no homem a boa moral, os bons costumes e as virtudes cívicas. Isso o torna um cidadão integrado à sociedade, honesto, probo e amigo da Pátria.

Perceba-se que a valorização da educação corporal tinha em conta um suposto fim maior de potencializar a educação intelectual e moral da mocidade. De toda forma, preconizava-se a articulação das três dimensões na construção da ideia de nação. Se o país recém-independente pretendia se consolidar, os rapazes (posteriormente, também as moças) deveriam ser doutrinados em todos os aspectos, inclusive naquilo que dizia respeito a uma de suas dimensões mais flagrantes, a energia física, que precisava ser controlada, pois sem ela as outras intencionalidades poderiam fracassar.

Não surpreende que o tema tenha sido amiúde revisitado pelos esculápios, tratado mesmo em algumas sessões de debate da Sociedade de Medicina do Rio de Janeiro, depois transformada em Academia Imperial de Medicina. Até mesmo por isso, os debates sobre as utilidades da prática de atividades físicas para o forjar da mocidade brasileira ocuparam muitas folhas dos periódicos médicos na Corte editados (Melo; Peres, 2014).

Assim sendo, entende-se por que, em meados do século XIX, o tema tenha chamado a atenção dos facultativos que ocupavam espaços políticos importantes, tanto na Junta Central de Higiene Pública quanto na Inspetoria Geral de Instrução Primária e Secundária.

Por exemplo, no relatório de 1851 da Junta, Francisco de Paula Cândido (1852), ao discutir o estado sanitário da capital, observa a necessidade de "estabelecer a mais vigilante inspeção na educação física da mocidade", marcada até então, a seu ver, pelo "maior desleixo". Alguns anos depois, o mesmo personagem foi ainda mais contundente, destacando que "nada se tem feito no sentido de melhorar a educação física de nossa mocidade: os meios materiais, os passeios, a ginástica, a natação, os exercícios, a água, o ar puro... tudo lhes faltaria" (ibidem, 1859).

De outro lado, Euzébio de Queirós, na condição de inspetor geral da Instrução Primária e Secundária do município da Corte, em 1859, celebrou os avanços nos cuidados com a educação física observados num dos mais importantes estabelecimentos educacionais do país, a "fase de prosperidade [...] do Imperial Colégio de Pedro II, atento aos benefícios desse complemento indispensável à educação em geral, e de que a mocidade brasileira se achava quase completamente privada" (Câmara, 1860).

A euforia de Euzébio de Queirós não seria observável no tocante a outras esferas. Alguns anos mais tarde, um novo inspetor, Paulino José Soares de Souza (1870), percebia que ainda tardaria para que a prática de atividades físicas se tornasse algo vulgarizado no Brasil. Para ele, "A ginástica, geralmente ensinada mesmo nos estabelecimentos mais modestos da Europa, e que concorreria para o desenvolvimento físico da nossa mocidade, [...] é apenas conhecida em uma ou outra província, como se fosse problemática sua utilidade" (ibidem, p.51).

Nesse momento, fora do âmbito escolar, o campo esportivo já estava em pleno desenvolvimento e estruturação. A princípio, tratava-se eminentemente de uma diversão. Desde o início, ao redor do turfe e do remo, modalidades pioneiras, estruturou-se uma noção de *utile dulci*, isto é, não se tratava de um mero divertimento, mas algo que poderia contribuir pata o futuro da nação (Melo, 2014). Essa indicação, contudo, tinha mais em conta os aspectos econômicos e o aperfeiçoamento dos cavalos e da Marinha nacional. A prática esportiva ainda não era notavelmente encarada como uma possibilidade de intervenção corporal, pelo menos não nos clubes pioneiros.

De toda forma, já se percebia que a mocidade era um público de destaque nas competições esportivas, especialmente nas de remo, nas quais, em função das características da modalidade, ficava mais clara a mobilização corporal. Ao contrário do turfe, no qual se destacava a *performance* do cavalo, conduzido por homens franzinos, nas regatas eram os músculos dos remadores os responsáveis pelos bons resultados.

Ao comentar um célebre desafio de canoas que houve na Baía de Guanabara, em 1846, um cronista informou que a guarnição vencedora "foi carregada em triunfo pela mocidade alegre e festiva (*Jornal do Comércio*, 20.8.1846, p.4). Alguns anos depois, às vésperas da primeira regata na cidade organizada e promovida pela Sociedade Recreio Marítimo, o periodista de *Marmota na Corte* (31.10.1851, p. 1), em matéria de capa, exaltou o fato de que o imperador apoiava a iniciativa inclusive porque envolvia a "fogosa mocidade nacional e estrangeira", inclusive as senhoritas: "Bordado de moças o cais ficará".

Perceba-se que homens e mulheres eram citados, ainda que durante anos somente aos primeiros tenha se considerado adequada a prática de esportes. A questão central, naquele cenário, era a oferta de divertimentos considerados civilizados num momento em que progressivamente se dinamizava a vida pública, protagonizada, inclusive, por um mercado de entretenimentos cada vez mais estruturado. Assim, um cronista saudou o Tivoli, primeiro parque de diversões do Rio de Janeiro (Melo, 2020):

"quando mais não seja, serve para desenvolver a mocidade, e ensiná-la a frequentar reuniões de salão, pois muitos há que não sabem entrar em uma sala, nem como ter os braços, nem enfim que postura tomar" (*Jornal do Comércio*, 24.6.1846, p.3).

Já o célebre José Maria da Silva Paranhos, em uma de suas cartas ao amigo ausente, chamou a atenção para a necessidade de educar os rapazes e as moças para bem se portarem nos bailes promovidos pelas muitas sociedades dançantes que surgiram em meados do século XIX. Segundo sua percepção, com "apetite e sede insaciáveis", ele(a)s esqueceriam as danças, fazendo "uma guerra desapiedada aos sorvetes, aos canudos, aos pastéis, às empadas e aos sanduíches" (*Jornal do Comércio*, 1º.6.1851, p.1). As soluções para "refrear esse terrível bando de cossacos" seriam: chamar a atenção dos pais; atrair-lhes o interesse pelo sexo oposto; em último caso, desenvolver estratégias para despistar e enganar os "agressores".

No país recém-independente, uma necessidade era forjar uma sociedade civil "civilizada". Para tal, todos deveriam passar por um intenso processo de educação das sensibilidades. Um ponto sensível eram as novas possibilidades de encontro entre homens e mulheres na cena pública. Notadamente, o comportamento dos rapazes e das moças se tornou uma preocupação generalizada. As intervenções educacionais – em ambientes escolares, mas também no cotidiano – incidiam de múltiplas formas sobre o corpo.

Essa relação entre as práticas corporais e a educação da mocidade ficaria mais intensa quando se estabeleceu o aumento das preocupações com a saúde e higiene, bem como se exponenciassem as indicações de que a prática de exercícios físicos seria de grande utilidade para tal fim. Essas compreensões se intensificaram naquelas cidades que cresceram muito, aumentando-se os problemas sociais, manifestos, inclusive, na ocorrência de muitas epidemias de doenças diversas.

Mais ainda, depois da Guerra do Paraguai, vulgarizou-se a ideia de que a população brasileira não apresentava condições de defender a nação. Nas Forças Armadas, nas escolas públicas e privadas, em várias instâncias cotidianas, cada vez mais se impôs a noção de que as práticas corporais tinham um fim que transcendia a diversão e a questão dos comportamentos. Tornava-se uma necessidade para garantir o progresso. Os moços e as moças, considerados protagonistas do futuro do país, deveriam ser alvo prioritário nessa compreensão.

Com essa nova ambiência, um novo conteúdo corporal vai se apresentar nas escolas. A dança foi o primeiro, para homens e mulheres, um sinal da já citada importância dos bailes e das sociedades dançantes para a sociedade brasileira de meados do século XIX. A partir de então, a ginástica tornou-se mais intensamente uma reivindicação daqueles que pensavam na consolidação da nação:

> Enquanto não compreendem os poderes públicos a necessidade imprescindível de dar desenvolvimento ao estudo da ginástica em todos os estabelecimentos de ensino, à imitação do que se pratica no Norte da Europa, e principalmente na Suécia e Alemanha, vai a iniciativa individual rompendo o círculo de ferro de tanta restrição e exigência fútil, em tudo quanto se prende ao derramamento da instrução pública entre nós. [...] O resultado é que a nossa mocidade em geral é pálida, fraca e doentia. (*O Globo*, 18.7. 1876, p.1)

Da mesma forma, no quartel final do século XIX, em muitas cidades do país, num momento em que o campo esportivo progressivamente se organizava, celebraram-se as relações cada vez mais frequentes entre a prática e a educação da mocidade. Ao comentar uma regata promovida em Niterói, em 1899, um periodista não conteve seu entusiasmo: "E, hoje, quantas recordações agradáveis daquele belo dia de domingo não vão pela mente e pelo coração das jovens e dos jovens que tiveram a fortuna de assistir à festa de Icaraí! Ah! Mocidade! Mocidade!" (*Semana Sportiva*, 21.10.1899, p.2).

Nessa mesma cidade, o olha de um cronista nos permite perceber os novos sentidos e significados que adquirira o esporte naquele fim de século. Ao comentar a *performance* da baleeira *Alpha*, guarnição do Gragoatá que conquistou o primeiro campeonato de remo do Rio de Janeiro, considerou-a como "a primeira nessas lutas de esforço em que tanto se aplaude a mocidade, nobres lutas em que se retempera o vigor do corpo sem sombra de vício e de ganância" (*O Fluminense*, 12.6.1898, p.1). Segundo outro periodista, no evento se destacou a exibição das "estruturas atléticas de moços com os braços à cintura escultural das damas" (*O Fluminense*, 8.6.1898, p.1).

As práticas esportivas exponenciavam para a mocidade uma nova dimensão: o desafio. Tratava-se de simbolicamente apontar um futuro em que cada um conduziria com seus próprios braços e esforço o futuro da nação. Não surpreende que alguns eventos tenham sido narrados como uma grande aventura, como foi o caso das travessias marítimas a nado.

Os periódicos destacavam as barreiras a serem vencidas: as condições da maré, o encontro com peixes e outros animais marinhos (era comum que golfinhos pulassem pelo caminho), e o frio (combatido com paradas para ingerir alguma bebida alcoólica). Mais ainda havia o receio de que os competidores não aguentassem o esforço intenso. Por isso, acompanhavam-nos botes com remadores prontos a ajudá-los, caso fosse necessário. Um entusiasta leitor sugeriu que as "travessias não deixam de trazer grande proveito à mocidade porque eles provocam o amor pela natação, que é, sem contestação, de grande utilidade" (*Gazeta de Notícias*, 15.3.1881, p.3).

Não só os homens participavam das competições. Moças pioneiras abriram um caminho que depois seria percorrida por muitas. Um cronista de *O Globo*, numa edição de fevereiro de 1882, exaltou o feito de "Adélia Cardoso da Silva, pertencente a uma das mais distintas famílias da nossa cidade", uma "elegante moça de 20 anos" que se sagrou vitoriosa numa travessia da praia do Boqueirão à Ilha do Villegagnon.

O desenvolvimento de hábitos atléticos entre os brasileiros também se deve à influência dos britânicos que viviam em muitas cidades em função de sua ampla participação nos mais distintos ramos dos negócios (comércio internacional, serviços urbanos, industrialização, construção de linhas férreas). Era usual que fundassem instituições usuais na Grã-Bretanha, tais como escolas, igrejas anglicanas, cemitérios e agremiações diversas, entre as quais clubes esportivos onde se cultivava o saudável costume da prática de exercícios físicos, um valor que vinham desenvolvendo desde o século XVIII.

Se, de início, a frequência a esses clubes era restrita aos membros da colônia de anglófonos, com o decorrer do tempo, nacionais começaram a frequentar as arquibancadas e tomar parte nas competições. Um exemplo eram os eventos atléticos promovidos no Rio Cricket Club, ocasiões que contavam com grande público, inclusive usualmente a família imperial.

Ante a boa *performance* de dois brasileiros em alguns páreos, um periodista da *Gazeta de Notícias* (27.6.1880, p.1) reforçou o argumento de que os nacionais ganhariam muito se desenvolvessem o hábito. Um cronista do *The Anglo-Brazilian Times* (9.7.1881, p.2), um periódico publicado em inglês dedicado à colônia dos britânicos, chegou a reconhecer a mudança:

> Foi especialmente agradável ver, pelo aumento e grande participação de brasileiros, que os esportes atléticos estão se tornando cada vez mais apreciados pela sociedade nativa, assim como por jovens atletas brasileiros, alguns dos quais levaram prêmios de uma maneira muito crível.

Alberto do Couto foi um desses moços brasileiros que pioneiramente participaram de provas atléticas. Mais ainda, ele e sua família foram fundadores de uma agremiação em Niterói, o Clube Atlético Brasileiro. Quem sempre participava de páreos era sua irmã, Julieta do Couto, que na capital da província do Rio de Janeiro estabeleceu uma rivalidade com Magdaleine Laurente, representante de outra agremiação dedicada ao atletismo, o Clube Olímpico Guanabarense. Entre as competidoras, encontravam-se Julieta Guanabarino, filha do notório maestro Oscar Guanabarino.

Para as moças, as práticas esportivas foram um dos primeiros espaços de maior participação social. Mesmo que enfrentassem restrições no que tange a seu envolvimento como praticantes, contavam com o fato de que o ambiente era considerado saudável e apropriado. Um cronista celebrou por ocasião de um evento atlético: "Rapazes e moças, mais moças do que rapazes, aglomeradas numa comunhão de alegria sem convencionalismo, um divertimento sadio e higiênico é o que se encontra no Barreto em dias de corridas" (*Guanabara*, 21.7.1883, p.1).

No desenvolvimento de hábitos esportivos à moda britânica, destacam-se os clubes de críquete (Melo, 2017b). Muitas foram as modalidades, além do esporte dos tacos, que tiveram seus momentos iniciais nessas agremiações: o já citado atletismo, tênis, rúgbi, beisebol, futebol americano, futebol. Um cronista de São Paulo tentou estimular os paulistanos a aderir à novidade a partir do exemplo dos anglófonos:

> [...] aqueles que souberem compreender as funestas consequências que resultam para a mocidade brasileira, e, sobretudo, para a mocidade das escolas, do espiritualismo da sua educação, não poderão deixar de aplaudir os esforços de alguns amadores fluminenses que têm tentado introduzir, nos nossos costumes, o gosto pelos esportes atléticos. (*Correio Paulistano*, 18.8.1882, p.2)

Entre os jovens atletas que participavam dessas competições, surgiram os primeiros ídolos esportivos do Brasil. Se o esporte era portador de uma mensagem de civilização e progresso, os melhores atletas eram profetas que demonstravam na prática os seus benefícios da prática.

Em São Paulo, nos anos finais do século XIX, surgiu um desses primeiros ídolos esportivos. Charles Miller, filho de britânico com brasileira, tinha estudado na Europa e trouxe hábitos esportivos na sua volta para o Brasil. Ficou mais conhecido como um dos responsáveis por introduzir o futebol em nosso país, mas tinha boa *performance* no críquete, atletismo, beisebol, rúgbi.

Na capital nacional, destacaram-se os jovens remadores. A modalidade náutica foi mesmo aquela em que pioneiramente mais se enfatizou a relação esporte, saúde, juventude, associada à defesa e ao progresso do país. O atento Luiz Edmundo (1957, p.840) assim definiu um dia de regatas:

> A enseada inteira se engalana para os dias de certame marítimo. O povo trepa no cais. Cruzam carruagens. No lado do mar há barcas da Cantareira, pejadas de povo, com charangas, com danças e namoros. Além das barcas, rebocadores e lanchas pejadas de famílias. Até as 6 horas da tarde é um delírio no mar, na praia. [...] Respira-se, em todo o caso, um ambiente de alegria, de mocidade, de festa, que agrada e que faz bem.

Olavo Bilac (apud Mendonça, 1909, p.398), um apaixonado pelo remo, por ele encarado como eficaz ferramenta de formação educacional, consagrou numa crônica

> Basta comparar a grande geração, que atualmente envelhece no Rio de Janeiro, à geração nova que aí se está formando com o exercício do remo, para ver que benefícios se estão colhendo do desenvolvimento do esporte náutico. Ver essa mocidade, exuberante de saúde e de alegria – é coisa que encanta e orgulha. [...] O contato diário com o ar livre e com os perigos do mar salva-a do desânimo e do abatimento moral.

Machado de Assis percebeu que havia um novo personagem na cidade moderna. O poeta/intelectual franzino, de *pince-nez*, consumidor de absinto e macambúzio (assim como Bentinho, de *Dom Casmurro*) tinha que se enfrentar com o atleta, forte, altivo, alegre, saudável (como Escobar, do mesmo romance, praticante de natação – "É preciso nadar bem, como eu, e ter estes pulmões disse ele batendo no peito, e estes braços; apalpa").

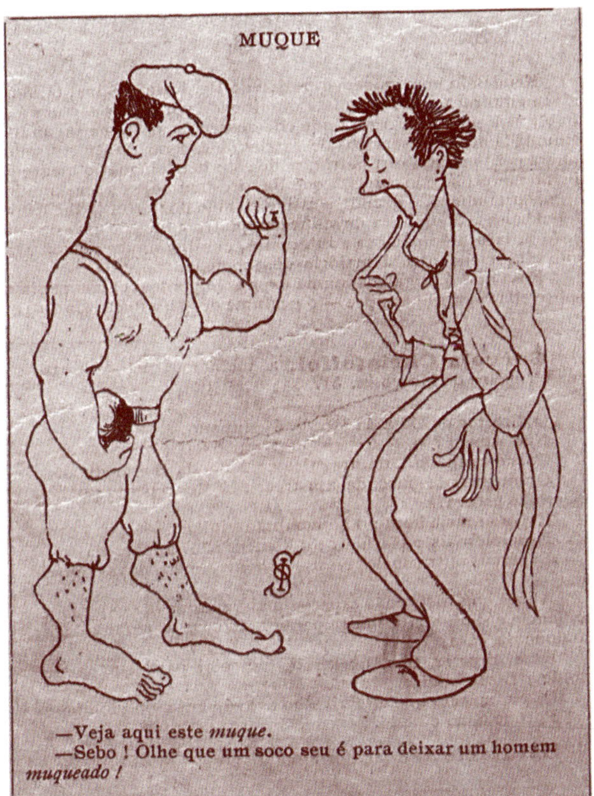

Figura 1
Novos modelos de corpo se enfrentavam na cena pública

Fonte: *O Malho* (20.12.1902, p.6). Acervo da Biblioteca Nacional

João do Rio consagrou o espaço social desse novo protagonista da cena pública, moços que "passavam de calção e camisa de meia dentro do mar, a manhã inteira e a noite inteira":

> Rapazes discutiam muque em toda parte. Pela cidade, jovens, outrora raquíticos e balofos, ostentavam largos peitorais e a cinta fina e a perna nervosa e a musculatura herculeana dos braços. Era o delírio do *rowing*, era a paixão dos esportes. Os dias de regatas tornavam-se acontecimentos urbanos. (Barreto, 1961, p.278)

Delineava-se um novo herói. Os jovens a partir de então tinham outros jovens para se inspirar. Ao contrário das outras linguagens e esferas sociais nas quais a maturidade e a velhice eram valorizadas, sinais de uma trajetória de sucesso, no esporte o que se exaltava era a juventude.

As modalidades esportivas talvez tenham sido das pioneiras instâncias sociais nas quais jovens obtiveram protagonismo e visibilidade, valorizados por serem portadores de uma mensagem de futuro alvissareiro:

> Lá estava o Sardinha, satisfeito, recordando-se ainda de sua vitória na Cecy; o Carlos de Castro, com os braços abertos por causa do muque [...]; o Guimarães, do Natação, numa exibição impressionadora de peito largo e braços grossos, e outros tantos rapazes sadios e vigorosos, de todos os ramos do esporte. (*A Canoagem*, 1903, p.5)

Arthur Amendoa era outro dos remadores exaltados pela imprensa, publicamente apresentado como exemplo de comportamento: "é de estatura mediana, moreno, bela estatura, bela complexão de atleta, bastante musculoso, dotado de muito bom gênio e no trato é cortês; excelente companheiro e amigo leal" (*A Canoagem*, 1903, p.4).

Por todos os lados se reconhecia e exaltava um novo estilo de vida no qual se destacavam os jovens e a ideia de juventude. Um cronista que assinou com X. chegou a definir o remo como uma nova "religião" de "quase todos os rapazes do comércio e das escolas, e contam-se por milhares e milhares" (ibidem, 1903, p.5). Esse movimento regenerador dos moços, na visão dos cronistas, atraía e mobilizava a sociedade como um todo, "não centena de rapazes de clubes de regatas a apreciarem

1 de Junho de 1902 SPORT NAUTICO — Supplemento da Revista da Semana 3

Patrão, José de Barros Madureira; remadores: Pedro Telles de Menezes e Antonio Corrêa Souza Costa.

2º pareo — Prova classica — 1 h. p. m. — Companhia Ferro Carril Jardim Botanico — 1.000 metros — Canôas a 4 remos — *Seniors*. Premios: medalhas de ouro e bronze.

Lygia — Club de Regatas Botafogo — Patrão, Paulo Kastrup; remadores: Antonio Mendes de Oliveira Castro, Francisco Rego Macedo, Anselmo Mascarenhas e Henrique Palm.

Icuhy — Club de Regatas Boqueirão do Passeio — Patrão, Luiz da Cunha; remadores: Francisco de Paula Costa, Gustavo de Paula Costa, Arthur Amendoa e José Dias Martins.

Sparta — Club Internacional de Regatas — Patrão, M. Bernardo; remadores

Figura 2
Remadores do Clube de Regatas Boqueirão do Passeio: novas representações de corpo e juventude

Fonte: *Sport Nautico – Suplemento da Revista da Semana* (1º.6.1902, p.3). Acervo da Biblioteca Nacional

aquelas belas lutas, porém tudo o que há de mais seleto no nosso meio, e milhares e milhares de pessoas povoando aquele extenso cais de Botafogo" (ibidem, 1903, p.1).

Com tamanho interesse e capacidade de mobilização, não surpreende que os diversos governos tenham começado a prestar atenção na possibilidade de incentivar a prática esportiva por meio de políticas públicas. Essa dimensão vai se tornar bastante clara no âmbito do período Vargas. Vários foram os projetos, alguns deles inspirados em regimes autoritários europeus, que tinham a juventude como alvo central e o esporte como agente mobilizador (Drumond, 2008).

Essa ação foi inaugurada por Pereira Passos. De distintas maneiras, o plenipotenciário prefeito do Distrito Federal incentivou diversas entidades esportivas, especialmente as modalidades náuticas (Melo, 2001). O político, para celebrar essa intensa relação, convidava usualmente os remadores para a inauguração de suas obras. Por ocasião da abertura do novo porto da cidade, celebrou um cronista: "Dezesseis baleeiras de todos os clubes de regatas cruzavam a Bahia, à queda dos remos impelidos por braços fortes, dando ao movimento festivo do porto uma nota alegre, atestado de vigor da nossa mocidade" (*O Malho*, 13.6.1904, p.4).

Nas décadas iniciais do século XX, a prática esportiva definitivamente se tornou um espetáculo urbano valorizado em muitas cidades brasileiras, especialmente nas capitais – São Paulo, Porto Alegre, Belo Horizonte, Recife, Belém, Salvador, Niterói, Rio de Janeiro, entre outras. Além da melhor estruturação de modalidades mais antigas – atletismo, ciclismo, remo, natação, que em geral adotaram os discursos de saúde e higiene –, novos esportes surgiram, especialmente os coletivos. Rúgbi e beisebol não se desenvolveram, enquanto o futebol rapidamente se tornou uma febre. Posteriormente, passaram a ser praticados o voleibol, basquetebol, handebol, entre outros.

De um lado, esses esportes se estruturaram articulados com o mercado de entretenimentos que fortemente se conformava nessas cidades. Eram motivo de festa e celebração pública. Ao seu redor, havia muitas estratégias comerciais. De outro lado, jamais se abandonaram os discursos que enfatizavam a utilidade das práticas corporais para os rapazes e as moças. Um cronista, por exemplo, elogiava o beisebol desejando que ele fosse "cultivado pela nossa mocidade, visto que é um dos ramos da educação física de primeira ordem" (*Revista da Semana*, 30.6.1907, p.14).

A partir dos anos 1910, em vários âmbitos se tornou crescente essa compreensão. Sua oferta nas escolas, por exemplo, foi um tema que mobilizou muitos educadores (Linhales, 2009). Instituições de ensino não formal se destacaram nessa jornada. Vale citar as iniciativas da Associação Cristã de Moços.

No Brasil, o primeiro núcleo foi fundado nos anos 1890, no Rio de Janeiro, posteriormente também sendo criadas filiais em Recife e São

Paulo. Como na matriz norte-americana, procurou-se implementar sua leitura da ideia de Cristianismo Muscular, proposta que originalmente surgira por intervenção de Thomas Arnold na Escola de Rugby – uma articulação de formação corporal, preparação para o trabalho e visão religiosa (Baia, 2012).

Os clubes também assumiram os discursos de contribuições com a educação da mocidade. Naqueles anos 1910, os dirigentes das agremiações passaram também a considerar o esporte como uma ferramenta eficiente de intervenção com os jovens. Uma das facetas dessa nova postura foi a articulação com o escotismo. Tratei desse assunto num artigo que escrevi com Carlos Herold (Herold Junior; Melo, 2018). Movimento escoteiro e campo esportivo se colocaram à disposição do processo de "regeneração da juventude".

Em 1910, foi criado o primeiro núcleo de escoteiros no país, na cidade do Rio de Janeiro. Desde os momentos iniciais, o esporte integrava seu programa de atividades. Os jornais, a propósito, não raramente apresentavam o escotismo como "uma sociedade de instrução, diversões e esporte" (*Correio da Manhã*, 11.12.1925, p.10).

Na verdade, nos periódicos, em algumas ocasiões as atividades escoteiras foram consideradas como práticas esportivas, bem como o escotismo em si como uma modalidade. Um cronista sugeriu: "É um dos esportes que merecem rasgados elogios" (*O Tico-Tico*, 5.4.1911, p.28). Outro inferiu que "o escotismo deve ser considerado o esporte preliminar, o abc dos esportes, a primeira preparação física e moral da juventude para a vida" (*O Imparcial*, 12.2.1914, p.5).

Logo, os clubes, de diversas formas, passaram a apoiar os grupos escoteiros. Uma das primeiras iniciativas dessa natureza foi criada em 1916, uma tropa no Fluminense Futebol Clube, decisão que contou com a participação direta de importantes personagens como Arnaldo Guinle, Guilhermina Guinle e Coelho Neto. Mais do que pioneira, a agremiação tricolor foi incentivadora de que o gesto fosse repetido por outras sociedades do Rio de Janeiro.

Muitas agremiações fundaram um grupo de escoteiros. Houve clubes que apoiaram mais de um, como o Olaria que, na sua sede, acolheu eventos de vários núcleos da Zona da Leopoldina. Outros somente concediam auxílio em algumas atividades, como o Sport Club Mackenzie. Em geral, eram liderados por militares, confundindo-se com iniciativas de preparação para a defesa nacional. Chegou a se pensar em torná-los núcleos de serviço militar obrigatório.

Essas ações também contribuíam para a boa imagem das agremiações esportivas, publicamente representadas como agências comprometidas com o futuro do país, como demonstração de seu compromisso com a "educação física da mocidade" (*Jornal do Brasil*, 23.2.1916, p.10). Sobre o grupo de escoteiros do Olaria, sugeriu um cronista:

> Procurando engrandecer o nome já glorioso do clube, e cultivar o espírito da nossa mocidade de hoje, para que a nossa pátria conte com homens capazes de garantirem o seu futuro, a diretoria e a comissão escolhida fazem apelo ao numeroso quadro social deste clube afim de prestar os máximos auxilio a esta instituição, com a qual muito lucrará o clube, o esporte e o nosso grande e amado Brasil. (*A Noite*, 24.2.1927, p.7)

Não surpreende que logo surgissem competições esportivas entre os núcleos de *boys scouts*. Líderes do movimento escoteiro, ciosos de que a prática era útil para seus esforços de disciplinamento e motivação dos jovens, passaram a discutir a melhor forma de estimular o envolvimento com o esporte no cotidiano dos grupos (Herold Junior; Vaz, 2016).

Na verdade, cruzavam-se escotismo, esporte e as escolas, propostas de mudança a fim de que elas estivessem mais engajadas nas iniciativas de formação corporal. Por ocasião da criação de um grupo no Botafogo, um cronista exaltou a iniciativa ao lamentar que "a educação ministrada aos nossos filhos nos colégios, com raras e honrosas exceções, age quase exclusivamente sobre a mentalidade das crianças e abandona a educação física" (*A Noite*, 12.7.1922, p.4).

As palavras de Olavo Bilac, sempre tão preocupado com o futuro do país, árduo propagandista tanto do esporte quanto do escotismo, ajuda-nos a perspectivar os pontos de encontro entre movimento escoteiro e campo esportivo. Para o poeta, os grupos seriam espaços de

> [...] instrução física, conservação e restabelecimento da saúde pela higiene e medicina, desenvolvimento moral e progressivo de todas as funções do corpo, pela ginástica e pelos jogos escolares [...] curso completo de adestração feito no seio da natureza, na alegria da vida esportiva. (*Almanaque do O Tico-Tico*, 1926, p.24)

Enfim, num momento em que grassaram as preocupações com a formação de jovens fortes, saudáveis, patriotas, disciplinados, as práticas corporais, especialmente o esporte, ofertadas nos mais diversos âmbitos – clubes, escolas, grupos de escoteiros – foram consideradas importantes ferramentas. Para além desses discursos, as iniciativas esportivas eram momentos de festa, celebração, conformação de uma identidade juvenil. Essas dimensões se tornariam mais claras a partir dos anos 1950.

Juventude

No pós-Segunda Guerra Mundial, delineou-se outra noção de mocidade, um processo que estava em curso desde os anos 1930. A ideia de juventude contemplava uma postura mais ativa do grupo, bem expressa em reivindicações de maior liberdade nos comportamentos e no maior protagonismo social, algo que causou choques em diversos contextos, especialmente explícitos em manifestações de distintas ordens que se espalharam pelo mundo.

Também se conformou um forte mercado ao seu redor. O grupo foi envolvido em estratégias comerciais diversas, ligadas a modos de se vestir, de se portar, músicas a ouvir, novos hábitos sociais, entre as quais diferentes práticas corporais. Algumas delas tiveram conexão com movimentos de orientalismo desencadeados na sociedade ocidental desencantada com os rumos sociais: ioga, *tai chi chuan*, entre outras.

Outro esporte marcou bem as ambiguidades que cercaram a ideia de juventude forjada a partir dos anos 1950 – o surfe, uma modalidade que se difundiu pelo mundo em função da influência norte-americana que crescera no pós-Segunda Guerra Mundial. O debate aqui apresentado é um resumo de investigações que realizei com Cleber Dias e Rafael

Fortes (Dias; Fortes; Melo, 2012), bem como Vladimir Zamorano Alves (Alves; Melo, 2017).

No seu processo de difusão mundial, o surfe se articulou com várias manifestações culturais, especialmente o cinema. Havia dois tipos de películas em que a prática foi representada (Booth, 2001). Fizeram muito sucesso os filmes de praia, nos quais as cenas da modalidade entremeavam tramas juvenis e eram entremeadas por elas. Tudo era apresentado como uma grande diversão ingênua

Esses filmes incomodavam os praticantes do surfe que passaram a produzir suas películas próprias, nas quais eram representados seus valores. Esses, de alguma forma, dialogavam, em maior ou menor grau, com as experiências contraculturais correntes entre setores da juventude dos anos 1960. Nessa perspectiva, a modalidade se ajustava mais ao espírito de rebeldia e contestação, um perfil que se alastrou para muitos países, entre os quais o Brasil.

Por aqui, o surfe se encontrou com um perfil de jovem que se tornou mais visível nos anos 1950. Moradores dos bairros próximos do mar, normalmente membros de famílias de estrato socioeconômico alto, adotavam um comportamento hedonista e festivo que, em muitas ocasiões, era considerado indecoroso.

Entre esses se desenvolveram hábitos de esportes de praia, tanto aqueles disputados nas areias (voleibol, futebol, frescobol, peteca) quanto os experienciados no mar (caça submarina, mergulho, surfe). No caso do Rio de Janeiro, também se misturavam com apreciadores das lutas e da prática de atividades físicas, bem como artistas plásticos, cineastas, músicos, atores/atrizes que experimentavam novas linguagens.

Esses jovens tomaram conhecimento do surfe por meio do cinema, de revistas, de matérias nos jornais e mesmo de alguns praticantes de outros países que visitavam o Brasil, cujas imagens se tornaram muito difundidas no mundo. De início, improvisaram materiais para a prática da modalidade. Logo, o envolvimento se tornou mais profundo.

O desenvolvimento do surfe, bem como de outras práticas como o voo livre, teve a ver também com uma importante mudança observável no âmbito de algumas cidades brasileiras. O rápido crescimento urbano, observável no pós-Segunda Guerra Mundial, desencadeou novas preocupações com a saúde física e mental. A busca da natureza se mostrou como alternativa para minimizar os "terríveis impactos" da vida nas metrópoles (Dias, 2008).

Perceba-se que havia, sim, um forte investimento na formação corporal, menos ligado, contudo, ao controle e às questões de conformação da nação. A ideia de saúde, que passava por vezes pela adoção de novos hábitos como o vegetarianismo, tinha em conta uma preocupação particular pelo desejo de desfrutar a vida e contestar os rigores limites estabelecidos pelos mais velhos, pelos "coroas".

Novos ídolos jovens se tornavam notáveis no cotidiano de algumas cidades. O primeiro presidente da Federação Carioca de Surf, o norte-americano naturalizado brasileiro Yllen Kerr, era um típico *bon vivant* que se dedicava ao esporte e ao mundo da arte. No olhar de Ruy Castro (1999, p.238):

> Para muitos, ele era o *Homo ipanemensis* original, o protótipo. Seu uniforme de trabalho era a pele queimada de sol e a dita bermuda. O gabinete em que dava expediente, na maior parte do ano, era o Arpoador. Ali, a partir de 1950, Yllen Kerr foi uma espécie de alto sacerdote de pelo menos três fornadas de jovens que viram nele a possibilidade de combinar esporte e cultura. Era um criador, um intelectual, um homem informado sobre arte, jazz, literatura, só que sem o menor ranço acadêmico ou bacharelesco – e, ao mesmo tempo, sabia tudo de mergulho, caça submarina, motocicleta.

Perceba-se que, por trás dessas mudanças, dessas novas posturas, entre as quais também se destacava um novo protagonismo das mulheres, também estavam articuladas estratégias comerciais diversas. Nas palavras de Kerr (1966, p.18):

> A moda *surf* foi praticamente lançada em grande estilo no concurso de fim de semana. Tanto as môças como os rapazes exibiam um conjunto de côres, que agora fazem parte do *surf*. Para o verão que vem os calções *surf* e as camisas com letreiros e desenhos de onda já estão garantidos. [...] As meninas da Geração Surf foram um sucesso absoluto. Coloridas e mais descontraídas que qualquer outra geração – as meninas *surf* estavam em todas.

Essa sensação de hedonismo e postura contestadora se manifestou também em outras esferas nas quais a juventude se envolveu. Uma das mais notáveis dessas iniciativas foi perceptível entre os adeptos do mais popular esporte, o futebol. Dissidências das antigas torcidas organizadas deram origem a "torcidas jovens", agremiações que inauguraram novas formas de se organizar, se portar e se manifestar nos estádios (Hollanda, 2010).

Nas décadas recentes, lamentavelmente, essas torcidas foram muito relacionadas a episódios de violência. Deve-se, contudo, lembrar que, no início dos anos 1980, entre elas houve atitudes de contestação ao regime ditatorial, com destaque para as iniciativas da Gaviões da Fiel. Os adeptos se articularam com as notáveis ações da chamada Democracia Corintiana, movimento protagonizado por jovens jogadores da equipe paulistana, marcado pela adoção de uma nova postura política e comportamental dentro e fora dos gramados, com destaque para a *performance* pública de alguns craques, como Sócrates, Casagrande e Vladimir.

Deve-se citar que, no ano em que estou escrevendo este capítulo, tornou-se notável uma vez mais a ação política de jovens torcedores. Diante da escalada da atuação de grupos da extrema direita, membros das "torcidas antifa", que já estão se organizando no país há alguns anos, saíram às ruas para combater posturas fascistas. Muitos ficaram surpresos, aqueles que não percebem que por trás de eventos esportivos há, de diferentes formas, em distintos graus, posicionamentos políticos, inclusive os que se manifestam por atitudes de natureza comportamental.

Essas dimensões já tinham ficado perceptíveis quando, nos anos 1970, em plena ditadura, cruzou-se o caminho do surfe com ideias contraculturais. Para Maciel:

> A contracultura surgiu do confronto entre a cultura reconhecida como doença, e a visão juvenil, cujo instinto natural é para a saúde. A audácia dessa visão não pode ser considerada mera precipitação ingênua, pois funda-se, antes, num desencanto radical – atingindo por saturação, maturidade – com o mundo tal como o conhecemos. As vertentes que confluíram para a formação de contracultura são várias, de naturezas aparentemente diversas, mas sublinhadas pelo denominador comum da intenção libertária. E a fonte instintiva dessa intenção é, sem dúvida, a visão juvenil. (*Careta*, 20.7.1981, p.19)

No caso do Rio de Janeiro, isso se estabeleceu quase coincidentemente quando praticantes da modalidade e artistas ligados a movimentos de vanguarda se cruzaram numa Praia de Ipanema que passava por obras para instalação de um emissário submarino de esgotos.

Um dos notáveis poetas e agitadores culturais dos anos 1970, frequentador daquele espaço, percebeu que ambos os grupos compartilhavam a mesma sensação de liberdade num momento marcado pela repressão. Segundo seu olhar:

> O Píer era a praia. Em frente à Rua Farme de Amoedo, entre a Montenegro, hoje Vinícius de Moraes, e o Arpoador, construíram um emissário submarino. A areia retirada do fundo para passar a tubulação foi depositada à beira da praia e formou dunas. Dunas que escondiam a rapaziada dos olhos repressivos que vinham do calçadão. Com a mexida do fundo de areia, o mar subiu e levantou ondas perfeitas. Os surfistas vieram do Arpoador. A erva veio junta e se juntou a dos artistas que passaram a ir ver as ondas, o surf e o pôr do sol. Era uma festa. (Chacal, 2010, p.34)

Uma vez mais, o esporte apresentava novos personagens urbanos que tumultuavam a ordem dos desejos e causava conflitos com os modelos disciplinados incentivados pelos militares dirigentes impostos. Rico de Souza, um dos surfistas mais conhecidos de sua geração, bem percebeu o que representavam: "Éramos como bichos exóticos, cabeludos e estigmatizados como vagabundos, mas acabamos servindo de exemplo para os outros" (*O Globo*, 4.1.2004, p.12).

O comportamento desses personagens inquietava a velha ordem familiar. Os surfistas não pensavam em adotar relações emotivas tradicionais, tampouco em aderir a carreiras burocráticas bem-sucedidas em escritórios, fruto de anos de dedicação ao estudo. Bem situa outro famoso praticante da modalidade, Tito Rosemberg:

> Surfista era sinônimo de mau elemento, vagabundo, fracassado na vida. Nossos pais tinham vergonha dos filhos surfistas, e muitas vezes fiquei sem mesada para ver se eu parava de curtir a praia. Nenhum pai ou mãe ficava feliz em ver seu filho entrando pelo caminho das ondas. Os pais das meninas ficavam apavorados quando uma delas começava a namorar um dos "marginais" da praia.

> Levou anos para que o surf fosse respeitado como esporte e estilo de vida. Nós éramos considerados excêntricos porque recusávamos as roupas bonitinhas e o estilo brega que tomava conta da nossa época, e preferíamos andar de calção, camiseta e sandália havaiana, vestimenta mais adequada para operários de obra, mas que em nada nos incomodava pois eram ideais para se passar o dia vagabundando na praia, vendo as meninas passarem, as ondas quebrarem, o sol se pôr [...]. (Depoimento concedido à revista *Longboard Brasil*, ano 1, n.1, nov. 1999)

Liberdade era um parâmetro fundamental. O surfe não era somente um divertimento, era uma filosofia de vida. O seu trabalho, até que conseguissem patrocínio para viver de surfar, era ligado à modalidade, tal como a produção de pranchas. Nada de horário fixo e do ar sufocante dos lugares fechados.

Não se tratava, de forma alguma, de um comportamento alienado. Pelo contrário, era uma ativa postura distinta perante a vida e a sociedade. A propósito, os surfistas também sentiram a repressão. Houve várias iniciativas de restrição à prática e a seus costumes. Mesmo um celebrado campeonato organizado em 1972, tendo como cenário o célebre Píer de Ipanema, teve que contar com autorização especial: "O corpo marítimo de salvamento que faz restrições ao surf, estabelecendo horário limite e locais para a sua prática, deu total autorização aos organizadores do campeonato carioca para realizar a competição no melhor lugar: perto do 'píer' de Ipanema" (*O Jornal*, 13.12.1972, p.27).

Assim Evandro Mesquita – ator e músico protagonista de iniciativas artísticas de sucesso como a Biltz e o grupo teatral Asdrúbal Trouxe o Trombone – chamou a atenção para o caráter político daquele encontro entre artistas, surfistas e uma nova proposta de vida:

> Não pegava onda assim tão bem, mas convivia com as feras das feras. [...] tudo que falavam sobre surfistas nesta época vinha meio gripado. A gente era visto como burro, alienado. Sempre achei isso uma grande besteira. Tinha uma opção política em não fazer discurso, mas ter uma atitude de vida. Pegar uma prancha e ir para a água era uma atitude política. Criou-se uma cultura. Outras coisas saíram disso, músicas e peças. A gente tinha uma visão prática da vida. (*Revista Gol*, abr. 2003, p.31)

Tito Rosemberg é contundente em seu depoimento sobre o quanto se tratou de uma alternativa de vida:

> O surf me colocou na contracultura carioca, evitando que eu me tornasse um vazio, como aconteceu a muitos da minha geração, que ficaram só nas boates e na Bolsa de Valores. Foi por causa do surf que comecei a viajar e acabei hoje conhecendo 80 países, sendo jornalista, e um nômade planetário. O surf me ensinou os benefícios da simplicidade voluntária, quando abdicamos de bens materiais para poder ter mais tempo para curtir a vida modesta, mas muito mais prazerosa. (*Alma Surf*, nov. 2000, p.20)

O surfe era uma modalidade de classe média muito relacionada, obviamente, a cidades litorâneas, ainda que a cultura ao seu redor se espraiasse mesmo para localidades distantes do mar. Houve outro esporte ao redor do qual, já nos anos 1980, também se celebraram novas posturas e rebeldias juvenis: o *skate*.

Como mostra Brandão (2015a, 2015b), no Brasil, a modalidade surgiu nos anos 1960, sendo diretamente relacionada ao surfe, cresceu na década seguinte e nos anos 1980 ganhou uma conformação peculiar em função do desenvolvimento do estilo *street*, marcado pela interação com a dinâmica urbana, com o uso de diversos equipamentos citadinos para a prática.

Essa prática se cruzou com movimentos urbanos que tinham como fermento a crítica às condições de vida nas grandes cidades, entre os quais o *punk* que se desenvolvia com uma postura bastante cáustica e contundente ante as desigualdades. Uma vez mais juventude e esporte se cruzaram para celebrar uma determinada forma de ser e de se portar.

Tratava-se de um envolvimento transgressor como fora o do surfe e das torcidas de futebol. Mas o sentido e significado de rebeldia eram diferentes entre eles, até mesmo porque distintos eram os perfis dos envolvidos, inclusive do ponto de vista de classe social. Talvez isso não tenha ficado tão claro no decorrer do texto, e é bom que aqui se explicite: nunca houve uma só mocidade, uma só juventude. Houve mocidades, houve juventudes.

De toda forma, em muitas delas, de diferentes perfis, o esporte fez parte da definição do que é ser moço/jovem. Se não é isoladamente a prática que mais fortemente fez isso, seguramente foi uma das que mais intensamente contribuíram para tal caracterização.

Breves palavras finais: encontram-se a mocidade e a juventude

Ao falar da decadência da ideia de contracultura, Maciel usa o *rock* como exemplo mais emblemático de absorção mercadológica. A questão que coloca é a da normatização do processo de criação do artista. Com o surfe parece ter se dado algo semelhante. O esporte, que passara a ser concebido como uma forma de interação entre homem e natureza, encarado como uma estratégia de busca de espiritualidade e de vida alternativa, foi tornando-se mais competitivo, mais estruturado e mais comercial. A cultura da modalidade, sem abandonar esse discurso, virou um bem de consumo (Booth, 2001; Fortes, 2011). Com o *skate* não foi diferente.

Na verdade, a partir dos anos 1980, começou a se delinear o auge de um processo que vem se conformando desde o século XIX. Obviamente, não se trata de uma "relação matemática" de acúmulo, mas da acomodação de muitas sensibilidades que se estruturaram no decorrer do tempo.

A juventude definitivamente se conformou como um mercado presente nas mais diferentes esferas. O estilo de vida jovem se impôs como o mais valorizado, inclusive para outras faixas etárias. Parecer jovial e saudável movimenta indústrias dos mais diversos perfis (médico, cosmético, de roupas, de alimentação, de produtos diversos, entre outros). Conjuga-se o hedonismo da juventude com a contenção da mocidade.

Nesse cenário, uma vez mais as práticas corporais desempenharam papel fundamental. São quase uma religião dos novos "tempos jovens". Mais do que nunca, esporte é coisa de mocidade, coisa de juventude, para o bem ou para mal... ou para ambos juntos.

Referências

ALVES, V. Z.; MELO, V. A. de. Um novo barato: surfe e contracultura no Rio de Janeiro dos anos 1970. *Revista Brasileira de Ciências do Esporte*, v.39, n.1, p.2-9, 2017.

BAIA, A. da C. *Associação Cristã de Moços no Brasil*: um projeto de formação moral, intelectual e física (1890-1929). Belo Horizonte, 2012. Tese (Doutorado em Educação) – Universidade Federal de Minas Gerais.

BARRETO, P. O futebol. In: COSTA, N. *Páginas cariocas*. Guanabara: Secretaria Geral de Educação Cultura, 1961. p.278-9.

BOOTH, D. *Australian beach cultures*: the history of sun, sand, and surf. London: Frank Cass, 2001.

BRANDÃO, L. *Para além do esporte*: uma história do skate no Brasil. Blumenau: Edifurb, 2015a.

______. O *skate* invade as ruas: história e heterotopia. *Rua*, Campinas, v.20, n.2, p.51-60, 2015b.

CÂMARA, E. de Q. C. M. Relatório da Inspetoria Geral da Instrução Primaria e Secundaria do Município da Corte. In: MINISTÉRIO DO IMPÉRIO. *Relatório do ano de 1859 apresentado a assembleia geral legislativa na 4ª sessão da 10ª legislatura*. Rio de Janeiro: Ministério do Império, 1860. p.A-H-15.

CÂNDIDO, F. de P. Exposição do estado sanitário da Capital do Império apresentado ao Ministério do Império pelo Presidente da Junta Central de Higiene Pública. In: MINISTÉRIO DO IMPÉRIO. *Relatório do ano de 1851 apresentado a assembleia geral legislativa na 4ª sessão da 8ª legislatura*. Rio de Janeiro: Ministério do Império, 1852. p.S2-17.

______. Relatório do Presidente da Junta Central de Higiene Pública. In: MINISTÉRIO DO IMPÉRIO. Relatório do ano de 1858, apresentado à Assembleia Geral Legislativa na 3ª sessão da 10ª legislatura. Rio de Janeiro: Ministério do Império, 1859. p.A-G-1-A-G-17. Disponível em: http://brazil.crl.edu/bsd/bsd/u1731/. Acesso em: 17 set. 2014.

CASTRO, R. *Ela é carioca*: enciclopédia de Ipanema. 3.ed. São Paulo: Companhia das Letras, 1999.

CHACAL. *Uma história à margem*. Rio de Janeiro: 7Letras, 2010.

DIAS, C. *Urbanidades da natureza*: o montanhismo, o surfe e as novas configurações do esporte no Rio de Janeiro. Rio de Janeiro: Apicuri, 2008.

DIAS, C.; FORTES, R.; MELO, V. A. de. Sobre as ondas: surfe, juventude e cultura no Rio de Janeiro dos anos 1960. *Estudos Históricos*, Rio de Janeiro, v.25, n.49, p.112-28, jul. 2012.

DRUMOND, M. *Nações em jogo*: esporte e propaganda política em Vargas e Perón. Rio de Janeiro: Apicuri, 2008.

EDMUNDO, L. *O Rio de Janeiro do meu tempo*. Rio de Janeiro: Conquista, 1957.

FERRONATO, C. de J. *Construindo uma nova ordem*: o debate educacional na Assembleia Constituinte de 1823. João Pessoa, 2006. Dissertação (Mestrado em Educação) –Universidade Federal da Paraíba.

FORTES, R. *O surfe nas ondas da mídia*: esporte, juventude e cultura. Rio de Janeiro: Apicuri, Faperj, 2011.

HEROLD JUNIOR, C.; MELO, V. A. de. Escotismo e esporte: propostas de educação do corpo no Rio de Janeiro dos anos 1910-1920. *Revista Brasileira de Educação*, Rio de Janeiro, v.23, p.e230045, 2018.

HEROLD JUNIOR, C.; VAZ, A. F. Representações sobre o escotismo, o exército e a educação corporal no Brasil: um estudo a partir de teses apresentadas em Congressos Escoteiros (1922-1923). *Movimento*, Porto Alegre, v.22, p.417-30, 2016.

HOLLANDA, B. B. B. de. *O clube como vontade e representação*: o jornalismo esportivo e a formação das torcidas organizadas de futebol do Rio de Janeiro. Rio de Janeiro: 7Letras, 2010.

KERR, Y. Campeonato de "surf" mostrou que americanos são os bons. *Jornal do Brasil*, Rio de Janeiro, 26 abr. 1966. p.18.

LINHALES, M. A. *A escola e o esporte*: uma história de práticas culturais. São Paulo: Cortez, 2009.

MELO, V. A. de. *Cidade Sportiva*. Rio de Janeiro: Relume Dumará, Faperj, 2001.

______. Antes do *club*: as primeiras experiências esportivas na capital do império (1825-1851). *Projeto História*, São Paulo, n.49, p.1-40, abr. 2014.

______. Uma diversão civilizada? A patinação no Rio de Janeiro do século XIX (1872-1892). *Locus*, Juiz de Fora, v.23, n.1, p.81-100, 2017a.

______. A sociabilidade britânica no Rio de Janeiro do século XIX: os clubes de *cricket*. *Almanack*, Guarulhos, n.16, p.168-205, ago. 2017b.

______. Saudável e *fashionable*: a patinação no Rio de Janeiro do século XIX (1878-1892). *Revista Brasileira de Ciências do Esporte*, Porto Alegre, v.40, n.1, p.17-23, 2018.

______. Educação, civilização, entretenimento: o Tivoli – um parque de diversão no Rio de Janeiro do século XIX (1846-1848). *Revista Brasileira de História da Educação*, Maringá, v.20, p.e114, 2020.

MELO, V. A. de; PERES, F. de F. *A gymnastica no tempo do Império*. Rio de Janeiro: 7Letras, Faperj, 2014.

MELO, V. A. de; PERES, F. de F. *Relações entre ginástica e saúde no Rio de Janeiro do século XIX*: reflexões a partir do Colégio Abílio (1872-1888). *História, Ciências, Saúde – Manguinhos*, Rio de Janeiro, v.23, n.4, p.1133-51, 2016.

MENDONÇA, A. B. *História do sport náutico no Brazil*. Rio de Janeiro: Federação Brazileira de Sociedades de Remo, 1909.

POMPEIA, R. *Crônicas do Rio*. Rio de Janeiro: Secretaria Municipal de Cultura, 1996.

SILVA, C. L. B.; MELO, V. A. de. Fabricando o soldado, forjando o cidadão: o doutor Eduardo Augusto Pereira de Abreu, a Guerra do Paraguai e a educação física no Brasil. *História, Ciências, Saúde – Manguinhos*, Rio de Janeiro, v.18, n.2, p.337-54, 2011.

SOUZA, P. J. S. de. Instrução pública nas províncias. In: MINISTÉRIO DO IMPÉRIO. *Relatório do ano de 1869 apresentado a assembleia geral legislativa na 2ª sessão da 14ª legislatura.* Rio de Janeiro: Ministério do Império, 1870. p.51.

Periódicos

A Canoagem, Rio de Janeiro, ano 1, n.1, p.5, jul. 1903; ano 1, n.2, p.2-5, jul.1903; ano 1, n.7, p.1, ago. 1903; ano 1, n.17, p.4, out. 1903.

A Noite, Rio de Janeiro, 12 jul. 1922; 24 fev. 1927.

Alma Surf, São Paulo, ano 1, n.1, p.20, nov. 2000.

Almanaque do O Tico-Tico, Rio de Janeiro, 1926.

Careta, Rio de Janeiro, 20 jul. 1981.

Correio da Manhã, Rio de Janeiro, 11 dez. 1925.

Correio Paulistano, São Paulo, 18 ago. 1882.

Gazeta de Notícias, Rio de Janeiro, 27 jun. 1880; 15 mar. 1881.

Guanabara, Rio de Janeiro, 21 jul. 1883.

Jornal do Brasil, Rio de Janeiro, 23 fev. 1916.

Jornal do Comércio, Rio de Janeiro, 24 jun. 1846; 20 ago. 1846; 1º jun. 1851.

Marmota na Corte, Rio de Janeiro, 31 out. 1851.

O Cruzeiro, 21 jan. 1967.

O Fluminense, Rio de Janeiro, 8 jun. 1898; 12 jun. 1898.

O Globo, Rio de Janeiro, 18 jul. 1876; 13 fev. 1882; 4 jan. 2004.

O Imparcial, Rio de Janeiro, 12 fev. 1914.

O Jornal, Rio de Janeiro, 13 dez. 1972, p.27.

O Malho, Rio de Janeiro, 13 jun. 1904.

O Tico-Tico, Rio de Janeiro, 5 abr. 1911.

Revista da Semana, Rio de Janeiro, 1º jun. 1902; 30 jun. 1907.

Revista Gol, n. 13, abr. 2003.

Semana Sportiva, Rio de Janeiro, 21 out. 1899.

The Anglo-Brazilian Times, Rio de Janeiro, 9 jul. 1881.

8

História da juventude militar brasileira: a longa permanência das tensões entre o "ser adulto" e "ser jovem" dos alunos dos cursos de formação de oficiais do Exército brasileiro (1890-1970)

Fernando da Silva Rodrigues
Fabio da Silva Pereira

A história da juventude militar brasileira parece ter, num primeiro momento, certo distanciamento daquela que seria a história da juventude civil. No entanto, como separar esse tipo social e reconhecer uma história própria? Basta lembrarmos que a juventude que, ao longo da história, candidatou-se a um processo seletivo numa escola militar veio de uma estrutura familiar definida pela codificação civil e social, que faz parte de uma sociedade civil, mesmo reconhecendo os casos emblemáticos de famílias com fortes tradições militares passadas de pais para filhos.

Com relação à sociabilidade, acreditamos que, em consequência do treinamento exaustivo durante o período de formação nas escolas militares a que é submetido o jovem em regime de internato, além de outras especificidades da instituição de ensino a que pertence e que o forma, o futuro oficial de carreira se isola da sociedade civil e de outros grupos de militares, nesse caso dos oficiais temporários e dos graduados. Como categoria social, situa-se e se determina mais em relação à instituição militar a que pertence que a seu grupo familiar de origem.

Por essas questões complexas, é importante trabalhar com um conceito de juventude para além do campo da psicologia, o qual necessita de aproximações e distanciamentos acerca do tema. As ciências humanas e as ciências sociais devem fazer parte desse processo de construção conceitual, pela facilidade de localizar o jovem nas sociedades modernas e contemporâneas. Mesmo assim, será um processo baseado na subjetivação e na contradição, envolvendo conceitos muito próximos, que vão da infância, passam pela adolescência e pela juventude, e finalizam com o ser adulto, e que podem ter definições diferentes nos diversos momentos históricos da humanidade. O conceito de juventude pode ser definido por uma construção social, histórica, política, econômica, cultural e territorial.

A psicologia contemporânea trabalha com o conceito de adolescência diferentemente do conceito de juventude, considerando a amplitude do termo juventude, que perpassa por temas sociais, culturais, políticos, econômicos e outros. Para os estudos psicológicos, a adolescência passa por transformações corporais relacionadas à puberdade, com os significados definidos em uma sociedade, determinando o modo de ser de uma pessoa. A transformação do corpo acontecida na puberdade é responsável por uma nova imagem pessoal, com mudanças psicológicas que deixaram a infância para trás.

Na primeira metade do século XX, o processo de gestação da juventude brasileira teve forte aproximação com o pertencer às Forças Armadas, por conta da intensidade na aproximação dos militares com a política nacional. Durante o governo de Getúlio Vargas (1930-1945), ocorreu a intensificação na exploração do uso da imagem de o cidadão ser militar. Foram utilizadas estratégias de valorização da imagem das Forças Armadas como um dos principais símbolos da nacionalidade brasileira. A aspiração à carreira militar passou, nos anos 1930, a condição de prestígio irresistível aos jovens rapazes, pela nobreza da profissão e pelo compromisso de soldado na defesa da pátria.

Na história do ensino do Exército, na parte específica dos cursos de formação de oficiais de carreira, a marca principal das suas reformas está relacionada à aplicação do melhor modelo de ensino para sua juventude militar, que pode ser considerada conceitualmente como adolescente, jovem ou mesmo adulta, dependendo do critério social ou jurídico utilizado para definição.

Nesse sentido, qual é o melhor modelo de ensino a ser aplicado: o teórico ou o prático? Como exemplos dessa dualidade de modelo, temos a reforma de 1890, voltada para o caráter teórico e cientificista da formação militar, tendo à frente Benjamin Constant, importante personagem na história da Proclamação da República. Ou a reforma de 1905, contextualizada pelo fim da revolta na Escola Militar do Brasil e da Revolta da Vacina, em novembro de 1904, que foi uma tentativa de eliminação do excesso do ensino teórico no currículo de ensino militar, procurando dar o máximo de relevo à instrução prática profissional.

Depois da Revolução de 1930, a formação da jovem oficialidade foi modificada, continuando na direção da modernização e da profissionalização iniciada com os Jovens Turcos e com a Missão Militar Francesa (MMF). No dia 15 de janeiro de 1931, assumia o novo comandante da Escola Militar, o coronel José Pessoa, que definiu as ações para concretizar o processo de reforma daquele estabelecimento de ensino, naquele novo momento político. Para além do regulamento, fez modificações nas condições materiais da escola para assegurar à sua juventude militar ambiente higiênico, asseado, limpo e, muito mais importante que isso, buscando transformar mentalidade, hábitos, costumes, que deveriam dar dignidade e responsabilidade consciente ao novo aluno, futuro oficial do Exército brasileiro. Por fim, o coronel José Pessoa idealizou a transferência da escola do subúrbio carioca, local próximo das agitações políticas e da promiscuidade social, que impregnavam a capital do Brasil, o que muito desagradava aos oficiais mais antigos, para a cidade de Resende.

Nesse sentido, foram realizados em 1931 diversos reconhecimentos no sul fluminense, com o intuito de localizar o ponto ideal de construção da nova escola. Resende foi escolhida por José Pessoa pela proximidade com o maciço de Itatiaia, local onde está situado o pico das Agulhas Negras, à época tido como o ponto culminante do Brasil. A projeção da cadeia de montanhas contra o céu de porcelana azul favoreceu a escolha do coronel e inspirou a criação do brasão da Escola Militar do Realengo, 13 anos antes da mudança para Resende.

O regulamento da Escola Militar de 1934 teve como uma das principais mudanças a ampliação da duração do curso na escola de três para quatro anos. Segundo Motta (1998, p.291), o objetivo dessa modificação foi favorecer os programas de ensino de maneira a serem ministrados em um tempo maior. No entanto, o regulamento de 1934 durou pouco tempo, não chegando a ser aplicado na escola. Esse estatuto foi suspenso em 1935. As novas determinações do ministro da Guerra, que entraram em choque com as construções estabelecidas durante a direção do coronel José Pessoa, estabeleciam, entre outros aspectos, o retorno do curso de três anos, um novo programa de disciplinas e a competência do comandante da escola para articular a combinação ou fusão dos regulamentos de 1929 e 1934 na questão relacionada ao ensino prático e à administração escolar.

Em 1940, é implantado o novo regulamento para as escolas militares. Nessa época, o país vivia sob o regime autoritário do Estado Novo e o Exército sob a gestão do ministro da Guerra, general Eurico Gaspar Dutra. No contexto das mudanças de 1940, desenvolvia-se a Segunda Guerra Mundial. As diversas inovações tecnológicas davam novo ritmo aos campos de batalha e às estatísticas sobre o quantitativo de mortos. Segundo Motta (1998, p.293), o contexto da Segunda Guerra Mundial não influenciou a nova mudança no regulamento de ensino militar, pois as modificações foram frutos do contexto interno. O principal ponto a ser registrado foi o retorno do curso para quatro anos.

Um novo regulamento para as escolas militares vai aparecer em 1942. Não se tratava de um novo texto, mas quase uma repetição do regulamento de 1940. A única inovação foi o retorno do curso de três anos, cujos adeptos tomavam como base de sustentação dos seus interesses razões econômicas, sustentando que mais um ano de curso era um desperdício de tempo, além de defenderem a necessidade de completar o mais rápido possível os claros de tenentes na tropa. Podemos perceber que a alteração ocorreu no momento do alinhamento militar com os Estados Unidos e da possibilidade de participar da Grande Guerra. No entanto, o fato mais importante seria que o regulamento de 1942 foi o último a ser aplicado na Escola Militar do Realengo. O Decreto-Lei nº 6.012, de 19 de novembro de 1943, determinava o fim da escola em 31 de dezembro de 1944, já que o primeiro ano do curso de formação de oficiais passaria a ser realizado na Escola Militar de Resende, com funcionamento previsto para 1º de janeiro de 1944, em concomitância com a antiga escola.

A chegada dos primeiros cadetes em 5 de março de 1944 marcou o fim de uma fase em que a formação dos oficiais ficava centralizada na capital federal. Já as escolas preparatórias tinham representações em São Paulo, Fortaleza e Porto Alegre, embora o final do processo fosse, inevitavelmente, a Escola Militar.

O advento da Escola Militar de Resende, mais tarde Academia Militar das Agulhas Negras (Aman), representou uma brusca mudança para a juventude daquela época, saindo do centro nervoso do país para a vida "pacata" aos moldes do século XIX. Entretanto, a influência do progresso tecnológico nas comunicações e nos transportes no Brasil após 1950 acelerou a transformação local.

Em paralelo, as mudanças na doutrina militar brasileira decorrente da participação do Brasil na Segunda Guerra Mundial e os movimentos guerrilheiros nos anos 1960 impulsionaram a educação castrense para o treinamento das especialidades em operações de combate, de forma integrada entre as armas e os serviços.

Nesse momento, a "nova experiência" da formação do oficial de carreira da linha de ensino militar bélico em Resende assumiu um aspecto estrutural vinculante. Os conhecimentos adquiridos com a inclusão de práticas integradoras no currículo formal da Aman, como a criação do curso básico para os cadetes do primeiro ano e do Destacamento de Instrução Especial (DIEsp), permearam as atuais estratégias de educação castrense em todos os níveis do Exército brasileiro, em todo o país.

Tensões político-sociais da juventude militar na primeira metade do século XX

O quotidiano dos alunos das escolas militares não foi simplesmente marcado pela hierarquia e pela disciplina, como a literatura tenta mostrar. Pelo contrário, muita subversão da ordem, indisciplina e confrontos contra o sistema ocorreram ao longo da história.

Uma importante revolta da juventude militar ocorreu na noite de 14 para 15 de novembro de 1904. Na ocasião, os alunos da Escola Militar do Brasil, localizada na Praia Vermelha, realizaram uma sedição militar em que selavam o fim de uma das principais instituições de ensino superior militar do país. A rebelião foi considerada pelo Exército um crime hediondo contra a força terrestre, contra a honra, contra a classe e contra a República e suas instituições constituídas. A sublevação dos alunos foi considerada, ainda pelo comandante da escola, como um repugnante atentado à paz pública, à ordem institucional do país e ao regime.

O levante militar ocorreria durante a Revolta da Vacina e estava previsto para acontecer no dia 15 de novembro por duas razões consideradas decisivas. Primeiro, porque os militares rebelados pretendiam dar início a uma nova República, que retornasse ao modelo original de seus fundadores positivistas, em particular Benjamin Constant e seus alunos da Escola Militar do Brasil. O dia 15 de novembro, data simbólica da primeira vitória desse grupo, em 1889, marcaria o renascimento do espírito perdido e alterado pela politicagem dos civis, liderados pela elite paulista. Segundo, porque nesse dia deveria haver desfiles militares em comemoração à data cívica, e, como caberia ao general Silvestre Travassos, um dos líderes do levante, o comando das tropas em parada, ele as incitaria à rebeldia, recebendo a adesão com grande entusiasmo dos oficiais já articulados com o movimento, impondo assim anuência dos vacilantes e desarmando os refratários.

Com relação ao levante militar na Praia Vermelha, verifica-se que o ministro da Guerra, general Argollo, tratou do assunto em seu relatório, no ano de 1905. Dizia o ministro que, pelos acontecimentos ocorridos no final do ano de 1904 na Escola Militar do Brasil, chegava-se à conclusão de que não podia aquela instituição de ensino ser modificada por simples resoluções legislativas ou por atos do Poder Executivo. Ele acreditava ser absolutamente indispensável o concurso de todos, militares e civis, para que a instituição se mantivesse inteiramente à parte das lutas partidárias e entendia que a sua mais legítima e digna aspiração deveria ser restrita escrupulosamente ao papel que lhe estava traçado na Constituição, procurando conquistar a veneração pública pela correção do seu procedimento, pela inflexibilidade no cumprimento do dever, indiferente aos aplausos mentirosos e efêmeros dos exploradores políticos, que, longe de prestígio, só concorriam para que a instituição se constituísse em objeto de desconfiança e temor das classes conservadoras da sociedade brasileira.

O ministro da Guerra diz ainda que ninguém conhecia a arte dificílima da obediência, todos tinham a pretensão e achavam-se habilitados na arte difícil de comandar; geralmente só pelo receio do castigo se conseguia obter o que, espontaneamente, deveria ser o resultado da submissão. Esse grave defeito de educação concretizava-se na frase característica "não pode" que fatalmente surgia ao tratar-se do cumprimento de uma ordem ou da execução de uma disposição de lei, frase que era a fórmula popular da rebeldia do espírito nacional. Embora se estabelecesse a obediência como condição fundamental e indispensável à existência da instituição militar, ela ficava restrita, vagamente, aos limites da lei, autorizando, desse modo, a discussão e a crítica das ordens recebidas, colocando a sua observância na dependência da apreciação daqueles quc tinham de executá-la, estabelecendo implicitamente para o superior a necessidade de procurar conhecer previamente a opinião do subordinado sobre a legalidade ou ilegalidade da ordem que pretendesse dar-lhe, para ter certeza de que ela seria cumprida.

Segundo o general Argollo, faltavam ao Exército as qualidades fundamentais que caracterizavam o espírito do verdadeiro soldado, e daí a dificuldade que teria de enfrentar para formá-lo, agravada pela vocação quase que exclusiva de seus jovens oficiais para os estudos teóricos, para as especulações puramente abstratas, de que resultava lamentável inaptidão para os trabalhos práticos e para os misteres profissionais e a franca aversão pelo trabalho profissional militar, embora entusiasticamente apaixonados por todas as suas brilhantes exterioridades.

Acredita o ministro que a educação e a instrução militar, no Exército, exigiam, pois, forçosamente, uma radical transformação moral e intelectual da sua juventude sob a pena de ficar a instituição com militares caracterizados unicamente pelo uniforme que vestiam. O problema do Exército era, portanto, muito mais complexo e delicado do que à primeira vista parecia para aqueles que julgavam a sua solução na dependência exclusiva de reforma, de organização e de regulamentos. Além da resistência espontânea dos jovens, da modificação moral e intelectual que lhes impunha, o Exército teria de lutar contra a ação funesta do meio influenciado pela ação anárquica de alguns homens da política e de parte da imprensa diária, sem contar com uma reação suficientemente enérgica para modificar a situação.

Em sua crítica ao modelo de ensino militar adotado, o general Argollo registra que, em geral, o civil atingia o primeiro posto do oficialato sem que o regime acadêmico tivesse conseguido transformá-lo em soldado. Iniciava sua carreira como jovem aluno da Escola Preparatória, ia para Escola Militar e, em poucos anos depois, era promovido a oficial, com o mesmo espírito teórico e insubmisso que tinha ao alistar-se.

Para Argollo, quando a perturbação da ordem se restringe ao elemento civil, sempre se consegue obter, pelo serviço de polícia, um conjunto de informações suficiente para formar uma ideia mais ou menos precisa da situação, que desde então se tornava clara e definida, permitindo agir com segurança e firmeza: sabia-se onde estava o mal e resolutamente se empregava o meio de que se dispunha para debelá-lo. A questão, porém, muda inteiramente de aspecto quando o elemento afetado é a força militar. Segundo o ministro, a instituição foi criada para a garantia da ordem, da defesa da pátria e da República. A informação era substituída pelo boato, que se tornava vago e indeciso. Sentia-se o perigo por todos os lados, sem que se pudesse precisar a sua extensão e intensidade. Enfrentava-se o imprevisto, o desconhecido, que gerava na alma a dúvida, o receio, a desconfiança, sem ponto de apoio, sem objetivo, sem limites.

Segundo Argollo, as greves, a invasão da cidade por um grupo que tipifica como uma "horda de desclassificados", verdadeiros bárbaros, entregando-se a inauditas violências contra pessoas e propriedades, inutilizando os lampiões da iluminação pública, destruindo e incendiando os veículos de transporte. Esses foram os sintomas com que mascararam a Revolta que só no dia 14 de novembro manifestou-se francamente quando, após a reunião de que participaram diferentes oficiais nela implicados, realizada no Clube Militar, o general Olympio da Silveira se dirigiu ao Palácio para exigir a demissão do ministro da Justiça.

Para Argollo, os elementos do Exército que cederam à criminosa influência do prestígio dos generais explorados pelos especuladores políticos foram justamente os dos estabelecimentos de educação e de instrução militar, institutos que por sua natureza deviam se apresentar para todas as outras organizações militares como os mais perfeitos modelos de disciplina e subordinação. Na Escola Preparatória e Tática do Realengo, o comandante, general Hermes da Fonseca, conseguiu dominar o movimento, prendendo um dos líderes, o major Gomes de Castro, e um civil que o acompanhava, obrigando o outro, capitão Antônio Mendes de Moraes, a fugir, deixando os alunos rebeldes na contingência de abandonar o estabelecimento, com destino à estação ferroviária de Cascadura.

Já na Escola Militar do Brasil, o comandante, não dispondo de elementos para reagir, foi deposto pelo general Sylvestre Travassos, acompanhado do tenente-coronel Lauro Sodré e do deputado Alfredo Varella. Os rebeldes foram reprimidos pela ação das forças comandadas pelo general Piragibe, na Rua da Passagem, em Botafogo, ainda na noite de 14 de novembro. O general Travassos, gravemente ferido, foi retirado do local da luta, o deputado Alfredo Varella desaparecera, e os alunos, vendo-se sem liderança, retraíram para o prédio da escola, onde foram presos no dia 15 de novembro.

O discurso do general Argollo no relatório é de total crítica às ações rebeldes e articuladas à sua visão de inversões de valores dentro do movimento. Em seu relatório, registra com pesar as ações do general Travassos. Isso ocorreu porque, após ter deposto o comandante de um estabelecimento superior de educação militar, apresentou-se, sob a direção de um tenente-coronel, um inferior na hierarquia militar. Além disso, o mando ficou sob a influência direta de um civil, consentido pela anuência dos subordinados ao general. Tais indícios à frente de uma força constituída por alunos oficiais e praças revelaram uma inqualificável promiscuidade. Em uma situação em que dois oficiais se bandearam para o lado dos rebeldes, com os contingentes de força cujo comando lhes fora confiado para combatê-los, a ação desmoralizadora do exemplo era tão brutalmente impressionante e de tal modo empolgante para o espírito militar que seria insensatez procurar apurar correção no procedimento daqueles que tiveram de cumprir a difícil missão de enfrentá-la e dominá-la, e que o fizeram tão bem quanto lhes permitiram as condições do momento.

Com o fim da revolta no Rio de Janeiro, o governo desencadeou repressão enérgica contra aqueles que participaram do movimento de agitação, principalmente a população civil indigente da cidade do Rio de Janeiro, pois os alvos de perseguição policial eram todos os miseráveis, excluídos da sociedade por falta de moradia, emprego e documentos.

Além da repressão policial, a enorme massa popular, formada por indesejáveis (trabalhadores, desempregados, vadios compulsórios), foi sendo empurrada para o alto dos morros no entorno da cidade e para os subúrbios do Rio de Janeiro, ao longo da Estrada de Ferro D. Pedro II. A "limpeza social" do centro do Rio de Janeiro continuou com a valorização do mercado imobiliário da região, acompanhada igualmente pela continuada valorização imobiliária da zona sul, beneficiada pelos investimentos prioritários das autoridades municipais e federais na política de urbanização. Após o fechamento da Escola Militar do Brasil, na Praia Vermelha, as autoridades militares e civis concordaram com a transferência da sede da escola para o subúrbio do Rio de Janeiro e para duas outras cidades do Rio Grande do Sul (Porto Alegre e Rio Pardo). O interesse dos militares era afastar seus alunos da instabilidade política que a região oferecia.

Juridicamente, com relação aos militares que participaram da revolta, realizou-se um procedimento de acordo com os princípios estabelecidos para os casos comuns contra a ordem, instaurando inquérito, conselhos de investigação e de guerra, contrariando as pretensões do ministro da Guerra, que queria que fossem observadas as leis militares em tempo de guerra, mais duras, de conformidade com o artigo 2º do Decreto de 24 de outubro de 1838 sobre crimes de guerra, e não estabelecendo o regulamento processual militar, processo especial para casos como o de 14 de novembro.

Reconhecendo-se, no correr da formação da culpa dos diferentes indiciados, que a reunião no Clube e os acontecimentos nas Escolas e na Fortaleza de São João não eram mais que manifestações diferentes de revolta militar, convocou-se um Conselho Geral de Investigação, que, avocando todas as outras parciais, estabeleceu a unidade de julgamento exigida pela indivisibilidade do crime. Subordinado às regras do processo comum, inútil e prejudicialmente complicado pelas exigências do grande número de formalidades, o julgamento do caso deixou de ser rápido e imediato como queria o ministro da Guerra.

Independentemente dos processos jurídicos em andamento, foram excluídos do Exército, a bem da disciplina, por envolvimento nos acontecimentos de 14 de novembro de 1904, 275 jovens alunos da Escola Militar do Brasil. O Exército deixou de excluir, naquele momento, dez alunos porque ainda faltavam seus depoimentos e sete outros que foram mortos ou feridos em ação.

Não foi por acaso que, por ordem do governo federal, a Escola Militar do Brasil foi fechada até segunda ordem, em virtude dos graves acontecimentos ali ocorridos, após o Decreto nº 1.270, de 16 de novembro de 1904, que declarou em estado de sítio por 30 dias o Distrito Federal, a comarca de Niterói e o estado do Rio de Janeiro. O Congresso Nacional, reconhecendo os defeitos de todo o serviço de ensino militar no Exército, autorizou o governo, pelo artigo 10 da Lei nº 1.316, de 31 de dezembro de 1904, a reorganizá-lo, no que se referia às disciplinas e aos cursos, reformando o regime escolar em vigência, conforme fosse julgado mais conveniente e concernente às escolas, dividindo, suprimindo e criando disciplinas que julgassem melhor.

Na Escola Militar no Realengo (1913-1944), o espírito de radicalidade política da juventude militar não ficou adormecido. O início dos anos 1920, além de testemunhar as diversas mudanças que ocorreriam na Escola Militar, representou um momento de outra importante crise política na história brasileira. Arthur da Silva Bernardes, depois de conturbada campanha política no contexto do surgimento das chamadas "cartas falsas", supostamente escritas por ele a Raul Soares insultando Hermes da Fonseca, foi eleito e reconhecido presidente da República em substituição a Epitácio Pessoa. Para impedir sua posse, levantaram-se, em 5 de julho de 1922, a Escola Militar, o Forte Copacabana e a Guarnição Federal do Mato Grosso, no fato que ficou conhecido pela história como Movimento Tenentista.

O envolvimento dos alunos da Escola Militar no Tenentismo levou à abertura de um inquérito sobre os acontecimentos no dia 5 de julho de 1922. Em consequência, o governo federal resolvera desligar imediatamente, a bem da disciplina, 256 alunos envolvidos e que continuaram presos. Ademais, distribuíram-se 333 alunos pelas unidades das diversas regiões militares para serem desligados do serviço ativo do Exército, e os 58 restantes mencionados foram postos em liberdade.

A partir dos anos 1930 até o fim do Estado Novo, em 1945, a Escola Militar do Realengo sofreria um cerco à cidadania para evitar movimentos como o de 14 de novembro de 1904 ou o de 5 de julho de 1922. Nesse momento, foi possível identificar, a partir das escolas militares, a construção de uma nova cultura política no Exército e a formação de uma nova elite militar, articuladas aos movimentos políticos que o Brasil atravessava. No período foi possível identificar o estabelecimento de padrões de discriminação política no ingresso para a Escola Militar, dentro da lógica institucional, que seguiam as diretrizes políticas e ideológicas estipuladas pelo Estado-Maior do Exército, órgão subordinado ao Ministério da Guerra, até então responsável pela direção, organização e fiscalização do ensino militar.

O que se percebe é que desde 1931 estavam sendo implantados, na Escola Militar e em outros estabelecimentos de ensinos militares do Brasil, instrumentos para dificultar ou mesmo impedir a entrada, num primeiro momento, da juventude que não se enquadrasse no novo modelo exigido para ser oficial do Exército, ou seja, indisciplinados fichados pela polícia ou associados à política, e, num segundo momento, comunistas, filhos de estrangeiros, negros, judeus e muçulmanos, pois esses grupos eram considerados subversivos ou inferiores para a formação de uma elite militar. Dentro de um contexto maior, após 1930, o modelo político do Estado nacional latino-americano transitava do liberalismo para o intervencionismo estatal que culminaria no Brasil com a instalação do Estado Novo em 1937, regime autoritário de ideais racistas e antissemitas.

Durante o Estado Novo, foi instalado no país uma cultura de "grande medo" contra o comunismo, que revelou na sociedade brasileira uma característica inerente a esses momentos específicos: a cultura da denúncia, em que normalmente se destacam os casos de vingança pessoal que se estabeleciam nos momentos de grande tensão política. Um caso encontrado foi relacionado à sindicância instalada na Escola Militar no Realengo que deveria apurar a veracidade da acusação feita ao ministro da Guerra sobre a filiação e data de nascimento do aluno Alesio Silva Lima.

No relatório da sindicância procedida e enviada ao ministro da Guerra, consta que o jovem militar em questão era, de fato, filho legítimo de Artur Gonçalves Amarante e Deusedina Gonçalves Amarante, nascido em 22 de janeiro de 1919, em São Gonçalo, no estado do Rio de Janeiro. No entanto, em 25 de fevereiro de 1934, fora novamente registrado por seu padrasto, como sendo filho legítimo do segundo casamento de sua mãe, chamada então de Deusedina Pereira Lima e dele declarante, o suboficial da Armada Egídio da Silva Lima, como nascido em 5 de abril de 1922, no Distrito Federal. No mesmo ano de 1934, matriculara-se no Colégio Militar apresentando a nova certidão de registro que, segundo o sindicante, fora feita com o objetivo especial não só de satisfazer a idade exigida naquele estabelecimento, como também de encontrar amparo na matrícula por ser filho de um suboficial da Armada.

Em virtude do seu primeiro registro, fora sorteado, convocado e declarado, pela 2ª Circunscrição de Recrutamento, insubmisso da classe de 1919. O sindicante julga em seu relatório que ao aluno Alesio nenhuma responsabilidade poderia ser imputada, de vez que a nova declaração de seu nascimento fora feita quando ainda era menor de idade e na qual não tomou parte ativa, além de o cadete, que cursava em 1942 o terceiro ano da Escola Militar, ter tido sempre bom aproveitamento nos seus estudos, conduta exemplar e reveladas qualidades morais à altura do corpo de cadetes a que pertencia.

Segundo o sindicante, a denúncia levada ao conhecimento do ministro da Guerra, apesar de verdadeira, tinha por objetivo prejudicar o jovem, pois, por um simples exame da oportunidade e da forma como fora feito, já se via que se tratava de uma vingança que o denunciante, covarde e calculadamente, procurou executar quando sua vítima atingia quase o fim do curso militar.

Quanto ao crime de insubmissão (deixar de apresentar-se o convocado à incorporação designada), é lógico que, tomando o fato consumado e vivendo a situação que lhe havia sido criada, e já tendo assentado praça na Escola Preparatória de Cadetes, ele se desinteressasse pela situação militar, fato do qual, aliás, demonstrara inteiro desconhecimento durante a apuração feita. Quando se analisa o caso, percebe-se que, apesar de toda tentativa do alto escalão militar da época quanto à formação de um militar profissional superior, distante dos estigmas raciais e ideológicos, com a moral e o civismo acima do padrão exigido para outras categorias da sociedade, fora realizada, nesse processo judicial, uma flexibilização da situação, com um julgamento favorável ao cadete.

Podemos estabelecer algumas razões para o ocorrido: 1. por já se encontrar no terceiro ano da Escola Militar e haver construído uma relação de amizade com outros alunos, instrutores e demais integrantes da escola; 2. por ser um bom aluno, inserido na estrutura de formação de oficiais, e que, na falta de bons candidatos, pela radicalização do processo seletivo e pelo contexto da Segunda Guerra Mundial, levara o sindicante a um julgamento favorável ao acusado.

A mudança de rumos: vida e educação militar em Resende (1944-1970)

A mudança de mundos entre a capital federal e a cidade de Resende foi uma quebra de paradigma na formação castrense. Para entendermos melhor o que representou a mudança da Escola Militar do Realengo para Resende, é necessário entender alguns aspectos político-sociais da dileta região sul fluminense. O afastamento dos jovens cadetes da política e a adoção de práticas de ensino modernas livres das ideologias revolucionárias foram eixos norteadores que inspiraram a recriação do ambiente formador, nos moldes da Academia Militar de West Point, nos Estados Unidos; da Real Academia Militar de Sandhurst, no Reino Unido; e da Escola Militar Especial de Saint-Cyr, na França, expoentes da educação militar mundial no período entreguerras.

A semelhança entre elas refere-se à suntuosidade das instalações e ao nível de coletivismo controlado entre os alunos. Uma noção de coletividade, antes de se pensar na nova estrutura, estava no fato de que a Escola Militar do Realengo se estruturou em grandes alojamentos, muito semelhantes aos existentes nas dependências dos batalhões e regimentos de soldados. Ademais, os alunos do Realengo em 1931 estavam em um quartel comum, com uniformes que pouco os diferenciavam dos praças (soldados e sargentos), além de todas as etapas da rotina diária lembrarem os movimentos de qualquer unidade de tropa.

No entanto, a nova concepção estava na divisão dos cadetes em alas e apartamentos, com 12 cadetes compondo cada um deles, possuindo armário próprio e mesa para estudos. Ademais, os cadetes deveriam possuir um refeitório próprio e uma biblioteca totalmente desenhada para facilitar a circulação e o aprendizado. O campo ao redor estimulava a prática de exercícios físicos e equestres, sem a preocupação dos atos de violência que já rodeavam o subúrbio carioca. Enfim, seria um mundo à parte, uma espécie de "bolha", em que as energias daqueles jovens seriam canalizadas para a atividade-fim, sem interferências políticas, direcionados para o aprendizado das táticas e técnicas militares no mais alto nível. O ideal traçado pelo general José Pessoa Cavalcanti de Albuquerque materializou-se em meados dos anos 1940, 13 anos depois do reconhecimento e da escolha do novo sítio para a instalação da nova proposta acadêmica da elite combatente do Exército brasileiro.

Fazendo uma volta no tempo, a nova cidade possuía características afetas ao século anterior, com infraestrutura precária sob alguns aspectos.

Os transportes e as comunicações ainda eram incipientes no período de inauguração da nova escola. Resende foi descrita por Monteiro Lobato como uma "cidade morta" após a passagem do ciclo do café, que enriqueceu os quatro barões da região e que empobreceu o solo após décadas de cultivo sem tratamento. Situada a 48 horas a cavalo do Rio de Janeiro, isso quando o cavaleiro não era assaltado ou acidentado na viagem, os caminhos de tropeiros de gado passavam ao largo da vila, bem como os produtos escoados tinham como destino os barqueiros do Rio Paraíba que faziam a viagem entre Sant'Ana dos Tocos, distrito de Resende limítrofe com o estado de São Paulo, hoje submersa no lago da Represa do Funil, e Barra do Piraí.

Com a chegada da ferrovia em 1873, a cidade possuía cerca de 28 mil habitantes, e os produtos passaram a ser gradativamente escoados por esse meio coletivo de transporte. À medida que os anos passaram, o transporte ferroviário tornou-se a principal ligação entre a localidade e a capital. A viagem entre o Rio de Janeiro e Resende durava entre seis e dez horas, em que pessoas e cargas passavam todos os dias.

Contudo, o valor da passagem e do transporte de mercadorias ainda incentivava os produtores a se aventurar por rotas alternativas. A ligação rodoviária Resende-Rio dava uma tremenda volta, passando pela antiga Rodovia dos Tropeiros, atingindo os municípios de Silveiras, Areias, Formoso e Arapeí, todos no território do estado de São Paulo, e Barra Mansa, Getulândia, Passa Três e Piraí, já em terreno fluminense.

Ou seja, a rodovia que tinha como origem secular o caminho do gado e que fora criada para fins automobilísticos em 1928 não passava diretamente por Resende. O antigo caminho, além de passar por um terreno montanhoso, é 50 quilômetros mais longo que a estrada atual.

Além disso, a "nova" rodovia Rio-São Paulo seria inaugurada somente em 1952, em pista única e sem acostamento, e a pista dupla da Rodovia Presidente Dutra (BR 116) só foi inaugurada nos anos 1970. A pista atual corre 43 quilômetros no município de Resende, em terreno plano. Segundo o professor Nei Panizzutti (1998), o traçado antigo privilegiou os municípios paulistas em detrimento do Rio de Janeiro no principal caminho do Brasil até os dias atuais.

A luz elétrica chegou em 1892 ao centro do município, deixando as fazendas no entorno às escuras, dependentes de geradores de energia movidos a óleo diesel. Como era final do ramal de energia da empresa Light, apagões constantes atormentavam a rotina resendense. As provas dos cadetes, por vezes, eram corrigidas sob a luz das lamparinas. A atual localidade de Penedo, importante produtora de legumes e frutas na região, situada a seis quilômetros do centro de Resende, teve acesso ao fornecimento de energia em finais dos anos 1960.

Para mais além, não existia estação de tratamento de água e de esgotos, e havia duas pontes que ligavam Resende ao restante do estado: a ponte ferroviária do Surubi (1872) e a ponte de ferro Nilo Peçanha (1905). As outras duas pontes rodoviárias foram inauguradas a partir de meados dos anos 1960. Aliás, as vias ficavam interditadas pelas enchentes que inundavam a cidade, com o nível do Rio Paraíba do Sul atingindo uma cheia de quatro metros, cobrindo boa parte do casario ribeirinho e interrompendo o fornecimento de energia. O telefone e o telégrafo, privilégio de alguns moradores ilustres desde 1872, também ficavam prejudicados pela cheia das cabeceiras dos rios afluentes do Paraíba. Essas enchentes terminaram após a construção da Represa do Funil nos anos 1960. Contudo, em 1968, ocorreu a última enchente de que se tem registro, graças a um erro de cálculo da vazão rio acima pela Empresa Furnas, administradora da eclusa até os dias atuais.

Em consequência dos fatores indicados, a população resendense em 1940 era de 27.422 pessoas, menos do que a população por ocasião da chegada do trem ao município, em 1873. O decréscimo populacional foi devido à falta de infraestrutura que impactasse a perspectiva local. Após o ciclo do café, a economia estagnou-se e as obras públicas surgiam a passos lentos. As informações chegavam na velocidade da "maria-fumaça", e a região seguia uma dinâmica peculiar acarretada pelo isolamento parcial do mundo que a cercava.

Dessa forma, era necessário fazer toda a estrutura para adequar os jovens cadetes à nova escola militar. Uma comissão especial de obras teve como tarefa construir o conjunto principal, com apartamentos, refeitórios, cinema, biblioteca, hípica, locais para educação física, hospital, locais para a instrução profissional militar e setores administrativos. Além disso, foi construída uma estação de captação e tratamento de água, com nove quilômetros e meio de dutos que distribuíam água para a escola e para a vizinhança, com destaque para o bairro Campos Elíseos. Para suprir a demanda de energia elétrica e de telefonia, a escola teve que contar, também, com uma central telefônica e uma usina de energia elétrica movida a óleo diesel.

Para viabilizar a obra, a comissão ainda teve que construir a própria olaria para produzir os tijolos e comprar uma pedreira para produzir o concreto necessário à construção. Para abastecer um contingente de quase sete mil pessoas, foi necessária a mobilização das fazendas próximas, com destaque para a Fazenda Penedo e a Fazenda Santa Maria, cujas produções excedentes tomavam o caminho do Rio de Janeiro por trem. O Leite Agulhas Negras, por exemplo, era comercializado todos os dias *in natura* por meio do transporte que demorava dez horas para chegar à capital em trens de carga não frigorificados. Tudo isso impactou a demografia, que subiu para cerca de 35 mil pessoas em 1950, um crescimento de 30% em cinco anos.

Portanto, a partida dos cadetes do Realengo em março de 1944 representou uma mudança brusca pelas servidões básicas que a Escola Militar de Resende teria que assumir na região sul fluminense. A proposta foi, no mínimo, ambiciosa: ser um centro de excelência sob os vieses acadêmico-militares. A rotina castrense encontrou um ambiente de fazenda quase isolada do mundo, sem muros nem cercas, onde os integrantes tinham a liberdade de transitar pelos seus limites sem os sustos de ataques entre quartéis de mesma sede.

Nesse contexto, os cadetes da Escola Militar de Realengo mudaram-se em 1944 para novas instalações em Resende que, em 1951, passou a chamar-se Academia Militar das Agulhas Negras. As origens da mudança de nome apresentam outro aspecto curioso: a fascinação do general José Pessoa pelo então ponto culminante do Brasil e, segundo Itamar Bopp (1976), o legado histórico "assassino" protagonizado pelo conde de Resende na execução de Tiradentes em 1792 foram elementos motivadores de ponderação perante o Estado Maior do Exército em 28 de julho de 1943. Porém, o pleito não alcançou o êxito esperado naquele ano. Mas, por insistência do general nos anos seguintes, contribuiu para a mudança definitiva em 23 de abril de 1951, nome preservado até hoje.

Fruto do esforço político e pessoal do general José Pessoa Cavalcanti de Albuquerque, as obras começaram em 1938 e estavam em processo de conclusão em 1944, momento em que a primeira turma, composta por cadetes do primeiro e segundo anos, tomou o trem em direção ao sul fluminense. Em 1945, a Aman foi contemplada pela entrada dos intendentes para a realização do curso em três anos em paralelo às armas de Infantaria, Cavalaria, Artilharia e Engenharia.

A disposição dos elementos de apoio logístico em praticamente todo o campo de batalha constituiu fator irreversível de apoio à decisão para a formação combinada em uma única escola: a Escola Militar de Resende. Recipiendária dos cadetes do Realengo, a futura Aman recebeu também os alunos do primeiro ano do "Casarão do Andaraí", antiga sede da MMF, da Escola de Estado-Maior e penúltimo local registrado da Escola de Intendência do Exército.

A mudança de sede para a Escola Militar de Resende produziu transformações que permeiam a juventude castrense desde o primeiro ano de atividades, ainda em 1944. Nesse aspecto, o trabalho pedagógico castrense recebeu influência norte-americana, por meio do emprego direto da Força Expedicionária Brasileira (FEB) e da Aliança para o Progresso.

Contudo, a mudança para a nova sede no sul fluminense provocou uma série de transformações internas e externas à instituição militar. As influências internas ficaram por conta da estruturação da Escola Militar de Resende. Fruto de um extenuante trabalho de reconhecimento e de convencimento político, em que o coronel José Pessoa disputou a palavra por meio dos folhetins para mostrar que os cadetes precisavam de um ambiente propício para desenvolver as virtudes inerentes ao soldado.

Um fator que motivou a mudança foram as brigas constantes entre os cadetes do Realengo e o operariado de Bangu. Essas rixas tinham por motivação o ciúme dos jovens civis da região, que eram "preteridos" na preferência das donzelas por "aqueles jovens atléticos, fardados como nobres, com espadim na cinta" (Panizzutti, 1998, p.60). Os constantes desgastes provocaram a exoneração do coronel José Pessoa em 1934.

Porém, a saída do comandante da Escola do Realengo foi acompanhada de fatos históricos relevantes para a história do país. No ano seguinte, o Levante Militar Comunista na capital federal, em Recife e em Natal reacendeu a chama de afastar os cadetes da vida agitada no Rio de Janeiro. Realengo estava a 40 minutos a cavalo, com passo a galope, do centro e da zona sul, detalhe que ainda tornava os cadetes alvos constantes do assédio de políticos e de militares favoráveis às mais distintas causas.

Além disso, valores meritocráticos estavam sendo questionados por incidentes ocorridos no processo de admissão na Escola de Intendência do Exército, que era localizada em São Cristóvão. A proximidade com os "cursinhos", nos quais lecionavam os professores de ambos os locais, culminou com o vazamento das questões do concurso. Como se isso não bastasse, um escândalo envolvendo agiotagem entre os membros daquele estabelecimento de ensino superior tomou conta dos jornais da época. Esses fatos contribuíram para a anulação do resultado do processo seletivo de 1935 e o fechamento daquela escola por quatro anos. Um dado preocupante referia-se ao fato de que alguns docentes lecionavam também na Escola Militar do Realengo, detalhe que poderia comprometer, desde o princípio, os propósitos arquitetados desde 1931 pelo coronel José Pessoa.

Para finalizar a questão dos constantes atritos político-militares, podemos elencar o conflito gerado pela Revolução de 1932 e a decretação do Estado Novo por Getúlio Vargas. O primeiro atrito de grandes proporções envolveu as guarnições militares do Sul, Sudeste e Centro-Oeste do Brasil, em que a cidade de Resende serviu como posto de comando das forças legalistas (pró-Vargas) contra os paulistas no Vale do Paraíba. O quartel-general das tropas governistas instalou-se nos vagões de trem no pátio de manobras da Estação Resende, e as tropas ficaram estacionadas na Fazenda Santo Amaro, atual bairro Manejo – termo atribuído à manobra dos contingentes do governo Vargas. A manobra durou 76 dias, e os paulistas avançaram até a Fazenda Babilônia, ocupando a estação de trem Campo Belo, hoje Itatiaia. Ademais, a Chácara das Sementes, terreno de origem da Aman, possuía uma pista que serviu de aeródromo para a observação aérea das tropas em combate. O Campo de Marte foi fundamental para monitorar o avanço paulista e auxiliar nas estratégias de Vargas para contra-atacar, detalhe que contribuiu para a vitória governista naquela frente de batalha.

Contudo, a vitória varguista não ocorreu sem sequelas. O irmão do general Góes Monteiro, capitão Cícero de Augusto, morreu em combate na região de Silveiras, em São Paulo, próxima à divisa com Resende. O corpo foi velado na Santa Casa de Resende e trasladado para o Rio de Janeiro.

O Estado Novo foi o resultado de um processo de instabilidade entre as correntes integralistas, com vistas a tomar o poder pela força das armas. Embora o Plano Cohen tenha sido um pretexto para a realização de um golpe preventivo, as instituições castrenses e especificamente os jovens representavam uma ameaça à estabilidade pactuada pelo novo regime, especialmente estratificada na alta hierarquia do Exército brasileiro.

Nesse contexto, o regime ditatorial varguista inspirou algumas mudanças no panorama formador da oficialidade brasileira. Uma corrente recém-inserida no seio educacional passou a rivalizar a atenção dos jovens interessados na vida combatente. O Centro de Preparação dos Oficiais da Reserva (Cpor), iniciativa do jovem capitão Correia Lima e formalizado o desejo desde 1921, iniciou as atividades a passos lentos em 1927 (Brasil, 1927), nas instalações do quartel de São Cristóvão. O Cpor destina-se, até os dias atuais, a formar a reserva mobilizável dos oficiais subalternos (tenentes) do Exército. A formação curricular até o ano de 1941 era de até três anos, conforme o regulamento para a admissão no corpo de oficiais da reserva:

> Art. 2º – O centro será constituído de cursos de instrução das armas de Infantaria Cavalaria e Artilharia; distribuído o ensino por 3 (três) anos em períodos de 4 meses no mínimo, e de modo abranger sucessivamente as escolas de soldado de graduado cabos e sargentos e de Comandante de pelotão.
>
> § 1º – O início dos trabalhos em cada ano coincidirá aproximadamente com o do ano letivo acadêmico, sendo os exames relativos a cada período realizado de modo a se conciliarem as exigências do curso militar com as escolares.

> Art. 3º – Os candidatos aprovados no curso de Comandante de pelotão receberão respectivo certificado e serão considerados aptos para o estágio de três meses em um corpo da respectiva arma. (Brasil, 1927)

No entanto, o currículo escolar sofreu mudanças por ocasião dos esforços de guerra. Em 1942, a habilitação de um oficial da reserva passou para apenas um ano. Adicionalmente, foram criados os Núcleos de Preparação dos Oficiais da Reserva (Npor) para as localidades que conseguiam matricular, no mínimo, dez alunos. Nesse mesmo ano, o presidente Getúlio Vargas decretou a possibilidade de reversão ao serviço ativo aos militares formados no Cpor e nos Npor (BRASIL, 1942).

Isso impactou em cheio o processo de mobilização da FEB a partir de 1943. No decorrer da mobilização, os critérios foram modificados. A prioridade da convocação de oficiais de carreira alterou-se para a convocação expressiva de oficiais da reserva para os postos de oficiais subalternos, representando, "naqueles postos de aspirante, segundo e primeiro tenente 27% dos regimentos de Infantaria" (Castello Branco, 1960, p.142). O procedimento de convocação individual e voluntariado apenas na primeira (Rio de Janeiro), segunda (São Paulo), quarta (Minas Gerais) e nona regiões militares (Mato Grosso) "passou a fazer-se, simultaneamente, em todo o território nacional, para atender aos patrióticos apelos que partiam de todos os recantos do país" (ibidem, p.137). Muitos desses jovens, de idade entre 18 e 25 anos que cursavam universidades civis e exerciam profissões liberais, como médicos, engenheiros, arquitetos e advogados, estavam no meio do turbilhão político, protagonizando ativamente protestos pedindo um posicionamento político mais enfático do governo. E muitos deles combateram, meses depois, na linha de frente, apesar de terem realizado cerca de dois meses de treinamento no Rio de Janeiro com parcos recursos.

Mais tarde, em uma avaliação detalhada das operações da FEB, o chefe do Estado-Maior, Floriano de Lima Brayner, foi duro a despeito do ardor patriótico e das atitudes protagonizadas por alguns desses oficiais temporários. Segundo o então coronel à época, o 6º Regimento de Infantaria, primeira unidade de combate a seguir para a guerra, recebeu complementos de várias origens. Percebeu o entusiasmo daqueles jovens, mas ponderou acerca da preparação deles para o *front*: existiria arrebatamento capaz de suprir as deficiências de uma preparação profissional? Certamente, não. Muitos desses jovens oficiais da reserva manifestaram verdadeiras psicoses, mormente a partir do desembarque em Nápoles, em 17 de julho de 1944, com a crescente aproximação da entrada na linha de frente (Brayner, 1968, p.112-3).

Apesar dos registros de atos heroicos realizados por oficiais temporários como o tenente Apollo Miguel Rezk e o aspirante José Jerônimo de Mesquita, lembrados na caserna até hoje por seus feitos em combate na Itália, o futuro marechal Lima Brayner (1968, p.113) foi categórico ao examinar o livro intitulado *Depoimento de oficiais da reserva sobre a FEB*, escrito por alguns tenentes temporários, oriundos do Cpor e dos Npor, logo após o conflito:

> Alguns foram mesmo excepcionais. Guardaram suas mágoas, como todos que foram à guerra. Externaram-nas num livro de ampla repercussão, fazendo críticas aos chefes militares, para as quais não estavam habilitados, nem tinham competência. Um deles [...] utilizou-se das facilidades de acesso aos arquivos e provas de confiança para, mais tarde, agredir aos que tanto o distinguiram.

Essa postura crítica, que tanto agrada aos curiosos, não agradou em nada aos generais, pois os militares possuem dois preceitos basilares quanto ao modo de agir e de pensar: a hierarquia e a disciplina. Informações altamente sigilosas que foram simplesmente abertas sem tratamento adequado expuseram vulnerabilidades e aspectos pessoais dos oficiais da cúpula em campanha. O depoimento desses oficiais da reserva foi publicado em 1949, apenas quatro anos após o final do conflito. Os registros possuem conteúdos merecedores de classificação sigilosa, que poderiam levar até 25 anos para tornarem-se, de fato, públicos. A crítica afeta ao desempenho das tropas poderia ser muito bem acolhida, se devidamente informada por meio da cadeia de comando, isto é, respeitando a hierarquia.

Em consequência, a atitude desses oficiais da reserva causou um profundo mal-estar na cúpula, e a possibilidade de militares temporários prosseguirem na carreira, assim como é feito atualmente nos moldes do Exército dos Estados Unidos, foi definitivamente descartada.

Em paralelo, ainda em 1937, depois de o promovido general José Pessoa muito lutar nos jornais pelo afastamento dos jovens militares da agitação política, o general Manuel Rabelo, diretor de Engenharia, autorizou a retomada dos estudos da construção da nova escola, formando uma nova comissão, que iniciou os trabalhos no ano seguinte. Favorecida pela alta dos preços do café, as instalações começaram a ser construídas a partir do segundo semestre de 1938, a um custo de quatro milhões e meio de dólares. Getúlio Vargas assinou a ata de início da construção no dia 29 de junho daquele ano e o local designado foi a Chácara das Sementes, local então pertencente ao Ministério da Agricultura.

Nesse início das atividades na "quase" estruturada escola no sul do estado do Rio de Janeiro, cabe compartilhar algumas curiosidades quotidianas de alunos e de instrutores.

Começamos pela maneira como os jovens iniciavam a carreira de oficial da linha bélica. Com base no regulamento de 1905, os alunos compartilharam um regime misto de ensino teórico e prático. Para isso, o primeiro ano foi estruturado como se fosse um batalhão de Infantaria, unidade de tropa destinada, numa guerra, às ações de combate. O Batalhão do Primeiro Ano do Corpo de Cadetes era organizado em três companhias de aproximadamente 100 cadetes cada. No interior da companhia, a subdivisão ficava em três pelotões entre 30 e 35 cadetes. Esses pelotões eram classificados de acordo com a escolha da qualificação do aluno. De acordo com esse modelo, desde o início, o aluno da Escola Militar era enquadrado no dia a dia de uma unidade de combate (Rodrigues, 2010, p.65).

Os cadetes contavam com o apoio de transporte ferroviário em horários especiais para sair de Resende e regressar ao final dos licenciamentos de final de semana e nas férias escolares. Quem não conseguia partir nessas viagens, ficava nas dependências da escola nos finais de semana. Naquele tempo, no sábado e no domingo, a sobremesa era laranja, fruta abundante nas fazendas da região. Por esse motivo, até hoje, o cadete que permanece aquartelado nos finais de semana recebe a alcunha de "laranjeira".

A "prisão sem muros", idealizada pelo general José Pessoa, remetia-se apenas no plano imaginário. Alguns cadetes das primeiras turmas pegavam os cavalos nas baias da hípica, punham as selas e partiam para o centro de Resende na busca de farras e novos amores. Estacionavam o "nobre amigo" na Praça Oliveira Botelho e tomavam várias Três Coroas, aguardente popular produzido em Minas Gerais e engarrafado e distribuído no Rio de Janeiro, e, segundo Panizzutti (1998), *destrambelhavam*, apostando corrida de cavalos nas ruas estreitas, entrando nos bares montados, exigindo mais bebidas.

O processo de escolha da especialidade, seja a "arma" ou o "serviço", teria uma novidade: com a inclusão do Serviço de Intendência na nova escola a partir de 1945, os candidatos a cadete aprovados nos colégios militares ou no concurso de admissão já escolhiam a qualificação a seguir logo na entrada. As armas são as especialidades voltadas exclusivamente para o combate, enquanto o serviço é voltado ao apoio logístico e administrativo em campanha. Caso o jovem tenha escolhido a intendência, seu destino estaria definido logo no início da trajetória profissional, realizando os três anos de curso com o currículo separado dos demais.

Já as armas de Infantaria, Cavalaria, Artilharia e Engenharia eram escolhidas no segundo ano do curso de formação de oficiais, após serem classificados por mérito intelectual. Na arma, a relação de identidade era estabelecida pelas atividades profissionais diárias do aluno, pela especificidade da especialidade e por sua atividade social, como a escolha dos pares românticos. Em uma espécie de autorretrato, os cadetes usavam palavras específicas da área em que atuavam profissionalmente para conquistar as meninas resendenses. De acordo com a *Revista Agulhas Negras* de 1951, a descrição de cada perfil revela "o que elas ouvem" de seus pretendentes, assim como a representação caricata descreve a indumentária afeta a cada especialidade.

Fazendo uma breve descrição, da esquerda para a direita, temos primeiramente o desenho do infante. Fardado com o uniforme de combate, mochila e capacete, o guerreiro que calça coturnos refere-se à amada como "a estrada da minha vida, o pé que respiro e a mochila que carregarei". A referência está nas marchas, longas caminhadas que os infantes

Figura 1
"O que elas ouvem" dos cadetes
Fonte: *Revista Agulhas Negras* (1951, p.214-5).

fazem em torno da área de 64 quilômetros quadrados, passando, muitas vezes, por alguns bairros e glebas de Resende, com destaque para a subida da Pedra Selada, para a região de Nhangapi e o acampamento na região de Bulhões, onde os "pés de poeira" cruzam caminhando o centro do município em várias direções.

Já os cavalarianos, com uniforme para a prática equestre, com botas e pinguelim, portam-se de forma irreverente e descolada em relação à futura namorada como "a potranca mais largada que eu já encontrei e não vais me negá [sic] estribo". Os artilheiros, responsáveis pela pontaria de seus canhões, estão uniformizados e equipados até os dentes. A parafernália carregada e o conhecimento técnico de tiro são válidos para acertar precisamente o coração da moça resendense, pois, para o artilheiro, trata-se do

> [...] Ponto de Vigilância onde regulo o meu coração. Dá-me o lançamento da tua casa e eu calcularei a paralaxe (deslocamento aparente) que nos separa. Por ti, trajetórias verticais descreverei, quaisquer que sejam as massas cobridoras e certamente terei um N. A. (tiro "no alvo"), pois contigo não haverá dispersão.

Os engenheiros são identificados por seu perfil combatente, porém sem deixar os estudos sobre as estruturas e construções de lado. Usando o capacete e com livros na mão, o jovem engenheiro de vista cansada, por ler bastante, declara-se à pretendente: "És o polígrafo de minha vida, a v. gota (perfil) da ponte de minha felicidade, teus olhos serão o teodolito com que alinharei a estrada da existência". Os intendentes, por sua vez, identificam-se como pessoas mais maduras e centradas. Dotados de um pensamento holístico, em que todas as Armas são apoiadas pela "Rainha da Logística", os intendentes, com seus cabelos penteados com extremo cuidado, trajando sapatos brilhosos, uniforme de passeio e aparentando estarem acima do peso, adotam um tom paternal e charmoso em relação à preferida, referindo-se como se fosse "bem mais experiente", embora a idade de todos os cadetes fosse entre 18 e 22 anos: "Filha"! "Vem comigo e te darei todo o apoio logístico".

Para além das farras e dos galanteios, a juventude militar recebeu, no início de sua estada em Resende, excelentes exemplos, sendo o mais relevante o legado produzido em vida pelo jovem tenente Álvaro Moura. Formado na turma de 1946 da Escola Militar de Resende, retornou como instrutor do primeiro ano, comandando a turma A-12 da 3ª Companhia de Cadetes. O desempenho físico e a camaradagem nas atividades de instrução desenvolveram fortes laços nos anos de 1948 e 1949. O gosto pela equitação, pelas corridas de longa distância, pela natação, desporto que estava treinando para atravessar o Canal da Mancha, chamou a atenção dos oficiais mais antigos e, sobretudo, dos cadetes das outras companhias. No entanto, o gosto pela aviação revelou-se fatal no acidente ocorrido na Fazenda Penedo, no dia 9 de fevereiro de 1950. Esse trágico fato mexeu com os ânimos dos veteranos de 1950, alguns deles ex-cadetes da turma A-12 de 1948. Em singela homenagem na revista da turma, além de várias páginas registradas, os formandos dedicaram o nome do pátio de formaturas ao dileto oficial, nome que permanece até os dias atuais.

O advento do curso básico em 1958 trouxe uma nova perspectiva que, em grande medida, permanece até os dias atuais. Apesar de receber algumas modificações ao longo da segunda metade do século XX, o curso básico engloba o primeiro ano da Aman, período em que todos os cadetes recebem as mesmas instruções, as mesmas aulas teóricas e as mesmas avaliações. Além disso, a integração das escolas do Realengo com a Escola de Intendência em 1945 em Resende abriu caminho para novas especialidades surgirem na década seguinte, como o curso de Comunicações e o curso de Material Bélico, cujas aulas começaram na Aman, em 6 de julho de 1959.

Os conflitos bélicos pós-Segunda Guerra Mundial exigiam cada vez mais a integração entre as especialidades, sobretudo das áreas técnicas. Nesse aspecto, a formação isolada das vertentes das linhas bélica e científica não se provou suficientemente eficaz. Colocar os integrantes fardados no campo de batalha somente não oferecia o tempo para desenvolver os valores e as atitudes inerentes ao oficial. Era necessário criar esse ambiente, e Resende oferecia as condições para viabilizar esse pleito institucional.

As experiências colhidas na formação inicial dos alunos da Escola Técnica do Exército, precursora do Instituto Militar de Engenharia, em 1953 comprovaram que o desenvolvimento de um espírito de corpo nas turmas contribuía para unir as três vertentes basilares da avaliação castrense. O conhecimento, segundo a *Revista do Clube Militar* (1961, p.21), "é vital para formar grandes chefes, pois o chefe-caput (cabeça) é o cérebro da tropa [...], mas o domínio da ciência é vasto, imenso".

O conhecimento tradicional, enciclopédico, perde gradualmente o sentido à medida que o jovem oficial se vê impelido a cumprir uma infinidade de missões, das quais a grade curricular não dá conta. Sob esse prisma, as ações coordenadas pelo governo, com o apoio da comunidade científica, deram início naquele período a uma nova fase da educação brasileira. As técnicas ganhavam enorme destaque no trabalho desenvolvido pelos professores em sala e pelos instrutores no campo, de modo que a pedagogia preocupada com a eficiência instrumental trouxe em seu bojo um tipo de avaliação focada nos objetivos e na verificação da aprendizagem de conteúdos fragmentados. Nesse aspecto, dois elementos podem ser destacados nessa estratégia: o planejamento sob a ótica desenvolvimentista que se refere às diretrizes voltadas para o fortalecimento dos polos regionais de desenvolvimento, e a promoção do planejamento integrado no âmbito local, cuja elaboração realiza-se mediante o financiamento e a assistência técnica do governo federal, ocorrida no início da década de 1970.

Depois de acertadas as designações dos cursos pertencentes à linha bélica central à prática castrense, a educação militar terrestre buscou propiciar maior praticidade aos materiais didáticos destinados aos discentes. Para isso, foram empregados recursos pedagógicos em voga nos anos 1950, nos Estados Unidos, fase que ficou caracterizada por tecnicismo. Além disso, o fator mais importante desse conjunto parece ser a progressiva e ascendente trajetória de produção de conhecimentos e a consequente aplicação desses conhecimentos na solução de problemas. Nesse ponto, entra-se no segundo pilar operacional. As habilidades são a busca permanente de transformar o conhecimento teórico na prática. Foi, sem dúvida, um dos maiores legados que a Missão Francesa introduziu na mentalidade militar brasileira, sobretudo entre os jovens que frequentaram as escolas criadas e remodeladas por eles entre 1919 e 1940. Portanto, os exercícios no terreno ofereciam o laboratório ideal para o treinamento das táticas e técnicas de combate.

Entretanto, as guerras insurrecionais protagonizadas pelos franceses no Sudeste Asiático chamaram a atenção para a necessidade de um desenvolvimento maior do terceiro viés: o componente atitudinal. Os combates travados em ambiente de selva na Indochina mostraram àqueles combatentes que era imperiosa a criação de um amálgama moral entre militares de qualificações distintas. Fazer o seu papel no campo de batalha já não era mais suficiente para garantir a certeza da vitória perante inimigos com defasagem de ordem científico-tecnológica. Anos mais tarde, o Vietnã mostrou aos Estados Unidos, na mesma região, o mesmo sentido de desenvolver a capacidade dos jovens soldados de suportar as adversidades do combate alinhadas com o pensamento do chefe militar. E, para isso, o desenvolvimento do espírito de corpo passou a ser a meta colimada pelos comandantes dos exércitos mais modernos do mundo.

Em estudo sobre a geração do espírito de corpo nas unidades de operações especiais, Zanini, Migueles e Colmerauer (2014) destacam a importância da missão e da causa comum que unem esses indivíduos, sendo necessária a verificação da especificidade dos vínculos entre eles. Sua fundamentação no moral militar está no nível de coesão animado por um espírito de solidariedade fraternal. Bowyer (2007) define essa expressão com base na terminologia de origem francesa *esprit de corps*, que significa um sentimento de devoção e orgulho de sua unidade ou seu agrupamento. De acordo com o *Dicionário Oxford*, o espírito de corpo é definido como um sentimento incomum de orgulho, companheirismo e lealdade, compartilhado pelos membros de um grupo em particular. Portanto, as iniciativas traçadas no currículo castrense referentes aos aspectos acadêmicos e profissionais buscaram reforçar o sentimento de identidade nos primeiros anos, incluindo atividades especiais uniformes e integradoras sobre os jovens combatentes.

Sobre a inobservância do preceito basilar da carreira bélica, a *Revista do Clube Militar* (1961, p.67) registra o seguinte:

> [...] o militar que não se compenetrar e, *acima* de tudo, não compreender a necessidade imperiosa e irrestrita da disciplina, será um militar cheio de complexos, reações perigosas, recalques; [...] manifestar-se-á sempre contra tudo e contra todos; não saberá o que quer; nunca estará contente com coisa alguma; será um eterno descontente, desconfiado, maldoso, revoltado. Considerar-se-á sempre um perseguido.

Para viabilizar esse amálgama integrador da resiliência combatente, foi criado o DIEsp em 1967. Organização interna vinculada ao corpo de cadetes, a seção é composta por militares possuidores dos cursos de Ações de Comandos, de Forças Especiais e de Operações na Selva. A proposta de adestramento em técnicas especiais de combate permeia, até hoje, o currículo com atividades específicas durante os quatro anos. Além da prática da educação física e da equitação, o DIEsp procurou, entre outros objetivos, desenvolver a resiliência dos jovens perante os desafios apresentados, sob condições de estresse contínuo, de modo a fortalecer o espírito de corpo entre as especialidades, mesmo o discente pertencendo a qualificações distintas.

Para isso, Resende oferece um terreno ideal para despertar e consolidar o espírito desbravador, aventureiro. Situando a Aman no centro do mapa, pode-se verificar um mundo de possibilidades de emprego em operações especiais em um raio de 40 quilômetros. Como exemplos, temos os exercícios em ambiente de montanha no maciço do Itatiaia, a realização de patrulhas de longo alcance nas regiões de Nhangapi, Sant'Ana dos Tocos (hoje submersa pela Represa do Funil), Areias e São

José do Barreiro; exercícios conjuntos para sobrevivência e combate em região de selva na Área de Instrução Especial, região norte do município e dentro da principal área de instrução da Aman; e treinamentos simulados de fuga e evasão de campos de concentração em praticamente todo o perímetro limítrofe de um dos maiores municípios fluminenses à época. Isso faz lembrar um comentário escrito pelos cadetes:

> Eu lhes mostro Rezende... não é apenas um título; é também um convite que se faz ao inteligente leitor, que, talvez distante, desconheça este pedaço de terra brasileira. Esta Resende ou Agulhas Negras – como queira – que o cadete conhece palmo a palmo! (*Revista da Escola Militar*, 1950, p.83)

Em consequência de tamanhas demandas direcionadas à juventude da elite castrense, um novo regulamento da Aman foi baixado em 1964, ampliando o tempo de duração do curso de três para quatro anos. O curso básico passou a ter dois anos, com instruções voltadas para as práticas afetas à Infantaria, como ações de patrulhas e técnicas especiais de combate voltadas à defesa interna do país. Para isso, a mudança de mentalidade contou com o eixo estruturante da Academia Militar em terreno propício, afastado dos grandes centros urbanos e com o apoio técnico do DIEsp, que entrou em vigor em caráter experimental no ano de 1967 e teve a disciplina aprovada no currículo de 1971. Assim, o sucesso da implantação de novas ferramentas contribuiu para as transformações no curso de formação de oficiais da linha de ensino militar bélico.

Considerações finais

Na história da juventude militar, observamos que a marca principal das reformas está relacionada ao modelo de ensino: teórico ou prático. As mudanças no regulamento ocorriam com a mesma velocidade das mudanças políticas no Brasil republicano. A participação do Brasil nas duas grandes guerras mundiais mostrou a necessidade de aprofundar a reorganização e a modernização do Exército brasileiro, em que o processo de formação da jovem oficialidade de carreira recebeu um eixo estruturante.

As tensões político-sociais batiam às portas das escolas militares por todo o Brasil. Tentativas de fragmentação desse processo acarretaram danos à coesão da elite castrense, dividida entre as lides castrenses e o assédio da política nos quartéis.

A centralização dos estudos militares no Realengo aprofundou ainda mais essa questão. Local onde os jovens tinham contato contínuo com as lutas operárias nas fábricas da zona oeste carioca, era a oportunidade para as mais variadas correntes ideológicas, sejam conservadores, sejam revolucionários, angariarem a simpatia do poder militar no setor subalterno do oficialato. Nesse escopo, a mudança de ares provocada pela migração aos confins do sul fluminense representou para o comando do Exército um gesto de esperança pela educação dos jovens cadetes em um ambiente que eles consideravam mais propício ao profissionalismo.

A significativa evolução tecnológica após a Segunda Guerra Mundial serviu de motivação para a adoção de práticas pedagógicas em que as técnicas de ensino e os livros e manuais eram o primeiro recurso e a última palavra para dirimir possíveis subjetividades que surgissem na relação de ensino-aprendizagem.

A perspectiva tradicional enciclopédica voltada à mediação dos conteúdos entre instrutor e instruendo nos anos 1920 e 1930 mudou gradativamente a partir do final dos anos 1950, momento em que os formulários e as ferramentas lógicas processadas nas diretorias de ensino receberam a atenção diferenciada, centralizando cada vez mais as decisões e os conteúdos programáticos transmitidos por planos sistematizados. Consequentemente, o papel do docente na sala de aula ou nos campos de instrução foi de padronizar procedimentos, baseado nos componentes cognitivo, psicomotor e atitudinal.

Além disso, o período pós-1960 foi marcado por lutas insurrecionais e disputas políticas internas tanto no Brasil quanto nas próprias Forças Armadas. Sendo assim, a guerra psicológica difundida nos manuais com inspiração francesa e norte-americana foi utilizada para sistematizar a luta contra aquele que pudesse ir de encontro às políticas nacionais, civis e militares. Isso serviu para compor o eixo ideológico-propagandístico como fator homogeneizante nas opiniões dos oficiais combatentes formados na Aman.

A defesa interna, voltada para o combate dentro das nossas fronteiras foi privilegiada nesse período e permaneceu até o final do século XX. Para mais além, as instruções voltadas para os biomas nacionais preconizadas pelo DIEsp potencializaram a especialização e a preparação castrense para atuar, sobretudo, na defesa do território. E sob esse tema a região contribuiu para o sucesso da transformação no modelo de ensino militar da juventude castrense. Assim, há que se considerar que as mudanças apresentadas no período ainda apresentam traços na política educacional atual, por intermédio da permanência das estruturas e de algumas práticas curriculares consagradas na linha de ensino militar bélico.

Referências

ACADEMIA MILITAR DAS AGULHAS NEGRAS. *Academia militar*: dois séculos formando oficiais para o Exército. Resende: Ipsis, 2011.

______. *Seção de instrução especial*: 50 anos forjando atitudes e valores nos futuros oficiais combatentes do Exército brasileiro. Resende: Aman, 2017.

ARAGÃO, C. de. *Cadete do Realengo*. Rio de Janeiro: Bibliex, 1959.

BOPP, I. *Resende*: cem anos da cidade (1848-1948). São Paulo: Gráfica Sangirardi, 1976.

BOWYER, R. *Dictionary of military terms*. 3.ed. London: A & C Black, 2007.

BRASIL. Boletim do Exército nº 377, de 25 de abril de 1927. Rio de Janeiro: Cpor, 1927.

______. Decreto n. 9.403, de 18 de maio de 1942. Disponível em: https://www2.camara.leg.br/legin/fed/decret/1940-1949/decreto-9403-18-maio-1942-468450-publicacaooriginal-1-pe.html. Acesso em: 20 maio 2020.

BRAYNER, F. de L. *A verdade sobre a FEB*: memórias de um chefe do Estado-Maior na campanha da Itália. Rio de Janeiro: Civilização Brasileira, 1968.

CARVALHO, J. M. Forças Armadas e política, 1930-1945. In: VV.AA. *A Revolução de 30*: seminário internacional. Brasília: Universidade de Brasília, 1982. Disponível em: http://cpdoc.fgv.br/producao_intelectual/arq/148.pdf. Acesso em: 18 maio 2020.

CASTELLO BRANCO, M. T. *O Brasil na Segunda Guerra Mundial*. Rio de Janeiro: Bibliex, 1960.

CENTRO DE PESQUISA E DOCUMENTAÇÃO DE HISTÓRIA CONTEMPORÂNEA DO BRASIL. Aliança para o progresso. CPDOC, [s.d.]. Disponível em: http://www.fgv.br/cpdoc/acervo/dicionarios/verbete-tematico/alianca-para-o-progresso-1. Acesso em: 26 maio 2020.

CRIAÇÃO de curso na Aman. *Correio da Manhã*, Rio de Janeiro, 6 jan. 1953. Disponível em: http://memoria.bn.br/DocReader/Hotpage/HotpageBN.aspx?bib=089842_06&pagfis=23222&url=http://memoria.bn.br/docreader. Acesso em: 6 jun. 2020.

DUQUE BRASIL, F. P.; CARNEIRO, R. Os caminhos (e descaminhos) da democratização das políticas urbanas: o que há de novo no Brasil contemporâneo? *Cadernos Gestão Pública e Cidadania*, Rio de Janeiro, v.14, n.55, p.11-41, jul./dez. 2009.

JANOWITZ, M. *O soldado profissional*: um estudo social e político. Rio de Janeiro: Edições GRD, 1967.

LIMA, A.; VANNINI, I. A.; ZATTA, R. Guerra revolucionária: o fundamento estratégico no combate ao subversivo no regime militar brasileiro. In: RODRIGUES, F. S.; ARIAS NETO, J. M. *História militar*: entre o debate local e o nacional. Jundiaí: Paco Editorial, 2018. (Série Estudos reunidos, v.51).

MALAN, A. S. *Missão militar francesa de instrução junto ao Exército brasileiro*. Rio de Janeiro: Bibliex, 1988.

MCCANN, F. D. *Soldados da pátria*: história do Exército brasileiro (1889-1937). Rio de Janeiro: Bibliex, 2009.

MENDOZA, J. *Esprit de corps*: guiding principles & spirituality for modern marine teams. Carlsbad, CA: Balboa Press, 2017.

MOTTA, J. *Formação do oficial do Exército*: currículos e regimes na Academia Militar, 1810-1944. Rio de Janeiro: Bibliex, 1998.

ORGANIZAÇÃO DAS NAÇÕES UNIDAS. *Carta das Nações Unidas*. Nova York: ONU, 1945. Disponível em: https://nacoesunidas.org/wp-content/uploads/2017/11/A-Carta-das-Na%C3%A7%C3%B5es-Unidas.pdf. Acesso em: 26 maio 2020.

PANIZZUTTI, N. P. *Resende*: cidade sesquicentenária. Resende: Editora Acadêmica da Aman, 1998.

PINA, F. *O acordo MEC-Usaid*: ações e reações (1966-1968). Assim, 2011. Dissertação (Mestrado) – Universidade Estadual Paulista. Disponível em: http://repositorio.unesp.br/handle/11449/93369. Acesso em: 22 maio 2020.

REVISTA AGULHAS NEGRAS. *O que elas ouvem*. Resende: Sociedade Acadêmica Militar, 1951.

REVISTA DA ESCOLA MILITAR. *Eu lhes mostro Rezende*. Resende: Sociedade Acadêmica Militar, 1950.

REVISTA DO CLUBE MILITAR. *A finalidade da formação do oficial*: ideias básicas. Rio de Janeiro: Clube Militar, 1961.

RODRIGUES, F. S. *Indesejáveis*: instituição, pensamento político e formação profissional dos oficiais do Exército brasileiro (1905-1946). Jundiaí: Paco Editorial, 2010.

SODRÉ, N. W. *Memórias de um soldado*. Rio de Janeiro: Civilização Brasileira, 1967.

______. *História militar do Brasil*. 3.ed. Rio de Janeiro: Civilização Brasileira, 1979.

TELLES, M.; WAAL, P. de. A taxonomia de Bloom. Dynamic Lab Gazette, ago. 2004. Disponível em: http://www.dynamiclab.com/moodle/mod/forum/discuss.php?d=436. Acesso em: 2 nov. 2014.

TREVISAN, L. N. *As obsessões patrióticas*: origens e projetos de duas escolas de pensamento político do Exército brasileiro. Rio de Janeiro: Bibliex, 2011.

ZANINI, M. T.; MIGUELES, C.; COLMERAUER, M. *A ponta da lança*: intangíveis em equipes de alto desempenho. Rio de Janeiro: Elsevier, 2014.

9

Juventude comunista: o proletariado do amanhã (1927-1947)

Jayme Fernandes Ribeiro
Vivian Zampa

Ao longo do século XX, os jovens estiveram presentes em projetos políticos, militares e religiosos de diferentes matizes. Em um período marcado por guerras, revoluções e revoltas, tais acontecimentos se deram, pelo menos no nível dos discursos, em função de um futuro melhor para a humanidade, sobretudo para as novas gerações. Naqueles momentos, a juventude era conclamada. Em seu nome, as ações que transformariam a sociedade necessitariam de seu apoio. E não foi diferente nas fileiras dos partidos comunistas.

Desde o Partido Comunista da União Soviética (PCUS) até suas seções internacionais, entre elas o Partido Comunista do Brasil (PCB),[1]

1 Para este texto, utilizaremos a denominação Partido Comunista do Brasil, devido ao período compreendido pelo trabalho. A agremiação foi fundada em março de 1922 com esse nome, Seção Brasileira da Internacional Comunista, adotando a sigla PCB. Somente em agosto de 1961, o Comitê Central do partido modificou os estatutos e sua denominação, passando a utilizar o nome Partido Comunista Brasileiro. Cabe ressaltar, ainda, que os fundadores do partido foram: Astrogildo Pereira, jornalista do Rio de Janeiro; Cristiano Cordeiro, professor, de Pernambuco; João da Costa

a necessidade de organizar a juventude estava na ordem do dia. Em outubro de 1920, em discurso no III Congresso de Toda a Rússia, Lenin não deixava dúvidas sobre a importância de se organizar a juventude comunista:

> Camaradas, hoje eu gostaria de falar com vocês sobre o papel essencial das Federações da Juventude Comunista e, com esse objetivo, sobre o que devem ser as organizações da juventude em uma república socialista em geral. (Arquivo Público do Estado do Rio de Janeiro, 1999, folheto 169, p.3, tradução nossa)

Anteriormente, em texto de 1903, o líder já apontava as "tarefas da juventude revolucionária". Os comunistas procuravam preparar sua juventude para a revolução, a fim de que pudessem se tornar militantes ou apoiadores do partido e ajudar na construção da nova sociedade: "Só transformando radicalmente o ensino, a organização e a educação da juventude conseguiremos que os esforços da jovem geração tenham como resultado a criação duma sociedade que não se pareça com a antiga, isto é, da sociedade comunista" (Arquivo Público do Estado do Rio de Janeiro, 1999, folheto 169, p.4). Nesse processo, inseria-se a criação das federações da juventude, organizações que tinham como objetivo exercer ações que permitissem, a partir do aprendizado, do agrupamento e da luta, tornar os seus membros e todos aqueles que a reconhecessem guias para verdadeiros revolucionários (ibidem, p.9).

O PCB, seguindo as orientações da Internacional Comunista (IC), apresentou, já no seu estatuto de fundação, em março de 1922, artigos referentes à constituição de um grupo juvenil. Todavia, as tentativas de organizações mais sistemáticas só começaram a partir de 1925 (Karepovs, 2010).

Pimenta, gráfico, de São Paulo; José Elias da Silva, sapateiro e operário, natural de Pernambuco, mas residente no Rio de Janeiro; Joaquim Barbosa, alfaiate natural de Sergipe e residente no Rio de Janeiro; Luis Peres, vassoureiro, do Rio de Janeiro; Hermogêneo da Silva, eletricista de Cruzeiro em Minas Gerais, Abílio de Nequete, barbeiro nascido na Síria e residente em Porto Alegre; e Manoel Cedón, nascido na Espanha, que à exceção dos demais não possuiu ligações com o movimento anarcossindicalista. Ver Pereira (1979, p.71).

Não foi sem razão que o PCB procurou viabilizar a composição da juventude comunista brasileira. As condições de vida dos jovens trabalhadores eram bastante precárias, sobretudo na Primeira República (1889-1930). Importa ressaltar as particularidades do mercado de trabalho anteriores à chegada de Getúlio Vargas ao poder, em 1930, que eram marcadas, entre outros, por: "contínuo excedente da oferta, alta instabilidade do emprego e flexibilidade dos salários, ausência de legislação trabalhista e uso indiscriminado de mulheres e crianças, perfazendo extensas jornadas" (Barbosa, 2008, p.97).

Assim, o PCB, por questões externas e internas, percebeu a necessidade de organizar os jovens brasileiros. Uma das maneiras de transformar o país e, por conseguinte, trazer braços para a revolução seria conquistando moços estudantes e operários. Entretanto, tal processo não se fez de maneira linear, sem rupturas e disputas. As alterações nas linhas políticas do partido demonstram isso. Contudo, vale lembrar que o PCB viveu a maior parte de sua trajetória, na primeira metade do século XX, na clandestinidade. Repressões políticas e policiais foram uma constante, aumentando, e muito, suas dificuldades de organização e difusão de ideias.

O objetivo do capítulo é analisar como se deu a organização dos jovens comunistas no Brasil, especialmente a partir da trajetória da Federação da Juventude Comunista Brasileira (FJCB), entre 1927 e 1947, tomando como fontes principais as memórias dos militantes e os panfletos e folhetos voltados ao grupo, apreendidos pela Polícia Política. Nesse percurso, discutir-se-ão a trajetória de luta dos trabalhadores na Primeira República, a constituição e a relação do PCB com os jovens militantes e como estes alinharam-se e/ou estabeleceram um certo grau de autonomia diante das orientações políticas do PCB.

Os trabalhadores na luta por direitos

Durante a primeira metade do século XX, os trabalhadores brasileiros passaram por dois modelos republicanos distintos, pelos menos no que concerne à relação com a sua classe. A Primeira República e o governo Vargas (1930-1945) se diferenciam, entre outras questões, principalmente quanto à relação entre o Estado e o mundo do trabalho. Desde o século XIX, e durante toda a República Oligárquica, os trabalhadores lutaram por direitos, mas, somente a partir de 1930, eles conquistaram, via Constituição, uma legislação que os protegesse.

O liberalismo da primeira experiência republicana era bastante excludente. Vale dizer que os critérios básicos adotados para a concessão da cidadania eram: pertencer ao gênero masculino e ser alfabetizado, o que retirava a maioria da população brasileira da participação da vida política do país. Pouca coisa mudou entre 1889 e 1930. De acordo com os censos realizados naquele período, em 1890 havia 82,6% de analfabetos, e, em 1920, 71,2% (Ferraro; Kreidlow, 2004). Segundo José Murilo de Carvalho (1991), isso se devia ao fato de a Constituição republicana retirar do Estado a obrigação de fornecer a instituição primária. Para o historiador, "exigia-se para a cidadania política uma qualidade que só o direito social da educação poderia fornecer e, simultaneamente, desconhecia-se esse direito" (ibidem, p.45). O liberalismo na República nascente era, portanto, antidemocrático.

Por sua vez, a industrialização e a urbanização continuavam a crescer, e, com isso, aumentava também a classe operária. São Paulo e Rio de Janeiro se destacavam. Segundo Wilson Cano (2012), a indústria no Brasil aumentou anualmente 3,3%, enquanto a paulista, sozinha, 6,6%, isto é, o dobro do crescimento nacional. A "concentração industrial em São Paulo aumentou de 31,5% do total nacional, em 1919, para 37,5%, em 1929" (ibidem, p.903). De acordo com o censo de 1920, o número de estabelecimentos industriais multiplicou-se em relação aos dados de 1907: saiu de 2.988, em 1907, para 13.336 em 1920, e de 136.420 para 275.512 operários (Brasil, 1927, p.6)

Ao aumento do número de operários, seguiu-se o crescimento de suas organizações, não de forma espontânea. Desde o final do século XIX, grupos de anarquistas, socialistas e, posteriormente, comunistas disputavam espaço no movimento de luta dos trabalhadores, no fazer-se de sua classe (Thompson, 1987). Entre 1917 e 1919, "nas cidades do

Rio de Janeiro e de São Paulo foram criadas mais organizações operárias do que em qualquer período de tempo equivalente" (Batalha, 2006, p.172). Contudo, o caminho era cheio de obstáculos. Submetidos a longas jornadas que chegaram a atingir, nos primeiros anos do século XX, cerca de 14 horas no Distrito Federal e 16 horas em São Paulo, os trabalhadores também viviam em habitações precárias, em sua maioria nas periferias dos centros urbanos. Em caso de doença ou desemprego, se não contassem com um fundo beneficente da empresa ou não colaborassem por conta própria para algum tipo de sociedade que fornecesse auxílios, os trabalhadores estariam completamente desamparados (Batalha, 2000, p.11).

Essa realidade motivava reivindicações e lutas, que, na maior parte das vezes, eram postergadas ou tratadas como caso de polícia. A jornada de trabalho de oito horas, por exemplo, que já havia sido conquistada na greve de 1907, só seria ampliada a partir da greve de 1919. A legislação sobre acidentes de trabalho, validada em 1919, foi efetivada apenas em 1926. E o "Código de Menores" e a lei de férias, ambos sancionados em 1926, nunca saíram do papel (Vianna, 1978).

Concomitantemente à luta dos trabalhadores, a urbanização avançava cada vez mais e com ela a "modernidade". No que concerne aos avanços tecnológicos e científicos, em diversas áreas, o Brasil, sobretudo sua capital, foi grandemente influenciado e transformado. Nas palavras de Nicolau Sevcenko (1998, p.7), entre a última década do século XIX e as duas primeiras do XX, "nunca em nenhum período anterior, tantas pessoas foram envolvidas de modo tão completo e tão rápido num processo dramático de transformação de seus hábitos cotidianos, suas convicções, seus modos de percepção e até seus reflexos instintivos".

Para o historiador, o impacto da revolução científico-tecnológica se fez sentir em sua plenitude, alterando hábitos e costumes cotidianos. O ideal de modernidade vinha de fora, e a Europa servia de modelo. Valores, instituições, códigos, moda e modos de viver das nações consideradas civilizadas eram copiados e apropriados para a capital tropical (ibidem)

Em que pese o processo de industrialização, urbanização e transformação pelo qual passaram várias cidades brasileiras entre 1889 e 1930, os tempos eram de conservadorismo político e social, autoritarismo e liberalismo excludente. O Estado republicano não se preocupava em garantir o acesso à cidadania aos setores mais empobrecidos. As ações repressivas dos governos eram uma constante na vida dos trabalhadores, sejam nos sindicatos ou nas ruas. A polícia "era a presença mais concreta do Estado junto ao povo" (Patto, 1999, p.181). Não fortuitamente, o período foi marcado por inúmeras manifestações, greves e revoltas populares. Nesse processo, em 1907, eclodiu a primeira greve geral de São Paulo, envolvendo trabalhadores das indústrias de alimentação, metalurgia, sapato e gráfica. Essa ação estendeu-se a Santos, Ribeirão Preto e Campinas, atingindo em torno de dois mil participantes. Mas o auge do movimento operário brasileiro, todavia, ocorreu entre 1917 e 1920, quando as principais capitais sofreram com paralisações e greves (Zampa, 2017, p.82).

Contudo, as décadas de 1930 e 1940 foram caracterizadas por uma nova relação entre Estado e classes trabalhadoras. O governo Vargas, de maneira sofisticada, recorrendo a bens materiais e simbólicos, apropriou-se do discurso de luta e de conquista de direitos desses grupos e o devolveu numa tentativa de se trocar obediência política por leis sociais, o que na prática não ocorreu (Gomes, 1988). A partir de 1930, o Estado passou a ter um interlocutor assíduo: os trabalhadores entraram na cena política para nunca mais saírem.

As leis trabalhistas foram uma importante conquista. De 1931 a 1934, as principais, que atualmente estão sofrendo revisões e modificações pelos Poderes Executivo e Legislativo, foram implantadas e, posteriormente, garantidas pela Constituição de 1934 (e as subsequentes). Estão entre elas: férias anuais remuneradas, regulamentação do trabalho feminino e infantil, repouso semanal remunerado, indenização ao trabalhador despedido e assistência médica e sanitária, pluralidade e autonomia sindicais etc. Até o final do governo de Getúlio Vargas, o salário-mínimo estava fixado e garantido por lei, a relação entre patrão e empregado passou a ter foro próprio, com a criação da Justiça do Trabalho (1934), e toda a legislação estava protegida pela Consolidação das Leis do Trabalho (CLT), criada no dia 1º de maio de 1943 (ibidem).

Entretanto, vale ressaltar que os trabalhadores, mesmo sob a vigência das referidas leis, continuaram buscando a melhoria de suas condições de vida e de labor. E no processo de luta, os comunistas se fizeram presentes, seja por meio de sua juventude ou por intermédio do próprio partido.

O PCB e o proletário do amanhã

O PCB foi fundado em 25 de março de 1922, em Niterói, com o objetivo de fazer a revolução, isto é, transformar o Brasil num país socialista. De forma diferente dos socialistas e dos anarquistas, o PCB, a despeito de defender a mudança revolucionária, entendia a participação nas eleições, assim como a propaganda e as negociações – a partir da influência nos sindicatos –, como uma forma de obter conquistas para o operariado em curto prazo (Batalha, 2000, p.35).

Entretanto, se essa era uma característica que marcou os seus primeiros anos, ao longo de sua trajetória, a agremiação alternou políticas reformistas e moderadas, que foram colocadas desde a participação democrática no sistema político-eleitoral do país até os projetos direcionados à tomada de poder, com a convocação das "massas" para a derrubada do regime, composto por "serviçais do imperialismo", "capitalistas entreguistas" e "latifundiários" (Ribeiro, 2011).

O estatuto do partido, aprovado no congresso de fundação, revela, em inúmeras passagens, a finalidade à qual o PCB sc propunha. Em seu artigo número dois, a estratégia estava definida:

> O PCB tem o objetivo de atuar como organização política do proletariado e também lutar e agir pela compreensão mútua internacional dos trabalhadores. O Partido da classe operária é organizado com o objetivo de conquistar o poder político pelo proletariado e pela transformação política e econômica da sociedade capitalista em comunista. (*Movimento Comunista*, 1922)

Os objetivos dos fundadores eram claros: conquistar o poder político por intermédio do proletariado e transformar a sociedade capitalista em comunista. O partido apresentava-se como o defensor da classe operária brasileira contra os patrões, "agentes do imperialismo" e latifundiários. De acordo com Astrojildo Pereira (1980, p.81-2), intelectual da agremiação e um dos fundadores do PCB:

> Nós somos os primeiros a proclamar o PC como um partido político – o partido político do proletariado, o partido da revolução proletária, partido formado com o fim específico de organizar e orientar a política proletária contra a política burguesa. Partido da classe proletária, estado maior dos exércitos proletários empenhados na guerra social, ao PC cabe efetivamente a tarefa ingente de dirigir as operações revolucionárias das massas obreiras contra os exércitos inimigos dirigidos pelo estado-maior capitalista.

Com esse horizonte, o PCB procurou transformar o Brasil num país socialista, tendo como modelo a União Soviética, de forma a alternar sua tática revolucionária, de acordo com os momentos históricos vividos pelo Brasil e pelo mundo: ora convocando as classes trabalhadoras para a luta armada e para a tomada do poder – como na insurreição comunista de 1935 –, ora defendendo a democracia e mobilizando sua estrutura partidária para uma atuação legal e por conquistas de votos, quando pôs em prática a linha política de "União Nacional", em 1943.

As orientações recebidas pela militância e, por conseguinte, pela sua juventude organizada vinham da direção do PCB, que, no âmbito da Comissão Central Executiva (CCE) e dos congressos, elaborava estratégias e táticas que deveriam ser postas em práticas por todos os membros. Por intermédio de boletins internos, reuniões de células, informes impressos e pela imprensa partidária, a militância ficava a par de suas tarefas, o que pode ser observado no panfleto "Aos Jovens Trabalhadores sem Trabalho":

> Enquanto nos países capitalistas a juventude trabalhadora morre de fome e vive na miséria, sem a mínima possibilidade de desenvolver-se psicologicamente e estudar, pois que a juventude trabalhadora só tem direito a passar fome e trabalhar, quando há; enquanto isso a burguesia gasta milhares de contos para receber o príncipe de Galles, e a juventude burguesa vive a refestelar-se. [...] Façamos a Frente Única de todos os jovens explorados das cidades e dos campos com os trabalhadores adultos, na luta pelos nossos interesses

de classe, contra toda a burguesia, os feudais e seus patrões parasitas. Basta de Ministérios de tapeação e de conversa fiada! Basta de governos "liberais" burgueses! Basta de golpes de quartel para plantar novos governos fascistas! [...] Organizemos os nossos comitês e de desempregados nos bairros e nos pontos de concentração, ao lado dos nossos irmãos que estão trabalhando e sustentando nossas reivindicações! Pelo auxílio de 2$400 diários a cada jovem desempregado! Pela passagem grates de transporte para arranjar emprego! Pela diminuição das horas de trabalho, para dar trabalho aos desempregados com aumento de 3º por cento nos salários! Para trabalho igual salário igual! Viva a luta de classe do proletariado mundial. (Arquivo Público do Estado do Rio de Janeiro, 1999, panfleto 507)

Assim como os panfletos voltados à juventude comunista que versavam sobre temáticas como as reivindicações juvenis, a exploração e opressão da classe trabalhadora, o combate ao fascismo, a reação ao governo Vargas, os congressos mundiais, os encontros nacionais da juventude do Brasil, entre outros, os jornais comunistas também desempenharam um importante papel entre os jovens. Sua abrangência permitia o maior acesso às informações oriundas da direção, que, muitas vezes, a logística da clandestinidade não permitia. Vale dizer que muitos panfletos, folhetos, atas de reuniões e boletins foram reproduzidos nos periódicos. O caso da criação da FJCB é um deles.

No livro de memórias *Uma vida em seis tempos*, Leôncio Basbaum (1976) descreve como foi convidado em 1926 pelo dirigente Astrogildo Pereira para ser o encarregado do setor juvenil da agremiação, com o objetivo de criar uma organização jovem de caráter nacional. Dedicando-se às tarefas confiadas, o então estudante ressalta que se aproveitou da existência do jornal *A Nação* para escrever pequenos artigos sobre a juventude operária e a necessidade de sua organização (ibidem, p.45-6). *A Nação* foi um dos principais meios de divulgação das informações acerca juventude comunista (JC) e de incentivo à sua formação. Nas palavras do historiador Dênis Karepovs (2010, p.192), "as várias ações propostas e desenvolvidas nas páginas do diário ao longo de seus pouco mais de sete meses de existência buscaram a consolidação da organização juvenil comunista".

Desse mesmo período, destaca-se também a criação de um periódico específico para tratar dos assuntos da JC: *O Jovem Proletário*. De abrangência nacional, circulou entre 1927 e 1928, sob a responsabilidade do Comitê Central da Juventude Comunista. *O Jovem Proletário* veiculava matérias e artigos relativos à formação ideológica, aos principais eventos promovidos pela FJCB e ao diálogo com a juventude, por meio de uma coluna dedicada a responder às cartas enviadas pelos leitores: "Correspondências". Por meio dessa coluna, os jovens eram estimulados a descrever as condições de trabalho nas fábricas, nas usinas, nos quartéis, nos navios e em outros espaços em que atuavam. (Arquivo Público do Estado do Rio de Janeiro, 1999, panfleto 1136). Leônico Basbaum (1976, p.47), responsável pela seção nesse período, ressalta que a função exigia "dar 'forma' às muitas cartas que o jornal recebia de operários das fábricas e de quase todos os estados, pois eram quase sempre ilegíveis, quer pela letra quer pela sintaxe".

Segundo Márcio Santana, o periódico abordava a situação da juventude nos segmentos estudantil, operário, militar e camponês. O jornal chegou, em alguns momentos, a ter uma tiragem expressiva, sobretudo ao se ter em mente que o PCB era um partido fora da lei. Para o pesquisador,

> Até o seu quinto número o jornal era mimeografado, sendo posteriormente impresso. A periodicidade mensal desejada não foi conseguida com plena regularidade. O nº 8 contou com uma tiragem de 1000 exemplares. Até o fim de 1929, a maior tiragem alcançada foi de 5000 exemplares, na edição especial de 7 de novembro. (Santana, 2010, p.4)

Desde o II Congresso da Internacional Comunista, em que também foi realizado o I Congresso Internacional da Juventude Comunista, em 1920, enfatizava-se a necessidade de organizar os jovens. No Brasil, esse trabalho coube, em especial, ao militante Leôncio Basbaum. Numa reunião da CCE, na qual apresentaria um relatório sobre suas atividades em Recife e Salvador, Basbaum foi designado para assumir a tarefa de organização do setor juvenil do partido. Escrevendo pequenos artigos sobre a juventude operária, publicados no jornal *A Nação*, Basbaum procurava chamar a atenção para a necessidade de organização dos jovens brasileiros. De acordo com ele, "*A Nação* publicava papeletas de inscrição para a JC em branco, a fim de que os desejosos de ingressar na organização que se criava os preenchessem, enviando-os ao jornal, em meu nome" (Basbaum, 1976, p.46). Em poucos meses, a redação do impresso já havia recebido mais de 100 inscrições de diversos estados da Federação, tais como Ceará, Rio Grande do Norte, Espírito Santo, mas principalmente do Rio de Janeiro e de São Paulo.

A fundação da FJCB foi marcada para o dia 1º de agosto de 1927, na sede da União dos Trabalhadores Gráficos (UTG), situada na Rua Frei Caneca, no Rio de Janeiro. A data coincidia com o chamado Dia Internacional da Juventude Comunista e com o Dia Internacional da Luta contra a Guerra. No dia seguinte, Basbaum foi eleito secretário-geral da FJCB, permanecendo no cargo até 1929, quando completou 21 anos (ibidem).

Conforme os estatutos da juventude comunista, aqueles que completassem a referida idade deveriam sair do grupo e ingressar no PCB. Ao se tornar dirigente da JC, Basbaum conquistou também o cargo de membro da CCE e, como representante da organização, passou a ter direito a voz e voto. Segundo o militante, cerca de 90% da JC, nos primeiros anos de sua fundação, era composta por jovens operários entre 15 e 19 anos (ibidem).[2] Por isso, grande parte das matérias relacionadas à juventude, publicadas nos periódicos *A Nação* e *O Jovem Proletário*, procurava descrever e denunciar as duras condições de trabalho, os baixos salários oferecidos pelas empresas, a precária alimentação, as longas jornadas de trabalho e os problemas postos na condição dos jovens como reserva de mão de obra, que iam desde o rebaixamento dos salários até o fato de serem jogados, em consequência disso, contra os trabalhadores mais velhos, além das agressões e tratamentos desrespeitosos

2 Importa ressaltar que, quando comparados à reorganização da juventude comunista, em 1946, os dados sobre a composição social da organização são completamente distintos. Segundo Leôncio Basbaum (1976), 100% da JC naquela fase era composta de estudantes.

a que eram submetidos por seus chefes. A importância da educação e do lazer também constituíram importantes pautas da FJCB (Karepovs, 2010, p.193-4).

Para além dos jovens que dela faziam parte, a FJCB também procurava angariar mulheres proletárias, soldados e marinheiros para as suas causas. No panfleto "A VOZ DA JUVENTUDE. Ao proletariado jovem, às mulheres proletárias, aos soldados, marinheiros e trabalhadores em geral", de 1929, a FJCB informava que, na semana do dia 18 de setembro, a juventude proletária de todos os países estaria a postos, seguindo o comando da Internacional Juvenil Comunista, para erguer bem alto o seu protesto contra a opressão que a burguesia de todos os países praticara sobre o proletariado jovem e os trabalhadores em geral. Ainda nesse panfleto era destacado o seguinte:

> Os trabalhadores jovens devem clamar com ardor pela defesa dos direitos exigindo do patronato ganancioso e do reacionário governo burguês do Brasil: salário igual para trabalho igual; seis horas de trabalho e aumento de ordenado; direito de voto para os menores de 18 anos; direito de livre reunião; liberdade de imprensa proletária; direito de manifestação de pensamento em praça pública, construção de escolas pela burguesia, dando aos trabalhadores o direito de dirigi-las; criação de escolas profissionais nos campos; direito de locomoção nas fazendas e abolição da escravatura que pesa sobre a família camponesa, principalmente nas fazendas de café de S. Paulo, nas plantações de cana, de algodão e nos seringueiros do Norte; direito de frequência gratuita para o proletariado nas escolas secundárias. (Arquivo Público do Estado do Rio de Janeiro, 1999, panfleto 161, p.3)

Segundo informações anexadas a esse panfleto pela Delegacia Especial de Segurança Política e Social (Desps),[3] a polícia política do período, o mecânico José Maria de Souza foi preso por um investigador

3 A Desps foi criada em 1933 como uma delegacia especial diretamente subordinada ao chefe de polícia do Distrito Federal. De forma geral, suas principais atribuições eram: prevenir agressões ao Estado; controlar atividades antissociais; fiscalizar os meios trabalhistas; associativos; e o comércio de armas (Arquivo Público do Estado do Rio de Janeiro, 1999, p.5).

quando fazia a distribuição do material (Arquivo Público do Estado do Rio de Janeiro, 1999, panfleto 161, p.4). Essa e outras prisões análogas, somadas ao grande número de folhetos e panfletos vinculados pelo PCB apreendidos pela Desps, evidenciam não apenas os riscos, mas também a intensidade da atividade panfletária que era realizada entre os anos 1920 e 1940 no Brasil – com a participação de jovens –, incluindo momentos de menor e de maior repressão política como no caso do Estado Novo (1937-1945).

Jovens comunistas – educação, moral e disciplina

Em que pese o fato de o PCB ter logrado certo êxito na organização de sua juventude, é necessário compreender o que o partido esperava dela. Que tipo de pessoa deveria ser o jovem comunista? Como deveria se comportar na sociedade? Que função social deveria exercer? Que contribuição poderia dar ao partido?

Ao ponderar sobre o que é ser um comunista em um texto sobre a juventude, Lenin ressaltava que essa condição exigia a organização e união de toda uma geração jovem, que deveria dar o exemplo da educação e da disciplina em favor da luta contra a burguesia, uma vez que, somente assim, poderia ser capaz de empreender e concluir a construção de uma nova sociedade. Ainda segundo ele, para ser membro de uma Federação da Juventude Comunista, era necessário colocar o trabalho e a inteligência a serviço da comunidade, posto que "Aqui está o que faz um jovem ou uma jovem um verdadeiro comunista. Se obtém em sua ação resultados práticos, então será comunista." (Arquivo Público do Estado do Rio de Janeiro, 1999, folheto 169, p.14-5, tradução nossa)

De forma próxima a essa perspectiva, os estatutos de reorganização da juventude comunista, de 1947, deixavam claro sobre quem e como deveria atuar o jovem militante. Nas fazendas e fábricas, ele "deve esforçar-se para cumprir suas tarefas e tornar-se o melhor trabalhador, operário ou técnico". Nas escolas e universidades, o jovem comunista "deve ser o estudante cumpridor de seus deveres que se prepare para ser o melhor na sua profissão – educador, médico, engenheiro, artista, cientista e sábio de amanhã". Se fosse militar, deveria "ser o melhor soldado, o mais disciplinado, esforçando-se para adquirir os conhecimentos indispensáveis ao bom desempenho desse dever cívico". Quanto à convivência familiar, o jovem comunista deveria "dar o melhor exemplo de amor filial e fraternal" (Estatutos da UJC apud Ferreira, 2002, p.73).

Em texto de 1923, o militante Pedro Sabarábussú (apud Carone, 1982, v.2, p. 254) descrevia, com detalhes, que tipo de ser humano deveria ser o comunista:

> Ao aderir ao P.C. e querer a continuar a beber, a vadiar, a namoricar, a malbaratar o tempo, a batizar os filhos, ir à Igreja, às sessões espíritas ou aos "mafuás", não serve. Será melhor ficar do lado de fora. [...]
>
> O Partido Comunista não é clube de diletantes, porta de livraria, mesa de botequim para palradores; é uma coisa de sacrifício, de disciplina, de combate, de sofrimento, de moral proletária, de abdicação de seus interesses pessoais em prol dos interesses internacionais do proletariado.

Ainda de acordo com o militante, no campo das ações, seja como instigador de uma greve, chefe de uma organização clandestina, secretário de um sindicato, propagandista, político ou soldado, "o comunista deve ser sempre o comunista, isto é, membro disciplinado do partido, lutador infatigável, inimigo mortal da sociedade capitalista" (ibidem, p.252). Outro militante, Antonio Recchia (apud Ferreira, 2002, p.71), afirmava que "comunista é aquele que é bom chefe de família, um bom vizinho, um bom amigo, um bom companheiro de trabalho".

Além disso, deveria ser um estudioso das teses marxistas: "só é um comunista completo aquele que compreender, ruminar, digerir as obras de Marx, modificando, renovando completamente a velha ideologia libertária" (Sabarábussú apud Carone, 1982, v.2, p.252). Todavia, "na formação de um comunista, a questão moral sobreleva a questão intelectual" (ibidem). Segundo os preceitos de Lenin (1929, p.9), toda educação, todo ensino e toda formação da juventude contemporânea deveriam ocorrer como o caráter da moralidade comunista. Uma moralidade que, segundo ele, diferentemente do sentido burguês, estaria completamente subordinada ao interesse do proletariado e às exigências de luta das classes trabalhadoras.

Desse modo, é possível notar que o comunista deveria ser o arquétipo do *novo homem*, formado a partir de bases revolucionárias advindas da Revolução de Outubro. Como afirma Jorge Ferreira (2002, p.72),

> Exigia-se do militante uma transformação de ordem interior, de seu próprio ser: ele abandonaria os vícios inerentes à sociedade burguesa e capitalista, como o individualismo, o egoísmo e as vaidades pessoais, adquirindo uma nova identidade social, a de um homem virtuoso e pleno de igualdades. Aderir ao partido implicava uma renovação da maneira de ser no mundo.

Deve-se destacar que o anticomunismo constante na sociedade brasileira apresentava os militantes do PCB de forma exatamente contrária às memórias e aos textos que os comunistas legaram para a primeira metade do século XX. Nas declarações dos governos da Primeira República e de Getúlio Vargas, bem como para a imprensa liberal da época, os comunistas eram "subversivos", "agitadores", "violentos", "desonestos", "sem Deus", "imorais" (Mariani, 1998).

É possível pensar esse período nas dimensões indicadas por Lená Menezes (2019), segundo a qual, por meio de notícias vinculadas pela imprensa brasileira entre 1917 e 1921, assim como por filmes e panfletos, uma luta simbólica em torno das representações da revolução e do comunismo foi iniciada no Brasil a partir da Revolução Russa. Uma luta que recuperou, sob novas formas, a oposição entre o bem e o mal absolutos, como heranças, em última instância, do maniqueísmo presente nas grandes religiões. Assim, "o confronto entre o bem e o mal, a partir da revolução, tornou-se a base de um combate radical, de repercussão internacional, no qual a demonização do outro criou novos e poderosos demônios, na luta sem trégua travada entre capitalismo e comunismo" (ibidem, p.141)

Diante de representações ligadas ao mal na sociedade brasileira, em que os comunistas eram qualificados como "'piratas', 'desvairados', 'paranoicos', 'degenerados', 'tresloucados', 'dementes', 'bárbaros', 'selvagens', 'horda' (asiática, tartárica, mongólica), entre outros epítetos" (Motta,

2000, p.71-2), ao militante caberia ser um abnegado da revolução e um anunciador da nova era. Para isso, nada melhor que formar seus quadros, preparar sua militância e organizar aqueles que seriam o futuro do partido, a juventude comunista. Essa tarefa, contudo, não se deu de forma espontânea, homogênea e equilibrada. Houve muitas dificuldades no caminho. Nesse processo, além de se preocupar com a formação de novos quadros militantes, a FJCB era também mais um braço do PCB em sua aproximação com a sociedade, tendo em vista que a maior parte da vida política do partido, no século XX, foi passada na ilegalidade.[4] Nessa condição, as mudanças nas linhas políticas da agremiação influenciaram diretamente a relação entre a militância e a direção do partido, bem como entre o PCB e a FJCB.

A juventude comunista e as linhas políticas do PCB

Quando a FJCB foi criada, em agosto de 1927, o PCB, então na legalidade, ainda adotava a política de Frente Única, que logo seria modificada. A orientação desse período, oriunda do II Congresso do partido (maio de 1925), foi a da concepção da revolução em duas etapas. Uma primeira democrático-burguesa, baseada nas insurreições tenentistas de 1922 e 1924, que levaria à tomada do poder pela burguesia, com o apoio do proletariado e do seu partido de vanguarda, o PCB. E uma segunda, com a Revolução Socialista, feita pela aliança operário-camponesa. Os comunistas brasileiros estavam, dessa forma, copiando o modelo soviético (Segatto, 1989).

A Lei Celerada, de 12 de agosto de 1927, entretanto, jogou mais uma vez o partido na clandestinidade. Por meio dela, passaram a ser crimes

4 De sua criação até 1945, o PCB teve apenas dois momentos de legalidade. O primeiro, de março de 1922 até julho do mesmo ano, quando foi posto na ilegalidade com o estado de sítio decretado por Arthur Bernardes. O segundo compreende os meses de janeiro a agosto de 1927, quando posto novamente na ilegalidade, com a criação da chamada Lei Celerada, que, de forma geral, visava atingir o PCB e o movimento operário do período. Ver Abreu (DHBB/CPDOC, consultado em 26 fev. 2020).

inafiançáveis "causar ou provocar cessação ou suspensão de trabalho por meio de ameaças ou violências, para impor aos operários ou patrões aumento ou diminuição de serviço ou salário" (Abreu, [s.d.]). Os governos também ficavam autorizados a fechar agremiações, sindicatos, centros ou entidades que incidissem na prática de crimes ou atos contrários à ordem, moralidade e segurança públicas. Além disso, "vedava a essas entidades a propaganda, impedindo a distribuição de escritos ou suspendendo os órgãos de publicidade que a ela se dedicassem" (ibidem). Desse modo, a imprensa partidária também estava proibida. A lei atingiu grandemente o movimento operário e o PCB. Esse foi o principal motivo que levou a direção do partido a encerrar o periódico *A Nação*.

No ano seguinte, o PCB enfrentou uma significativa cisão interna que o fez perder um de seus importantes membros, o secretário da Federação Sindical do Rio de Janeiro, Joaquim Barbosa, e mais 40 militantes. A "Oposição Sindical", como ficou conhecida, divergia das orientações emanadas da direção, que pregava a aliança com os tenentes, sobretudo a entrada de Luiz Carlos Prestes no partido. Além disso, a oposição questionava a atuação do Bloco Operário e Camponês (BOC)[5] e as estratégias e táticas do partido quanto à "Revolução Brasileira" (Segatto, 1989). Nesse mesmo período, outras cisões ocorreram, acarretando a saída de mais militantes.[6]

---

5 Em 1926, na clandestinidade, o PCB criou o Bloco Operário (BO) como uma frente legal de atuação. Seu programa defendia, entre outros, o reconhecimento da União Soviética pelo governo brasileiro, a anistia aos presos políticos e a criação de um código de trabalho de proteção aos empregados. Em 1927, o BO teve seu nome alterado para Bloco Operário e Camponês (BOC). Ressalta-se que, nas eleições para o Conselho Municipal do Rio de Janeiro, em 1928, o BOC elegeu dois candidatos: o marmorista Minervino de Oliveira (expulso em 1931) e o farmacêutico Octávio Brandão (desligado do partido em 1930). Ver Pereira (1980, p.92-100).

6 Por motivos distintos, um grupo de intelectuais também rompeu com o PCB. Nesse caso, as divergências se deram no plano ideológico. Para Lívio Xavier, "o comunismo tal como era praticado no Brasil tinha um conteúdo excessivamente nacionalista, o que se chocava com a ideia de revolução internacional. A posição de Lívio Xavier foi considerada por Astrojildo Pereira como próxima da defendida pelos comunistas franceses e simpática às opiniões de Trotsky. Além disso, sua posição foi criticada por ser vista como 'um desvio pequeno-burguês'. Lívio Xavier, Aristides Lobo e Hilcar

Com o III Congresso do PCB, entre 29 de dezembro de 1928 e 4 de janeiro de 1929, as teses da revolução em duas etapas se aprofundam, só que, a partir daquele momento, a hegemonia caberia ao proletariado. De acordo com Segatto (1989), fortaleceu-se a concepção da "Terceira Revolta", segundo a qual a primeira teria ocorrido em 5 de julho de 1922, a segunda em 1924, com o levante do Forte Copacabana e a Coluna Prestes, e a terceira seria a revolução burguesa no Brasil, com o apoio dos tenentes, mas agora com a hegemonia do proletariado e do seu partido, o PCB. Com base nessa perspectiva, a partir do III Congresso, o partido passou a negar a política frentista e a pregar a hegemonia do proletariado nos movimentos sociais, especialmente com o BOC, e a luta pela "Revolução Brasileira". Passou, ainda, a questionar a aliança com a pequena burguesia e outros setores, tais como os tenentes, o que se tornou uma constante na vida do partido – um vaivém na sua relação de alianças com a burguesia.

Essa postura fora refletida no panfleto de janeiro de 1928, "A Política da pequena burguesia confucionista – O proletariado não deve confundir-se com essa política". Assinado por "Fackel", o texto chamava a atenção para o fato de as políticas reformistas não atenderem aos problemas dos trabalhadores, interpretando-as como "ossos que os opressores nos lançam com o fim de acalmar o nosso ódio contra eles, e, assim, poderem gozar em paz o fruto do nosso trabalho". Entretanto, ressaltava que "Só o Bloco Operário e Camponês poderá guiar os trabalhadores à emancipação" (Arquivo Público do Estado do Rio de Janeiro, 1999, panfleto 814).

Vale lembrar que a partir do III Congresso também houve um estreitamento da política do partido com a linha da IC: negação da política frentista; dificultar ao máximo qualquer possibilidade de alianças políticas com a pequena burguesia e outros setores; e o estabelecimento para si, *a priori*, da direção do proletariado e de todo o movimento (Segatto, 1989). Todavia, no ano seguinte, em 1930, a direção do PCB imprimiu uma política altamente sectária e isolacionista, que acarretou a tentativa insurrecional de 1935 e a posterior perseguição política e policial sofrida pelo partido.

Leite deixaram o PCB, para mais tarde formar o núcleo brasileiro de trotskistas" (Abreu, [s.d.]).

Nesse período, o PCB estreitou os laços com a IC e seguiu as orientações da Conferência do Secretariado Sul-Americano, realizada em Buenos Aires, em abril/maio de 1930. A orientação dada foi no sentido de "proletarizar" os partidos comunistas. O Komintern (como era também chamada a IC) fez críticas severas às "resoluções do III Congresso do PCB, por admitirem a 'teoria da terceira revolta' e basearem a política do partido na atuação do BOC, colocando o proletariado a reboque da burguesia" (Abreu, [s.d.]). Importantes líderes como Astrojildo Pereira e Otávio Brandão foram duramente criticados por fazerem concessões à pequena burguesia. Em novembro de 1930, em reunião do CC,[7] o processo de proletarização[8] se acentuou. Astrojildo Pereira foi destituído do cargo de secretário-geral do PCB por ter sido considerado responsável pela resistência à "proletarização do partido". Outros membros do Comitê Central foram destituídos do cargo, como Leôncio Basbaum, Fernando Lacerda e Paulo Lacerda. O Komintern desejava que a direção do PCB ficasse sob controle operário. O "obreirismo", como ficou conhecida essa fase, "desprezava os intelectuais e dava grande importância ao comportamento e ao estilo de vida do operário. Assim, em janeiro de 1931, o intelectual de origem operária Heitor Ferreira Lima foi eleito secretário-geral do PCB" (ibidem). É nesse período que "parte da velha guarda é expulsa, sai ou é rebaixada de posição, sendo substituída por elementos de menor capacidade ou por operários sem experiência de organização" (Carone, 1974, p.238).

Tendo como bases tais orientações, o partido criticou a Aliança Liberal,[9] condenou a Revolução de 1930 e negou a política de alianças,

---

7 Em 1929, houve a reformulação dos estatutos do partido e algumas siglas foram alteradas. A Comissão Central Executiva (CCE) passou a se chamar Comitê Central (CC). Ver Basbaum (1976).

8 O conceito se refere ao processo de promoção nas fileiras do PCB de militantes de origem operária e do afastamento daqueles considerados de origem burguesa.

9 A Aliança Liberal foi uma coligação de oposição ao governo de Washington Luís e à sua indicação de mais um paulista, Júlio Prestes, à Presidência da República, gerando grande insatisfação entre os mineiros, pois quebrava o pacto da "política do café-com-leite". De acordo com o pacto, os grandes partidos de Minas Gerais e São Paulo deveriam endossar a candidatura de um mineiro. Movimento de

o que o isolou ainda mais. Essa postura pode ser observada no panfleto "Alerta – Operários e Camponeses! Soldados e Marinheiros!", de junho de 1930, segundo o qual:

> Certos elementos da Aliança Liberal voltam a fazer discursos *incendiários*. A linguagem de seus jornais é de novo *inflamada*. Ao mesmo tempo, os elementos fascistas da Coluna Prestes, que são contra o manifesto de seu próprio chefe, ligam-se cada vez mais aos mistificadores liberais para um novo golpe. [...] Com isso, graves perigos vos ameaçam! O golpe dos liberais e de seus aliados militares só pode ser um golpe fascista. Será uma ditadura militar ao serviço dos ricaços liberais e dos tubarões norte-americanos. Trará maior miséria e opressão para as massas operárias e camponesas. [...] Esses elementos não são revolucionários! São inimigos mortais do proletariado e do seu partido revolucionário, o Partido Comunista do Brasil. (Arquivo Público do Estado do Rio de Janeiro, 1999, panfleto 96)

Entre 1930 e 1934, o PCB foi marcado por profundas mudanças na sua linha política e de organização, tendo no obreirismo a sua principal marca. Essa orientação foi seguida pela juventude, como se observa no texto relativo à Conferência dos Encarregados de Jovens, de 1931, no qual era indicado que a situação desigual pela qual o Brasil passara só poderia ser resolvida com a conquista de poder pelo proletariado revolucionário. Nesse processo, à JC caberia organizar e dirigir os jovens, "lutando contra a militarização da juventude, a racionalização capitalista e a influência que exerce a burguesia sobre a juventude proletária". E ainda se reiterava:

> A postos, companheiros! Que nenhum comunista seja indiferente ou cometido neste momento em que a polícia burguesa lança-se contra nós com um terror inaudito, ameaçando fuzilar, deportar trabalhadores conscientes.

âmbito nacional, a Aliança Liberal foi formada no início de agosto de 1929 por iniciativa de líderes políticos de Minas Gerais e Rio Grande do Sul, visando apoiar as candidaturas de Getúlio Vargas e João Pessoa, respectivamente, à Presidência e Vice-Presidência da República nas eleições de 1º de março de 1930. Ver Abreu ([s.d.]).

> Tomemos gosto pela nossa organização! É uma traição política, é aliar-se inconscientemente aos futuros assassinos dos trabalhadores não se lutar [denodadamente] pela organização da FEDERAÇÃO DA JUVENTUDE COMUNISTA DO BRASIL.
>
> VIVA A FEDERAÇÃO DA JUVENTUDE COMUNISTA DO BRASIL! VIVA O PARTIDO COMUNISTA DO BRASIL; VIVA A INTERNACIONAL COMUNISTA; VIVA A RÚSSIA PROLETÁRIA! (Arquivo Público do Estado do Rio de Janeiro, 1999, panfleto 586)

A postura obreirista, todavia, não foi tomada de forma única pela juventude. Por meio dos panfletos ligados à FJCB apreendidos pela Polícia Política de Vargas, podemos observar, de forma pontual, como a federação também se dedicou às causas dos jovens operários, sobretudo da indústria têxtil. Esse contato e cuidado com questões devidamente relacionadas ao grupo permaneceram até mesmo quando não eram tomadas como prioritárias pelo PCB. A aproximação com os funcionários da Fábrica Bangu, em 1932, constitui uma dessas práticas. Naquele momento, a FJCB apoiou os grevistas da fábrica, especialmente os jovens, instigando-os a não se deixar enganar pelos patrões ou pelos representantes do Ministério do Trabalho, para os desviarem da luta independente de classe. Dessa forma, reiteravam: "Companheiros jovens, tu que produzes tanto quanto os adultos, deves exigir um salário igual, e sustentar com toda a firmeza, as 6 horas de trabalho diário, aos menores de 15 anos" (Arquivo Público do Estado do Rio de Janeiro, 1999, panfleto 553). Da mesma forma, a preocupação com a remuneração dos moços desempregados fora outro ponto destacado.

> Companheiros desempregados! Organizai em cada bairro de residência, ou de encontro, um comité de desempregado, para exigir 2$000 por dia a cada jovem sem trabalho, solidarizai-vos com os grevistas não permitindo que nenhum operário vá trabalhar nesta fabrica, enquanto os operários não conseguirem os seus direitos!
>
> POIS ALERTA COM OS NOSSOS INIMIGOS DE CLASSE!
>
> Contra a prisão ou dispensa de qualquer companheiro grevista, e por a liberdade imediata de todos os presos [policosproletarios].
>
> VIVA A LUTA DOS OPERÁRIOS EM FÁBRICA DE TECIDOS

Trabalhadores Jovens! Ingressai nas Fileiras da J.C.
FEDERAÇÃO DA JUVENTUDE COMMUNISTA – REGIÃO DO RIO. (ibidem, panfleto 553)

Se ao partido e às suas agremiações a revolução era colocada em primeiro plano, observando que as questões particulares ou ligadas a grupos específicos deveriam ser deixadas de lado, os jovens da FJCB denunciaram que, no dia 18 de novembro de 1932, a sede da Federação Vermelha de Estudantes[10] foi depredada por grupos próximos ao ministro da Educação e a Vargas. Segundo a acusação, o crime foi praticado com a finalidade de amedrontar os estudantes pobres, que naquele momento pleiteavam reivindicações justas, sem as quais não poderiam manter-se ou continuar os seus estudos. A FJCB ressaltava, todavia, que os responsáveis se enganavam pensando que a destruição de móveis ou a prisão e o espancamento de estudantes revolucionários os fariam estremecer ou diminuir a luta pelos seus direitos:

> A FEDERAÇÃO JUVENIL COMUNISTA DO BRAZIL, em nome das massas juvenis trabalhadoras e camponesas oprimidas do país – não só apoia e defende integralmente todas as reivindicações justíssimas pleiteadas pelos estudantes pobres e não só protesta contra o atropelo infame de que eles foram vítimas, como – chama toda a massa trabalhadora Juvenil e o proletariado em geral a manifestar, por todas as formas, o seu repudio, o seu protesto energético e a sua solidariedade de classe a todo estudante pobre que, como nós, também é oprimido e explorado por este regime infame feudal-burguês de fome, racionalização capitalista, miséria, desemprego, repressão brutal, golpes de estado, lutas internas reacionárias e de guerras imperialistas em que vivemos algemados.
>
> De pé, estudantes pobres, pela conquista de vossos direitos e de vossas justíssimas e humanas reivindicações!
>
> – De pé, jovens trabalhadores! Apoiemos os estudantes pobres em sua luta reivindicativa! [...]

---

10 A Federação Vermelha dos Estudantes (FVE) constituiu um espaço de atuação dos estudantes comunistas nos meios universitários entre 1932 e 1934. Ver Mattos (2017, p.2461).

– Pelo livre funcionamento da FEDERAÇÃO VERMELHA DE ESTUDANTES E DE TODAS AS ORGANIZAÇÕES DE CLASSE DOS TRABALHADORES!

– Viva a Federação Vermelha de Estudantes, a única que organiza e dirige a luta dos estudantes pobres que querem lutar independentemente por seus direitos! (ibidem, panfleto 171)

A postura FJCB de denunciar a destruição da sede da Federação Vermelha de Estudantes indica o quanto esse grupo, por mais que estivesse ligado às orientações obreiristas do PCB, não deixara de se organizar e de manifestar anseios particulares, no que diz respeito ao direito de manterem os seus estudos e de reivindicarem uma vida melhor para os jovens pobres do país. Isso demonstra a autonomia relativa que a FJCB tinha em relação ao PCB. O que não quer dizer que tal relação não gerava tensões e conflitos, que, em realidade, faziam parte da própria história política do partido.

A condição radical característica da fase de proletarização do PCB, todavia, sofreu uma nova reorientação a partir de 1933. Depois da ascensão do nazismo na Alemanha e do avanço do fascismo no mundo, o Komintern foi levado a rever sua linha política de considerar as articulações e alianças de frentes democráticas como "desvios direitistas". Em 1934, a IC começou a adotar, timidamente, a orientação da *Frente Popular* contra o fascismo, incluindo socialistas, comunistas, liberais, burguesia etc. Em 1935, a política de Frentes Populares foi definitivamente adotada como tática a partir do VII Congresso da IC (agosto de 1935, Moscou). Contudo, essa discussão também já vinha sendo feita pelo PCB, desde 1934, quando da propugnação de um movimento de frente ampla anti-imperialista e antifascista.

Esse movimento contou com o amplo apoio da FJCB, que distribuiu uma série de panfletos denunciando o fascismo conflagrado na Europa e que, para eles, também se manifestava no país. Dentre eles, no aniversário dos 17 anos da Revolução Russa, o texto de comemoração apontou as diferenças entre o regime instituído na União Soviética e os países capitalistas. Assim, era ressaltado que, enquanto na União Soviética edificava-se o socialismo, industrializava-se, coletivizava-se a agricultura, e liquidavam-se a prostituição, o analfabetismo, o desemprego e a miséria, abrindo-se para a juventude trabalhadora um futuro grandioso,

> [...] no mundo capitalista aumentou a exploração e a opressão do proletariado e das massas populares e em particular da juventude trabalhadora; aumentou a opressão nacional do imperialismo contra as nacionalidades e países oprimidos; intensificou-se a preparação guerreira em todo o mundo capitalista e as provocações antissoviéticas; instaurou-se a ditadura fascista em uma serie de países e cada vez mais abertamente emprega-se nos demais métodos fascistas de repressão; aumentou o desemprego e a miséria, a prostituição e o obscurantismo, reservou-se para a juventude trabalhadora um mais negro futuro de fome, reação e guerra! (ibidem, panfleto 1050)

A preocupação com os jovens nos regimes fascistas também foi tema percorrido nos panfletos desse período. A publicação "A Juventude e os regimes fascistas", por exemplo, denunciava que, enquanto uma quantidade significativa de estudos era feita em reação ao fascismo, pouco era reservado, por parte de tais reflexões, à situação da juventude diante da situação da Itália e da Alemanha. O texto prossegue com uma tradução do periódico francês *L'État Ouvrier* sobre o fascismo italiano:

> O fascismo, que é o pior inimigo da juventude, trabalha, como nenhum partido, num esforço hercúleo, para conquistar os jovens, as novas gerações.
>
> O regime fascista, que há 13 anos oprime o povo italiano, empregou-se a fundo e numa demagogia louca na catequese da juventude da Itália. Ás promessas, ás farras, ás demagógicas proclamações e discurseiras, juntaram os "camisas negras" reivindicações mentirosas, habilmente manejadas no sentido de desviar as novas gerações, inexperientes e sem nenhum conhecimento elementar da vida. Toda a mocidade italiana foi organizada. Cada jovem é obrigado a pertencer a uma organização mussolinesca. Aliás é a primeira vês na história que assim se procedeu. Todos os meios são postos em prática para manter esse controle, quer por meios esportivos, quer por meios sindicais. E, com estes métodos, criaram os fascistas uma linguagem nova para essa juventude, linguagem bem distinta e bem diferente da falada pelas gerações anteriores. Esses rapazes não conhecem a história da Itália; nada sabem das lutas sociais e dos movimentos sindicais, em geral. E, quando se fala a um jovem de 25 anos, sobre a vida sindical, ele só sabe o que se passa no sindicado fascista. Nada mais. (ibidem, panfleto 1055)

As questões apresentadas nesse e em outros panfletos sobre o fascismo, bem como nos informes advindos do VII Congresso da IC, contribuíram para o partido aderir à Aliança Nacional Libertadora (ANL), movimento antifascista e de "emancipação nacional e social do Brasil" (ibidem, folheto 025), que reuniu partidos políticos, militares, sindicatos, diversas organizações femininas, culturais, estudantis (como a FJCB) e profissionais liberais.

A ANL foi fundada no dia 12 de março de 1935, data da primeira reunião do seu diretório nacional. Contudo, foi lançada à nação no dia 30 de março, num comício realizado no Teatro João Caetano, no Rio de Janeiro. Os seus líderes eram, sobretudo, militares, a maioria oriunda do "movimento tenentista". Seu presidente era o comandante da Marinha de Guerra, Hercolino Casrcardo. Um ex-membro da juventude comunista, Francisco Mangabeira, era o secretário-geral da ANL (Vianna, 2003).

Prestes foi escolhido presidente de honra e o PCB atuou decisivamente no movimento. Importa ressaltar que a ANL não foi criada pelo PCB, este era apenas um dos partidos que a compunham e que ocorreram inúmeras divergências entre eles. De início, os dirigentes do PCB não acreditaram que aquele movimento poderia ser o responsável pela transformação das estruturas do país. Em relação ao apoio do PCB à ANL, os líderes comunistas afirmaram: é possível dar-lhes "apoio, não adesão", o PCB "não adere e nunca aderirá à ANL" (*A Classe Operária*, 24.4.1935). De acordo com a historiadora Marly Vianna (2003, p.43), "até o final de maio, início de junho o PC manteve essa posição de apoio pouco entusiasmado à ANL". Assim, pode-se perceber que a adesão veio aos poucos, e somente após a ilegalidade do movimento o PCB assumiu sua direção.

O crescimento da ANL incomodava o governo Vargas e as elites políticas e econômicas do Brasil. Em poucos meses, houve milhares de adesões. Afinal, lutavam contra o imperialismo e o latifúndio, que, naquele período da história, coadunava com as teses do PCB. Além disso, levantavam-se "Pela nacionalização das empresas imperialistas (Light etc.). Pelo cancelamento das dívidas imperialistas. Pela entrega dos latifúndios ao povo laborioso que as cultiva [...]" (Arquivo Público do Estado do Rio de Janeiro, 1999, panfleto 42)

Devido às pautas progressistas propagandeadas, o governo Vargas e os jornais da grande imprensa constantemente associavam o movimento ao PCB, afirmando que os aliancistas estavam a serviço da IC. O presidente da ANL, Hercolino Cascardo, alertava sobre a tentativa da imprensa liberal e dos parlamentares conservadores de associar o movimento aliancista com o PCB, que já estava em estado de ilegalidade. Temendo que o mesmo acontecesse com o movimento libertador nacional, Cascardo procurou, por intermédio de diversas declarações, negar que a ANL era um movimento comunista ou um apêndice do PCB. Segundo ele, "nós não somos comunistas. E os comunistas não aprovam o que estamos fazendo. Eles só aprovam aquilo que eles determinam, e quem não obedece, eles expulsam" (Cascardo apud Vianna, 2003, p.52).

De qualquer forma, a JC atuou no período, conclamando os jovens populares a participar da "Revolução Nacional Libertadora". Em um panfleto diagramado com a foto de Luiz Carlos Prestes ao centro, seguida da legenda "Soldados e marinheiros! Eis aqui o vosso chefe!", constava o seguinte:

> Com o vigor e o entusiasmo da vossa juventude ocupai os postos de vanguarda nos combates decisivos que se avizinham.
>
> Viva a Revolução Nacional Libertadora!
>
> Ingressai na Juventude Comunista do Brasil!
>
> Nenhum governo de fazendeiros e capitalistas resolverá nossa situação!
>
> Só o governo revolucionário realizará as nossas aspirações!
>
> Abaixo o governo esfomeador e sanguinário de Getúlio Vargas!
>
> Expulsemos o imperialismo e liquidemos o latifúndio!
>
> Abaixo o integralismo!
>
> Viva a Juventude Comunista do Brasil! (Arquivo Público do Estado do Rio de Janeiro, 1999, panfleto 467)

No que concerne aos conflitos entre a ANL e o PCB, duas questões merecem destaque: a primeira é que a ilegalidade do movimento aliancista foi provocada pelo lançamento de um manifesto, de autoria de

Prestes, não discutido pela ANL, que ofereceu o pretexto a Vargas para torná-lo ilegal. A segunda é que, durante a ilegalidade, os conflitos entre comunistas e aliancistas intensificaram-se. Nesse processo, a pressão por parte do governo brasileiro e da imprensa liberal foi tamanha que, em 11 de julho de 1935, foi decretado o fechamento da ANL. No dia seguinte, vários oficiais aliancistas foram presos (Vianna, 2003).

Com o fechamento da ANL, os discursos tornaram-se mais radicais. Não obstante, é sabido que o tom cada vez mais radical foi dado pela direção do PCB. Colocada na clandestinidade, a ANL teve um rápido descenso em seu número de participantes. Porém, mesmo assim havia aqueles que continuaram firmes no propósito revolucionário. A partir da ilegalidade, o PCB passou a dirigir o movimento. Contudo, não se pode dizer que foram apenas os comunistas que pretenderam a revolução em 1935 ou ainda que foram apenas de seus quadros que saíram os revolucionários, muito embora tenha sido o PCB, a partir de sua direção partidária, que imprimiu sua vontade aos que restaram e desejaram a revolução. Como revelou Prestes (apud Vianna, 2003, p.60), "a aliança ficou limitada, a partir de então, aos comunistas e ao setor mais revolucionário da pequena burguesia, representado principalmente pelos setores mais avançados do tenentismo". Essa postura acabou levando o partido a adotar uma proposta revolucionária sectária, dogmática e não condizente com a realidade histórica brasileira.

Em novembro de 1935, o PCB levou a cabo a tentativa revolucionária, que fora frustrada pelo governo Vargas. Nos manuais escolares e no senso comum, ela ficou conhecida por *Intentona Comunista* (Ribeiro, 2014).[11] Em Natal (23 de novembro), Recife (24 de novembro) e Rio de Janeiro (27 de novembro), os revolucionários tentaram tomar as cidades a partir dos quartéis. Todavia, a população não acompanhou a insurreição. A repressão aos envolvidos na revolta de novembro atingiu

11 A "Intentona Comunista" transformou-se num mito mobilizador da sociedade. Caracterizada como um "intento louco", um "motim insensato", os militares, o Estado e a imprensa não comunista procuraram construir a ideia de que o evento não passava de uma tentativa louca de trair a pátria (Motta, 2002).

comunistas, socialistas, trotskistas e anarquistas, bem como foi utilizada por Vargas para sobrepor-se a todos os opositores do governo.

O episódio insurrecional de 1935 marcou profundamente o PCB. Duras críticas foram feitas ao partido e a seus dirigentes por seus membros. Com o fechamento da ANL, houve grande diminuição no número de seus membros. De acordo com o próprio Luiz Carlos Prestes (apud Vianna, 2003, p.60), "a aliança ficou limitada, a partir de então, aos comunistas e ao setor mais revolucionário da pequena burguesia, representada principalmente pelos elementos mais avançados do tenentismo".

Com a juventude comunista não foi diferente. Depois do fracasso da insurreição, "parte da FJCB pareceu ter tentado operar mudanças no seu modo de ação e ampliar as relações dos jovens comunistas, o que também não deixou de ser uma análise crítica sobre as práticas da FBJC até então" (Mattos, 2017, p.2462). Um exemplo dessa postura pode ser verificado em 1936. Por meio de um documento voltado à juventude, indicava-se que o grupo precisava vencer o momento político posto no Brasil por meio de uma grande mobilização democrática de todas as camadas da população, com vistas ao retorno das garantias constitucionais e das liberdades populares. Assim, à defesa da criação de uma frente única, somava-se:

> Façam todo o possível por meio do aparelho dando informes sobre a situação e as forças que contamos aí, pois queremos dar um balanço nas nossas possibilidades nacionais. Não devemos mais perder a ligação. Mande-nos endereço. A reação continua martirizando nossos camaradas. Não podemos cruzar os braços. Agir! Saudações juvenis. (Arquivo Público do Estado do Rio de Janeiro, 1999, panfleto 584)

A despeito de os jovens comunistas cogitarem uma frente única e a ampliação de sua atuação diante da juventude e de outros grupos da sociedade – que incluíam, entre outros, campanhas de levantamento financeiro como a voltada aos "camaradas marítimos" (Arquivo Público do Estado do Rio de Janeiro, 1999, panfleto 0139)[12] –, a direção do PCB,

12 Na campanha pró-levantamento financeiro da juventude comunista, voltada aos marítimos, de 1936, fora assinalado que "Em vistas das grandes despesas que

ainda sob os auspícios da linha política de radicalidade, orientava a JC a atuar no sentido de "arregimentar os jovens mais esclarecidos para o interior da FBJC", mantendo a concepção de que ela deveria continuar sendo uma "organização de vanguarda". Todavia, os jovens representados pelo CC da FJCB pretendiam "se inserir nos diversos movimentos e organizações juvenis legais, além de se tornar uma organização ampla, reunindo jovens de segmentos diversos em torno de um programa da massa juvenil" (Mattos, 2017, p.2462). O conflito se instalou entre a direção do partido e a FJCB. Dessa forma, pouco mais de um ano depois, sob a acusação de sectarismo, a FJCB foi dissolvida pelo PCB, em 1937. Com o fim da FJCB, o trabalho com a juventude tornou-se responsabilidade de um *bureau* juvenil ligado ao Comitê Central do Partido (ibidem).

Após os levantes de 1935, caiu sobre o partido uma feroz repressão política e policial, que perdurou até 1942. Nesse período, a atuação política da agremiação foi bastante limitada, tendo em vista a prisão ou quase completa clandestinidade de seus principais líderes. Conforme Edgard Carone (apud Segatto, 1989, p.50), o que existia eram "ações isoladas em alguns estados, centradas em torno do Comitê Central (Rio de Janeiro), ou dos respectivos Comitês Regionais, principalmente os de São Paulo e da Bahia", este último mais bem organizado.

Em 1942, o governo brasileiro declarou guerra aos países do Eixo. Foi a partir desse momento que o PCB voltou a atuar de forma mais organizada, reiniciando a publicação sistemática de periódicos e lançando livros e coleções de conteúdo marxista. Alguns grupos isolados da militância, em vários estados, procuraram se reorganizar. Entretanto, foi a Comissão Nacional de Organização Provisória (Cnop) que ficou responsável pela reorganização do partido. E os ventos dos acontecimentos internacionais sopraram a favor da agremiação.

---

a Federação da Juventude Comunista do Brasil tem de enfrentar, vem por este intermédio, apelar para os companheiros de luta, para promoverem subscrições a bordo dos navios onde trabalham, em favor da campanha [...]. Certos de que os companheiros não deixarão de cumprir com este dever de solidariedade revolucionária, subscrevemos atenciosamente" (Arquivo Público do Estado do Rio de Janeiro, 1999, panfleto 0136).

A entrada do Brasil na Segunda Guerra Mundial ao lado dos aliados e, nesse caso, ao lado também da União Soviética abriu ao partido a possibilidade de elaboração de uma nova linha política bastante diferente da anterior, cujo resultado tinha sido o esfacelamento quase total do partido. É preciso ressaltar que a entrada do Brasil na guerra se deu em virtude de um jogo de pressões do qual fez parte ativa o PCB.

Em agosto de 1943, o PCB realizou sua II Conferência Nacional, conhecida como "Conferência da Mantiqueira". Naquele encontro, o partido formalizou sua nova linha política. Nela, ficava estabelecido que todos os brasileiros deveriam cerrar fileiras ao lado do governo Vargas para derrotar o nazifascismo.[13] Os comunistas, então, deveriam dar apoio incondicional à política de guerra travada pelo governo e lutar pela anistia, pela normalização institucional do país e pela legalização do PCB. Em grande parte sendo idealizada por Prestes, a nova orientação política do partido ficou conhecida por "União Nacional".[14]

A deposição do governo Vargas, a vitória sobre o fascismo na Segunda Guerra Mundial, o prestígio da União Soviética ao final da guerra, a valorosa participação do Brasil na guerra e a adoção da linha política de União Nacional foram fatores que contribuíram para a legalidade do

---

13 É preciso lembrar que, antes disso, o PCB já estava empenhado na campanha a favor da entrada do Brasil na guerra. Nesse sentido, os comunistas atuaram na União Nacional dos Estudantes, participando de suas passeatas – pela guerra contra o Eixo – a favor da entrada do país na guerra ao lado dos aliados. A juventude comunista naquele momento teve um papel destacado. Ver Carone (v.2, 1982).

14 Cabe ressaltar que a implantação da nova linha partidária não ocorreu sem conflitos e tensões. Havia diversas tendências entre os comunistas espalhados pelo Brasil, principalmente no que diz respeito aos grupos baiano e paulista. Além disso, houve resistências por parte de militantes. Como revela Segatto (1989, p.54), naquele momento "ocorreu uma série de divergências distintas entre si", pois três proposições foram defendidas, mas a que saiu vitoriosa foi a da Cnop, liderada por Prestes. Ela propunha a União Nacional com o esforço de guerra e apoio incondicional a Vargas. No que concerne às outras, uma (a paulista) não concordava com o apoio incondicional, propondo ao partido continuar tecendo críticas a seu governo; e a outra pregava até a extinção do partido. Segundo o historiador, até a liderança de Prestes sobre o PCB naquele momento histórico foi condenada pelos paulistas, o que acabou marginalizando-os.

partido em janeiro de 1945. No entanto, a linha moderada, de luta parlamentar e institucional e de aliança com a burguesia, não durou muito tempo. Em 7 de maio de 1947, o Supremo Tribunal Eleitoral cassou o registro do partido, e, em 12 de janeiro de 1948, os mandatos dos parlamentares comunistas foram anulados, dessa vez, pelo próprio Congresso Nacional, de forma a retomar-se mais um período de ilegalidade na história do partido, permanecido até o fim da ditadura militar.

No início dessa década, a União Nacional dos Estudantes (UNE)[15] foi um espaço relevante de aproximação do PCB e dos ideais comunistas com a juventude. Aproveitando-se do fato de a UNE conseguir manter uma relativa liberdade de atuação no Estado Novo, o partido, em meio à sua reorganização, atuou para congregar novos membros do meio estudantil, bem como para formar fileiras em sua liderança. Esse propósito, todavia, sofreu o impacto do VI Congresso Nacional dos Estudantes, em 1943, diante da derrota da chapa que integrava, para os alunos liderados pelo tradicional Centro Acadêmico XI de Agosto, da Faculdade de Direito de São Paulo. A partir de 1946, em mais uma breve fase de legalidade, o PCB deu prosseguimento aos esforços para a criação de uma nova base jovem comunista do partido no meio universitário, o que se desdobrou na resolução de fundação da União da Juventude Comunista (UJC), um ano depois (Mattos, 2017, p.2662-3). Essa e outras práticas deram continuidade a uma das mais caras tradições do partido, de promover "a educação dos jovens, inspirando-se nas tradições revolucionárias e progressistas do nosso povo e orientando-os nos exemplos e ensinamentos do socialismo" (Estatuto da União da Juventude Comunista, 1947, p.4309).

15 Embora as sociedades acadêmicas tenham existido no Brasil pelo menos desde a segunda metade do século XIX, a primeira organização universitária em nível nacional teve o seu nascimento em agosto de 1937, com a realização do I Conselho Nacional dos Estudantes, movimento que se desdobrou na criação da UNE. A discussão em torno da representatividade dos estudantes nesse período, todavia, leva alguns autores a datar a criação da UNE – como uma representação efetiva de associações estudantis estaduais – em dezembro de 1938, durante o II Congresso Nacional dos Estudantes. Ver Mendes Junior (1981, p.36-8).

Considerações finais

A trajetória dos jovens comunistas no Brasil, entre as décadas de 1920 e 1940, está diretamente ligada ao projeto de atuação e de ampliação das bases do PCB, que, desde a sua criação, seguindo as orientações da Terceira Internacional Comunista, engajou-se na organização da juventude. Dessa forma, a partir do Rio de Janeiro, foram aparelhados os primeiros diretórios e centros acadêmicos sob a influência da JC, processo que culminou com a criação da FJCB em 1927.

Dialogando com as linhas políticas do PCB e procurando atender e responder aos anseios da juventude, a FJCB atuou em diversos movimentos da sociedade, tais como: campanha em favor dos jovens operários das indústrias têxteis do Rio de Janeiro, de São Paulo, de Pernambuco e do Pará; campanha pela liberdade de Prestes e de outros militantes do partido presos após a insurreição de 1935; críticas ao Estado Novo e aos integralistas; na formação de frentes antifascistas; e em defesa das mulheres operárias e de melhores condições de trabalho à juventude do Brasil.

Nesse processo, jovens comunistas ligados à UFJC vivenciaram experiências de condução de suas ações segundo as orientações do PCB, com uma relativa autonomia diante de determinados posicionamentos do partido, o que contribuiu para a dissolução da federação em 1937. A partir de uma nova perspectiva, o PCB reaproximou-se dos estudantes universitários em um processo que se desdobrou na fundação da UJC dez anos depois.

Tendo como recorte essa experiência, em meio a um conturbado período da história política do Brasil, jovens comunistas organizaram-se e lutaram por melhores condições de trabalho e de vida, na tentativa de construírem outra realidade, tendo em vista a sua condição de proletariado do amanhã.

Referências

Periódicos

A Classe Operária, 24.4.1935.
Movimento Comunista (1922).
Estatuto da União da Juventude Comunista. *Diário Oficial da União*, 28 mar. 1947. seção I, p.4309.

Arquivo Público do Estado do Rio de Janeiro

Fundo: Polícia Política

Série: Folhetos Desps

025 – ALIANÇA NACIONAL LIBERTADORA. *Estatutos da Aliança Nacional Libertadora*. Rio de Janeiro, 1935.
164 – *JUVENTUD en marcha*! Rosario: Ediciones Juventud Obrera, [19--].
169 – *Lenin y la juventud*. Buenos Aires: Sec. Sudamericano de la Internacional Juvenil Comunista, 1929.

Fundo: Polícia Política

Série: Panfletos Desps

42 – A ANL é uma frente única de todos que trabalham no Brasil, sem distincções de credos políticos, philosophicos ou religiosos, irmanados na luta pela libertação do paiz das garras imperialistas. [S.l.: s.n., 19--].
96 – ALERTA, operarios, camponezes! soldados e marinheiros! certos elementos da Alliança Liberal voltam a fazer discursos incendiarios. [S.l.]: Presidium do Partido Communista do Brazil, 1930.
161 – A VOZ da juventude: ao proletariado jovem, às mulheres proletarias, aos soldados, marinheiros e trabalhadores em geral. [Rio de Janeiro: s.n., 1929]. Anotações manuscritas sobre o preso José Maria de Sousa.
136 – CONTRA as promessas tapeadoras do governo, da constituinte e dos golpistas! Rio de Janeiro: Partido Comunista do Brasil, 1933.
171 – COMO na Italia fascista, foi assaltada e depredada a "Federação Vermêlha de Estudantes". Rio de Janeiro: Federação da Juventude Comunista do Brazil, 1932.
467 – JOVENS populares... soldados e marinheiros, eis aqui o vosso chefe! [S.l.]: Juventude Comunista do Brasil, [19--].
507 – AOS jovens trabalhadores sem trabalho! o número dos "sem-trabalho" augmenta diariamente. Os Estados Unidos... tem um exercito de oito milhões de sem trabalho.

Os jovens vão substituir os adultos ganhando um salário menor... dahi a juventude... ser a parte mais explorada e opprimida pela burguesia. [S.l.]: Federação da Juventude Comunista, [19--].

553 – JOVENS operarios e operarias em fabrica de tecidos em geral! e aos jovens grevistas tecelões da fábrica de Bangú em particular! os tecelões da fábrica de tecidos Bangú soffrem a mesma sorte de exploração e oppressão que soffre os trabalhadores de todas as outras fábricas. Rio de Janeiro: Federação da Juventude Communista, 1932.

586 – CONFERÊNCIA DOS ENCARREGADOS DE JOVENS, 1, 1931, Recife. A todas as cellulas da J.C. Recife: Commissão da J. C., 1931.

814 – FACKEL. A política da pequena burguesia confusionista: o proletariado não deve illudir-se com essa política! [S.l.: s.n.], 1928.

884 – Companheiros: o material que segue junto devia ter seguido há muito tempo... saudações juvenis. [S.l.: s.n.].

1.050 – Por um 7 de novembro de luta contra a guerra, a reação e o fascismo! há 17 annos os operarios e camponezes da Russia. Rio de Janeiro: Federação da Juventude Communista, 1934.

1.055 – A JUVENTUDE e os regimes fascistas. [S.l.: s.n., 19--].

1.146 – Á juventude do Brasil, estamos vivendo um instante tormentoso da vida nacional, como reflexo da inquietude que aflige o mundo. Rio de Janeiro: 1º Congresso Nacional da Juventude Popular Estudantil e Proletária, [19--].

Bibliografia

ABREU, A. A. de. Partido Comunista do Brasil. Rio de Janeiro: CPDOC, FGV, [s.d.]. Disponível em: http://www.fgv.br/cpdoc/acervo/dicionarios/verbete-tematico/partido-comunista-brasileiro-pcb. Acesso em: 22 mar. 2020.

ABREU, A. A. de. Partido Comunista Brasileiro (PCB). In: *Dicionário Histórico-Biográfico Brasileiro – DHBB*. Disponível em: http://www.fgv.br/cpdoc/acervo/dicionarios/verbete-tematico/partido-comunista-brasileiro-pcb. Acesso em: 26 fev. 2020.

ARQUIVO PÚBLICO DO ESTADO DO RIO DE JANEIRO. Catálogo de panfletos apreendidos pela Delegacia Especial de Segurança Política e Social – DESPS/Arquivo Público do Estado do Rio de Janeiro. Rio de Janeiro: Arquivo Público do Estado do Rio de Janeiro, Faperj, 1999.

BARBOSA, A. de F. O mercado de trabalho antes de 1930. Emprego e "desemprego" na cidade de São Paulo. *Novos Estudos CEBRAP*, n.80, p.91-106, mar. 2008.

BASBAUM, L. *Uma vida em seis tempos*. São Paulo: Alfa-Ômega, 1976.

BATALHA, C. *O movimento operário na Primeira República*. Rio de Janeiro: Zahar, 2000.

______. Formação da classe operária e projetos de identidade coletiva. In: FERREIRA, J.; DELGADO, L. de A. N. *O Brasil republicano. O tempo do liberalismo excludente*:

da Proclamação da República à Revolução de 1930. 2.ed. Rio de Janeiro: Civilização Brasileira, 2006.

BRASIL. *Recenseamento do Brasil.* Rio de Janeiro: Typ. da Estatística, 1927. v.V.

CANO, W. Da Década de 1920 à de 1930: transição rumo à crise e à industrialização no Brasil. *Revista Economia*, Brasília, v.13, n.3b, p.897-916, set./dez. 2012.

CARONE, E. *A República Nova (1930-1937).* São Paulo: Difel, 1974.

______. *O P. C. B.* São Paulo: Difel, 1982. 2v.

CARVALHO, J. M. de. *Os bestializados*: o Rio de Janeiro e a República que não foi. São Paulo: Companhia das Letras, 1991.

FERRARO, A. R.; KREIDLOW, D. Analfabetismo no Brasil: configuração e gênese das desigualdades regionais. *Educação e Realidade*, v.29, n.2, p.179-200, jul./dez. 2004.

FERREIRA, J. *Prisioneiros do mito*: cultura e imaginário político dos comunistas no Brasil. Niterói; Rio de Janeiro: EdUFF; Mauad, 2002.

GOMES, A. de C. *A invenção do trabalhismo.* Rio de Janeiro: Vértice; Iuperj, 1988.

KAREPOVS, D. A nação e a Juventude Comunista do Brasil. *Cadernos AEL*, Campinas, v.17, n.29, p.185-240, 2010.

LÊNIN, V. I. As tarefas das uniões da juventude (discurso no III Congresso de toda a Rússia da União Comunista da Juventude da Rússia – 2 de outubro de 1920). *Revista HISTEDBR On-line*, Campinas, n. esp., p.367-76, abr. 2011.

MARIANI, B. *O PCB e a imprensa*: os comunistas no imaginário dos jornais 1922-1989. Rio de Janeiro: Revan; Campinas, Unicamp, 1998.

MATTOS, A. L. R. de R. A ação da Juventude Comunista no movimento estudantil universitário brasileiro entre as décadas de 1920 e 1960. In: VIII CONGRESSO INTERNACIONAL DE HISTÓRIA/XXII SEMANA DE HISTÓRIA, 2017, Maringá. *Anais*... Maringá, 2017.

MENDES JUNIOR, A. *Movimento estudantil no Brasil.* São Paulo: Brasiliense, 1981.

MENEZES, L. M. de. *Tramas do mal: imprensa e discursos de combate.* A revolução (1917-1921). Rio de Janeiro; Ayran, 2019.

MOTTA, R. P. S. *Em guarda contra o "perigo vermelho"*: o anticomunismo no Brasil (1917-1964). São Paulo: Perspectiva, Fapesp, 2002.

______. *Em guarda contra o perigo vermelho*: o anticomunismo no Brasil (1917-1964). São Paulo, 2000. Tese (Doutorado em História Econômica) – Faculdade de Filosofia, Letras e Ciências Humanas da Universidade de São Paulo.

OLIVEIRA, J. S. de. *"Brasil mostra a tua cara"*: imagens da população brasileira nos censos demográficos de 1872 a 2000. Rio de Janeiro: Escola Nacional de Ciências Estatísticas, 2003.

PANDOLFI, D. C. *Camaradas e companheiros*: história e memória do PCB. Rio de Janeiro: Relume-Dumará, 1995.

PATTO, M. H. S. Estado, ciência e política na Primeira República: a desqualificação dos pobres. *Estudos Avançados*, v.13, n.35, p.167-198, 1999.

PEREIRA, A. *Ensaios históricos e políticos*. São Paulo: Alfa-Ômega, 1979.

______. *Construindo o PCB (1922-1924)*. São Paulo: Ciências Humanas, 1980.

PRESTES, L. C. 50 anos do PCB. *Komunist*, n.5, p.73-83, mar. 1972.

RIBEIRO, J. F. *Combatentes da paz*: os comunistas brasileiros e as campanhas pacifistas dos anos 1950. Rio de Janeiro: 7Letras, Faperj, 2011.

______. Os comunistas na literatura escolar (1922-1996). In: MAGALHÃES, M. et al. *Ensino de história*: usos do passado, memória e mídia. Rio de Janeiro: FGV, 2014.

RODRIGUES, L. M. O PCB: os dirigentes e a organização. In: FAUSTO, B. (Org.). *História geral da civilização brasileira*. São Paulo: Difel, 1983. v.III.

SANTANA, M. S. de. A Juventude Comunista na construção da legitimidade política. ENCONTRO REGIONAL DE HISTÓRIA: HISTÓRIA E LIBERDADE, 20, 2010, Fanca. *Anais... Franca*: ANPUH/SP, Universidade Estadual de São Paulo, 2010.

SEGATTO, J. A. *Breve história do PCB*. Belo Horizonte: Oficina de Livros, 1989.

SEVCENKO, N. O prelúdio republicano, astúcias da ordem e ilusões do progresso. In: NOVAIS, F. A. (Coord. geral); SEVCENKO, N. (Org.). *História da vida privada no Brasil*: República. São Paulo: Companhia das Letras, 1998. v.3.

SODRÉ, N. W. *Contribuição à história do PCB*: antecedentes. São Paulo: Liv. Ed. Ciências Humanas, 1980. (Tema de Ciências Humanas).

THOMPSON, E. P. *A formação da classe operária inglesa*. Trad. Denise Bottmann (v.I e III), Renato Busatto Neto e Cláudia Rocha de Almeida (v.II). São Paulo: Paz e Terra, 1987.

VIANNA, L. W. *Liberalismo e sindicato no Brasil*. Rio de Janeiro: Paz e Terra, 1978.

VIANNA, M. de A. *Revolucionários de 35*: sonho e realidade. São Paulo: Companhia das Letras, 1992.

______. A Aliança Nacional Libertadora. In: MAZZEO A. C.; LAGOA, M. I. (Org.). *Corações vermelhos*: os comunistas brasileiros no século XX. São Paulo: Cortez, 2003.

ZAMPA, V. Greve geral: os trabalhadores entram em cena. In: FIGUEIREDO, L.; MARTINS, A. C. I. (Org.). *História do Brasil em 100 fotografias*. Rio de Janeiro: Bazar do Tempo, 2017.

10

Juventude e música

Marcos Napolitano

A definição do que é "juventude" não é apenas uma questão de faixa etária. Trata-se de uma "categoria social", ou seja, expressa como as sociedades, em diversas épocas, se veem e se representam para si mesmas e para outras sociedades (Garson, 2015). Dito de modo mais simples e direto, cada tipo de sociedade, em épocas diferentes, cria imaginários e categorias simbólicas diferenciadas para representar os seus indivíduos mais jovens. Em muitas sociedades humanas ao longo do tempo, a passagem da infância para o mundo adulto se dava sem etapas intermediárias. A ideia de uma fase intermediária com identidade social e cultural própria entre a infância e a vida adulta, com seus códigos de comportamento e visualidade próprios, é relativamente nova na história, data de meados do século XX.

A visão de juventude que tem predominado nas últimas décadas no mundo ocidental (ou seja, basicamente, Europa Ocidental e Estados Unidos) ou ocidentalizado (ou seja, aquelas sociedades nacionais surgidas a partir da colonização europeia, como a América Latina) despontou nos anos 1950, quando o mundo se reconstruía da Segunda Guerra

Mundial. Naquele contexto, um modelo específico de sociedade – a norte-americana – se tornou progressivamente hegemônica e influenciou a economia e a cultura mundiais. Na "América" dos anos 1950, beneficiada pela expansão industrial e pelo aumento de renda para operários e para a classe média, foi inventada uma categoria intermediária entre o mundo da infância e o mundo adulto, o *teenager*. Pela primeira vez na história, o "jovem" (entre 15 e 20 anos) dispunha de tempo ocioso, pois só estudava e não trabalhava, e tinha algum dinheiro para se divertir com amigos e consumir produtos baratos, ainda que dependente dos recursos dos pais. Nos Estados Unidos, o crescimento material dos anos 1950, com pleno emprego e aumento de renda, consolidou o *American way of life*, inventado nos anos 1920, baseado no consumo desenfreado, na liberdade individual e no conforto material. Mas o mercado cultural ainda não estava organizado para os jovens, e sim para os mais velhos. Mesmo a propalada "liberdade individual" que era uma das bases da democracia norte-americana tinha muitas contradições, tais como padrões comportamentais "puritanos", racismo que excluía os não brancos e o culto ao sucesso profissional e acúmulo de riqueza como condição para a felicidade plena. Na Europa, apesar de o continente ainda estar se reconstruindo da catástrofe da Segunda Guerra Mundial e não ter o mesmo nível de conforto e consumo dos norte-americanos, os jovens também começaram a se perceber (e ser percebidos) como um grupo sociocultural à parte.

Esse processo histórico aconteceu por diversas razões. Em primeiro lugar, na década de 1950, as crianças que nasceram ao final da Segunda Guerra Mundial estavam crescendo, tornando-se *teenagers* ou jovens. Era a geração *baby boomer*, pois, com o final do conflito, os casais voltaram a ter filhos. E quando os indivíduos passam a ter mais filhos, é porque a expectativa de futuro voltou a ser determinante para vida.

Havia também um outro fator. A juventude dos anos 1930 morreu em massa nos campos de batalha, sobretudo a juventude europeia. Isso aumentou mais ainda o chamado "fosso geracional" (*generation gap*), com sociedades em que predominavam os mais velhos e os mais jovens, sem uma consistente mediação geracional intermediária. Entre o final dos anos 1950 e o início da década de 1960, sobretudo na Europa, esse fenômeno foi bastante significativo. Os jovens cresciam sem referências do passado próximo, ou melhor, cresciam com as piores referências: guerra, fascismo, xenofobia, racismo, violência e fome. A rejeição desses valores que levaram o Velho Continente ao desastre, arrastando o resto do mundo, foi muito importante para moldar a geração jovem europeia dos anos 1950 e 1960.

Por todas essas razões, a partir de meados dos anos 1950, no seio da juventude norte-americana e europeia, começaram a surgir novas visões de mundo, novos padrões de comportamento, novos padrões de gosto artístico, novas modas de roupas e cortes de cabelo para negar o mundo adulto. Em torno dessas novidades, começou a surgir um mercado próprio, que tinha no consumo musical o seu epicentro. Fenômenos como Elvis Presley e o *rock'n roll*, cuja musicalidade e danças eram claramente inspiradas na música negra norte-americana, o *rythm'n blues* (R&B), foram as maiores expressões desse mercado que passou a se organizar em torno da juventude.

Mas nem tudo era consumo e diversão. A juventude dos anos 1950 também tinha suas angústias que poderiam se expressar pela rebeldia inconsequente ou por um profundo mal-estar no mundo dominado pelos adultos e por seus valores ideológicos, morais e religiosos. Na Europa, a filosofia existencialista de Jean-Paul Sartre e Simone de Beauvoir serviu como expressão da busca de liberdade não apenas individual, mas também como afirmação da essência da condição humana. Nos Estados Unidos, a cultura *beatnik* moldou uma outra juventude, mais intelectualizada, amante da literatura e do *jazz*, e aberta às experiências da vida, sem preconceitos morais ou sociais. Os livros *O apanhador no campo de centeio*, de J. D. Salinger, de 1951, e *On the road*, de Jack Kerouac, escrito em 1941, mas publicado somente em 1957, sintetizaram as angústias, linguagens e aspirações dessa outra juventude mais intelectualizada que não se limitava à diversão adolescente e ao *rock'n roll*, buscando um novo sentido para a vida, assim como os existencialistas europeus.

Em grande parte, o que se entende por "juventude" dos anos 1960, o momento histórico crucial para a consolidação dessa categoria, será o encontro de todas estas vertentes que estavam sendo gestadas na década anterior: rebeldia adolescente, busca de prazer sensorial, crítica ao *establishment* (sociedade estabelecida pela tradição e pelas instituições), novas formas de relações sociais e afetivas, novas formas de expressão artística. A todos esses elementos, a década de 1960 acrescentou mais um: a rebeldia de caráter político, levada a cabo principalmente pela juventude estudantil universitária, contra as injustiças do mundo, o racismo, o colonialismo e a guerra.

A partir da indústria cultural norte-americana, pelo cinema e pela música sobretudo, os padrões que redefiniam a juventude chegaram ao Brasil e a outros países do mundo, adaptando-se e sendo apropriados pela sociedade e cultura locais.

"Esse tal de *rock'n roll*": a invenção da juventude nos anos 1950 e a entrada do *rock* no Brasil

Em meados dos anos 1950, uma confluência de produtos culturais surgidos nos Estados Unidos começou a manifestar um novo sintoma social: o culto à juventude como forma de existência e de aparência que sinalizava a busca por uma nova essência. Isso se manifestava em padrões visuais e comportamentais bem delineados: o movimento frenético dos corpos, o cabelo fora dos padrões, besuntados com brilhantina e ostentando topetes gigantescos, a expressão facial distante e agressiva, as roupas despojadas de couro e *jeans*, o descompromisso com a regras sociais e polidez. O cinema logo captou essa nova subcultura jovem imortalizando-a em três filmes: *The wild one* (*O selvagem*), de 1953, dirigido Laslo Benedeck; *The rebel without a cause* (*Juventude transviada*), de 1955, dirigido por Nicholas Ray; e *Blackboard jungle (Sementes da violência)*, de 1955, dirigido por Richard Brooks. Este último, que mostrava as agruras de um professor em uma escola inter-racial de adolescentes problemáticos, consagrou a ligação entre o comportamento agressivo do *teenager* e um novo gênero musical, o *rock'n roll*. A canção que abria o filme era "Rock around the clock" cantada por Bill Haley and His Comets, que se popularizou como a primeira canção *rock'n roll* da história. Na verdade, esse tipo de música era uma adaptação para o público branco do R&B negro, conhecido desde meados dos anos 1940 na comunidade afrodescendente norte-americana, gênero que não era voltado exclusivamente aos jovens. No começo dos anos 1950, Alan Fred, um *disc jockey* (DJ) de Cleveland, começou a popularizar o gênero entre os brancos, mas ainda com alcance regional. Até pelo apagamento dos negros na cultura norte-americana do período, o fato é que Haley e seu grupo, até então um conjunto voltado para *a country music* e que não tinha foco na "juventude", transformaram-se nos "pais" do *rock'n roll*, numa espécie de expropriação cultural da cultura negra. E logo depois surgiu um filho pródigo, que popularizou o gênero ainda mais: Elvis Presley. Embora seja muito conhecido como cantor de baladas românticas e tenha terminado a vida melancolicamente como cantor de cassino em Las Vegas, Presley foi um verdadeiro furacão cultural e comportamental nos anos 1950, com seu rosto de galã e seus movimentos de quadril, influenciando o comportamento e a música jovens em escala mundial. Entre 1956 e 1957, com canções como "Heartbreak Hotel", "Blue sued shoes" e "Jailhouse rock", Elvis se tornou o "Rei do *Rock*".

Seja no *rock* inicial ou no R&B, as letras misturavam o universo juvenil (gangues, valentia, bailes, garotas) com ícones da sociedade de consumo norte-americana, como o automóvel, tema em muitos *rocks* clássicos daquela época. Aqui, já vemos uma marca ambígua que atravessará a história musical da juventude sob o signo do *rock* e da cultura *pop* como um todo: uma mistura de resistência a valores moralistas dominantes com adesão ao consumismo mais banal. A busca da felicidade sem amanhã e da velocidade sem limites, metáfora da vida jovem a partir de então, encontrava nos carros sua alegoria mais clássica. A morte de James Dean em um acidente de automóvel, em 1957, consagrou para sempre o ideal neorromântico de viver intensamente e morrer jovem, associado à cultura do *rock'n roll*. Embora Dean não fosse um fã do gênero, pois pessoalmente gostava mais de *jazz*, sua atuação em *Juventude transviada* marcou a *persona* do jovem roqueiro rebelde.

O *rock'n roll* e o novo estilo de juventude "transviada" chegaram no Brasil em 1955, com os filmes anteriormente citados, que também fizeram sucesso por aqui. Mas a indústria fonográfica brasileira não tinha propriamente um ídolo jovem para oferecer aos fãs do *rock*. Astros da canção romântica e do bolero, como Nora Ney e Cauby Peixoto, foram os primeiros a gravar o gênero, mas sua aparência e seus estilos não combinavam com o mercado jovem que se esboçava. Cauby, inclusive, gravaria o primeiro *rock'n roll* feito em português, chamado de "*Rock'n roll* em Copacabana" (1957). E foi nesse mesmo ano que o *rock* definitivamente se aclimatou em terras tropicais, tendo seu epicentro justamente na zona norte do Rio de Janeiro, onde se encontravam jovens como Tim Maia, Roberto Carlos e Erasmo Carlos. Mas foi na zona sul, em Copacabana, que Carlos Imperial, um *playboy* que se tornou amigo da turma da Tijuca, criou o Clube do Rock. A "juventude transviada", majoritariamente branca e de classe média, embalada ao som de *rock'n roll*, andando de "lambretas", mais acessíveis do que as cobiçadas motocicletas Harley Davidson imortalizadas em *O selvagem*, começou a se tornar uma cena comum nas cidades brasileiras.

O que parecia apenas uma atitude inconsequente e provocadora dos "moços" ganhou contornos trágicos com o assassinato da jovem Aída Cury, em meados de julho de 1958 (Garson, 2017). Atraída (ou, praticamente, sequestrada), conforme as versões das testemunhas, por dois rapazes de classe média que faziam a linha *bad boys* "transviados" a um apartamento vazio, a jovem sofreu tentativa de estupro, foi agredida violentamente e jogada do terraço do prédio para simular um suicídio. O processo se arrastou por dois anos, com idas e vindas, e a imprensa associou o crime aos novos hábitos da "juventude transviada" e aos efeitos degradantes da nova música sobre os jovens, considerados psicologicamente influenciáveis e socialmente vulneráveis.

Por essas e outras, no final da década de 1950, houve uma verdadeira cruzada moralista contra o *rock,'n roll* nos Estados Unidos e no Brasil. Seu maior ídolo, Elvis Presley, foi convocado para servir ao Exército e passou um tempo nos quartéis norte-americanos na Alemanha. Quando voltou, já não era "Elvis, the pelvis", mas um cantor comportado de baladas românticas. Os cantores negros, como Little Richard e Chuck Berry, que despontavam para o mercado branco, tiveram ainda mais problemas com a justiça por conta de "desvios comportamentais". Ao mesmo tempo, sabendo que a juventude ansiava pelo consumo de música voltada para a dança, que traduzisse sua sociabilidade de bailes, festas e namoros, surgiram novos ídolos, devidamente comportados e adequados a menores de idade: Pat Boone, Neil Sedaka e Frank Avalon.

Mas o *rock'n roll* selvagem e o R&B resistiram a esse contra-ataque moralista e ressurgiriam do outro lado do Atlântico. Jovens ingleses proletários, em cidades como Liverpool e Londres, que desde os anos 1950 ouviam os músicos negros norte-americanos com acesso aos discos contrabandeados pelos marinheiros, desenvolveram uma grande paixão pelo *blues* e *rock'n roll*. Na Inglaterra, esse fenômeno foi chamado de *blues revival*, expressão que traduz e explica a explosão das grandes bandas de *rock* britânicas no início da década de 1960, a começar pelos Yardbirds, Beatles e Rolling Stones. Com elas, surgiram uma nova sonoridade e um novo sentido de juventude, menos ingênuo e superficial do que a sociedade moralista da "América puritana" desejava. As trocas de mercado intercontinentais fizeram o resto, e, em pouco tempo, as bandas inglesas cruzavam o Atlântico para conquistar a juventude norte-americana e, a partir daí, a juventude mundial.

No Brasil, esse novo tipo de *rock* e seu sentido de juventude menos provinciano ainda demoraram um pouco para chegar. Mas, no começo da década de 1960, com o surgimento de Celly Campello, a cena musical brasileira conheceu a primeira cantora a ser chamada de "ídolo da juventude". Nela, fundiam-se a imagem da boa moça de rosto angelical, a figura da jovem "inconsequente", mas de alma leve e pura, e o *rock'n roll*, ainda que mais próximo das baladas românticas eletrificadas. Seu primeiro sucesso foi a versão brasileira de uma canção norte-americana chamada "Estúpido Cupido" ("Stupid Cupid"). Apesar do grande sucesso, Celly Campello largou a carreira para se casar, em 1962, e o posto de ídolo da juventude brasileira voltou a ficar vago até meados da década de 1960.

Com a explosão comercial dos Beatles na Inglaterra e nos Estados Unidos, logo transformados em sucesso mundial, o mercado fonográfico voltou a investir no *rock* brasileiro como forma de aproveitar o grande interesse musical da juventude, sobretudo de classe média. Nessa hora, a turma roqueira que se reunia na Tijuca havia algum tempo apareceu na televisão, nas "jovens tardes de domingo" que marcaram toda uma geração.

"Jovens tardes de domingo": a Jovem Guarda

O programa *Jovem Guarda* foi ao ar em setembro de 1965, comandado por Roberto Carlos, Wanderléa e Erasmo Carlos. Era apresentado aos domingos às 17 horas, na TV Record, a principal emissora da época, cuja grade de programação privilegiava a música. No ano seguinte, a Record iria organizar os festivais da canção, formato televisual que ficou imortalizado na cultura brasileira, e foi um dos lugares de gestação da nova música popular brasileira (MPB). Um pouco antes do programa *Jovem Guarda*, a MPB tinha seu quartel-general no programa *O fino da bossa*, da mesma TV Record, comandado por Elis Regina e Jair Rodrigues. Logo se criou um antagonismo entre os dois gêneros, os "nacionalistas engajados" da MPB, preocupados em recuperar as raízes culturais brasileiras, ainda que temperadas com muito *jazz* trazido pela bossa nova, e a turma do *rock* sediada no programa *Jovem Guarda*.

Aproveitando-se de uma subcultura oriunda do *rock'n roll*, o programa lançava o novo "ritmo da juventude", o iê-iê-iê (corruptela do ornamento vocal típico dos *Beatles*). Mais próximo das baladas *pop* do que propriamente do *rock* dos anos 1960, o "gênero" iê-iê-iê alternava temas românticos tradicionais com temáticas mais agressivas, pasteurizando o comportamento tirado do modelo "juventude transviada": culto ao carro e à velocidade, às roupas extravagantes, aos cabelos longos, às brigas de rua, aos namoros de portão. Roberto Carlos sintetizava o movimento e logo se consolidou como o maior fenômeno de consumo musical de massa de todos os tempos no Brasil. A Jovem Guarda pode ser considerada um dos primeiros produtos musicais estandardizados, no sentido que a moderna indústria cultural emprestou à expressão. Nesse produto, temos uma padronização composicional, timbrística, temática e performática que, aliada a inovadoras estratégias de propaganda e *marketing* em torno do movimento, transformou a Jovem Guarda na contrapartida brasileira à *beatlemania*, em que consumo e comportamento jovem eram as categorias principais em jogo. Essa busca de padronização lançou novas sonoridades no panorama musical brasileiro dos anos 1960, colocando-se o desafio de atingir um padrão tecnológico de produção musical internacionalizado. Se a bossa nova visava atualizar a "técnica" composicional e interpretativa, a Jovem Guarda (independentemente da qualidade e da valorização estética das suas canções) tentava atualizar a tecnologia que envolvia o produto musical, além de reproduzir (ainda que de forma padronizada) os timbres vigentes na música *pop* internacional.

O texto do crítico Tarik de Souza (apud Martins, [s.d], p.51-2) revela o esquema publicitário por trás do programa:

> Carlito Maia, da agência de publicidade de Magaldi, Maia & Prosperi, tinha a ideia de construir ídolos do consumo no Brasil. Seguindo padrões norte-americanos, pretendia, pela propaganda maciça, criar um mito para a juventude. [...] Um acontecimento –aparentemente sem nenhuma relação com a música – veio dar a Magaldi a oportunidade que esperava. A Federação Paulista de Futebol proibiu a transmissão direta dos jogos pela televisão, e a audiência das emissoras nos domingos à tarde caiu verticalmente. O canal 7, TV Record de São Paulo, então na linha dos grandes musicais, resolveu programar um show de música jovem, que deveria se chamar os Reis do Iê-Iê-Iê. Imediatamente, Magaldi, Maia e Prosperi entraram em ação, comprando o horário e contratando três cantores-apresentadores fixos: dois homens (Roberto e Erasmo) e uma mulher (Wanderléa). [...] Sem vender o programa (mesmo porque, de início, os patrocinadores hesitavam em associar seus produtos àqueles "delinquentes cabeludos"), a agência assumiu todo o ônus financeiro e montou uma gigantesca máquina publicitária. [...] Como um toque de ironia final, Maia denominou o programa de *Jovem Guarda* e registrou a marca, embora tirada de uma frase de Lênin. [...] Em outubro de 1965 o programa estava no ar e em três semanas seria um sucesso absoluto.

A longa citação nos permite traçar um perfil da gênese da moderna indústria cultural em nosso país voltada para os jovens.

A Jovem Guarda tinha sua qualidade questionada e suas intenções colocadas em xeque pelos artistas e intelectuais de esquerda, que também disputavam espaço perante a juventude de classe média, consumidora de música popular inspirada nos gêneros brasileiros, que em 1965 passou a ser conhecida pela sigla MPB. Esse artistas acusavam a Jovem Guarda de pobreza formal nas letras e na música, e de cultuar a "alienação" diante dos dilemas enfrentados pela nação, ainda abalada pela crise política que culminou no golpe de Estado de 1964. Por tudo isso, a Jovem Guarda era vista como a antítese da MPB engajada e de esquerda. A incorporação, ainda que tímida, de timbres eletrônicos nos arranjos, à base de teclados e guitarras eletrificados, também não era bem-vista, pois a música brasileira "autêntica" para os nacionalistas de esquerda deveria se manter fiel ao violão e aos instrumentos de percussão ligados ao samba e a outros gêneros considerados de raiz.

Apesar do desprezo inicial, a realidade logo se impôs: a Jovem Guarda fazia muito sucesso, sobretudo entre os jovens de classe média baixa, que pareciam escapar dos apelos estético-ideológicos da MPB. Depois da explosão comercial da MPB no começo de 1965, capitaneada pela dupla Elis Regina e Jair Rodrigues, surgiu outro artista com grande viabilidade comercial e maior apelo à juventude que se pautava por padrões mais internacionais: Roberto Carlos. Seu *long-play* (LP) *Jovem Guarda* (CBS), lançado em novembro de 1965, não só atingia as cifras de vendagem da MPB, como também as superava, capitaneado pela faixa "Quero que vá tudo pro inferno", uma espécie de manifesto comportamental que recusava quaisquer compromissos, embora seguisse padrões do velho romantismo musical.

Os artistas e intelectuais engajados tomaram para si a tarefa de se contrapor ao novo movimento. Como a MPB e a Jovem Guarda tinham programas de TV na mesma emissora – a TV Record de São Paulo –, a disputa ideológica acabou criando um fato de mídia que, contraditoriamente, ajudava a emissora, aumentando ainda mais o volume de propaganda em torno dos programas e de seus apresentadores âncoras. Vista pelos artistas engajados como uma espécie de trilha sonora das estratégias de alienação e despolitização da juventude, estimulada pelas elites conservadoras que tomaram o poder em 1964, a Jovem Guarda passou a ser percebida como ameaça à nascente MPB. Não por acaso, em 1967, houve até uma passeata contra as guitarras elétricas na música brasileira e um manifesto da Jovem Guarda contra os artistas de esquerda. Muitas vezes, essas disputas ameaçavam romper os limites das jogadas de *marketing* e expressavam lutas culturais intensas em torno do ideal de juventude que se queria afirmar.

A tese, consolidada nos anos posteriores, que via na gênese da Jovem Guarda uma manipulação do sistema ideológico dominante, comandado pelos novos donos do poder pós-1964 para "alienar a juventude", contra o projeto de "conscientização" da MPB deve ser vista a partir de uma perspectiva crítica (Napolitano, 2001). Obviamente, aos militares e conservadores em geral, o produto cultural da Jovem Guarda poderia ser muito mais instrumentalizável que a MPB, canalizado para a despolitização do ambiente político da juventude. Entre essa perspectiva e a existência de uma "conspiração cultural consciente", há uma grande diferença. Contudo, a presença de ambos os movimentos no mercado musical é um fator complicador nessa tese, na medida em que, na perspectiva da indústria fonográfica brasileira, podemos dizer que a grande perdedora do embate foi a Jovem Guarda. Já no final de 1967, Roberto Carlos começava a desligar sua imagem do programa televisivo, tentando se aproximar de um público adulto, consumidor de músicas românticas e poeticamente mais densas. Sua saída oficial do *Jovem Guarda*, em janeiro de 1968, praticamente condenou o programa, já em que queda de decadência e tirado do ar nesse mesmo mês, e dispersou os principais astros. Alguns deles continuaram astros populares (como o cantor Ronnie Von), mas completamente fora do setor mais dinâmico (inclusive do ponto de vista econômico) da indústria fonográfica brasileira. Em sentido contrário, a MPB explodiu comercialmente a partir de 1967, atravessando a década de 1970 como o carro-chefe das gravadoras. Mesmo vendendo quantitativamente menos do que muitos outros gêneros e ídolos populares, a MPB, direcionada a um público com maior poder aquisitivo e repertório cultural, propiciava a criação de produtos fonográficos com maior valor agregado, como o LP de luxo, além dos seus compositores--cantores formarem catálogos estáveis para as gravadoras, com perspectivas de vendas de longo prazo.

Ao contrário do que se sugere normalmente, afirmamos que o gênero musical beneficiário desse salto de modernização da televisão e da indústria fonográfica voltada para os jovens não foi a Jovem Guarda, mas a MPB. Este gênero é que acabou canalizando um outro sentido de juventude que se formava desde o início da década, mas, com o golpe de 1964, ganhava mais centralidade sociocultural: o jovem estudante de esquerda intelectualizado e politizado. O mito da "ameaça" da Jovem Guarda, que até hoje é rememorado por alguns analistas, parece não ter sido historicamente efetivo. A MPB se revelou um produto mais dinâmico não só do ponto de vista criativo, como também do ponto de vista comercial. A consagração artística e comercial de Chico Buarque de Hollanda, em fins de 1966, representou um enorme alento comercial para a MPB que, na época, chegou a rivalizar, em termos de vendagem de discos, com o próprio Roberto Carlos. Entretanto, as polêmicas entre Jovem Guarda e MPB, além dos componentes de propaganda dos dois lados, podem ter sido superdimensionadas em função da conjuntura de reestruturação do mercado fonográfico e do estabelecimento de novos padrões de consumo e gosto musical. Num momento de reorganização do mercado de bens culturais, como o que estava se processando naquele período, os públicos consumidores não estavam rigidamente delimitados, e as "tribos" jovens não eram surdas aos diversos gêneros musicais, como ocorreria no final do século XX. Portanto, a disputa entre MPB e Jovem Guarda tinha uma certa lógica: ambas disputavam franjas de um público jovem urbano e de classe média que se tocavam. Tanto foi assim que uma parte de jovens músicos inicialmente ligados à MPB começou a prestar atenção na Jovem Guarda, procurando, no tratamento musical das canções da dela, mais do que no seu conteúdo "alienado" ou nas suas fórmulas musicais fáceis, uma referência alternativa aos "nacionalistas". Assim nasceram o tropicalismo musical e sua ideia radical do que era "ser jovem", muito mais conectada aos padrões do movimento *hippie* e contracultural que se afirmaram a partir de 1965 no resto do mundo.

"É preciso estar atento e forte": Tropicália e o surgimento de uma nova juventude

Após o sucesso da canção "Alegria, alegria", potencializado pelo impacto de sua figura inovadora na TV, Caetano Veloso foi visto como o mais provável herdeiro da condição de ídolo da juventude, sobretudo porque o movimento Jovem Guarda já dava sinais de colapso. Ao lado dele, Gilberto Gil e o conjunto Os Mutantes (Arnaldo Baptista, Sergio Baptista e Rita Lee), e mais tarde Gal Costa, também traziam novos visuais e novas sonoridades para a imagem da música jovem brasileira (Favaretto, 1996; Vieira, 2010).

As passeatas estudantis no Brasil, nos Estados Unidos e na Europa ao longo de 1968, as lutas revolucionárias do Terceiro Mundo, a radicalização política, a revolução sexual e a estética da experimentação radical eram pautas frequentes dos meios de comunicação e criavam um clima de efervescência, mesmo entre jovens que não se envolviam diretamente nessas questões. No caso brasileiro, havia uma radicalização jovem de outra ordem, mais politizada, com a proposta de luta armada dos grupos de esquerda contra o regime militar. Os dois eixos – a contestação comportamental e a contestação política –, apesar de divergentes em muitos aspectos, criavam um caldo de cultural propício à agressão ao *establishment*, ao choque comportamental contra o conformismo adulto e às experiências estéticas de toda ordem.

Muitas dessas atitudes e comportamentos estavam sendo articulados e padronizados dentro de uma cultura de consumo e, contraditoriamente, ajudavam o sistema capitalista, tão criticado pela juventude radical, a ganhar dinheiro. É claro que essa característica não anulava a efetividade cultural e a radicalidade com que alguns grupos contestaram o sistema e seus valores. Mas é necessário não perder de vista essas contradições para se entender por que uma empresa multinacional, como a Rhodia, tenha se proposto a patrocinar artistas do movimento tropicalista que se arvorava possuidor de uma radicalidade tão agressiva contra o sistema vigente. O visual *hippie* não apenas seduzia os jovens radicais, mas também os executivos que viam nele a nova tendência de consumo de moda. Além disso, o tropicalismo retomava a estética de ruptura do modernismo histórico brasileiro, revisando o próprio lugar social da canção na cultura brasileira (Favaretto, 1996).

Os tropicalistas, além dos seus LPs individuais e grupais (como o clássico *Panis et circensis*, de 1968, o disco-manifesto do movimento), ocupavam a cena televisual dos festivais da canção. No III Festival Internacional da Canção – FIC (Rede Globo), os tropicalistas inscreveram as canções "É proibido proibir" (Caetano Veloso), "Questão de ordem" (Gilberto Gil) e "Caminhante noturno" (Os Mutantes). No IV Festival de MPB de 1968 (TV Record), as canções foram "São Paulo, meu amor" (Tom Zé), "Divino e maravilhoso" (de Caetano Veloso e Gilberto Gil, e defendida por Gal Costa) e "2001" e "Dom Quixote" (Os Mutantes). A participação de Caetano e Gil no III FIC de 1968 foi cercada de conflitos. Os maiores incidentes ocorreram nas eliminatórias paulistas do festival, realizadas no Tuca, em São Paulo, em setembro de 1968.

Já na primeira apresentação de "É proibido proibir", cujo título remetia à principal palavra de ordem da rebelião estudantil de Paris, Caetano Veloso foi repudiado por uma parte da plateia composta por estudantes ligados às correntes do nacionalismo de esquerda, na linha do Partido Comunista Brasileiro. Uma parte do público rejeitou não só a canção, mas também o seu comportamento "alienado" e seu visual *hippie*. Mas, a princípio, a expectativa do público em relação à sua apresentação parece ter sido positiva:

> Quando foi anunciado o nome de Caetano com os Mutantes houve muitas palmas. [...] Caetano já estava quase acabando de cantar quando a plateia foi surpreendida pela entrada no palco de um rapaz loiro de roupas tão estranhas quanto Caetano. Ninguém sabia quem ele era. Caetano se afastou do microfone e o rapaz começou a cantar. Ninguém sabia se ele estava cantando ou fazendo barulho com a boca. (*Jornal da Tarde*, 13 set. 1968, p.20)

Na verdade, o artista que provocou a reação mais negativa da plateia, por ocasião da reapresentação de "É proibido proibir", classificada para a fase final do festival, foi o *hippie* norte-americano Johnny Dandurand, cujo *happening* havia sido combinado com Caetano algumas semanas antes. Na apresentação, um setor pequeno do público, que no começo da música não teve força para se impor, radicalizou ainda mais sua agressividade contra o cantor baiano. A agressividade da plateia fora tal que Caetano teve que sair escoltado do teatro.

Durante a *performance* da sua música na noite de apresentação geral das classificadas da fase paulista, Caetano preparou uma espécie de desagravo para Gilberto Gil, que fora desclassificado com sua canção atonal "Questão de ordem", que ironizava o movimento estudantil e suas intermináveis assembleias. Além disso, queria marcar posição contra a agressividade de parte da plateia na noite anterior. As vaias foram respondidas por um discurso que com o passar dos anos se tornaria notório, expressão de um novo conceito de juventude no Brasil, sendo, inclusive, gravado e lançado em compacto pela Gravadora Philips:

> Mas é isso que é a juventude que diz que quer tomar o poder? Vocês têm coragem de aplaudir este ano uma música que vocês não teriam coragem de aplaudir no ano passado; a mesma juventude que vai sempre, sempre, matar amanhã o velhote inimigo que morreu ontem! Vocês não estão entendendo nada, nada, nada, absolutamente nada. [...] Gilberto Gil está comigo para acabarmos com o festival e com toda a imbecilidade que reina no Brasil. Acabar com isso tudo de uma vez! Nós só entramos em festival para isso, não é Gil? [...] Nós, eu e ele, tivemos a coragem de entrar em todas as estruturas e sair de todas, e vocês? E vocês? Se vocês em política forem como são em estética, estamos feitos! (Caetano Veloso apud Lucchesi; Diaguez, 1993, p.274)

Enquanto Caetano praticamente gritava o seu discurso, Os Mutantes continuavam a tocar os acordes da canção, só que virados de costas para a plateia. Caetano direcionou suas críticas contra dois alvos: os jurados (muitos deles jornalistas e intelectuais da esquerda nacionalista) e a "juventude que quer tomar o poder". Os primeiros eram símbolos da "autoridade" no âmbito do festival, um evento que então se revestia de um prestígio cultural significativo. Os últimos, alvo principal da indústria cultural que se formara em torno da MPB. Considerando, porém, que as primeiras vaias não foram contra a música em si, mas contra a postura provocadora do *happening* da primeira noite, é revelador como Caetano especifica seus alvos naqueles que funcionavam como espécie de defensores do estatuto de MPB nacionalista e engajada.

Mas nem tudo no tropicalismo musical era choque e agressão estética. As canções festivalescas do tropicalismo combinavam rupturas e continuidades com a canção de MPB mais tradicional: ora conseguiam "chocar", ora eram facilmente "aceitas" pelo público; ora manifestavam uma vontade de radicalizar a experimentação, ora se voltavam para um melodismo extremamente "comercial"; ora queriam inovar pelo uso de novos parâmetros de obra, ora pela agressão comportamental. A suprema objetivação dessa nova (e ambígua) radicalidade, que tentava atuar dentro da indústria cultural, foi o programa televisual *Divinos e maravilhosos*. Programa produzido por Fernando Faro e Antônio Abujamra, levado ao ar pela TV Tupi de São Paulo, que estreou em 28 de outubro de 1968 e foi cancelado no final de dezembro do mesmo ano, após a prisão de Gil e Caetano pela ditadura militar.

Conforme o empresário Guilherme Araújo, a ideia básica do programa era fazer "um documentário da juventude através da música". O interesse de uma televisão em levar ao ar as "loucuras" dos tropicalistas, apesar do risco em se indispor com a opinião pública conservadora, como de fato ocorreu, pode ser explicado pelo vácuo que o fim do *Jovem Guarda* deixou na TV: um programa musical direcionado para uma juventude, disposta a rever todos os códigos vigentes. A vantagem que os baianos possuíam, em relação ao programa de Roberto Carlos, era a de que seu público incluía um segmento da juventude mais intelectualizada, audiência habitual dos festivais, além de possuir boas possibilidades de penetração em um público mais jovem, quase adolescente, seduzido pela estética *hippie* e contracultural. O programa deveria reproduzir o clima do espetáculo montado para a boate carioca Sucata, palco da temporada de sucesso de Caetano e Os Mutantes em outubro de 1968: apresentação de canções, *happenings* criticando os símbolos da moralidade e das ideologias em jogo, *aggiornamento* da sociedade brasileira em relação ao "comportamento jovem internacional", um dos grandes temas de 1968 (Dunn, 2016). A questão da "juventude" era crucial para a indústria cultural, na medida em que os anos 1960, sobretudo após o surgimento dos

Beatles, significaram a explosão das vendas de discos direcionados para a faixa etária entre 15 e 25 anos, que praticamente garantia os lucros da indústria fonográfica, em nível mundial

"O sinal está fechado para nós que somos jovens" – a ressaca dos anos 1970 e a MPB

Em 1968, a juventude, seu *éthos* e *páthos* pareciam ter triunfado no mundo inteiro. Esse foi o ano da revolução jovem, cujo maior símbolo foi a rebelião estudantil em Paris entre maio e junho. As fotos de jovens irados, jogando pedras contra a polícia, criticando o "sistema" e falando em revolução e socialismo, ocuparam todos os jornais do mundo. As cenas se repetiram em várias cidades importantes, como Berlim, Roma, Praga, Rio de Janeiro, São Paulo, Cidade do México, Washington. Os temas eram diversos: o apoio à descolonização do Terceiro Mundo, a luta contra a Guerra do Vietnã, a revolta contra o sistema escolar tradicional, a luta contra o capitalismo genérico.

Na mesma época, o *rock* se tornava uma música mais ambiciosa, estética e política, com letras mais ousadas, sonoridades experimentais, em diálogo com as vanguardas artísticas. Era a trilha sonora da rebeldia jovem. Além do amor, o *rock* cantava a liberdade sexual, a experiência com drogas, a revolução política e a crítica ao "sistema", embora, contraditoriamente, parte da indústria fonográfica mundial capitaneada pelo gênero gerasse milhões de dólares aos seus proprietários.

O *establishment* político e econômico "adulto" reagiu e esvaziou a vaga revolucionária jovem de 1968 que, convenhamos, tampouco tinha um programa muito claro de objetivos ou ação política. Na França, a direita ganhou as eleições que foram convocadas após a rebelião estudantil para contornar a crise. Em Praga, capital da Tchecoslováquia que fazia parte do bloco comunista, os tanques soviéticos, sob o comando da gerontocracia que liderava o Partido Comunista da União Soviética, derrotaram a juventude nas ruas que lutava por um socialismo democrático. No México, o governo mandou fuzilar os jovens que protestavam na Praça

Tlatelolco contra os gastos para a Olímpiada que ocorreria no país. No Brasil, o ano de 1968 terminou com a edição do Ato Institucional nº 5 (AI-5), que expandia o poder repressivo do regime militar implantado em 1964 e vitimou, particularmente, a juventude de esquerda. Logo depois, aliás, dois ícones da contracultura jovem brasileira, Caetano Veloso e Gilberto Gil, foram presos sem acusação formal. Caetano teve sua vasta cabeleira, símbolo de rebeldia e liberdade nos anos 1960, devidamente raspada pelos militares. Depois de libertados, foram obrigados a partir para o exílio em Londres.

A frenética e utópica década de 1960, quando a juventude se reinventou e rompeu todas as barreiras na tentativa de mudar o mundo, terminava de maneira melancólica. A frase que sintetiza o clima de desilusão foi proferida por John Lennon ao anunciar o fim dos Beatles em 1970: "O sonho acabou". E Gilberto Gil completaria: "e quem não dormiu no *sleeping-bag* nem sequer sonhou". Ou seja, quem não experimentou a vida livre, com o pé na estrada, dormindo em um "saco de dormir", fora dos padrões convencionais da família, nem tinha chegado a participar efetivamente daquela breve utopia jovem.

A morte, por *overdose*, de Jimi Hendrix e Janis Joplin, símbolos do *rock* e da juventude que ousava para além dos limites, também foi altamente simbólica do fim de festa que foi a virada da década. Em contraste com utopia pacifista do Festival de Woodstock, o Festival de Altmont, realizado no mesmo ano de 1969, protagonizado pelos Rolling Stones, terminou em violência e morte. Um membro da gangue de motociclistas Hell's Angels, contratados para fazer a "segurança" do espetáculo, matou a facadas um jovem negro, trazendo para dentro do mundo utópico da contracultura norte-americana os conflitos raciais que manchavam o resto do país. A morte da atriz Sharon Tate por um bando de *hippies* alucinados, sob o comando de Charles Mason, também foi um sintoma de fim de sonho.

A década de 1970, portanto, parecia anunciar uma nova época para a juventude, sem os arroubos revolucionários da década anterior e, ainda por cima, amargando certa ressaca dos excessos de sexo, drogas e *rock'n roll*. Mas o fato é que a juventude, como categoria social e de consumo, tinha conquistado seu lugar na mídia, no mercado, na cultura. Em grande parte, o mundo adulto e estabelecido e, sobretudo, os grandes empresários perceberam que os jovens eram ávidos consumidores de música e moda, e o "sistema", em grande parte, se voltou para eles. Como dizia uma das mais famosas peças publicitárias do Brasil na época: "Liberdade é uma calça velha, azul e desbotada".

Mas, é claro, havia jovens que achavam que a liberdade ia além disso. Assim, a década de 1970 foi um período ambíguo para a história da juventude.

Por um lado, a década marcou a consolidação das conquistas comportamentais da década anterior e sua incorporação pelo mercado de moda e música. O que era visto na década de 1960 como um conjunto de comportamentos extravagantes de comunidades *hippies* alternativas e "fora do sistema" passou a ser incorporado pela cultura de massa e pela indústria cultural. O espírito *hippie* e alternativo prosseguiu atraindo muitos jovens, mas passou a conviver com demandas e tarefas do dia a dia e com a sociabilidade familiar do mundo adulto. "Ser jovem" deixou de ser uma ameaça ao sistema e passou a ser um estilo de vida dentro dele. Obviamente, ainda havia muitos jovens que rompiam com a família, com as regras e com o modo de vida aceito pela sociedade, e perseguiam o ideal utópico de construir a nova sociedade a partir da "revolução" nas consciências individuais partilhadas em comunidade.

Por outro lado, muitos segmentos da juventude radicalizaram de maneira dramática suas posições em torno das lutas revolucionárias, aderindo em muitos casos à luta armada contra governos e contra o sistema capitalista. No Brasil, na América Latina, na Europa (sobretudo Alemanha e Itália), no Japão, entre outros países, foi um período de radicalização das opções políticas e de violência armada na forma de atentados e guerrilhas que envolveram sobretudo os militantes mais jovens. Sobre estes, a violência repressiva do Estado foi particularmente grande, e, no caso de países como Argentina, Brasil, Uruguai e Chile, entre outros, que viviam períodos de ditadura, a juventude engajada, mesmo aquela que não havia aderido à luta armada, foi o principal alvo da violência terrorista do Estado, com prisões clandestinas, torturas e execuções extrajudiciais. Quando se analisa a faixa etária da maioria dos mortos e desaparecidos políticos da América do Sul, por exemplo, as idades oscilam entre 18 e 30 anos. Em alguns casos, as vítimas do terror de Estado eram adolescentes, como no tristemente caso da "Noite do Lápis", em 1976, na Argentina, quando dez estudantes secundaristas da cidade de La Plata que reivindicavam passes escolares foram sequestrados por agentes das forças de segurança da ditadura, e apenas quatro sobreviveram às torturas. No Brasil, vários menores de idades foram presos com os pais, sendo torturados ou obrigados a presenciar a tortura.

Esses casos ilustram o triste círculo de ferro de uma parte da juventude brasileira e latino-americana da década de 1970: ou alienar-se, afastando-se das utopias que tinham pautado as lutas juvenis da década passada, ou ser tragado pela repressão sem limites humanitários e judiciais de Estados autoritários, mais preocupados em garantir a ordem política e econômica do que a segurança dos cidadãos.

Ser jovem na década de 1970, sobretudo, era afirmar-se diante de um quadro adverso e vencer o medo espalhado pela repressão. Se a morte heroica nas barricadas revolucionárias era um ideal romântico em 1968, a morte inglória nos porões da tortura teve um efeito traumático para boa parte da juventude. Como entoava Belchior, cantor e compositor que se revelou para o grande público nos anos 1970, e cuja obra inicial sintetizou os desencantos da juventude pós-1968, o "sinal está fechado para nós que somos jovens". A busca de uma sociabilidade intimista e gregária, a um só tempo, por uma juventude sufocada pelo contexto político dos anos 1970 teve seu ápice musical com o Clube da Esquina, surgido na cena musical de Minas Gerais. Letras com alta sofisticação literária, musicalidade complexa e sutil, e fusão entre o legado dos Beatles, o *jazz* e a música regional mineira deram o tom desse movimento que imortalizou nomes como Milton Nascimento, Beto Guedes, Lô Borges, Wagner Tiso, entre outros (Diniz, 2017).

Apesar desses impasses, o Brasil e a América Latina da década de 1970 ainda assistiram à sua juventude protagonizar grandes lutas pelas liberdades democráticas, ao mesmo tempo que se afastava das opções mais radicais e sectárias do período da luta armada de esquerda. No caso do Brasil, a partir de 1977, os jovens do Movimento Estudantil saíram novamente às ruas em grandes protestos e passeatas contra a ditadura, sob forte repressão policial, demonstrando que o espírito de contestação não tinha sido esmorecido, apesar do AI-5.

Ao se afastar das opções sectárias e incorporar a questão democrática e os direitos humanos como eixo da crítica ao autoritarismo e às injustiças sociais, a juventude estudantil conseguiu se aproximar de outros setores sociais, de outras profissões e faixas etárias, como profissionais liberais, bancários, operários, professores, em luta contra o autoritarismo do governo. Além disso, a consciência rebelde da juventude, sobretudo na Europa, ganhou outras pautas importantes, como a questão ecológica, a luta contra as armas nucleares, a crítica ao autoritarismo de direita e de esquerda e o pacifismo como forma de vida e organização política. Essas foram as principais contribuições que se consolidaram nos anos 1970 e se espalharam ainda mais na década seguinte.

No Brasil, com a "abertura política", período de abrandamento da repressão policial praticada pelo regime militar, a juventude brasileira voltou a ocupar o debate público com questões comportamentais e políticas. Mas o Brasil da década de 1980 era muito diferente dos anos 1960, embora o modelo de juventude dessa época ainda servisse para as décadas posteriores.

As tribos dos anos 1980: *rock*, independentes, *punks* e *blacks*

O tema da "juventude", entendida mais como categoria sociológica do que como faixa etária, sempre esteve ligado ao campo da "resistência cultural". Seja porque o jovem universitário de classe média era o público padrão da cultura de esquerda, epicentro dessa resistência, seja porque a juventude era o foco de tensões comportamentais, políticas e culturais que iam de encontro aos valores impostos pelo regime militar. O Movimento Estudantil dos anos 1960 e 1970 era o movimento social que ligava as duas pontas da questão jovem e tinha na cultura uma das suas áreas de ação, focada sobretudo na organização de eventos musicais e teatrais nos *campi* (Muller, 2016). O meio estudantil, ampliado e massificado nos anos 1970 pela política de modernização do regime militar, continuará sendo um grande consumidor de arte engajada e cultura jovem. Mas outros grupos sociais jovens entrariam nessa constelação.

O jovem cuja subjetividade tinha sido formada na época da "abertura" pós-1979 era fruto dessa nova configuração proporcionada pelas contradições da modernização econômica brasileira. Com a expansão das universidades e com o acesso a produtos culturais de matriz letrada e erudita, embalados e veiculados pelo mercado editorial mais massivo (coleções literárias e filosóficas acessíveis, fascículos, livros de divulgação), formou-se um novo tipo de cultura jovem, herdeira das matrizes culturais de esquerda (ou seja, da "cultura de resistência" à ditadura), mas também formada a partir da experiência da indústria cultural, sobretudo fonográfica e audiovisual. É plausível afirmar que, entre o final dos anos 1970 e o início dos anos 1980, esse segmento da juventude mesclou elementos das diversas tradições aqui analisadas, seja de matriz engajada de esquerda, seja de matriz contracultural, mais aberta às rupturas comportamentais e a produtos culturais que eram rejeitados pela juventude de esquerda do final dos anos 1960.

A busca da conciliação de categorias vistas como opostas no campo da resistência ao regime militar, como "prazer" e "política", "nacional" e "estrangeiro", "alienado" e "engajado", "misticismo" e "racionalismo crítico", resultou em um novo tipo de subjetividade juvenil, fruto em grande parte da modernização e da derrota política dos projetos históricos da esquerda reformista ou revolucionária da década de 1960 (Napolitano, 2017). Ao aceitar esse fardo histórico no plano existencial, mas seguir buscando atuar na sociedade com uma visão crítica e até iconoclasta do poder, a nova juventude dos anos 1980 vivenciou a crise das utopias, que anunciaria a vaga conservadora das décadas seguintes. No caso brasileiro, era um mundo marcado pela longa experiência autoritária, violência policial, hiperinflação, crise econômica, sem falar na emergência da epidemia da síndrome da imunodeficiência adquirida (*acquired immunodeficiency syndrome* – aids) que ceifou toda uma geração. Ainda assim, outros elementos daquele início de década eram surpreendentemente promissores, como a emergência de uma nova esquerda democrática com grande apelo a essa juventude contraditória, mais flexível em termos ideológicos do que o sectarismo radical dos anos 1960. Via de regra, o acesso às universidades públicas pelos estratos mais amplos da classe média baixa esteve na base desse novo tipo de configuração, criando uma juventude "meio intelectual, meio de esquerda".[1]

A trilha sonora musical desse segmento, no início dos anos 1980, oscilava entre o ecletismo criativo da "Vanguarda Paulista" e o novo *rock* brasileiro (Stroud, 2010; Encarnação, 2009). O saldo principal deixado pela Vanguarda Paulista foram as obras de Arrigo Barnabé, Grupo Rumo e Itamar Assumpção, os nomes que apresentavam maior densidade artística e talento musical. Álbuns como *Clara Crocodilo*, de Arrigo Barnabé, de 1980, *Rumo* (1981), *Rumo aos antigos* (1981) e *Diletantismo* (1983), do Grupo Rumo, e *Beleléu, Leléu e eu*, de Itamar Assumpção, de 1980, significaram o ápice criativo do movimento. As referências à MPB canônica, à bossa nova e à Tropicália se misturavam ao *rock*, à música de vanguarda e ao *free jazz*. No caso de Arrigo Barnabé, todas essas referências eram filtradas pela cultura *pop*, pela história em quadrinhos e pelos filmes de terror B, na forma de uma ópera sobre um garoto suburbano que se vende para uma experiência a uma indústria, transformando-se no monstro "Clara Crocodilo". Grande metáfora da situação do artista, ambicioso, ousado, mas sem espaço na sociedade de massa, essa ópera *pop* fez tremer os padrões tradicionais de escuta musical, já institucionalizados, até pelos padrões vigentes da MPB, provocando muita polêmica. O Grupo Rumo, por sua vez, propunha uma releitura radical da canção brasileira, desde seus primórdios nos anos 1920 e 1930, a partir da fusão entre canto e fala.[2] Itamar Assumpção, figura que se tornou maior que o movimento, aglutinou várias tradições e gêneros musicais, construindo

1 Aqui me aproprio livremente da deliciosa expressão de Antonio Prata que dá títulos a um dos seus livros de crônicas.

2 As experiências musicais do Grupo Rumo, por sinal, foram o laboratório para o desenvolvimento de uma sofisticada Teoria Semiótica da Canção, desenvolvida por Luiz Tatit, professor da Universidade de São Paulo (USP), um dos membros fundadores do grupo.

uma *persona* muito peculiar, afirmando uma perspectiva de "negritude" em diálogo com materiais culturais diversos. Esses artistas postulavam não apenas uma crítica à sociedade nascida do golpe de 1964, massificada, urbana, industrializada, mas também ao sistema de canções estruturado em torno da MPB e dos gêneros considerados populares (samba, brega, sertanejo etc.). Mesmo com o relativo sucesso dentro de um grupo social mais específico – os universitários paulistanos e as grandes cidades brasileiras – a Vanguarda Paulista não chegou a abalar o mercado fonográfico estruturado em torno da MPB. Quem iria fazê-lo, praticamente na mesma época, era a nova geração do *rock* brasileiro.

O novo *rock* brasileiro foi um grande fenômeno musical dos anos 1980, sobretudo a partir do "verão do *rock*" em 1982 (Dapieve, 1995). Se o Brasil já possuía compositores de referência para o *rock* em língua portuguesa consolidados ao longo da década de 1970, como Rita Lee e Raul Seixas, esses artistas acabaram ocupando nichos específicos dentro do mercado dominado pela MPB engajada e, em muitos momentos, compartilharam seus públicos, compositores e projetos musicais. Mais do que modismo de férias de verão, a nova febre do *rock* demonstrava o potencial de um público ainda em formação, que já não era tão fiel aos cânones e valores estético-ideológicos da MPB "séria e engajada" herdada das décadas anteriores. A indústria fonográfica logo canalizou esse potencial, consolidando a tendência a um consumo de música mais jovem, na faixa dos 18 aos 25 anos, média mundial que no Brasil, até então, era sensivelmente mais alta. Ao final do regime militar, mas com carreiras que decolaram efetivamente na chamada "Nova República", surgiram as grandes bandas desse novo cenário – Barão Vermelho, com destaque para Cazuza, Titãs e Legião Urbana. No Sul, o *rock* foi particularmente importante para canalizar uma juventude que se sentia um tanto deslocada da MPB histórica, articulada a partir de cenas musicais e gêneros do eixo Rio de Janeiro-Nordeste.

Em São Paulo, o Teatro Lira Paulistana, um porão minúsculo no bairro de Pinheiros, e o espaço Circo Voador, montado na Praia do Arpoador em Ipanema, no Rio de Janeiro, foram os aglutinadores dessa nova sociabilidade jovem e de experiências culturais alternativas, semiamadoras, protagonizadas por jovens sem vínculo com o mercado ou mesmo sem espaço no sistema cultural mais visível e institucionalizado. Por trás do Circo Voador, aliás, estava o grupo Asdrubal Trouxe o Trombone, uma trupe teatral jovem que causara impacto desde o final dos anos 1970, afastando-se do modelo de teatro engajado, assumindo completamente a linguagem *nonsense*, iconoclasta e humorística para revisar os comportamentos sociais do Brasil modernizado.

A MPB continuava presente no gosto da juventude, não apenas na voz daqueles arautos de um novo tipo de sociabilidade jovem, como o Clube da Esquina, Caetano Veloso e Gilberto Gil, mas também nos artistas mais ligados ao "nacional-popular", como Chico Buarque, João Bosco e Gonzaguinha. Esse ecletismo musical sem culpa, típico da juventude do final da ditadura, pode ser comprovado na programação dos festivais e circuitos de música a ela voltados, com o Festival de Águas Claras, realizado no interior de São Paulo em quatro edições (1975, 1981, 1983 e 1984).

Herdeiro dos grandes festivais hippies, como Woodstock e Arembepe (Bahia), o Festival de Águas Claras agregou milhares de jovens em um momento de busca de novas sociabilidades em meio ao clima de autoritarismo que dominava o Brasil. O primeiro evento foi marcadamente um festival de *rock* progressivo e de afirmação da cultura *hippie* brasileira, enquanto os outros três foram mais ecléticos. No festival de 1983, o público pôde ver desde Arthur Moreira Lima, com seu piano de cauda, João Gilberto (em *show* antológico, diga-se) com seu banquinho e violão, Egberto Gismonti, e seu *free jazz* de raízes brasileiras, até Raul Seixas, com sua *performance* e *persona* já marcadas pelo declínio físico que o levaria à morte alguns anos depois. Todos foram aplaudidos, expressando o gosto musical de uma juventude que ainda não era completamente "tribalizada", que trazia em si as marcas do hibridismo, inevitáveis na busca desenfreada de abrir-se para o mundo e para todas as formas de cultura, depois de 20 anos de regime militar, censura e patrulhas ideológicas. Em grande parte, aquele comportamento e aquele gosto, contraditórios por vezes, eram pautados pela recusa das "patrulhas ideológicas" e de todas as censuras.

Esse novo capítulo da cultura de resistência do final do regime se completava pela incorporação de tradições e movimentos literários que distinguiam uma literatura jovem e vital, com profundas conexões com a contracultura musical e com o *rock* A "poesia jovem", cuja tradição remontava ao início dos anos 1970, era sintetizada na obra de Paulo Leminski, Cacaso e Ana Cristina Cesar (Bosi, 2011). No conto, emergia o grande talento de Caio Fernando Abreu. Essas formas breves de literatura (poesia livre, haicai, conto) revelam o esgotamento do grande romance como elemento de reflexão sobre a contemporaneidade. A Editora Brasiliense captou essa nova demanda de uma nova comunidade de leitores jovens, emplacando grandes sucessos editoriais desses quatro autores, que, como outros dessa geração, tiveram vida breve.

Em que pese a importância da juventude universitária para a afirmação de um novo *éthos* que aglutinava várias correntes da resistência cultural, em um jogo de aproximação e afastamento com todas elas, não podemos esquecer que o início dos anos 1980 vê a afirmação de outras subjetividades e sociabilidades jovens, notadamente aquelas oriundas das periferias e subúrbios das grandes cidades. A partir de signos identitários e bases sociológicas e éticas completamente diferenciadas, o movimento *punk* e as formas culturais e musicais ligadas à identidade negra são exemplos dessas "outras juventudes", muitas vezes silenciadas pela historiografia.

Os *punks*, já anunciados nos anos 1970, tiveram sua grande *rentrée* na cena cultural brasileira também no marcante ano de 1982 (Sousa, 1997). O festival "Começo do Fim do Mundo", no Sesc Pompeia (São Paulo), organizado pelo decano do movimento, Antônio Bivar, reuniu cerca de dez bandas e três mil visitantes para ver as exposições e os *shows*. Tudo organizado de *punk* para *punk*, como dizia o *slogan*, o que sinaliza um importante momento de tribalização das identidades juvenis no Brasil. A partir do segundo dia do festival, não faltaram conflitos entre as várias correntes *punks* e com a polícia, que viu no festival uma contestação radical ao regime militar, agravada pelo fato de aqueles jovens serem oriundos da periferia. A emergência do *punk* consolidou a carga radical da contracultura brasileira contra o "sistema", em nome de uma rebeldia difusa e por vezes meramente performática, mas que, em um quadro autoritário, ganhava inegável potência. O "sistema" era tudo e nada, era o capitalismo, a polícia (metonímia da ditadura), os políticos, a burguesia, ou seja, um conjunto de categorias genéricas que ganhavam materialidade na revolta individual e grupal dos *punks*. De todo modo, o movimento *punk* foi o exemplo mais nítido de uma vontade de fazer cultura, mesmo com meios precários e sem um circuito claro de atuação que não fosse a própria cidade, seus becos e ruas.

A periferia de São Paulo e do Rio de Janeiro, entre outras cidades, também conheceu outro movimento, talvez mais abrangente e denso, de afirmação de uma identidade negra e periférica. A *black music*, que conheceu um lugar de destaque no próprio cenário fonográfico brasileiro com Tim Maia, Jorge Ben (Jor) e Tony Tornado, acabou por criar redes capilares e invisíveis aos olhos da mídia hegemônica e da esquerda intelectual, com implicações culturais e políticas amplas. Gilberto Gil captou essa nova negritude de sentimento cosmopolita e racialista, fruto da modernização e da urbanização, na canção "Refavela" (1977):

> A refavela
> Revela o passo
> Com que caminha a geração
> Do black jovem
> Do black-Rio
> Da nova dança no salão

Ao rejeitar o nacionalismo da esquerda e o mito da democracia racial da direita, a nova juventude negra ganhou críticas de ambos os lados do espectro político. À esquerda, por ver no movimento a "alienação" expressada na simples vontade de dançar em meio a uma ditadura. À direita, por conta dos seus preconceitos elitistas, mas também pela ameaça aos sustentáculos da "cultura nacional" integradora que a moda importada e a consciência racial dos negros jovens poderiam representar.

A juventude periférica, seja ligada ao *punk* (fundamentalmente pardo e branco pobre) ou às tribos dançantes ligadas à *black* e à *soul music*, que começaram a se configurar ainda nos anos 1970, inaugurava um outro conceito de resistência, para além da defesa do nacional popular, da consciência de classe (operária) e das lutas especificamente políticas contra a ditadura. Essas referências paulatinamente deixaram de ter sentido para a juventude pós-ditadura. Até porque a violência policial, o racismo e as desigualdades sociais não foram superados pela nova democracia brasileira.

Ao lado das subculturas juvenis e das novas identidades raciais, mais fortes nas juventudes periféricas, uma parte da juventude de classe média criou pautas de identidade e movimentos, como o movimento *gay*, movimento ambientalista e movimento feminista. Todos já tinham entrado no circuito de resistência desde os anos 1970, em alguns casos trazidos por quadros egressos da luta armada, como Herbert Daniel, Fernando Gabeira e Amelinha Teles. Grupos artístico-culturais já tinham colocado esses temas no cenário cultural, como é o caso da questão homossexual no grupo Dzi Croquettes. Os órgãos de segurança do regime militar acompanhavam com grande preocupação os movimentos de pauta comportamental, feminista ou racial, considerando-os genericamente dentro da rubrica "atentado à moral e aos bons costumes". Não raro, nos anos mais duros da repressão, esses temas levavam à prisão ou a uma "condução coercitiva" para depor no Departamento de Ordem Política e Social (Dops).

Na década de 1980, abrigados na imprensa e na ânsia da sociedade por liberdade política e comportamental a um só tempo, fruto dialético da modernização incrementada pelos militares, os defensores de uma "política do corpo" retomavam questões da cena de 1968, colocadas em segundo plano momentaneamente pelos anos de chumbo e pelo foco na redemocratização. A "tanga de crochê" lilás usada por Fernando Gabeira no verão de 1980 em Ipanema tornou-se o totem dessa nova política do corpo. O *desbunde* comportamental jovem não ganhava apenas reconhecimento, mas também indicava o esvaziamento de uma certa noção de resistência política e cultural "sisuda", centrada no controle das pulsões, na racionalidade, no decoro moral, na ideia de que era impossível ser feliz e ter prazer durante uma ditadura, como pregavam certos setores da esquerda nos anos 1970. Àquela altura, início dos anos 1980, sob uma "ditadura de gravata-borboleta" (na expressão de Fernando Henrique Cardoso), a juventude parecia buscar a felicidade possível no aqui-agora, e não "para-depois-da-revolução".

"Sobrevivendo no inferno": juventude, exclusão e periferia

Na década de 1990, o cenário musical brasileiro passou por grandes mudanças. Primeiramente, houve a ascensão comercial de gêneros populares que ampliaram seus públicos e mercados, como o axé, o sertanejo e o pagode, e ganharam adeptos da juventude das cidades médias e das periferias. O *rock* brasileiro manteve seu público, mesmo tendo abandonado sua fase mais criativa, alijado de importantes compositores como Cazuza e Renato Russo, vitimados pela aids. A MPB viu seu mercado diminuir, mas manteve nichos importantes entre os setores mais escolarizados e com maior poder aquisitivo. Em fins da década, entretanto, o mercado fonográfico começou a ser abalado pela expansão da internet e dos novos meios de compartilhamento de fonogramas digitais na forma de *downloads*. Nesse formato, o dispositivo de reprodução (*hardware*) e o programa (*software*) passam a ser mais importantes do que o conteúdo em si e sua mídia física. O consumo de LP e de *compact discs* (CD) estava com os dias contados. Esses novos hábitos de consumo musical foram particularmente importantes na juventude a partir da virada do século XXI e, na verdade, estabeleceram uma nova forma comercial e social de adquirir e ouvir música. A cultura do *download* incentivou a audição individual de música, em situações sociais diversas de trabalho e diversão. Não por acaso as marcas de celulares, programas de reprodução, fones de ouvido e caixas de som se tornaram tão populares quanto as bandas *pop* e os astros da música para a juventude.

Essa tendência à individualização da audição musical tem pontos de contato e de ruptura com os hábitos musicais da juventude do passado. A cultura do LP dos anos 1960 e 1970 era marcada, sobretudo, por uma audição ambiental da música, ainda que o jovem ouvisse seus discos sozinho e trancado no quarto. A cultura musical do "catálogo" e da "obra" dos artistas cedeu lugar ao consumo das canções singulares. Todavia, o sistema de estrelato na música, com o culto aos ídolos e ao visual e à vida privada deles, já estabelecido desde Elvis e Beatles, manteve-se e se incrementou com a internet e as redes sociais. Além disso, a tribalização da escuta musical, tendência já perceptível nos anos 1980, foi aprofundada pelas estratégias de mercado. Isso significa que as subculturas juvenis e os subgêneros musicais se tornaram ainda mais fragmentados e isolados uns dos outros, o que tem prejudicado a formação de uma cultura musical ampla e diversificada.

A partir da década de 1990, outras mudanças na relação entre música e juventude, para não falar do próprio conceito de juventude em si, foram igualmente importantes. Em relação ao primeiro ponto, a experiência da música como encontro coletivo e *performance* de palco teve duas grandes novidades: a música eletrônica e o *rap* (*rythm and poetry*).

Em ambos, há a cultura do encontro e da dança individualizada (e não em pares, como era no caso do *rock'n roll*), mas em grupo (ou seja, em grandes pistas abertas com centenas ou milhares de pessoas). Em ambos, o formato canção não é central (ou seja, aquele tipo de obra de cerca de três minutos, dividida em compassos, geralmente dentro do sistema tonal que alterna tensão e repouso melódico-harmônico). Tampouco há espaço para o virtuosismo instrumental que havia marcado o *rock* dos anos 1970, por exemplo, que se aproximava do concerto sinfônico. Os sons produzidos por efeitos artificiais e sintetizadores ganharam tanta importância quanto os instrumentos tradicionais.

Na música eletrônica e no *rap*, o virtuosismo é centrado no gesto e nas habilidades do DJ, personagem elevado a estrelas de primeira grandeza no mundo musical jovem contemporâneo. O conceito de DJ, que sempre existiu na música voltada para a juventude, foi modificado. Hoje, ele é um editor/*designer* de sons musicais diversos (temas melódicos, batidas, timbres, distorções eletroacústicas) e efeitos sonoros, ditando a dinâmica do movimento dos corpos na pista.

O "baile *funk*", fenômeno social surgido ainda nos anos 1980 entre jovens negros do Rio de Janeiro e de São Paulo, ganhou outras dimensões neste início de século XXI, em diálogo com a cultura eletrônica do "sampleamento" e do culto ao DJ. O compositor, cultuado nos anos 1960 e 1970 como astro musical, voltou a ser um detalhe menor na indústria musical, com a finalidade de suprir os intérpretes em escala industrial. Claro, há exceções, e justamente no mundo do *rap* o compositor ainda tem lugar central.

O *rap* e a cultura *hip-ho*p foram, sem dúvida, o fenômeno musical e sociocultural mais denso que se afirmou na cena a partir da década de 1990. Esse gênero musical e seu entorno cultural não apenas permitiram a visibilidade em grande escala da juventude da periferia das grandes cidades do Brasil e do mundo, muitas vezes a partir de um circuito cultural e mercadológico alternativo às grandes corporações e aos sistemas de comunicação de massa, mas também mantiveram a densidade cultural e política em uma cena musical jovem em crise e cada vez mais superficial.

As letras do *rap* revelaram vários poetas jovens, expuseram o racismo e a violência, e deram vazão a uma vigorosa cultura oral das "quebradas", fazendo renascer uma cultura de protesto musical e crítica cultural na juventude completamente diferente das tradições da MPB. Já não se pensa em termos de "nacional", "popular", "autêntico", "vanguarda", "classe operária", mas em termos de gênero, raça e comunidades periféricas excluídas. Pode-se até argumentar que há uma visão genérica e ingênua do que seja "o sistema opressor", e certo fetiche da cultura da violência direta, sem a devida politização que caracterizava as críticas da MPB mais sofisticada dos anos 1960. Mas é fato que ao contrário desta, o *rap* conseguiu ir além de pequenos nichos de consumidores musicais intelectualizados ou de uma classe média engajada, dando protagonismo central a um outro tipo de juventude.

* * *

Nesse longo arco histórico que vai dos anos 1950 ao fim do século XX, o termo "juventude" ganhou novos sentidos e se popularizou na cultura de massa, no mundo da política, no campo da sociologia e da psicologia, entre outras áreas. Entre permanências e rupturas, o termo foi se modificando, agregando novas experiências históricas e horizontes de expectativa com o futuro. Se os ímpetos radicais, sectários e revolucionários da juventude dos anos 1960 se arrefeceu, ou sobrevive apenas em pequenos grupos de correntes ideológicas específicas, como os jovens anarquistas e grupos socialistas, a crítica política ganhou formas mais sofisticadas. Ao mesmo tempo, o tom de descompromisso, o hedonismo e o consumismo que já habitavam o conceito de juventude que emergiu com a cultura *rock'n roll* dos anos 1950 ainda permanecem sob outras formas musicais e estéticas corporais. Ao longo dessas cinco décadas, as subculturas juvenis no Brasil e no mundo se ampliaram e se diversificaram, ganhando nomenclaturas específicas que no fundo atendem também aos interesses da indústria *pop* de música e moda: metaleiros, *punks*, *rappers*, emos, *gospels*. Mas essa diversificação, que é um fenômeno sociológico e mercadológico, também permitiu a afirmação de uma juventude fora dos padrões de fotogenia dos anos 1950 e 1960 – branco, universitário, de classe média ou elite – sempre modelo quando pensamos nessa categoria social. Os jovens das "periferias" do Brasil e do mundo ganharam visibilidade, desenvolveram outras formas musicais, outras sociabilidades, linguagens e moda. Mas também puderam socializar suas visões de mundo, suas reivindicações políticas e suas angústias. Para eles, a "opressão do sistema" não é um mero incômodo passageiro com as regras do mundo adulto, mas uma situação concreta de violência e exploração socioeconômica.

As redes sociais, fenômeno que está fora do foco deste texto, ampliaram ainda mais as possibilidades de construção de redes afetivas e ações sociais da juventude, mas também potencializaram ainda mais o narcisismo e a superficialidade das relações sociais. Entre mudanças e rupturas, a juventude permanece não apenas como foco das angústias sociais, mas também como reserva de esperança em um mundo mais justo e humanista. Diante desse peso, talvez só reste aos jovens colocar seus fones de ouvido e fugir das imposições e frustrações que as gerações mais velhas tentam projetar sobre eles.

Referências

BOSI, V. *Poesia em risco*: itinerários a partir dos anos 60. São Paulo, 2011. Tese (Livre--Docência em Literatura) – Universidade de São Paulo.

DAPIEVE, A. *Brock*: o *rock* brasileiro dos anos 1980. São Paulo: Editora 34, 1995.

DIAS, M. T. *Os donos da voz*: indústria fonográfica brasileira e mundialização da cultura. São Paulo: Boitempo, Fapesp, 2000.

DINIZ, S. C. *"...De tudo que a gente sonhou"*: amigos e canções do Clube da Esquina. São Paulo: Fapesp, Intermeios, 2017.

DUNN, C. *Contracultura*: alternative arts and social transformations in authoritarian Brazil. Chapel Hill, NC: The University of North Carolina Press, 2016.

ENCARNAÇÃO, P. G. da. *"Brasil mostra a tua cara"*: *rock* nacional, mídia e a redemocratização política (1982-1989). Assis, 2009. Dissertação (Mestrado) – Universidade Estadual Paulista.

FAVARETTO, C. *Tropicália, alegoria, alegria*. Cotia: Ateliê Editorial, 1996.

GARSON, M. *Jovem Guarda*: a construção social da juventude na indústria cultural. São Paulo, 2015. Tese (Doutorado em Sociologia) – Universidade de São Paulo.

GARSON, M. O caso Aída Cury: playboys e transviados como representações da juventude em tempos de modernização. *E-Compós*, v.20, n.2, 2017. DOI https://doi.org/10.30962/ec.1284.

HOLANDA, H. B. *Impressões de viagem*: CPC, vanguarda e desbunde. Rio de Janeiro: Aeroplano, 2004

LUCCHESI, I.; DIAGUEZ, G. *Caetano, por que não?* Uma viagem entre a aurora e a sombra. São Paulo: Leviatã, 1993.

MARTINS, L. *Roberto Carlos por ele mesmo*. São Paulo: Martin Claret, [s.d.].

MARTINS FILHO, J. R. *Rebelião estudantil: 1968*: México, França e Brasil. São Paulo: Mercado de Letras, 1996.

MULLER, A. *O movimento estudantil na resistência à ditadura militar (1969-1979)*. Rio de Janeiro: Garamond, 2016.

NAPOLITANO, M. *Seguindo a canção*: engajamento político e indústria fonográfica na MPB (1959-1969). São Paulo: Annablume, Fapesp, 2001.

______. *Coração civil*: a vida cultural brasileira durante o regime militar (1964/1985). São Paulo: Intermeios, Programa de Pós-Graduação em História Social da USP, 2017.

SOUSA, R. L. de. *Punk: cultura e protesto*. As mutações ideológicas de uma comunidade juvenil subversiva, São Paulo 1983/1996. Araraquara, 1997. Dissertação (Mestrado em História) – Universidade Estadual Paulista.

STROUD, S. Música popular brasileira experimental: Itamar Assumpção, a vanguarda paulista e a Tropicália. *Revista USP*, São Paulo, n.87, p.86-97, 2010.

TEPERMAN, R. *Se liga no som*: as transformações do *rap* no Brasil. São Paulo: Claroenigma, 2015.

VIEIRA, D. *Não vá se perder por aí*: a trajetória dos Mutantes. São Paulo: Annablume, Fapesp, 2010.

11

Histórias em quadrinhos e juventude

Savio Queiroz Lima

Para alguém entusiasmado por boas leituras, que se entretenha com uma revista de histórias em quadrinhos (HQs) num momento de lazer, parece haver uma ligação natural entre juventude e a mídia de folhas coloridas. Quando as narrativas mais comuns que se encontram nos quadrinhos chegam até o cinema, o que muitos experimentam é um sentimento de saudosismo, em que adultos afirmam que conheciam essas mitologias, como Tintim ou Batman, quando eram mais jovens. As HQs comumente surgem em memórias de jovialidade, das primeiras leituras, do gosto pela aventura. Não haveria razão para se pensar a história desse panorama, pois ele é quase uma obviedade: quadrinhos foram feitos para crianças e jovens. Mas nem sempre foi assim, ou nem seja mais assim hoje.

A relação entre HQs e juventude não é dada por um processo natural e óbvio. Trata-se, na verdade, de uma construção de longo prazo, que teve em diversas influências as suas razões de existir. Uma não é fruto direto da outra, e as HQs não nasceram como baixa literatura, ou subliteratura, para um público costumeiramente inferiorizado. Foram, sim, adequando suas relações ao longo do tempo, envolvendo a sociedade e seus produtores. A história nos informa e ilustra como se deu essa aproximação e como a cultura brasileira construiu tanto a ideia de juventude quanto a de HQs e, também, como uniu ambas. Esse encontro se deu com a passagem do tempo, quer intencional ou não.

Crianças e adolescentes são sujeitos sociais que se modificaram com o tempo, ganharam os adornos que conhecemos hoje ao longo do processo histórico. Ser criança no hoje é diferente de ser criança no ontem, as expectativas e tratamentos mudaram, ainda que as mudanças e transformações desses indivíduos não sejam radicais em todos os pontos. É como pensar a relação entre adolescência e puberdade, em que a primeira, adolescência, é a construção social e cultural das evidências e dos traços das anatomias, dos hormônios e do corpo da segunda, a puberdade. Entender como produzimos imagens das categorias infância e juventude ao longo da história é um meio eficiente para respeitarmos as mudanças e transformações que possam ocorrer para o bem-estar dessa população em transformação.

Temos a herança ibérica como forte influência na construção da juventude no Brasil, com o processo de colonização como seu ponto-chave. A Idade Média, segundo estudiosos como o historiador francês Philippe Ariès (2006), descrevia a criança numa tradição de inferioridade e insuficiência, apenas por meio de uma mitologia bíblica, com o jovem capaz de cair em tentações diversas por sua imaturidade. Mas Portugal não tardou a se adaptar, por diversos motivos, ao mundo moderno e às suas maneiras de existir. A administração da juventude ganhou força nesse processo, permitindo o primeiro vislumbre de transformação da imagem da juventude por meio de seu controle familiar e escolar. Das instruções dos jesuítas até as escolas formais, uma longa estrada histórica foi calçada.

Abandonando qualquer interpretação universal, a infância e juventude ganham outros elementos quando vistas por outras culturas. A socialização das duas categorias nos povos nativos brasileiros ocorreu por meio de outros significados. Para as diversas culturas indígenas no Brasil, desde muito antes da colonização, a educação da criança, chamada curumim, já era dever de toda a comunidade e não apenas de seus pais. A sedução de música, jogos e instrumentos foi a estratégia utilizada pelos educadores jesuítas na assimilação dessas populações nativas por meio de suas crianças. Os curumins aprendiam os valores dos colonizadores, serviam de ponte para os adultos mais resistentes quando a força não conseguia bons resultados. Os jovens curumins ganharam imensa importância para o domínio desses povos e, por isso, foram tão valorizados pelos educadores religiosos, e tão significativo foi o seu controle.

Amores improváveis e violências sexuais geraram crianças entre os africanos escravizados vindos às Américas. Se os estudos de Alberto da Costa e Silva (2013) nos servem para mapear suas origens africanas, os estudos de Robert Slenes (2011) nos guiam nas famílias escravas no Brasil. As "crias", como eram registradas, vinham de outra realidade de criação e cuidado, que não o cativeiro: culturas diversas, mas que viam a infância como fase de amadurecimento e a juventude como transição. Com a escravidão, a criança e o adolescente africanos e afrodescendentes se viram envolvidos em dramas como o infanticídio, retratado por Castro Alves no poema "Mater dolorosa", em oposição ao cativeiro tão medonho. Mesmo libertados quando nascidos em Lei do Ventre Livre, em 1871, estavam presos aos pais ainda não alforriados. E quando as condições de escravizados não mais fizeram parte da realidade brasileira, isso não se seguiu de uma inserção social, abandonados com os seus, agora condicionados às interpretações sobre infância e juventude do mesmo sistema que não os igualizou.

Então, podemos entender que o fundamento da infância e juventude no Brasil é um caldeirão de influências culturais diversas. Todo esse diversificado conjunto de interpretações culturais sobre crianças e adolescentes encontrou no Brasil lugar para a mistura, quer sejam de seus elementos positivos ou de elementos negativos, numa dinâmica histórica que atravessou o tempo e seus espaços sociais. Essa visão sobre os jovens só ficou mais comum, mais padronizada, com as próprias normalizações da educação e das instituições médicas com a Proclamação da República. As vozes de educadores e médicos tiveram mais peso diante da antiga autoridade de padres. A educação foi o trilho condutor em que a indústria cultural inseriu produtos separados entre adultos e jovens, e as HQs entraram nisso, usadas como entretenimento a ser adequado a esse público.

A educação é o espaço de transformação desse indivíduo em maturação, mas também um espaço de controle e poder sobre ele. O discurso e objetivo higienista do Brasil republicano recém-nascido era evitar a transgressão, a criminalidade, como fruto de diversos fatores, como desestrutura familiar e falta de firmeza parental, em seus dizeres. A educação e a saúde cumpriam inúmeros rigores morais quando tratavam das crianças e dos adolescentes, atendendo às suas demandas pelo regrado, pelo pudor. Os meios de entretenimentos, as festividades, os lazeres precisaram todos se adequar a essa fiscalização ética e moral da juventude. Os jovens já dividiam o interesse pelas informações e pelo lazer para além do ambiente educacional nos audaciosos periódicos e boletins sediciosos durante os séculos XVIII e XIX, especialmente.

Não era incomum ver jovens no entorno de grupos de adultos rindo diante de imagens ridicularizadas de seus governantes nos jornais. Os periódicos foram a base de sustentação de uma nova relação entre letramento, consumo e imagens. A sociedade no começo desse processo, uma civilização das imagens, ganhou um traço importante de modernidade: os jornais periódicos. Por meio deles, foi se moldando pouco a pouco a imagem de cidadania no Brasil, de proibidos durante o período colonial, regrados durante o Império e já inseridos na dinâmica da sociedade na República. Jovens e adultos, letrados e iletrados, acompanhavam os jornais, seja pela possibilidade de leitura de seus discursos escritos, seja observando a leitura alheia e as divertidas imagens que vinham com ela. Ler palavras exigia uma educação muito mais formal que ler desenhos.

Seja para jovens ou adultos, a junção entre figuras desenhadas e texto crítico nos jornais tinha um objetivo político. Por exemplo, a charge litografada de Manuel de Araujo Porto-Alegre, distribuída em 14 de dezembro de 1837, ainda no período imperial, com o título *A Campainha e o Cujo*, fazia chacota acusatória sobre o editor do *Correio Oficial*, Justiniano José da Rocha, vendendo a quem quisesse pagar espaço na publicação, visível ato ilícito e imoral. O *Correio Oficial*, durante o regime regencial, publicava informações pertinentes à governança, o que nos é hoje o papel do *Diário Oficial*. A imagem podia ser lida por olhos jovens, fazendo rapidamente que o desenho, tão liberto nas mãos de garotas e garotos, se tornasse um meio narrativo contagiante, ainda que sua informação precisasse do apoio de um conhecimento prévio dos acontecimentos políticos do instante.

O momento mais proveitoso disso foi, justamente, na transição entre o período imperial e a República. Herdeiros de uma já eficaz tradição europeia de caricaturas e charges políticas, os artistas Angelo Agostini e Henrique Fleiuss foram pioneiros no uso dos desenhos em jornais, numa verdadeira guerra de tintas e chacotas. O desenho, compondo narrativas visuais nesses jornais, já era instrumento político e ideológico na mídia periódica europeia, e logo ganhou o mundo o seu uso na intenção de enaltecer ou ridicularizar suas pessoas públicas. O alemão Henrique Fleiuss, em seu jornal *A Semana Ilustrada*, de 1860, com críticas mais moderadas, produziu caricaturas e charges dos eventos mais importantes do período na história do Brasil. Como era amigo da casa real, não fez ofensas visuais ao imperador, mas não poupou críticas, por exemplo, sobre a participação do Exército brasileiro, composto às pressas, na Guerra do Paraguai.

Menos polido, o artista italiano Angelo Agostini, assumidamente republicano, fez ataques mais agressivos ao imperador Pedro II e seu governo. Dois periódicos foram perseguidos pelas elites por conta de suas imagens ridicularizantes: *O Diabo Coxo*, de 1864, e *O Cabrião*, de 1866. Com charges e caricaturas das personalidades políticas da época da cidade de São Paulo. Por conta disso, Agostini precisou se mudar para o Rio de Janeiro, onde fundou, com outros jornalistas, o jornal *A Vida Fluminense*, onde publicou a HQ *As aventuras de Nhô Quim ou impressões de uma viagem à Corte*, entre os anos de 1869 e 1872, contando a comédia da vida de um matuto mineiro vivendo na então capital do Império, o Rio de Janeiro. Apesar de o jornal se destinar aos adultos, certamente as mirabolantes situações de humor visual agradaram às crianças e aos jovens. No turbilhão político que culminou no golpe republicano, Agostini apresentava a série em quadrinhos *As aventuras de Zé Caipora*, entre

1883 e 1903, que passou de uma narrativa cômica para uma aventura audaciosa com índios e tudo. Tal experiência brasileira não era inovadora, ocorrendo no mercado de entretenimento em quase todo lugar, mas marcou a maneira de os brasileiros se expressarem.

No cenário estadunidense, os jornais ilustrados e as narrativas divertidas de página dupla se fizeram bons filões de vendas. O material estrangeiro, trazido e traduzido, tornou-se o meio barato de publicações então direcionadas ao público infantil. Assim como havia os jornais direcionados para mulheres, como o *Jornal das Senhoras*, de 1852, e o jornal sufragista *A Família*, de 1888, logo o mercado editorial de periódicos viu o nicho da criança e juventude seduzido por um material visual colorido, específico para tal público. Em 1898, o *Jornal da Infância* já pensava isso e, ainda que não tivesse quadrinhos, vinha ricamente ilustrado por artistas brasileiros como Kalisto e Artur Lucas, mas não passou de 20 edições. A publicação *O Tico-Tico*, lançada como semanário em 1905 e ligada ao jornal *O Malho*, toda quarta-feira, vinha com o pré-título "das crianças", especificando o público consumidor. Foi em suas páginas que os brasileiros, jovens ou maduros, conheceram os personagens mais celebres da ficção, como Mickey Mouse, chamado de Ratinho Curioso, e Popeye, chamado de Brocoió, além de obras da literatura mundial e história do Brasil.

Não foi, entretanto, mera influência externa, pois essas produções passaram a atender às maneiras brasileiras de se viver a realidade. Dentro das páginas de *O Tico-Tico*, por exemplo, muitos autores nacionais, como Messias de Mello, José Carlos de Brito e Cunha (Jota Carlos), Max Yantok, Alfredo Storni e seu filho Osvaldo Storni, entre outros, não apenas criaram narrativas próprias e dentro da cultura brasileira, como também modificaram o material estrangeiro para caber em nosso modo de viver. O exemplo mais expressivo é a série *Chiquinho*, que, apesar de aqui ter traços de brasilidade, era, na verdade, uma adaptação da série estadunidense *Buster Brown*, de Richard Felton Outcault, o mesmo criado de *Menino amarelo*. Foi o "jeitinho brasileiro" que percebeu, desde o início, que as narrativas estrangeiras precisavam ganhar adornos nossos.

Os desenhos, então, tinham dois espaços de vivências: nas páginas adultas de críticas políticas em charges e caricaturas, e nas páginas infantojuvenis de humor e aventura em quadrinhos. Revistas como *O Careta* continuaram a tradição de charges políticas, fazendo críticas por meio das alegorias visuais de artistas como Jota Carlos entre tantos que optaram pelos pseudônimos. Esconder identidades ocorria por conta das questões políticas ameaçadoras, pois as críticas mais ácidas foram proibidas durante o governo de Hermes da Fonseca, em 1914, mas se fizeram mais resistentes à ditadura Vargas. Nas publicações ofertadas ao público mais jovem, os formatos foram se transformando, saindo dos jornais para publicações próprias. Cada publicação mais geral teve um espaço de páginas ou um caderno específico para os mais jovens dentro dos jornais, no começo. Prática editorial bastante conhecida nos Estados Unidos, primeiro com essas tiras diárias (ou tirinhas) e depois com a coletânea desses quadros em páginas inteiras de publicações próprias e independentes (as revistas em quadrinhos).

Quase todo jornal já estabelecido em território nacional percebeu a possibilidade de inserir um caderno infantojuvenil ou mesmo uma publicação separada destinada às crianças. Em 1929, por exemplo, o jornal paulista *A Gazeta* lançou o tabloide *A Gazetinha*, nos mesmos moldes de *O Tico-Tico*, trazendo material estrangeiro e nacional. Com o tempo mudou para *Gazeta Juvenil*, em 1948, buscando ampliar o público para além do infantil, e *O Tico-Tico*, porém, cometeu o erro de não aderir às mudanças, declinando diante das novas publicações. *A Gazetinha* apresentou o Super-Homem, de 1938, ao público brasileiro. A *Gazeta Juvenil* trouxe as aventuras de Buck Rogers, Barney Baxter, além de aventuras policiais e dos trabalhos do luso-brasileiro Jayme Cortez. Estamos falando de transições e experimentações, riscos que para nós, hoje, parecem pequenos, mas que, para os contemporâneos dessas publicações, eram altíssimos.

Desde então, o mundo ocidental abraçou a mídia HQs como leitura barata a ser consumida por diversas classes e idades, principalmente nos Estados Unidos. E a indústria cultural de entretenimento percebeu que a dinâmica urbana e o uso cada vez mais intenso do tempo pelo regime capitalista fizeram migrar as novelas textuais para publicações de baixo custo e para revistas com HQs muito mais chamativas nas bancas de jornais e em outros lugares de venda. O mercado estadunidense de periódicos prosperou, fazendo com que as histórias desenhadas em quadros sequenciados deixassem os pequenos e limitados espaços dos jornais para serem publicações próprias, revistas apenas de HQs, visando a um público leitor mais interessado. A crise econômica de 1929, com todo seu drama, fez com que o leitor médio buscasse na ficção romântica e na de aventura, na fantasia, o meio de escapar das mazelas econômicas e sociais que o atingiam.

Se o mercado de periódicos mudava, isso também ocorria com a concepção de juventude. O Brasil de 1927 foi o ponto de partida para a compreensão do dever do Estado para com as populações jovens. Ainda que os poderes viessem a condicionar com discursos e práticas os controles dos jovens e seus acessos, somente com o arbítrio que o chamado juízo de menores pôde, de fato, interceder juridicamente sobre questões que envolviam os jovens em situações de riscos, seja pelo abandono dos pais ou por imoralidades de uma família tida por desajustada. Ficou evidente, mais uma vez, o discurso de moralidade e controle sobre crianças e adolescentes, por meio de internação e repressão para a construção da disciplina social. Termos como juventude "ameaçada", sem a "moral" e os "bons costumes" eram utilizados para justificar práticas doutrinárias para os mais amplos setores, como o entretenimento. O que acontecia em terras estadunidenses trouxe influências, mas encontrou em solo brasileiro seus próprios meios de administrar a realidade.

Nos Estados Unidos, crianças e jovens, diante dos problemas econômicos, escaparam das preocupações do mundo dos adultos por meio de livros baratos de páginas amareladas e coloridas HQs. Suas imaginações comungavam com homens espaciais, magos poderosos, aventureiros em aviões monomotores, em aventuras semanais, dominicais ou mensais. Num período de recessão econômica, esse entretenimento se demonstrou bastante rentável aos seus produtores e barato aos seus consumidores, migrando para outros países, levando em suas bagagens as maneiras de viver e pensar dos estadunidenses. As influências estrangeiras foram bastante significativas nesse processo de migração do interesse adulto e mais geral para a especificidade do interesse infantojuvenil. Mas o empresariado brasileiro percebeu que crianças e adolescentes brasileiros, com suas singularidades culturais, também seriam públicos interessantes para seus empreendimentos se estes soubessem se adequar ao meio consumidor.

Com inúmeros suplementos, o mercado nacional de HQs voltou-se para o nicho dos jovens, não se restringindo apenas às crianças como público-alvo. O *Suplemento Juvenil*, editado por Adolfo Aizen e publicado em 1934, entre tantos produtos traduzidos e próprios, apresentou Tarzan ao público brasileiro. Em tal expansão de mercado editorial, com essas publicações para jovens e crianças, o jornal *O Globo*, sob liderança de seu fundador, Roberto Marinho, lançou em 1937 o tabloide *O Globo Juvenil*. Logo a rivalidade fez Aizen, por conta da similaridade dos títulos, lançar em formato de revista, e não mais suplemento de jornal, a publicação *O Lobinho* em 1939. A publicação apresentou o Batman ao leitor brasileiro em 1940. Nessa guerra de editores, outras publicações nasceram, como *Mirim*, de Aizen, e *O Gibi*, do Grupo Globo. A expansão do mercado brasileiro foi exponencial, demonstrando grande interesse do público consumidor das narrativas de ficção em desenhos coloridos.

Logo, no cenário brasileiro, jovens e crianças estavam vivendo a rotina de consumir periodicamente as HQs. Já podemos vislumbrar a compreensão de que o público consumidor é mais amplo que as expectativas sociais, ou seja, as diferentes etapas entre a infância e adolescência produziam interesses diversos de consumo de HQs. Com narrativas diferenciadas, do humor infantil à aventura jovial, o mercado optou em esmaecer suas fronteiras. Nesse contexto em que meninas e meninos significativamente mais maduros repudiam ser comparados às crianças menores e aos bebês, em que jovens já próximos da puberdade não se viam mais como meninas e meninos, mas como moças e moços, tornou-se importante ao empreendimento aumentar seu público cativo. Dessa forma, o termo "juvenil" veio para abranger o público-alvo para além da criança em seus primeiros passos de leitura. As palavras têm imensa força quando aplicadas para convencer ou estimular, e o jovem em sua diversidade de idades é o interesse desses negócios de entretenimento.

Jovens, em sua abrangência, foram o foco de interesse das administrações públicas na primeira metade do século XX, em boa parte dos países do Ocidente. Os jovens vislumbraram-se como potências mantedoras de ideologias, de maneiras de pensar e conservar a sociedade. Os períodos das duas grandes guerras mundiais fizeram inúmeros usos ideológicos dos jovens, alertando os Estados democráticos sobre as ameaças até então menosprezadas. As ideias mais aguerridas de mudanças da sociedade nasceram sempre jovens, havendo explosões de movimentos sociais jovens e estudantis, tanto de natureza libertária quanto reacionária. Tomemos a Juventude Hitlerista, a Mocidade Portuguesa e outras agremiações como instrumentos de controle dessa juventude por onde regimes autoritários puderam e poderiam manipular.

Não foi diferente no Brasil, com a ascensão do Estado Novo, preocupado com a longevidade do regime político. A Organização Nacional da Juventude (ONJ), sob gerência direta do Ministério da Justiça, surgiu com a intenção de controlar uma juventude por meio da disciplina moral, com valores militaristas, e do que aceitavam como civilidade. O jurista Francisco Campos, seu idealizador, nunca escondeu sua postura conservadora e opositora às situações que envolviam as juventudes militares descontentes com as disparidades sociais e políticas, como foi o tenentismo. O projeto, de 1938, parte de sua doutrina política fascista e antiliberal, foi alvo de contrariedades dentro do próprio governo, como do então ministro da Guerra Eurico Gaspar Dutra, que, apesar do fechamento do regime ditatorial do Estado Novo, não via com bons olhos a natureza paramilitar da ONJ.

Somente dois anos depois, com a escrita mais cuidadosa nas mãos de Gustavo Capanema, então ministro da Educação e Saúde Pública, o novo projeto foi elaborado. Agora, longe do atributo político-miliciano do projeto anterior, o novo, *juventude brasileira*, menos autoritário, ainda que conservador, com traços de eugenia e simbolismo nacionalista, bebeu bastante do modelo português salazarista. Carregou-se, então, a juventude do Estado Novo de ufanismo em espetaculosos eventos cívicos, muitos dos quais envolvendo a figura de Getúlio Vargas como personalidade central. Efetivado como Decreto-Lei nº 2.072 em 8 de março de

1940, perdeu o vigor com a proximidade do Brasil com países liberais e democráticos durante a Segunda Guerra Mundial e foi encerrado pouco depois do fim do Estado Novo.

A sociedade brasileira pensou sua juventude por meio de diversas propostas políticas, como fica evidenciado pela história. Foi nesse cenário de jogo político entre empresários e regime autoritário que Aizen, por intermédio de amigos ligados ao governo, ofereceu seus serviços editoriais para o Estado varguista, com publicações como *Getúlio Vargas para crianças* e *O livro da juventude brasileira*. A abrangência já era percebida no novo projeto que tinha por alvo os jovens de 7 a 18 anos, bastante similar com a compreensão expandida do mercado de HQs, como vimos. Esse mercado cresceu tanto que jogou dois grandes gigantes um contra o outro: Roberto Marinho, com a Rio Gráfica Editora (RGE, posteriormente Editora Globo), e Adolfo Aizen, com a Editora Brasil-América Limitada (Ebal). Durante décadas, eles nem mesmo se falavam mais por conta da rusga e inimizade na "guerra dos gibis", como denominou o pesquisador Gonçalo Junior (2004, 2010). Foi durante a década de 1950 que outro empresário do ramo objetivou conquistar sem lugar ao sol com o entretenimento de crianças e jovens: Victor Civita, com sua Editora Abril.

Era uma estreia entusiasmada e igualmente arriscada, em panorama editorial brasileiro tão acirrado. Demonstrando vigor para enfrentar o cenário de publicações, já em maio de 1950 a Editora Abril lança a série de quadrinhos *Raio vermelho*, com material italiano, como Misterix e Pantera Loura. Já nessa primeira série, a Abril modificou o formato tornando-o mais econômico e compacto, diferentemente do que vinha sendo publicado até então, pelas outras editoras, em tamanhos 20 x 26 cm. Com a publicação da revista *Pato Donald* no Brasil, em 1952, a editora inseriu um novo padrão de tamanho de revista, 13 x 21 cm. O conforto do transporte e o armazenamento foram os pontos positivos da proposta, havendo críticas sobre as adequações de textos e imagens que deveriam caber no novo formato.

O vigor da editora se deu, na verdade, com as publicações que envolviam os personagens da Disney. A razão primeira disso tudo foi que os personagens já eram conhecidos do público, tendo sido veiculados desde a revista *O Tico-Tico*. Depois, as animações, como o longa-metragem chamado *Você já foi à Bahia?* (originalmente *The Three Caballeros*) estreado em 1945 no Brasil, com músicas de Ary Barroso, João de Barro e Dorival Caymmi, nas vozes de Nestor Amaral, Aurora Miranda, entre outros, serviram por ponte para o consumo. Esse filme, inclusive, deu holofotes ao personagem Zé Carioca, que logo tomou as páginas em quadrinhos da editora, primeiro rotativamente na revista *Pato Donald* e depois em título próprio com trabalhos de brasileiros para compensar o parco material estadunidense. Com crescimento lento, mas constante, a editora vigorou nas décadas seguintes como uma das maiores do ramo.

As influências apontadas por negativas das HQs às crianças e aos adolescentes sempre foram o fio condutor do discurso fiscalizador. Já que estamos tratando de um suporte narrativo com pretensões de exclusividade para esse grupo mais imaturo, não adulto, convém que ele sofra sua devida inspeção e controle, assim pensam os conservadores. Tal convicção não nasceu em solo brasileiro, havendo ocorrido em outros países, como em solo estadunidense. Lá nos Estados Unidos, pontualmente, as perseguições visavam ao controle de narrativas violentas, muitas delas baseadas em crimes que realmente aconteceram, que foram expostos em páginas de quadrinhos sem nenhum critério de limite ao público leitor. Encerrando-se pelas decisões das próprias editoras de se responsabilizarem pela regulação moral com o *comic code*, ou "código dos quadrinhos", de 1954.

Em horizonte brasileiro, as perseguições aos quadrinhos tinham por matéria fundamental a sua interpretação por "má literatura". Tomemos a cruzada contra os quadrinhos perpetuada pelo jornal carioca *Diário de Notícias*, que destacou em sua capa de 8 de agosto de 1948 os perigos da "má literatura infantil", ou seja, as HQs, e como nos Estados Unidos a repreensão já estava sendo levada a cabo. Na edição de 12 de agosto, um artigo do psiquiatra Fredric Wertham, expoente da perseguição aos quadrinhos nos Estados Unidos, foi traduzido e publicado, carregando de legitimidade a caça às bruxas contra os quadrinhos no Brasil. Duas edições depois, sobre o procedimento usado por Wertham, de correlacionar jovens infratores com o consumo de HQs, o jornal entrevista Helio

Tornaghi, então oficial de gabinete do Ministério da Justiça e diretor do Serviço de Assistência aos Menores (SAM), que confirma por "fácil constatação". Nesse procedimento baseado em silogismo já condenado pela psiquiatria, o argumento parece lógico e atende às premissas prévias dos interlocutores: de que jovens infratores leem quadrinhos, logo são os quadrinhos os estimulantes de suas ações criminosas.

Da mesma maneira que a juventude foi alvo do governo populista de direita de Getúlio Vargas, o Partido Comunista do Brasil (PCB) também se preocupou com as persuasões das mídias desenhadas para as mentes jovens. O jornal baiano *O Momento*, vinculado ao PCB, durante a década de 1940, buscou alertar sobre os perigos que publicações como *O Gibi*, *O Guri*, *Biriba*, entre outras, representavam para as mentes infantis e juvenis. O jogo que fazem é de oposição entre HQs e literatura infantil, como se disputassem espaço e como se a primeira desvirtuasse o interesse do jovem na segunda. Para dar autoridade a seus argumentos sobre o que entendia por nocivas narrativas imperialistas, o jornal convocou, por exemplo, Adroaldo Ribeiro Costa, educador e compositor que liderava o programa de rádio *A hora da criança*, na Rádio Sociedade da Bahia. Para os autoproclamados protetores da juventude, as HQs eram um tipo de "maconha" arruinadora.

Enquanto alguns críticos promoviam as acusações às HQs, o mercado crescia alimentado pela mídia televisiva. Por via de mão dupla: as animações e as séries de super-heróis ou de animais humanizados, que já eram televisionadas, estimulavam a busca por materiais adicionais como são as HQs; e muitos dos leitores de HQs já se faziam público consumidor cativo para as produções cinematográficas e televisivas. O mercado de HQs na década de 1950 se expandiu, acirrando a concorrência com a chegada da Editora Abril, da Ebal, entre outras. Tomando mais ou menos cuidado, o mercado de HQs no Brasil conseguiu se firmar e não sofreu muitos danos diante das cruzadas que o consideravam o inimigo principal. Mas esses bons ventos poderiam mudar a qualquer momento, e isso seria desastroso para o empreendimento.

O evento estadunidense de perseguição e regulamentação sinalizava os perigos para o mercado brasileiro, com alguns censores na mídia acusando as narrativas ficcionais de perniciosas. Em 1961, a Abril, a RGE, O Cruzeiro e a Ebal elaboraram o próprio *Código de Ética dos Quadrinhos*, tão inspirado no *comic code* que até o seu selo gráfico tinha o mesmo *design* do estadunidense. Em 1954, já havia uma lista de condutas publicada pela Ebal, que não chegava a ser uma normativa, mas que acrescentou alguns tópicos ao código brasileiro. Esse código, entretanto, não seguia à risca seus tópicos morais, funcionando como formalidade, mantendo proteção contra investidas conservadoras, resguardando, assim, seus empreendimentos. Os quadrinhos de terror, ainda que não fossem a temática dessas editoras envolvidas no *Código de Ética*, alvos das críticas em solo estadunidense, foram as coqueluches brasileiras, feitas por autores nacionais, como Jayme Cortez, Flávio Colin, Gedeone Malagola, Julio Shimamoto, entre outros.

Uma editora de HQs que, entre outros gêneros narrativos, apostou no terror nacional foi a Continental. Fundada por Miguel Penteado em 1959, a editora mudou de nome em 1961 para Editora Outubro, homenageando a Revolução Russa. Penteado era membro do PCB. O fato de ser ilustrador permitiu que Penteado passasse a valorizar os autores brasileiros na editora. Com outros entusiastas, organizou a Primeira Exposição Didática Internacional de Histórias em Quadrinhos, em 18 de junho de 1951, na cidade de São Paulo. Ainda que houvesse o intuito educacional em sua proposta, não ofuscou a produção de quadrinhos de terror, com narrativas mais sensíveis e violentas. Culturalmente, o terror nacional sofreu muito mais influência de um sobrenatural próprio, vinculado a uma malha religiosa fluida, com impressões espiritualistas das religiões populares, como candomblé, umbanda, espiritismo (kardecista e sua proximidade com a base mitológica cristã) e toda natureza de sincretismo possível. Não eram coisas de criança, mas instruíram moralmente muitos jovens em desfechos morais, bem sintonizados com as escolhas narrativas dos filmes de José Mojica Marins, o Zé do Caixão, como *A voz do coveiro*, de 1953, início de sua carreira.

Outras temáticas vislumbraram no período como sendo bastante distantes das consumidas pelas crianças. A chamada cultura da rebeldia, que se destaca nos idos dos movimentos juvenis dos anos 1950, energizou a juventude a se opor ao mundo adulto e velho, e seduziu a tenra infância a ver nesses ídolos divulgados em rádios e televisores os exemplos desejados a seguir. Nos anos dourados, os quadrinhos dos jovens mais maduros não eram mais personagens de humor e inocentes, mas dramáticas fotonovelas para as moças sonhadoras e clandestinos quadrinhos pornográficos para os rapazes libidinosos. Não era mais apenas o público infantil que via nas páginas de HQs as temáticas de seu interesse, mas em adequações dessa mídia para narrativas mais atraentes ao público mais amadurecido. Enquanto as fotonovelas tinham a aceitação social, narrativas amorosas permissivas a uma sociedade com seus toques conservadores, os quadrinhos eróticos ilícitos eram repudiados (mesmo que a cultura da masculinidade aprovasse).

As fotonovelas foram uma adequação de narrativas já consumidas nas radionovelas, na primeira metade do século XX. As velhas técnicas dos folhetins literários periódicos tradicionais, de prender a atenção do público e satisfazer com rapidez o prazer pelas narrativas, uniam os dois suportes. O público brasileiro, significativamente o feminino, já conhecia a fotonovela presente em publicações desde a primeira metade da década de 1950, como as revistas *Grande Hotel*, *Encanto* e *Capricho*, entre as de maior destaque nos quiosques e nas bancas de revistas. O caráter romântico de suas narrativas, os dramas de amor, as aventuras apaixonantes, o casamento e a gravidez por desfecho prendiam as atenções dos leitores e estimulavam debates, como fazem as telenovelas da atualidade. O público acabou por migrar para a telenovela, e, por conta disso, a balança de consumo se desequilibrou de forma desfavorável para a mídia em papel, como ocorreu anteriormente com a radionovela.

O público jovem de moços e rapazes, porém, seguia outro padrão de interesse, vinculado ao gênero e ao meio masculinos. Valorizando a própria postura sexual, considerada dominadora e proativa, os rapazes haviam de se entreter com narrativas eróticas e consumi-las, com relatos picantes da sociedade em sua volta. As aventuras sexuais nas HQs subversivas, os chamados catecismos, tornaram-se não apenas um lazer clandestino, mas também uma pedagogia sexual em uma sociedade tão reprimida. Compradas secretamente e distribuídas entre seus consumidores, causavam risos e lascívia, sendo uma mania entre as décadas de 1950 e 1980. Foram influência dos quadrinhos eróticos estadunidenses, as *Dirty Comics*, que faziam paródias de personagens conhecidos desde a década de 1930, igualmente comercializadas na clandestinidade. O mais célebre autor brasileiro foi conhecido pelo pseudônimo Carlos Zéfiro, com o epicentro de sua produção entre 1960 e 1970, expondo a sociedade urbana e ridicularizando a moral e os bons costumes.

Enquanto os jovens se viam supridos de quadrinhos pelos meios formais e informais, as crianças continuavam as preocupações de grupos políticos. Durante a década de 1960, Miguel Penteado, Julio Shimamoto, entre tantos artistas, vinculados ou não a grupos organizados, como a Associação Brasileira de Desenhistas (ABD) e a Associação de Desenhistas do Estado de São Paulo (Adesp), levantaram bandeira a favor do quadrinho nacional por meio de um projeto de lei. Jânio Quadros, então presidente da República, já vinha atacando diversos produtos e meios de comunicação desde quando eleito suplente de vereador. Nunca poupou acusações aos quadrinhos, seguindo os discursos do jornal *Diário de Notícias*, entretanto recebeu positivamente a proposta dos autores. Dias antes de sua renúncia, Quadros chegou a anunciar uma proposta de nacionalização das mídias de entretenimento, com HQs, charges, caricaturas, fotonovelas, entre outras, que ocupariam, inicialmente, 30% do mercado.

A continuidade do projeto se deu no governo de João Goulart, agora com a percentagem dobrada, muito mais audaciosa que a proposta anterior. O Decreto nº 52.497, de 23 de setembro de 1963, que obrigaria as editoras a publicar 30% de suas publicações de material nacional em 1964, 40% em 1965 e 60% em 1966, foi assinado pelo empossado presidente Goulart, mas não vigorou. A pretensão era usar tanto elementos culturais quanto valorizar autores, "para a formação de uma consciência histórica nacional da nossa juventude", e escolher uma comissão para a fundamentação de um código profissional pelo Ministério de Educação e Cultura. A agremiação de profissionais em busca de valorização da categoria e visibilidade de sua produção ganhou o interesse também do então governador do Rio Grande do Sul, Leonel Brizola.

Com longa carreira política, Brizola já tinha experiência no uso de periódicos para expor suas ideias, como o jornal *Clarim*, rendo como pauta política a educação pública, principalmente de jovens, com o mantra "Nenhuma criança sem escola no Rio Grande do Sul" e as suas brizoletas, escolas básicas de qualidade. Nesse ínterim, a Cooperativa Editora de Trabalhos de Porto Alegre (Cetpa), fundada anos antes, em 1962, pelo coletivo de artistas, recebeu por encomenda a incumbência de produzir HQs sobre a Campanha da Legalidade que evitou um golpe militar e empossou legitimamente João Goulart. A história foi abandonada pelo padrinho da Cetpa, Brizola, por considerá-la "demagogismo", mas os artistas puderam publicar importantes contribuições com personagens abrasileirados e revistas como *História do Rio Grande do Sul* e *História do cooperativismo*.

O cenário político vinha se intensificando no que diz respeito às reações de grupos mais conservadores sobre a esquerda e o que entendiam por comunismo décadas antes. A perseguição ao comunismo no Brasil esteve atrelada aos regimes autoritários, havendo flexibilizações durante a Segunda Guerra Mundial e no começo do governo Eurico Gaspar Dutra, fruto do cenário internacional mais tolerante entre regimes capitalistas e comunistas. Entretanto, quando a Guerra Fria se firmou, o mesmo governo Dutra, entre 1947 e 1948, retomou o processo de cassações e exclusões dos movimentos e partidos comunistas do cenário político, fortalecendo a polarização política desigual dentro do campo político brasileiro. O segundo governo de Getúlio Vargas se marcou por um viés trabalhista, mantendo, entretanto, uma postura anticomunista. Brizola apoiou o trabalhismo em carta-manifesto de 1958, repudiando o comunismo, mas nem isso impediu que detratores o acusassem de comunista ou qualquer outro indivíduo com postura progressista.

As perseguições políticas se apoiavam em estardalhaços moralistas, exagerados e equivocados. Em 1961, o então deputado federal Leonel Brizola, acusado de ser comunista, fez ferrenhas e ásperas denúncias de que os anticomunistas partiam da ilegalidade e do terrorismo, para criar o pavor social útil aos seus intentos ideológicos. Não surtiu efeito. Logo uma febre conservadora tomou os discursos por moralistas, buscando traços de tudo que pudesse ser pernicioso em diversos suportes midiáticos, inclusive nas HQs. Cooperativas e sindicatos viraram alvos, e os quadrinhistas nacionais, quer estivessem ligados ou não às produções de charges políticas ou fossem autores de quadrinhos eróticos, sofreram perseguições nos processos ocorridos antes e depois do golpe de 1964. Nas generalizações dos reacionários, até os autores nacionais engajados em valorizar narrativas brasileiras, como os participantes da Cetpa, poderiam, e foram, ser vistos como perigosos "comunistas".

O conservadorismo brasileiro nunca entendeu que HQs são apenas suportes, mas construiu uma ideia, também estimulada nos Estados Unidos, de que se tratava de literatura diferenciada para crianças. Ainda que não ficassem evidentes em cartazes ou falas da Marcha da Família com Deus pela Liberdade, durante o primeiro semestre de 1964, as mídias como HQs rapidamente voltaram a ser alvo de moralismos e anticomunismos. Se os primeiros atos institucionais focavam as restrições dos direitos políticos e democráticos de opositores, foi a partir do Ato Institucional nº 5 que, com a supressão dos direitos de liberdade de expressão e de ideias, as HQs, que já eram intensamente fiscalizadas e condicionadas, experimentaram com mais vigor a potência da censura da ditadura militar. Se, entre as décadas de 1940 e 1960, as editoras precisavam atender aos critérios do Departamento de Ordem Política e Social (Dops), durante a ditadura militar sofreram a retomada vigorosa da fiscalização. A produção nacional penou imensamente, em detrimento da ampliação de material estrangeiro. Os quadrinhos foram enquadrados.

Os antecedentes do golpe militar tinham, entre seus discursos, os perigos morais a que crianças e adolescentes estavam expostos, por conta das condutas que afrontavam a sociedade brasileira tão conservadora. Se antes da ditadura já tínhamos instituições como o Serviço de Assistência ao Menor, de 1941, vinculado ao Ministério da Justiça e pensado como instrumento de correção de infratores de menoridade, em 1964 a chamada Política Nacional de Bem-Estar do Menor, aplicada pela Fundação Nacional do Bem-Estar do Menor, intensificava o caráter correcional da atenção do Estado. Para a manutenção da ordem social, a repressão e a punição foram as diretrizes para a funcionalidade de casas de correção, reformatórios e escolas de aprendizagens de ofícios. Como a educação e o entretenimento precisavam estar sintonizados com tais doutrinas, sofreram um aumento de sua fiscalização moral.

Nesse cenário de ruptura, surgem figuras sociais que carregam suas cruzadas hasteadas em bandeiras pela moral sobre a juventude. Em 1965, por exemplo, o médico e militar Carlos Studart Filho lança o livro *Histórias em quadrinhos e seus malefícios*, em que descrevia as inúmeras ameaças trazidas nas páginas coloridas das HQs, tendo como referência, entre tantos autores, Wertham e seus escritos. Para o conservador cearense, as HQs não eram apenas fontes perniciosas de ideias criminosas, mas também de toda gama de degeneração que afetava a vida de crianças e jovens, como a derrota patriarcal, a vitória da homossexualidade, entre outros absurdos mais imaginados que concretos. O médico general estava convicto de que havia uma "congruência lógica" entre HQs, delinquência e semianalfabetismo. No que se refere às ameaças às normas sexuais, para ele, o "predomínio da mulher é extremamente nocivo à sexualidade do leitor masculino". Por isso, seu imenso empenho em combater a mídia que considerou, inclusive, mais perigosa que o cigarro.

Os momentos políticos mais reacionários condicionaram as juventudes e as HQs a se tornar complementares, uma feita para a outra. No pós-1968, intensificou-se a repressão, principalmente contra aqueles descontentes com as questões políticas e econômicas, por conta das concentrações desiguais de renda e das restrições de liberdades em diversas áreas. Curiosamente, apesar dos discursos de proximidades com os Estados Unidos, o regime antidemocrático se fez barreira às mudanças nas HQs, aos tipos de narrativas e às faixas etárias. Enquanto os estadunidenses experimentavam a ampliação do público consumidor e nos tipos de narrativas publicadas, como as HQs *underground*, os brasileiros sofriam com as perseguições aos movimentos estudantis, às produções artísticas da contracultura e às HQs com temáticas que extrapolavam o limite do público infantil.

A tradição aceita popularmente de que os livros exclusivamente textuais se destinavam ao público maduro e as HQs tinham como foco o público imaturo legitimou as regulamentações e perseguições. Em 1969, por exemplo, foi encaminhado para o ministro do Estado de Justiça um ofício alertando sobre os perigos de "corrupção moral" para a "mocidade" que eram as HQs eróticas. Datado de 17 de junho, o Ofício nº 0121 foi produzido pelo general Humberto de Souza Mello, que presidia a recém-criada Comissão Geral de Inquérito Policial-Militar (CGIPM), e atribuiu à pornografia um caráter político de instrumento subversivo contra a família. A paranoia se valia justamente do senso comum em definir o suporte midiático, as HQs, a seu caráter de literatura inferiorizada para o público inferiorizado, as crianças e os adolescentes. O filtro da censura limitava o mercado e a mídia.

O mesmo regime que, além de fazer vistas grossas à pornochanchada, regulamentou sua produção perseguiu os quadrinhos eróticos. Com relação aos quadrinhos, os primeiros alvos da censura foram os temas de crime e violência, como muitos jornais noticiaram em 1971. O Departamento de Censura da Polícia Federal buscava exigir das editoras a moderação no uso de violência nas HQs, mas era categoricamente avesso a qualquer sinal de erotismo. Episódios envolvendo o assessor general Otávio Costa e o ministro Alfredo Buzaid marcaram a mídia noticiosa da época, que faziam interagir os Ministérios da Educação, da Comunicação e da Justiça. Para os censores, a pornografia era um artifício da contracultura, de base comunista, que objetivava ameaçar a moral. E bravatas assim continuaram, ainda que, no jogo repreensivo entre o proibido e o permitido, pornochanchadas seguissem regras rígidas (como a quantidade de seios possíveis de ser vistos numa cena), mas os quadrinhos, tidos por infantojuvenis, não poderiam sequer cogitar tal exposição. Os super-heróis estadunidenses, entretanto, pareciam, aos olhos dos censores, essencialmente sintonizados com o conservadorismo brasileiro. Uma postura bastante equivocada, como demonstram edições do *Capitão América* questionando a Guerra Fria e as razões de sua nação na luta contra o comunismo em 1972.

Muitos autores nacionais descarregaram (e alguns ainda descarregam) imensas críticas às editoras de HQs no Brasil. A linha central de seus discursos diz respeito à relação custo-benefício do empreendimento editorial que valoriza o material estrangeiro em detrimento das produções nacionais, mesmo com projetos como a revista *Crás!*, de 1974, com talentos brasileiros, mas que durou menos de um ano, com apenas seis edições. Boa parte desses profissionais publicava (outros tantos ainda o fazem) em formatos amadores, bem ao estilo *do it yourself* (faça você mesmo) com cópias e grampeamentos manuais, os chamados *fanzines*. Muitos artistas, entretanto, encontravam-se em combativo choque com o regime durante a ditadura militar, como foi o caso do jornal *O Pasquim*. Henfil, um de seus membros, conseguiu manter a revista *Fradim* por quase dez anos. Essas publicações eram consumidas por um público adulto e politizado, incentivadas justamente pela repressão, seu alvo.

As editoras tiveram que entrar num jogo exaustivo de mudar suas estruturas e atender às exigências do regime autoritário. Algumas delas arruinaram-se com isso, já que se valiam de um nicho de público que não competia com as grandes editoras. Nesse ínterim de controle conservador das instituições, a Editora Abril se adequou e lançou publicações como *Recreio*, em 1969, com a proposta de entreter e educar, com HQs dividindo espaço com textos e imagens de cunho pedagógico. Para não ruir, sintonizou rapidamente com o conservadorismo e apresentou produtos cada vez mais aceitos como pedagógicos e inocentes. Com censores implicando com detalhes como a nudez (apenas nádegas) do personagem Cebolinha de Maurício de Souza que tomava banho numa edição da Editora Abril, por exemplo, era cansativo o jogo editorial com o regime. Sexo, então, não cabia nos quadrinhos, pois eles representavam, segundo os conservadores, o lazer das crianças.

A ditadura militar foi mais agressiva com as pequenas editoras que, por conta de seu corpo de profissionais mais reduzido e da falta de segurança jurídica, acabavam falindo. Com nichos muito específicos de quadrinhos de crítica política, erotismo e terror, editoras como a Grafipar encontraram obstáculos para persistir como empreendimento, pois o penoso processo com a censura atrapalhava os custos de produção. Consumidores de revistas eróticas ou de sexo, entretanto, viviam num jogo entre licenciosidade e condenação, espelhando a relação dúbia que o regime autoritário teve, muitas das vezes migrando de uma rigorosa cruzada moralista a um permissivo crivo seletivo. Da mesma maneira, editoras, como a Edrel, confundiam os censores com revistas como *Garotas & Piadas*, que continham o erotismo e o sexo tratados pelo humor e pela picardia. Se acusadas de eróticas, diziam ser de humor adulto. Escapavam. O próprio regime, apesar de tudo, não era unânime sobre seu próprio moralismo, como diversos exemplos em outras áreas, como a música, com censores de posturas contraditórias.

As HQs *underground* brasileiras se esforçaram para publicar material nacional e estrangeiro para um público mais maduro, contra o senso comum. A revista *Grilo*, entre 1971 e 1972, produziu o orgulhoso número de 48 edições, com formato econômico e poucas páginas, trazendo, com aceitável atraso, material estrangeiro da década de 1960 em formato de tiras personagens como Snoopy, com quadrinhos inteiros como a erótica e psicodélica Valentina, de Guido Crepax, e os quadrinhos "sujos" de Robert Crumb. Foram tempos de perseguição à esquerda, mas de intenções de melhoramento da imagem do regime, com a propaganda institucional e o projeto desenvolvimentista, entre obras faraônicas, como a Transamazônica, deixando menos energia para se preocupar com HQs. A revista *O Bicho*, pretensiosamente brasileira, com colaborações de Paulo Caruso, Michele Lacocca, Laerte Coutinho e Mariza Dias Costa, também arriscou publicações de materiais estrangeiros de autores da cena alternativa, como o já citado Crumb, Mary Kay Brown e Georges Wolinski. Durou apenas nove edições, contando a edição zero. Ambas tinham o público jovem mais maduro por alvo assumido, mas isso nada diria aos censores.

Com a reabertura política, as coisas puderam enfim ganhar a velocidade que experimentavam no mundo lá fora. Lenta, gradual e segura, iniciada no projeto do presidente Ernesto Geisel desde 1974, a abertura política era uma fatalidade, segundo o próprio presidente militar João Baptista de Oliveira Figueiredo, que assumiu em 1979. Com tom grosseiro e pitoresco, Figueiredo ameaçava de prisão e de "arrebentar" quem fosse contra a flexibilização, ou seja, os reacionários. Reagindo a isso, uma ala mais conservadora fez uso de terrorismo contra partidos de esquerda e organizações democráticas, com bombas e incêndios, inclusive atacando editoras e bancas de revistas em diversas cidades, como Brasília e Niterói. Em Salvador, o alvo dos reacionários foi o Colégio Social da Bahia, ferindo diversos estudantes. Tratava-se dos mesmos reacionários que discursavam sobre proteger os jovens. Apesar do cenário conturbado, a juventude respirou com mais alívio no consumo bastante diverso de entretenimento, como as HQs.

A aurora da redemocratização, ainda que por um processo gradativo, alimentou as esperanças dos artistas e intelectuais brasileiros. E, por que não, de quadrinhistas e editores, e da juventude consumidora. Na década de 1980, a Editora Abril reinava no mercado com publicações com bastante saída, com os personagens da Disney, os super-heróis das duas grandes editoras estadunidenses, Marvel e DC, além das revistas da Turma da Mônica, de Maurício de Souza. Isso garantiu uma parcela graúda do mercado, atendendo a diversas faixas etárias, crianças e adolescentes e alguns adultos entusiasmados. Sem o rigor do conservadorismo batendo à porta, pudemos vislumbrar uma amplitude maior de público, tornando os quadrinhos algo para além da criança, como já vinha ocorrendo décadas antes em outros países. Com tantas possibilidades e liberdades, cartilhas como a revista *Recreio* acabaram perdendo seu papel e apoio, na competição com as HQs de aventuras diversas, entre outras razões, e, por fim, seu cancelamento em 1982.

Com as liberdades política e de expressão na redemocratização, as HQs *underground*, de crítica social, ficaram mais fortes e pertinentes. Tomemos exemplos. A revista *Circo* foi um empreendimento de Antônio de Souza Mendes Neto, mais conhecido como Toninho, por meio da Circo Editorial. Lançada em 1986, com a editora aniversariando seu segundo ano de existência, a revista *Circo* fez parte de um conjunto de publicações, como a *Chiclete com Banana* e *Piratas do Tietê*, entre outras. Foi na revista *Circo*, o carro-chefe da editora, que o humor liberto paulista se fez presente nos traços inconfundíveis de Paulo Caruzo, Luiz Gê, Angeli, Glauco, Laerte, entre outros. Toninho confirmou em vida que a editora e suas publicações só aconteceram por conta do fim da censura. Se as crianças eram atendidas com tantas revistas de animais humanizados, se os adolescentes se nutriam de aventuras super-heroicas, o jovem mais maduro também encontrou nas bancas de revistas o seu alento de rebeldia em publicações como a *Circo* e a *Animal*.

Focando um público maduro, a revista *Animal* em nada se parecia com publicações infantis, com sua carga de violência, sexo e rebeldia. A revista viveu 22 edições pela editora VHD Diffusion entre 1988 e 1991, editada por Rogério de Campos, Celso Aramaki, Newton Foot e Fabio Zimbres. Material nacional e conteúdo de fora, majoritariamente europeu, dividiram espaço nas páginas coloridas das edições da revista *Animal*, em que figuraram nomes como Massimo Mattioli, Newton Foot, Raul Gomes, Charles Burns, Philippe Vuillemin, Milo Manara, Jordi Bernet, Jaime Hernandez, Priscila Farias, Adão Iturrusgarai, André Toral, entre outros. Inspirados em revistas como *Alter*, *Zulu* e *Heavy Metal*, produções estrangeiras de qualidade narrativa e visual, publicaram personagens como Ranxerox e TankGirl, numa miríade criativa. Tratou-se de um empreendimento que envolveu em seu entorno indivíduos que foram ligados ao movimento estudantil, uma juventude mais politizada, que participou da Liberdade e Luta (Libelu) e União Nacional dos Estudantes (UNE). Esse cenário tornou-se um fenômeno internacional, e a própria Editora Abril lançou quadrinhos de super-heróis com conteúdo mais politizado e crítico.

Dos animais humanizados de Walt Disney aos super-heróis estadunidenses, a Editora Abril assegurou um público mais amplo e de transição. As crianças mais novas, os produtos vinculados à Disney e os estúdios de Maurício de Souza garantiram a adesão de consumidores à Editora Abril, de modo a sintonizar os super-heróis com um público mais maduro, ainda que não houvesse qualquer formalização etária dos produtos. Em 1989, a Editora Abril funda a divisão própria para suas HQS e material para o público infantojuvenil, a *Abril Jovem*. Novamente, a palavra tem força, demonstrando a imagem social de que a tipologia narrativa das HQs é para um público específico, diferenciado do público adulto, e mais amplo de suas outras publicações. Se, na primeira metade da década de 1980, houve um declive das vendas, evidenciado pelo afastamento do público mais maduro, até mesmo adulto, a segunda metade foi marcada pela chegada de material de qualidade tanto textual quanto artística que o mercado estadunidense, fortuitamente, chamou de *graphic novels*.

A chegada das *graphic novels* assegurou o retorno do jovem e do adulto ao consumo de HQs no Brasil. Ainda que fossem produtos com autores, no enredo e na arte, já pertencentes ao *mainstream*, seu uso mercadológico tornou-se estratégia de garantir a ampliação do público consumidor ou até mesmo a oficialização de um nicho mais intelectualizado, maduro, que já existia com o material europeu do *underground* e algumas publicações tratadas como *cult*, como no caso das revistas *Animal* e *Circo*. *Graphic novel* foi a gourmetização das HQs, que um dos mais célebres autores, o inglês Neil Gaiman, chegou a ironizar, dizendo que dar tal nomenclatura aos quadrinhos seria como chamar uma prostituta de "dama da noite", sem mudar sua função na realidade. De todo modo, o público brasileiro aderiu ao consumo de tão libertas e refinadas HQs, permitindo que a máxima "quadrinhos não são para crianças" ou "quadrinhos não são só para crianças" ganhasse sentido, ao menos para um grupo específico de publicações e consumidores.

O cenário social e político brasileiro margeou transições e transformações com o retorno da experiência democrática e o processo de eleições diretas. Com uma Constituição Federal tão recente, de 1988, em um cenário de conflito social envolvendo ruralistas, garimpeiros, indígenas, com incêndios florestais de parques, como das Emas e da Canastra, e assassinatos de ativistas, como Chico Mendes, a ficção tornou-se uma válvula de escape possível. Em 1989, enfim, um processo eleitoral direto, em dois turnos, elegeu Fernando Collor de Mello, em um cenário de crise econômica exposta em situações como o Plano Verão e uma inflação de mais de 1.000%. Collor foi eleito pelo medo anticomunista alimentado pela inquietude da direita de uma vitória de representante de esquerda, além do forte uso da mídia no processo eleitoral. Para a juventude, restaram uma herança de 25% de analfabetos e uma sedução ao crime organizado pelo abandono do Estado brasileiro, pontualmente em relação aos negros e às populações mais pobres.

Os super-heróis nas páginas de HQs sustentaram as vendas, navegando as marés do mercado mesmo na tempestade das crises econômicas.

Assim como ocorria nos diversos setores de bens consumíveis, os leitores de HQs observavam os valores de cada edição oscilarem de acordo com a inflação diária, com os preços nas capas das revistas indicados em códigos alfanuméricos que se alteravam conforme as tabelas móveis por meio das quais os jornaleiros se guiavam. As editoras, de modo geral, aderiram compulsoriamente, no segundo semestre de 1992, a esse processo com as capas das revistas apresentando, no lugar do preço, um código acompanhado da frase "veja tabela", como no caso da Editora Abril, e com as oscilações chegando a dobrar de valor de um mês para outro nas capas das revistas da Editora Globo. A juventude consumidora desses produtos teve que se adequar por muitos meses a esse processo de definição de preço.

A juventude que se interessava por HQs também se seduziu por manifestações numerosas diante da tensão do colapso político. Perante as instabilidades que atingiram sazonalmente o mercado de HQs, havia inúmeras teorias, desde o afastamento do público maduro por conta das revistas de sexo, ou do fascínio das crianças pelas animações, até o semianalfabetismo e/ou baixo rendimento de leitura do brasileiro explicitado em dados do Instituto Brasileiro de Geografia e Estatística (IBGE) na primeira metade dos anos 1990. Mas as crises econômicas demonstraram que as HQs faziam parte dos gastos supérfluos que poderiam ser privados em momentos de queda da economia. Conflitos entre os poderes, agravamento da recessão e escândalos de corrupção levaram o curto governo de dois anos a um processo de *impeachment*. Nesse cenário, a juventude ganhou holofotes e se firmou como protagonista do movimento dos caras-pintadas, ocorrido no ano de 1992, cujo objetivo era pressionar os poderes a decidir pelo desligamento do então presidente Fernando Collor, outrora "caçador de marajás", como a revista *Veja* indicara em capa de 1989, e agora figura de chacotas em traços zombeteiros de caricaturistas e cartunistas.

Era preciso arrumar a casa e pensar na força expressiva dessa juventude que transbordava os limites que lhe foram impostos. A redemocratização forneceu um espaço de estudos e abordagens mais eficiente sobre educação, fundamentalmente de crianças e jovens. No governo interino de Itamar Franco, vice de Collor, foram aplicados o Programa Saúde do Adolescente e do Jovem, pelo Ministério da Saúde, o Programa Especial de Treinamento, pelo Ministério da Educação, e o Prêmio Jovem Cientista, cedido pelo Ministério da Ciência e Tecnologia. Entretanto, com as ameaças das diversas crises urbanas, como a criminalidade e a violência, além do massivo encarceramento de jovens, políticas públicas e projetos sociais marcaram governos como o de Fernando Henrique Cardoso, principalmente em seu segundo mandato, entre 1999 e 2003, e o governo de Luiz Inácio Lula da Silva, nos dois mandatos seguintes. Tanto o Projeto Agente Jovem de Desenvolvimento Social e Humano, de emenda constitucional de 1998, quanto o Programa Nacional de Estímulo ao Primeiro Emprego, de 2003, por exemplo, apesar de positivas propostas, evidenciaram o controle da juventude por meio de dois fortes instrumentos: a educação e o trabalho.

A expansão de público e de produtos cada vez mais sintonizados com a juventude não se expressou necessariamente na manutenção do poder editorial da Abril. Por questões empresariais próprias, a editora vertiginou até que sua cadeira fosse ocupada pela Editora Panini a partir de 2002. A Panini já intencionava o mercado de HQs, principalmente de super-heróis, desde 1996. A Abril tentou sobreviver com o retorno do antigo formatinho das revistas, depois optou por publicações luxuosas e bem mais caras, para um público mais seleto, mas não conseguiu segurar. Curiosamente, trazer a revista *Recreio* de volta, sustentada com brindes diversos e para crianças, obteve êxito. Mas, assim como suas predecessoras, as editoras Ebal e RGE, o conforto do reinado editorial, sem investimento e sem aproveitar as oportunidades que as animações japonesas abriam com a adesão do público infantojuvenil, fragilizou a Editora Abril. Os mangás passaram a se mais apreciados que os super-heróis com as editoras Conrad e JBC, competindo diretamente com a Abril. Tempos bons e tempos ruins sempre povoaram a história das HQs no Brasil, acompanhando ou não os dissabores dos autodeclarados detentores do poder sobre a juventude.

O mercado de HQs sofreu influências das dinâmicas sociais, culturais e políticas durante o século XX. Para os produtores e reprodutores da primeira metade do século, a juventude em geral tinha por fio condutor a fantasia de aventura, a irrealidade narrativa do entretenimento como sua linguagem própria, e, por isso, tornou-se cada vez mais comum que esse tipo de proposta tivesse o público infantojuvenil como público-alvo. Se a verdade, crua, cândida, austera e de compostura era a narrativa do adulto, sua contraparte em vivacidade, cores e sonhos seria a frívola ficção para os mais jovens. Tornar-se adulto era, então, abandonar tudo que significasse fragilidade, tudo que significasse devaneio e tudo que abraçasse com sobriedade o mundo em suas narrativas cheias de comedimento. Com o amadurecimento narrativo das HQs, essa mentalidade perdeu força por meio de mudanças ocorridas tanto nos cenários estadunidense e brasileiro quanto no próprio mercado de quadrinhos e na juventude.

As narrativas fantasiosas de aventureiros e super-heróis foram o ponto de ligação entre as juventudes ocidentais. Por meio dessa linguagem, a maneira de ver o mundo se moldou de acordo com um senso comum quadrinizado. Com o advento do cinema e da TV, essa sintonia tornou-se ainda mais significativa, mais evidente, fazendo com que as influências estrangeiras tivessem peso na construção dessa juventude. Mas também foram readequadas às realidades sociais e culturais locais da juventude brasileira. Curiosamente, as narrativas que nasceram nas HQs ficaram marcadas dessa forma para crianças e jovens imaturos, e, por isso, mesmo estando em cinema, mesmo na atualidade, são vistas assim por alguns. Maneiras de escrever e ler podem mudar em poucos anos, mas a maneira de uma sociedade pensar suas categorias exige muito mais tempo. As HQs são múltiplas e mutáveis muito mais nas páginas de cada edição que na mentalidade das pessoas.

Na história do Brasil, juventude e HQs sempre foram alvos de controles e cerceamentos. Há uma sintonia entre os discursos utilizados tanto para vigiar a juventude e quanto para fiscalizar as HQs, sobre a constante vigilância dos jovens, fundamentalmente por meio de seus meios de entretenimentos e lazer. Sem que façam quaisquer estudos com pedagogos, psicólogos ou outros profissionais, partindo apenas de discursos alarmistas, inúmeras posturas sociais e políticas foram tomadas para "proteger" a infância e a juventude. Parece ser, convencionalmente, o argumento mais aceito comumente pelas pessoas na hora de apoiar posturas repressoras. Em setembro de 2019, o sectarismo do líder religioso e prefeito do Rio de Janeiro, Marcelo Crivella, tentou uma ação arbitrária de censura a uma HQ na Bienal do Livro Rio, alegando perniciosidade em um singelo beijo entre iguais em uma cena curta. A ação não obteve êxito, mesmo com toda a encenação, com fiscais da Secretaria de Ordem Pública buscando em vão recolher a revista dos *Vingadores* que se esgotou rapidamente.

Não se tratou, de forma alguma, de um ato isolado, já que setores conservadores da política brasileira tentam a todo custo censurar o entretenimento e a informação destinados às crianças e aos adolescentes. O Movimento Escola sem Partido, explicitamente atrelado à Frente Parlamentar Evangélica, comumente chamada de bancada evangélica, orquestrou ações municipais, estaduais e federais para a implementação de projetos de leis ditos "protetores" da infância. Apesar de o título supor uma despolitização do espaço de ensino, os projetos objetivavam censurar conhecimentos conquistados pelos movimentos sociais e restringir a liberdade de expressão e de ensino. O reconhecimento das crianças como sujeitos de direitos, desde a Convenção Internacional de Direitos das Crianças de 1989 até o Estatuto da Criança e do Adolescente de 1990, já seria suficiente para minar as inconsistências de tais projetos. Em 2018, esses projetos foram arquivados ou desaprovados por ferirem o artigo 5º da Constituição Federal, ou seja, por serem inconstitucionais. A Frente Nacional Escola sem Mordaça vem opondo-se a tal reacionarismo. Mas fica evidente que o discurso de proteção da juventude é trazido à tona para alimentar posturas obscurantistas, mais uma vez.

A fase da vida que denominamos juventude sofreu, e ainda sofre, variações numa passagem relativa de tempo dentro do espaço brasileiro. Quando observamos com maior amplitude, essas variações são ainda maiores, mostrando que juventude, infância e adolescência são frutos culturais e condizem com cada tempo e lugar. As HQs, como suportes narrativos por muito direcionado a essa cultura juvenil, ainda que não exclusivamente, puderam registrar todas as mudanças e permanências no que diz respeito à administração e ao controle dessa categoria social, o jovem. Essa categoria social e política, esse ser dotado de direitos, também é alvo de disputas diversas que confrontam direitos humanos, liberdade de expressão, família, Estado, ortodoxias religiosas e conservadorismos partidários. Há, em suas mãos, não apenas divertidas HQs de fantásticos super-heróis salvando o dia, mas também as amplas possibilidades de futuro progressista ou integrista.

Referências

ARIÈS, P. *História social da infância e da família*. Trad. D. Flaksman. 2.ed. Rio de Janeiro: LTC, 2006.

CARDOSO, A. E. Nhô Quim & Zé Caipora. In: AGOSTINI, A. *As aventuras de Nhô Quim & Zé Caipora*: os primeiros quadrinhos brasileiros 1869-1883. 2.ed. Brasília: Senado Federal, 2005.

COSTA E SILVA, A. da. *A África explicada aos meus filhos*. Rio de Janeiro: Nova Fronteira, 2013.

DEL PRIORE, M.; VENANCIO, R. *Uma breve história do Brasil*. São Paulo: Planeta, 2010.

FERREIRA, O. L. *500 Anos de história do Brasil*. Brasília, Senado Federal, 2005.

GONÇALO JUNIOR, M. *O homem Abril*: Cláudio de Souza e a história da maior editora brasileira de revistas. Vinhedo: Opera Graphica Editora, 2003.

______. *A guerra dos gibis*: a formação do mercado editorial brasileiro e a censura aos quadrinhos, 1933-1964. São Paulo: Companhia das Letras, 2004.

______. *A guerra dos gibis 2: Maria erótica e o clamor do sexo* – imprensa, pornografia, comunismo e censura na ditadura militar, 1964-1985. São Paulo: Peixe Grande, 2010.

LIMA, S. Q. *História cultural dos quadrinhos*: o gênero super-herói (ou o povo extraordinário: história, cultura e sociedade nos quadrinhos de super-heróis). Salvador, 2008. Trabalho de Conclusão de Curso (Licenciatura em História) – Universidade Católica do Salvador. Disponível em: http://www.guiadosquadrinhos.com/monografia/historia-cultural-dos-quadrinhos-o-genero-super-heroi-2008/74. Acesso em: 18 mar. 2020.

______. Quadrinhos brasileiros: narrativas gráficas de um Brasil. In: SEMANA DE MOBILIZAÇÃO CIENTÍFICA UCSAL, 12, 2009, 2009. Salvador: Ucsal, 2009.

______. Pesquisando história nos quadrinhos: a pesquisa de quadrinhos na história e de história nos quadrinhos. In: REBLIN, I. A.; RODRIGUES, M. dos S. (Org.). *Arte sequencial em perspectiva multidisciplinar*. Leopoldina: Aspas, 2015.

LIMA, S. Q.; SOTERO, S. B. C. Erotismo ou pornografia? Imprecisas fronteiras da sexualidades regradas e desregradas através de histórias em quadrinhos. In: SEMINÁRIO INTERNACIONAL ENLAÇANDO SEXUALIDADES, 5, 2007, Salvador. *Anais*... Salvador, 2007.

LUSTOSA, I. *Humor e política na Primeira República*. *Revista USP*, n.3, p.53-64, set./nov. 1989.

MENEZES, C. A cooperativa de gibis do Brizola e o abrasileiramento do Zé Carioca. 2016. Disponível em: http://www.socialistamorena.com.br/a-cooperativa-de-gibis-do-brizola/>. Acesso em: 1º jun. 2020.

PALMAR, A. Segundo ditadura, erotismo e pornografia eram usados pela oposição para derrubar o governo militar. 29 nov. 2015. Disponível em: https://www.plural.jor.br/documentosrevelados/repressao/segundo-ditadura-erotismo-e-pornografia-eram-usados-pela-oposicao-para-derrubar-governo-militar/. Acesso em: 1º jun. 2020.

SLENES, R. W. *Na senzala, uma flor: esperanças e recordações na formação da família escrava*: Brasil Sudeste, século XIX. 2.ed. Campinas: Editora da Unicamp, 2011.

SODRÉ, N. W. *História da imprensa no Brasil*. 4.ed. Rio de Janeiro: Mauad, 1999.

12

Juventude e rebeldia: notas sobre a geração brasileira de 1968

Adrianna Setemy
Cláudia Mesquita

Juventude é um fenômeno associado à internacionalização de uma nova cultura nas sociedades urbanas, destaca Eric Hobsbawm (2000) e, como enfatiza Heloísa Buarque de Hollanda, um dos "motores mais efetivos da história" da segunda metade do século XX, pelo menos até o declínio das rebeliões dos anos 1960, por volta da crise do petróleo de 1973. Até então, o "jovem" expressava apenas uma faixa etária, "situacional e transitória", passando, nesse momento, a falar com voz própria, formular suas demandas específicas e interpelar os poderes e as instituições dominantes (Sombini, 2021). Essa rebeldia juvenil seria tributária, em grande parte, do contexto de "descoberta do outro", desencadeada pela sequência de guerras de descolonização a partir da Independência de Gana, em 1957. Para Heloísa Buarque de Hollanda (apud Ventura, 2008b, p.123), com a "descoberta política" da África, foram "descobertos" os negros, seus direitos suas, lutas, bem como as chamadas minorias, os colonizados internos, como as mulheres e os gays. Se a década de 1960 continua exercendo tanto fascínio sobre nós é porque, a partir daí, grupos sociais antes marginalizados ganharam visibilidade, surgiram novas formas de organizar a vida cotidiana e a sociabilidade, novos conceitos do fazer político, e uma nova linguagem para refletir sobre o mundo e agir nele (Stephens, 1998).

A juventude de 1968 é fruto desse momento novo e está intimamente associada a à ideia de geração, categoria que extrapola os limites cronológicos de tempo e de faixa etária. "Geração não é idade, é afinidade", afirmara o psicanalista e escritor Hélio Pelegrino, como recorda Zuenir Ventura (2008a, p.18), no já clássico *1968: o ano que não terminou*. Heloísa Buarque de Hollanda (2021) afirma que o seu "DNA é de 1968", expressando a força simbólica dessa filiação geracional. Luiz Carlos Maciel (1996, p.16) observa que Glauber Rocha, José Celso e Caetano Veloso, um cineasta, um diretor de teatro e um compositor de música popular, pouco teriam em comum além de pertenceram à mesma geração, apesar das idades diferentes. Embora trate de representantes da vanguarda artística da época, Maciel (1996) provoca a questão. Por que pessoas com idades diferentes pertenceriam à mesma geração? A resposta nos remete ao conceito de geração, polissêmico e impreciso, mas cuja fecundidade é incontestável para a historiografia contemporânea, como nos chama a atenção Jean-François Sirinelli (1989), especialista no tema.

A geração pode ser um instrumento de medida do tempo, na medida em que não existe uma geração padrão, cronologicamente invariável, transcendendo às épocas e aos países (ibidem, p.134) As gerações têm sua temporalidade própria, de natureza simbólica e temporal, intermediária entre o tempo individual e o tempo público, identificam-se por um espírito particular e, no caso da geração dos anos 1960, por uma relação íntima, essencial, entre a experiência pessoal, e a experiência social, coletiva, conforme destacou Luiz Carlos Maciel (1996, p.15):

> A minha história e a da minha geração são contadas por uma dupla procura. Num plano mais imediato, foi a busca da liberdade individual e da felicidade pessoal; num plano mais amplo, foi a busca revolucionária por uma sociedade mais justa e mais humana. Em todos os níveis, essa busca obrigou a uma luta apaixonada contra repressões internas e externas.

A ideia de geração está associada a uma memória "comum" e, na qualidade de testemunho de uma época, recebe a missão de assumir do passado aquilo em que o presente quer reconhecer-se: "Da última guerra emerge a geração da resistência, aquela da qual glorificam-se os descendentes, aquela que na realidade é apenas uma minoria clandestina da qual não se pode dizer que tenha podido reunir então uma geração inteira" (Affias-Donfut, 1988, p.43). A geração de 1968 no Brasil permaneceu como a geração de resistência à ditadura militar, síntese dos movimentos culturais e políticos de toda uma década. Porém, não há consenso em relação a essa primazia.

O ano de 1968 é "um mito insólito", e Maciel (1996, p.14) questiona: "como já se viu um ano comentado como se fosse um pop star ou coisa que o valha?". Para o jornalista 1968 foi "um clímax na estrutura dramática do século", entretanto "o que aconteceu em 68 só aconteceu em 68 porque outras coisas aconteceram em 67. É lógico" (ibidem, p.16). A explosão de 1968 precisou ser preparada e gestada, e exigiu que fossem criadas as suas condições necessárias – louvado como a aurora de uma nova ordem social ou execrado como o fim do respeito à autoridade e à moral, 1968 foi o ponto culminante de um processo mais amplo e representou a aceleração de transformações políticas e sociais anteriores (Setemy, 2018, p. 11), principalmente entre nós, quando jovens artistas de vanguarda deflagraram uma verdadeira revolução cultural ainda não devidamente considerada.

De acordo com Silvio Tendler, não existe um 1968, existem muitos 1968. Graças à sua curiosidade, o cineasta afirma ter tido a sorte de conhecer quase todos eles.

> Transitei pela praia política, participei de organizações, flertei com a luta armada mas não tive coragem de entrar [...] também não fui muito afeito às drogas pesadas [...] ensaiava uma cervejinha para não ficar fora de esquadro, mas eu gostava mesmo era de um guaraná.[1]

1 Depoimento de Silvio Tendler concedido a Cláudia Mesquita, no Rio de Janeiro, em 24 de julho de 2021.

Segundo o diretor, o cinema era a sua praia de verdade:

> Frequentava o Paissandu. [...] Frequentei muito a Cinemateca do MAM, frequentei muito cineclube, eu era um cineclubista de raiz, o cineclube foi fundamental na minha formação artística, política, cultural. Então, aí eu aprendi cinema, aprendi ver cinema, gostar de pessoas e gostar de ver pessoas. [...] O cineclube me levou para conhecer o Brasil, por conta dos encontros, das ações cineclubistas. Participei das passeatas de 68, minha primeira passeata foi na morte do Edson Luis, em 28 de março de 68, fui a todas as outras marchas. Até que veio o AI-5 e deu um paradeiro em tudo isso.

Silvio Tendler, como tantos outros jovens, foi levado ao exílio, em razão da forte repressão que se estabeleceu no país, principalmente a partir do Ato Institucional nº 5 (AI-5), promulgado em dezembro de 1968, definido por Carlos Fico (2001, p.62-3) como um instrumento que deu aos militares no poder todas as condições necessárias para que concluísse seu projeto repressivo global por meio da implantação e institucionalização dos diversos setores repressivos, os quais passaram a constituir os "pilares básicos da ditadura": espionagem, polícia política, censura e propaganda. Esquerdas, juventude e radicalidade política estiveram fortemente vinculadas. Mais do que isso, segundo Maria Paula Araújo (2008), juventude e radicalidade legaram uma marca inequívoca às décadas de 1960 e 1970, como um fenômeno internacional de forte impacto no mundo ocidental, a exemplo da Revolução Cubana, da Revolução Chinesa e das lutas anticoloniais na Argélia e no Vietnã. No livro *Sobre a violência*, escrito em 1969, Hannah Arendt (2009) explica o enaltecimento da violência como evidência do esvaziamento da política e da burocratização dos espaços convencionais da política no mundo. Para ela, a violência começa exatamente onde a política termina. Na visão de Arendt (2009), a juventude ocidental, frustrada no que dizia respeito às possibilidades de agir no mundo moderno, erigiu e glorificou guerrilheiros como exemplos modelares. Foi esse desejo de ação no mundo que orientou a radicalidade política de parcela da juventude na segunda metade do século XX (ibidem).

Paralelamente à universalização da violência como linguagem política nos anos 1960 e 1970 e da crença na violência revolucionária por uma parte da juventude seduzida pela ideia do radicalismo político, do confronto direto, uma outra parcela da juventude ocidental foi arrebatada pela ideia do movimento *hippie* de enaltecimento da paz e do amor, da onda transcendental e pelo lema: "Faça amor, não faça a guerra". Segundo Terry Anderson (1995, p.75), nos Estado Unidos, após alguns anos de uma retórica liberal no que diz respeito a promessas em benefício dos direitos civis das minorias, a morte trágica de John Kennedy fez com que ele se transformasse numa espécie de mártir da luta pela igualdade racial e pelos direitos civis das minorias. Para essa parcela da juventude, rebelde e insatisfeita, que via com desconfiança as gerações mais velhas, os seus modelos de identificação e as funções tutelares haviam desertado da família e do homem maduro e passaram a ser encarnados pelo que Edgar Morin (2007, p.152, 156) chamou de os "deuses de carne" ou "heróis imaginários" da cultura de massa.

Portanto, líderes e inspiradores dos jovens passaram a ser os que cantavam as frustrações, a perplexidade e o protesto daquela geração, como Bob Dylan, os Beatles e Joan Baez; os que lhes revelavam o "bravo mundo novo" das drogas e do erotismo, como o escritor inglês Aldous Huxley e o norte-americano Henry Miller; os que denunciavam a violência da sociedade e marchavam contra a Guerra do Vietnã, como o jornalista e escritor Norman Mailer e o poeta Allen Ginsberg; e aqueles que convidavam à meditação e à valorização espiritual, como os swamis hindus, além de Jesus Cristo e São Francisco de Assis, figuras do catolicismo aceitas pelos *hippies* como heróis e modelos de conduta. Eram os ares da contracultura tomando conta dos corações e das mentes dos jovens ocidentais. Embora essas transformações não pudessem ser observadas igualmente em todas as partes do mundo, grandes ou pequenas, as mesmas transformações puderam ser identificadas no mundo todo (Hobsbawm, 2000, p.317).

No Brasil, mesmo sob a ditadura militar instaurada com o golpe de abril de 1964, com traços marcadamente conservadores, experimentaram-se essas novas tendências vindas do exterior, sobretudo das capitais da contracultura (Londres e Nova York), destacando-se a liberação sexual, a experimentação sensorial do corpo e a crise na relação entre os gêneros e as gerações (Hollanda, 1992). Atitudes como falar, cantar e ousar na maneira de se vestir e de se comportar tornaram-se armas no combate à ordem estabelecida, ao mesmo tempo que viraram moda entre diferentes setores da sociedade, especialmente entre os jovens que, ao aderirem àquelas tendências, não estavam necessariamente interessados em contestar a ordem social ou política vigente, mas simplesmente em estar *in* com o espírito do seu tempo.

Entretanto, a historiografia sobre as décadas de 1960 e 1970 no Brasil evidencia a dificuldade de pensar os períodos de ditadura para além das análises centradas em aspectos da violência política, em detrimento do aspecto comportamental. Prioridade compreensível, considerando a sucessão de golpes militares ocorridos na América Latina nesse período e o seu impacto sobre a juventude brasileira. Portanto, é possível estabelecer uma distinção muito significativa entre o 1968 nos países em desenvolvimento e os 1968 norte-americano e europeu, porque, "enquanto nós estávamos mais voltados para a obtenção da democracia, eles já transcendiam esse campo, suas lutas já eram mais culturais" (Gabeira apud Ventura, 2008b, p.163). Desse modo, as memórias da geração de 1968 estiveram preferencialmente atravessadas pela dimensão heroica na luta contra a ditadura ou pelos testemunhos voltados para a restauração dos laços sociais e comunitários perdidos no exílio ou destruídos pela violência de Estado (Sarlo, 2007, p.45).

O poder de enunciação da imprensa, isto é, o seu caráter performativo (Bourdieu, 1989, p.114), exerceu um papel fundamental na construção simbólica da geração de 1968. Mais do que veículos de comunicação, as revistas publicadas na época revelavam, ao mesmo tempo que engendravam, transformações sociais, consistidas elas próprias em agentes dessas transformações (Setemy, 2020, p.14). Com artigos sobre questões como emancipação feminina, sexualidade e comportamento jovem, publicados entre 1966 e 1970, o mercado editorial de revistas no Brasil deu forma aos eventos e debates que caracterizaram a efervescência político-cultural e as transformações comportamentais da década de 1960. De acordo com o ambiente cultural brasileiro da década de 1960, marcado pela repressão política e pela emergência de uma indústria cultural pautada no consumo de massa, revistas brasileiras de grande circulação, apesar da censura, refletiram e construíram, simultaneamente, a radicalidade e a rebeldia da juventude dos anos 1960.

A "combustão" de juventude nas revistas de grande circulação no Brasil

> *"Nunca houve um ano como 1968 e é improvável que volte a haver. Numa ocasião em que nações e culturas ainda eram separadas e muito diferentes – e, em 1968, Polônia, França Estados Unidos e México eram muito mais diferentes um do outro do que são hoje – ocorreu uma combustão espontânea de espíritos rebeldes."* (Kurlansky, 2005 p.13)

A "combustão" de espíritos rebeldes, mencionada por Kurlansky (2005), não ocorreu de maneira espontânea ou homogênea no Brasil e em outros países da América do Sul, cabendo salientar o papel da imprensa e de seus jornalistas nesse sentido. Com manchetes alarmantes e ameaçadoras, as revistas brasileiras veicularam narrativas de um mundo em transformação e ebulição, com uma linguagem que enfatizava o clima de rebeldia, contestação e violência tanto por parte dos contestadores como dos que se diziam defensores da ordem.

Em maio de 1968, a revista *Manchete* trazia a notícia: "As explosivas manifestações de estudantes se sucedem em todo o mundo. Depois de Berlim, Varsóvia, Roma, Rio, Madri, a luta eclode na França" ("Paris: a hora da violência", 1968). Era o "Maio de 68" que irrompia em Paris, um acontecimento que ficou marcado, na memória e na historiografia, como o principal marco da rebelião estudantil na década de 1960. A partir de matérias e fotos obtidas nas agências internacionais de notícias ou por meio dos seus próprios repórteres e correspondentes no exterior, ao longo do ano de 1968 a revista *Manchete* noticiou os atos de rebeldia da juventude de diferentes partes do mundo, com destaques como: "A rebelião universal dos jovens", "Por que se rebelam os estudantes", "Colúmbia: a universidade sitiada", "Londres: os jovens no poder", "Paris: a rebelião está nas ruas", "O que aconteceu na França?", "Os guerrilheiros da Sorbonne", "A raiva do mundo", "O diálogo da violência", "Sob o comando dos estudantes, a opinião pública".

A grande imprensa brasileira estava interessada em explorar as rebeliões juvenis, com informações e imagens de um mundo que, a cada dia, explodia em revoltas lideradas por jovens desejosos em romper com a ordem estabelecida. Visavam também descobrir o que os jovens brasileiros estavam pensando, fazendo e planejando. Com essa pauta, a revista *Realidade* anunciava para setembro de 1967 a publicação de uma edição especial sobre a "juventude brasileira", justificando que, num país onde a metade da população era constituída de menores de 21 anos, tornava-se premente traçar um perfil dessa juventude.

> No mundo inteiro a juventude está revendo seus comportamentos e atitudes diante de todos os problemas da existência humana. O que pensam, falam e fazem estes rapazes e moças? Ninguém sabe, embora alguns assegurem que tudo vai muito mal. (Pacheco, 1966, p.71)

O inconformismo apontado pela *Realidade* como um traço da geração dos anos 1960 é tema de Carmen da Silva (1967) em crônica sobre conflito de gerações. A jornalista afirma que a "rebeldia dos jovens" como reação ao "conservadorismo dos mais velhos" não era uma exclusividade da juventude da década de 1960, mas algo já "tradicional" na relação entre os mais moços e os mais antigos. Entretanto, Carmen da Silva (1967) lança a seguinte questão: se toda a crise entre duas gerações era "mera repetição do passado", como se explicaria "tanta preocupação com a mocidade atual", "tanta pesquisa", "tanta manchete", "tanta onda"? Para Carmen, a explicação estaria no contexto cultural da década de 1960 e que isso não era, de modo algum, um dado secundário, já que, do seu ponto de vista, era preciso levar em conta a realidade do mundo para que se pudesse ter uma visão mais objetiva da rebeldia juvenil, tal como ela se apresentava naquele momento (ibidem).

O movimento feminista e a rebeldia juvenil de 1968 são fenômenos interligados, na medida em que a crescente passagem da mulher do espaço doméstico para o espaço público, com sua entrada no mercado de trabalho, abalou as estruturas de uma sociedade patriarcal. A partir da década de 1950, a educação e socialização das crianças e dos jovens foram gradativamente assumidas por instâncias coletivas, como escolas e universidades. Com o alargamento do período de educação e formação profissional em espaços coletivos de ensino, criava-se uma população de rapazes e moças que passavam boa parte do seu tempo juntos nas escolas e universidades, como um grupo etário, e desenvolveram uma consciência crítica a respeito dos problemas do seu tempo.

O jornalista Roberto Muggiati, em reportagem para a revista *Manchete* de junho de 1967, enfatiza que a mulher, aqui no Brasil, como em outros países, estava mudando de maneira irreversível. Se antes trabalhar fora era considerado sinal de pobreza ou de desprestígio para a mulher, a partir de meados do século XX a sua dedicação exclusiva ao trabalho doméstico passou a ser denunciada como uma alienação, sujeição ao homem, ao passo que ter o seu próprio trabalho se tornava um sinal de emancipação (Prost; Vincent, 1992, p.40). É importante destacar, segundo Carmen da Silva, que a emancipação feminina era uma questão que dizia respeito essencialmente à mulher de classe média,[2] já que, para as mulheres que pertenciam a grupos mais pobres, o ingresso no universo de trabalho não era novidade, além de justificar-se primordialmente pela necessidade econômica e não pela necessidade de afirmação em relação ao sexo oposto (Castro, 1968).

De acordo com Göran Therborn (1998), a crise do papel social tradicionalmente atribuído às mulheres foi uma das mais importantes transformações da segunda metade do século XX, fruto da intensa mobilização das militantes feministas e de sua luta em defesa da igualdade de direitos entre homens e mulheres e pelo fim das discriminações sexistas. Embora o movimento feminista seja preexistente, as marchas de 1968 promoveram um abalo histórico na estrutura do sistema patriarcal, em várias partes do mundo, e um avanço sem precedentes em relação à

---

2 A jornalista Carmen da Silva, considerada a "dama da imprensa feminina no Brasil", teve grande influência, escrevendo ininterruptamente, de 1963 a 1984, a coluna "A arte de ser mulher" para a revista *Cláudia*, na qual oferecia às suas leitoras discussões a respeito de questões relativas ao universo feminino no mundo moderno. Ver Borges (2006).

liberdade da mulher (ibidem). Segundo Fernando Gabeira (apud Ventura, 2008b, p.164), "a grande insatisfação de 68 permitiu que se dramatizassem e viessem à tona movimentos que não tiveram em outras épocas, a mesma possibilidade de emergir".

Os proféticos anos 1950...

Embora o cenário das maiores e mais radicais expressões de revolta dos jovens contra o *establishment* tenha sido os anos 1960, já nos anos 1950, especialmente nos Estados Unidos, os jovens começaram a confrontar velhos padrões sociais e o *status quo*, tão caros às gerações anteriores que, naquela ocasião, experimentavam dias mais prósperos e de maior estabilidade em relação ao período de recessão econômica que se seguiu à grande depressão dos anos 1930 e se estendeu até o fim da Segunda Guerra Mundial. Nos anos 1950, a maioria dos jovens norte-americanos não demonstrava grande interesse pelos problemas que, na década de 1960, estimulariam o debate e até mesmo o protesto, como a Guerra da Coreia, o crescimento vertiginoso do arsenal nuclear das potências mundiais, os testes atômicos, os direitos civis de minorias desprivilegiadas como negros, mulheres e homossexuais, e o código de moral pública, segundo o qual deveria haver um padrão de comportamento especifico para as moças e outro para os rapazes (Anderson, 1995).

A persistência da desigualdade perante a prosperidade norte-americana nos chamados "anos de ouro", tão exaltadas pela mídia e pelas autoridades, levou ao confronto do conformismo social, da obediência do bom cidadão norte-americano que cumpria com seus deveres patrióticos e familiares, e das velhas instituições que regulavam a liberdade dos indivíduos em diversas esferas da vida pública e privada. Convulsivo e profético, em 1956, o poeta Allen Ginsberg causou polêmica com o livro *Uivo*, cujo realismo crítico expôs as contradições de uma sociedade que ostentava, por meio dos meios de comunicação de massa, a vida "normal", confortável e domesticada nos subúrbios, e convivia de maneira invisibilizada com o preconceito sexual e racial, a repressão, o etnocentrismo e a destruição do meio ambiente. Assim Ginsberg (2010, p.25) começa seu poema "Uivo":

> Eu vi as melhores cabeças da minha geração destruídas pela loucura, famintos histéricos nus, / se arrastando na aurora pelas ruas do bairro negro na fissura de um pico, / [...] que pobreza e farrapos e olhos ocos e loucos se sentaram fumando na escuridão sobrenatural dos apartamentos sem calefação flutuando pelos tetos das cidades contemplando jazz, / [...].

Uivo e *On the road*, de Jack Kerouac, lançado em 1957, foram o grito de uma geração. Os *beatniks* se destacaram por ridicularizarem e rejeitarem a sociedade de consumo, adotando um comportamento indisciplinado e uma aparência que destoavam dos rígidos códigos de conduta da sociedade da época. Das relações sociais estabelecidas nesse ambiente representado como sendo de "paz" e "prosperidade", emergiram, nos anos 1960, novos grupos de atores sociais e novas tendências políticas e culturais que produziram um novo fenômeno que ganhou o nome de "movimentos sociais".

No Brasil, os anos 1950 foram especialmente favoráveis para as classes médias urbanas que viviam o *boom* de desenvolvimento industrial e de otimismo pós-guerra, iniciado no segundo governo Vargas, entre 1951 e 1954, e acelerado no governo de Juscelino Kubitschek, no período de 1956 a 1960. Esse processo correspondeu ao surgimento de novos segmentos intelectuais contagiados pelo espírito do novo e pela vontade de mudança, que transcenderam as esferas econômica e política e contaminaram o domínio das artes e da cultura. Contexto propício para o nascimento de movimentos no campo artístico com novas formas de conceber o cinema, o teatro, a música, a poesia e as artes plásticas, a partir de uma reflexão crítica acerca da produção existente e das linguagens vigentes em cada um desses domínios.

Os últimos anos da década de 1950 marcaram o surgimento de novas lideranças culturais que iriam protagonizar nos anos 1960 um momento definido como a "época de ouro" da cultura nacional. A chegada avassaladora da juventude aos meios de comunicação de massa e, por conseguinte, como parcela relevante do mercado consumidor de produtos a ela associados é outra novidade da sociedade brasileira dessa época (Hollanda; Gonçalves, 1982). Desse modo, o processo pré-revolucionário que explode nos anos 1960 já vinha se alinhavando desde princípios da década de 1950. Além de sua expressão na música, no cinema e no teatro, manifesta-se também no campo das artes plásticas e da poesia, com o sucesso do concretismo e do abstracionismo. O "Manifesto Música Nova", articulado desde 1951 por músicos eruditos, foi efetivamente lançado em 1963. A III Bienal de 1955 oferece os fundamentos do antifigurativismo que serviriam aos concretistas na pintura e na poesia, em 1957. Os irmãos Campos e Décio Pignatari lançam, em 1952, a revista *Noigandres*. O Museu de Arte Moderna (MAM) de Affonso Reidy, cuja sede definitiva do Aterro do Flamengo foi inaugurada em 1958, é uma das iniciativas expressivas da arquitetura modernista. A produção cultural do período caracterizou-se pela valorização do popular como fundamento mais genuíno da nacionalidade brasileira, sintonizada com o espírito nacionalista que crescia na época e com a crença nas possibilidades de desenvolvimento e transformação do país. Tal conjunção fez surgir manifestações que tomariam corpo nos movimentos da bossa nova, do Cinema Novo, do Teatro de Arena, do Grupo Oficina, do Teatro do Oprimido e da música de protesto. Buscavam-se, enfim, novas formas de expressão artística, capazes de integrar povo, cultura, modernidade e desenvolvimento (Ferreira; Mesquita, 2001, p.149-54).

Os clássicos de literatura e ciência política chegavam às livrarias: *Grande sertão: veredas* e *Corpo de baile*, de Guimarães Rosa; *Formação econômica do Brasil*, de Celso Furtado; *Formação da literatura brasileira*, de Antonio Candido, *Gabriela, cravo e canela*, de Jorge Amado, entre outros. As publicações apontavam para a tendência do popular na interpretação do Brasil, que também era espelhada pelo cinema. *Rio, 40 graus*, por exemplo, de Nelson Pereira dos Santos, considerado o precursor do movimento do Cinema Novo, retrata o povo em uma visão despojada e crua, em cenas comuns da cidade.

A indústria cultural que inaugurava a "era do disco" iria explodir, fechando a década, com os acordes da bossa nova de João Gilberto em *Chega de saudade*. A televisão se consolidava como importante veículo de comunicação de massa, estreando programas populares de auditório, como o do apresentador Chacrinha, no começo de 1959, na TV Tupi. Ainda no final da década, a revista *Senhor* é apresentada como a vanguarda da imprensa brasileira. Os últimos anos do governo de Juscelino Kubitschek foram de forte mobilização das camadas populares no campo e nas cidades, crescimento das atividades sindicais e do movimento estudantil, bem como de agitação da baixa oficialidade no interior das Forças Armadas. Corresponderam ao esgotamento do modelo nacional-desenvolvimentista, com Juscelino declarando rompimento do Brasil com o Fundo Monetário Internacional e, mais uma vez, tentando manter o equilíbrio democrático, ao sufocar com habilidade política a Revolta de Aragarças, no território de Goiás.

Do ponto de vista da conjuntura internacional, foi o momento em que ocorreram a Revolução Cubana e o início da Guerra do Vietnã, em 1959, dois marcos fundamentais da história do século XX. No ápice da crise brasileira com o Fundo Monetário Internacional, Fidel Castro veio conhecer as obras de Brasília, seguido de perto pelo presidente Dwight Deisenhofer que, pouco depois, também chegava em visita oficial ao Brasil. Esses fatos agravaram o clima já tenso da Guerra Fria no qual se deu a articulação político-partidária para o lançamento das candidaturas à Presidência da República. Prevista para outubro de 1960, a eleição foi marcada por acirrada disputa ideológica e radicalismo político.

Os anos 1960...

Como o agravamento das tensões entre forças conservadoras e progressistas que caracterizariam o governo de João Goulart, os estudantes assumiram o seu tradicional papel em defesa da democracia. Convocados pela União Nacional dos Estudantes (UNE), secundaristas e diretórios acadêmicos de diversas faculdades do Brasil compareceram em massa ao comício pelas reformas de base, em 13 de março de 1964, participando ativamente desse último "*round* da luta pela emancipação e democratização nacionais" (Poerner, 1979, p.201), anterior ao golpe. No período pré-1964, a produção artística e intelectual de protesto era largamente controlada pela esquerda e marcada pela utilização de uma linguagem que visava atingir as massas com um tom didático e conscientizado, cabendo ao artista e ao intelectual o papel de informar o povo e, assim, forjar a revolução. O Centro Popular de Cultura (CPC) da UNE foi um dos principais expoentes desse movimento que, durante a década de 1960, buscou desenvolver um teatro social e politicamente engajado por meio do qual pretendia conscientizar as camadas populares. Oduvaldo Vianna Filho, que integrou o Teatro Arena em São Paulo, deixou o grupo em 1961 e fundou, no mesmo ano, o CPC no Rio de Janeiro. O movimento conduzido por Vianna Filho, com outros intelectuais, artistas e estudantes, visava ao fortalecimento da identidade nacional do povo e à transformação social por meio da arte. O poeta e crítico Ferreira Gullar (apud Poerner, 1979, p.200), no artigo intitulado "Vanguarda e atualidade", faz a síntese do CPC da UNE para a cultura brasileira:

> O movimento de cultura popular foi, sem dúvida, um fenômeno inesperado no processo cultural brasileiro: jovens intelectuais e artistas voltam as costas para círculos reconhecidos da vida cultura e artística, unem-se aos universitários numa entidade de massa, vão para os sindicatos e as praças públicas buscar o diálogo com o povo e nesse esforço recolocam para si e para os demais os problemas da arte.

A repressão aos opositores do novo regime acarretou o fechamento do CPC e a prisão e o exílio de artistas e intelectuais. Nesse cenário, foi concebida, ainda no final do ano de 1964, a ideia do musical *Opinião*, escrito por Vianna Filho, Armando Costa e Paulo Pontes, cuja música de abertura na voz de Zé Kéti – "Podem me prender. Podem me bater [...]" – era um desafio ao autoritarismo que chegara ao poder. Considerado um marco na dramaturgia nacional, o Grupo Opinião foi formado com o intuito de criar um foco de resistência artística à situação política e cultural do país, por meio de um modelo inovador em que intérpretes intercalavam canções com falas, contando histórias e opinando sobre questões sociais e políticas, ainda que de maneira velada. O formato do espetáculo, encenado em uma arena sem cenários, com apenas um tablado que servia de palco a três cantores-atores, criava um clima de aproximação entre artistas e plateia, sugerindo um espaço de debate público. O espetáculo alcançou sucesso de público em todas as sessões, especialmente entre estudantes, que vivenciavam o *show* como uma forma de protesto.

Em novembro de 1965, durante reunião da Organização dos Estados Americanos (OEA) no Rio de Janeiro, Glauber Rocha é preso num protesto contra o regime militar em frente ao Hotel Glória, com outros jovens cineastas e intelectuais de prestígio. Em 1965, Thiago de Mello lança *Faz escuro mas eu canto*, abrindo-se a uma poesia política e participante, e Augusto Boal e Gianfrancesco Guarnieri com *Arena conta Zumbi* encenam a luta negra do Quilombo dos Palmares. O editor Ênio Silveira cria a *Revista Civilização Brasileira*, marco do pensamento político e cultural de resistência à ditadura militar, e é preso nesse mesmo ano, motivando um manifesto assinado por centenas de intelectuais e artistas brasileiros. A jovem pintura se inspirava na própria vida cotidiana e se proclamava independente, polêmica, inventiva, denunciadora, crítica, segundo a curadora da mostra *Opinião 65*, Ceres Franco, inaugurada no MAM. Em 1965, os estudantes protestaram contra o primeiro aniversário do golpe militar, e o marechal Castelo Branco é vaiado ao deixar a Faculdade de Arquitetura na Ilha do Fundão, onde alunos foram presos. Dezenas de intelectuais brasileiros lançam um Manifesto à Nação pelo restabelecimento das liberdades democráticas e dos direitos individuais no país, tornando evidente o clima de insatisfação crescente. Apesar da proibição da peça *O berço do herói*, de Dias Gomes, e de outras obras consideradas subversivas, ainda existia certa liberdade de expressão, anterior a promulgação do AI-5, que permitiu, por exemplo, a estreia da peça *Liberdade, liberdade*, de Flávio Rangel e Millôr Fernandes, e o humor irreverente de Stanislaw Ponte Preta ridicularizando o regime militar no *Festival de besteiras que assola o país*, o famoso *Febeapá*, *best-seller* do ano de 1965 (Mesquita, 2008).

Foi assim que representantes da cultura engajada, para sobreviverem à emergência e consolidação de uma ditadura que visava controlar as diversas esferas da vida social, em vez de mobilizarem somente grupos populares, passaram a fazer contato com setores da classe média. Por meio da crescente participação no mercado cultural organizado para o consumo, estudantes e intelectuais, ao aderirem a essa linguagem militante e entusiasmada, passaram a compor um foco de resistência aos padrões conservadores adotados pelos setores vitoriosos em 1964.

Os festivais da canção como arena política

> *"De repente os festivais de música popular entraram moda. Ora, viva! O primeiro deles, realizado em 1965 pela Rede Excelsior de Televisão, praticamente lançou e consagrou um novo autor: Edu Lobo. Mas, principalmente, serviu como passo inicial dessa mania tão saudável que já no passado 'tomou conta', como se diz, do público do Rio e de São. E fizeram-se mais três festivais: outro na Excelsior, um na Record, o mais importante deles, o I Festival Internacional da Canção Popular pela Secretaria de Turismo do Rio de Janeiro."* (Torquato Neto, 2017, p.122-3)

Na segunda metade dos anos 1960, os debates sobre música popular estavam atrelados aos embates políticos de esquerda contra a direita e dos grupos de esquerda entre si. Nesse sentido, mais do que lançar novos cantores e compositores, e introduzir a música brasileira no mercado internacional, os festivas da canção podem ser vistos como arena política entre duas propostas de ser jovem no Brasil, no ano de 1968. A primeira ligada ao ideário do CPC, e a segunda, à contracultura, representada pela Tropicália – movimento cultural que transcendeu os limites de questões meramente estéticas ou confinadas ao âmbito da canção popular (Naves, 2001, p.47). Um dos momentos épicos desse embate foi a estrondosa vaia dos estudantes à música "É proibido proibir", de Caetano Veloso, interpretada pelo próprio cantor, acompanhado pelo grupo Os Mutantes, com suas guitarra elétricas e roupas extravagantes. A canção se classificou para a final da terceira edição do Festival Internacional da Canção, o FIC, da TV Globo realizada no Tuca, teatro da Pontifícia Universidade Católica de São Paulo (PUC-SP). O discurso de Caetano, como resposta às vaias, foi antológico por sua crítica ao movimento estudantil naquele momento: "Essa é a juventude que diz que quer tomar o poder? Se vocês forem em política como são em estética, estamos feitos".

Caetano Veloso e Gilberto Gil, músicos responsáveis pelas bases da Tropicália, embora fizessem da música "o lócus por excelência do debate entre diferentes linguagens: musicais, verbais e visuais", não se ativeram a "meras questões de técnicas musicais" (ibidem). A Tropicália estendeu suas possibilidades criativas aos diversos campos da produção artística, incluindo o cinema, o teatro, a fotografia, além de novos processos estéticos, como as *performances*, os *happenings*, as ambientações e as instalações. Autor da frase "Seja marginal, seja herói", Hélio Oiticica, ao lado de Lígia Clarke, foi um dos artistas plásticos mais influentes da chamada "antiarte" da década de 1960, e criador da obra *Tropicália*, exposta no MAM do Rio de Janeiro, em 1967, inspiração para o movimento homônimo. Nessa obra, era possível encontrar elementos considerados típicos da cultura popular brasileira, como areia, arara, capas de parangolé e plantas, que subverteriam a ordem da estética pura do modernismo europeu ("Hélio Oiticica: conheça a vida e a obra do artista que inventou a Tropicália", 2020).

Ao longo da década de 1960, à medida que se intensificava a influência da contracultura no Brasil, os elementos de crítica sugeridos pelo

Figura 1
Bandeira poema de Hélio Oiticica

Fonte: reprodução

Figura 2
Passeata dos Cem Mil, no Rio de Janeiro, em 26 de junho de 1968
Fonte: Foto de Evandro Teixeira. Disponível em: https://fhox.com.br/agenda/exposicoes/1968-passeata-dos--cem-mil/..

tropicalismo se aprofundaram e se estenderam de forma a abranger diferentes setores sociais, especialmente por meio da indústria cultural, que tinha como principais veículos de difusão a televisão, o cinema, o rádio e as revistas periódicas (Hollanda, 1992, p.62-3). Temas, até então considerados tabu ou mesmo proibidos, passaram a ser amplamente discutidos, tais como a igualdade entre os sexos, a liberação feminina, a homossexualidade, a virgindade, o uso de pílula anticoncepcional, a exploração do corpo e da mente por meio das drogas e da psicanálise, o aborto, a religiosidade, o divórcio e a loucura.

1968 continua ou terminou?

No Brasil, o golpe de 64 e, particularmente, o AI-5, de 1968, tiveram um impacto demolidor sobre os projetos revolucionários da juventude brasileira, entretanto não enfraqueceram a capacidade dela de resistência. O ano de 1968 foi das marchas contra a ditadura, das grandes manifestações de rua, das passeatas lideradas pelos estudantes, com o apoio de intelectuais, artistas, operários, religiosos, entre outros grupos sociais. O assassinato do estudante Edson Luís, morto pela polícia no restaurante Calabouço, no centro do Rio de Janeiro, foi o estopim para a maior manifestação contra a ditadura do período. A indignação dos jovens e da sociedade resultou na convocação da marcha histórica do dia 26 de junho, conhecida como a Passeata dos Cem Mil, com a adesão maciça de populares. Essa manifestação teve como reação o início da escalada da repressão que iria se acentuar nos últimos meses do ano, com a prisão dos principais líderes estudantis do país e a decretação do AI-5. O movimento da contracultura cresce *pari passu* ao endurecimento da repressão política pós-1968 quando a "censura chegava às raias do absurdo; o moralismo e o pensamento de direita imperavam". Luiz Carlos Maciel (1996, p.122), considerado "o guru do *underground*", explica esse fenômeno:

> O movimento underground, o chamado "desbunde", era uma contrapartida para aqueles jovens que não se exilaram (ou foram exilados) nem tinham a coragem ou a insensatez de pegar em armas. Era uma atitude bastantes condenada, em especial pela esquerda, porque significava participar de um movimento importado dos Estados Unidos. Me tornei um dos maiores divulgadores da postura desbundada, que me pareceu ser a resposta mais criativa, mais eficiente e mais enriquecedora para a situação em que estávamos vivendo.

Luiz Carlos Maciel é um exemplo de que existem muitos 1968, não havendo um marco cronológico comum para essa geração. O 1968 de Silvio Tendler "terminou no cinema Metro, assistindo *Let it be*, dos Beatles, a despedida deles". Ali ele viu que o mundo havia mudado e foi quando resolveu ir morar no Chile de Salvador Allende: "Allende foi eleito em 4 de setembro, e eu resolvi ir para lá ver o que era o socialismo democrático".[3] Já para a jornalista da cultura Ana Maria Bahiana, os anos 1960

3 Depoimento de Silvio Tendler concedido a Cláudia Mesquita, no Rio de Janeiro, em 24 de julho de 2020.

começam nos anos 1970, para ela, a verdadeira década da juventude no Brasil. O que havia antes, na realidade, era

> [...] uma espécie de *fac-símile*, que é um constructo realmente que é a Jovem Guarda, não é uma coisa espontânea. [...] Ela é empacotada e colocada na televisão. O movimento espontâneo mesmo – que no resto do mundo se chamaria contracultura – acontece no Brasil nos anos 70 (cf. Flávio, 2014).

Para Ana Maria, o AI-5 foi uma "grande freada" à politização e à liberação sexual da juventude em curso nos Estados Unidos e na Europa: "Esse impulso só acontece aqui nos anos 70" (cf. Flávio, 2014). Para César Benjamin (apud Ventura, 2008, p.144-5), preso aos 17 anos, o seu "68 durou dez anos":

> [...] vivi na clandestinidade a partir de 69 até 71, quando fui preso. Em seguida, tive uma experiência muito marcante, que foi um longo período em solitária. Passei mais de três anos e meio sem ver ou falar com ninguém, sem olhar uma paisagem, sem ter uma notícia do mundo.

Para Cesinha, 1968 foi, em grande parte, o silêncio, até ser levado, em 1976, para a Suécia como exilado, voltando ao Brasil em 1978. Para Caetano Veloso (apud Ventura, 2008b, p.141-2), a "luta tropicalista continua", e 1967 ainda não terminou, "começou com *Terra em transe* e os papos com Rogério Duarte e José Agripino de Paula em 1966. Entrou por 68, que entrou pelos anos 70, que entraram pelo século XXI". Contrariando o espírito nostálgico que costuma permear as lembranças dessa época, Caetano responde a Zuenir Ventura

> ZV – "Do que você sente saudades de 68?"
> CV – Só tenho saudade de ser jovem.

"Ser jovem" foi a grande invenção dessa geração.

Referências

AFFIAS-DONFUT, C. A noção de geração: usos sociais e conceito sociológico. *L'Homme et la Société*, v.90, n.XXII, p.36-50, 1988.

ANDERSON, T. *The movement and the sixties*: protest in America from Greensboro to Wounded Knee. New York: Oxford University Press, 1995.

ARAÚJO, M. P. Esquerdas, juventude e radicalidade na América Latina nos anos 1960 e 1970. In: FICO, C. et al. *Ditadura e democracia na América Latina*. Rio de Janeiro: FGV, 2008. p.247-74.

ARENDT, H. *Sobre a violência*. 13.ed. São Paulo: Civilização Brasileira, 2009.

BORGES, J. V. A grande dama do feminismo no Brasil. *Revista de Estudos Femininos* [online], v.4, n.2, p.553-555, 2006.

BOURDIEU, P. *O poder simbólico*. Rio de Janeiro: Bertrand Brasil, 1989.

CASTRO, R. A mulher em questão. *Manchete*, Rio de Janeiro, n. 828, p. 16-7, 2 mar. 1968.

FERREIRA, M. de M.; MESQUITA, C. Os anos JK no acervo da Biblioteca Nacional. In: PEREIRA, P. R. (Org.). *Brasiliana da Biblioteca Nacional*: guia de fontes sobre o Brasil. Rio de Janeiro: Nova Fronteira, 2001.

FICO, C. *Como eles agiam*. Os subterrâneos da ditadura militar: espionagem e polícia política. Rio de Janeiro: Record, 2001.

FLÁVIO, L. Os anos 60 no Brasil começaram em 1970, afirma Ana Maria Bahiana. *Folha de S.Paulo*, 12 abr. 2014. Disponível em: https://www1.folha.uol.com.br/ilustrada/2014/04/1439929-os-anos-60-no-brasil-comecaram-em-1970-afirma-ana-maria-bahiana.shtml. Acesso em: 10 jul. 2020.

GINSBERG, A. *Uivo*. Ed. rev. e ampl. Trad. Claudio Willer. Porto Alegre: L&PM, 2010.

HÉLIO Oiticica: conheça a vida e a obra do artista que inventou a Tropicália. 22 jul. 2020. Disponível em: https://ebac.art.br/about/news/6036/. Acesso em: 9 ago. 2021.

HOBSBAWM, Eric. *Era dos extremos*: o breve século XX: 1914-1991. São Paulo: Companhia das Letras, 2000.

HOLLANDA, H. B. de. Descobertas, sonhos e desastres nos anos 60. Disponível em: https://www.itaucultural.org.br/ocupacao/zuzu-angel/anos-de-chumbo/?content_link=16. Acesso em: 9 ago. 2021.

______. *Impressões de viagem – CPC, Vanguarda e Desbunde*: 1960/70. Rio de Janeiro: Rocco, 1992.

HOLLANDA, H. B.; GONÇALVES, M. A. *Cultura e participação nos anos 60*. São Paulo: Brasiliense, 1982.

KURLANSKY, M. *1968*: o ano que abalou o mundo. Rio de Janeiro: José Olympio, 2005.

MACIEL, L. Ca. *Geração em transe*: memórias do tempo do tropicalismo. Rio de Janeiro: Nova Fronteira, 1996.

MESQUITA, C. *De Copacabana à Boca do Mato*: o Rio de Janeiro de Sérgio Porto e Stanislaw Ponte Preta. Rio de Janeiro: Casa de Rui Barbosa, 2008.

MORIN, E. *Cultura de massas no século XX*: neurose. 9.ed. Rio de Janeiro: Forense Universitária, 2007.

MUGGIATI, R. Que pensam as mulheres do homem brasileiro. *Manchete*, Rio de Janeiro, n. 791, p.22-5, 17 jun. 1967.

NAVES, S. C. N. *Da bossa nova à Tropicália*. Rio de Janeiro: Jorge Zahar, 2001.

PACHECO, D. A juventude diante do sexo. *Realidade*, São Paulo, n.5, p.68-80, ago. 1966.

PARIS: a hora da violência. *Manchete*, Rio de Janeiro, n.840, p.30-7, 25 maio 1968.

POERNER, A. J. *O poder jovem*: história da participação política dos estudantes brasileiros. Rio de Janeiro: Civilização Brasileira, 1979.

PROST, A.; VINCENT, G. *História da vida privada*: da Primeira Guerra a nossos dias. São Paulo: Companhia das Letras, v.5, 1992.

SARLO, B. *Tempo passado*: cultura da memória e guinada subjetiva. São Paulo: Companhia das Letras, 2007.

SETEMY, A. *Entre a revolução dos costumes e a ditadura militar*: as cores e as dores de um país em convulsão. São Paulo: Letra e Voz, 2019.

______. 1968: o passado presente nos meios de comunicação de massa. In: JOFFILY, M.; DAHÁS, N.; RIBERTI, L. J. (Ed.). *1968*: perspectivas desde o tempo presente. São Paulo: Letra e Voz, 2020.

SILVA, C. da. O conflito de gerações. *Realidade*, São Paulo, n.18, p.44-52, set. 1967.

SIRINELLI, J.-F. Génération et histoire politique. *Vingtième Siècle – Revue d'Histoire*, v.22, n.22, p.67-80, 1989.

SOMBINI, E. Feminismo neoliberal deixa os 99% para trás, diz Heloisa Buarque de Hollanda. *Folha de S.Paulo*, 23 jan. 2021. Disponível em: https://www1.folha.uol.com.br/ilustrissima/2021/01/feminismo-neoliberal-deixa-os-99-para-tras. Acesso em: 8 ago. 2021.

SETEMY, A. C. L. Vigilantes da moral e dos bons costumes: condições sociais e culturais para a estruturação política da censura durante a ditadura militar. *Topoi*, Rio de Janeiro, v.19, p.171-197, 2018.

STEPHENS, J. *Anti-disciplinary protest*: sixties radicalism and postmodernism. Cambridge: Cambridge University Press,1998.

THERBORN, G. *Sexo e poder*: a família no mundo – 1900-2000. Trad. Elisabete Doria Bilac. São Paulo: Contexto, 2006.

TORQUATO NETO. *Essencial*. Org. Ítalo Moriconi. Belo Horizonte: Autêntica, 2017.

VENTURA, Z. *1968*: o ano que não terminou. Ed. rev. São Paulo: Planeta, 2008a.

______. *1968*: o que fizemos de nós. São Paulo: Planeta, 2008b.

13

A educação do jovem afro-brasileiro e o trabalho técnico de nível médio

Fabiana Costa

"Não sou descendente de escravos. Sou descendente de pessoas que foram escravizadas."

(Makota Valdinha)

O que é ser jovem atualmente? E o que é ser jovem afro-brasileiro nos dias de hoje?

Numa visão generalista, ser jovem, hoje, é possuir expectativas, ansiedades, esperanças e dificuldades, numa sociedade que está em constantes mudanças; é ter a informação (e o mundo) na palma da mão com um apertar de botão.

A juventude é um momento de transição. É uma fase em que se fixam e ficam mais evidentes as referências e experiências que o indivíduo vai levar para o resto da vida.

É o momento de escolhas, de tomada de caminhos.

Um momento em que a identidade se solidifica e se torna referência para a vida toda. É um processo de consciência, autoimagem, comportamentos que se consolidam.

Também sobressaem os processos de resgate histórico e de pertencimento a um grupo.

Os indivíduos constroem a sua identidade de acordo com o que é considerado importante na sociedade na qual estão inseridos. A vida de uma pessoa é perpassada por valores, ideologia, conceitos, preconceitos e estereótipos absorvidos ao longo de seu desenvolvimento.

Para o jovem afro-brasileiro, ainda há alguns agravantes, pois assumir-se como tal, no Brasil, é um processo extremamente difícil e doloroso, já que os modelos positivos e de sucesso de identidades negras intelectuais e de liderança no decorrer da história não estão registrados na maioria dos livros que, em grande parte, ainda apresentam conteúdos que enfatizam a visão eurocêntrica, mostrando a história pelo ponto de vista das civilizações europeias e colocando os negros africanos à margem de toda a história (em que, na maioria das vezes, estes não eram considerados como "seres humanos pensantes" e, sim, como menos humanos, selvagens e intelectualmente inferiores). Quando registrados, isso, ainda, é feito, muitas vezes, de maneira que apresente pouca influência em meio à luta na valorização da diversidade em nosso país. Ou seja, a participação do negro na construção do país foi desconsiderada, desconstruída ou, simplesmente, apagada. Essa ênfase, muitas vezes, é posta em função da escravidão (que, no Brasil, existiu desde o século XVI, com o comércio de negros arrancados de diferentes locais do continente africano), o que leva os afro-brasileiros a sentir vergonha da humilhação e do sofrimento, que resultou na privação de direitos, sofrida pelos seus ascendentes (por muito tempo, a menor referência com a raça negra ou descendência africana foi considerada ruim e negativa).

Também é preciso enfatizar que os grupos dominantes, ao longo do tempo, obtiveram um grande sucesso ao relacionarem todos os atributos negativos – que poderiam ser concedidos a qualquer ser – aos negros, o que os levou a silenciar no decorrer dos tempos e firmar o processo básico de dominação e de controle de uma raça perante outra, de modo a estabelecer uma hierarquia que se perpetua desde o período colonial brasileiro.

Conforme relata Ellis Cashmore (2000, p.100), em seu *Dicionário de relações étnicas e raciais*: "a brancura significava superioridade e privilégio, sua função era desvalorizar qualquer cor de pele que não tivesse essa qualidade e transformar os seus possuidores nos Outros". As histórias, as culturas e os modos de vida dos negros foram descaracterizados nos primórdios da história do país, e, nos dias de hoje, realizar o resgate de tais perdas tem sido um processo muito complexo.

O estabelecimento do termo raça, dentro da sociedade brasileira, tornou-se um mecanismo de perpetuação do desequilíbrio social (tendo a pertença a uma determinada cor como responsável por incluir o indivíduo numa posição de poder ou submissão). Com a população afro-brasileira representando cerca de 70% dos pobres e indigentes do país, isso se tornou, no imaginário coletivo, um mecanismo de classificação, em que a cor branca é apontada como a ideal (graças à idealização do branco, conforme a fala de Gilberto Freyre, que supervaloriza esse estereótipo e o relaciona aos anjos e à pureza) e a preta é vista como algo não adequado para a sociedade brasileira (associando a cor às características ruins e negativas, como os decaídos). Ou seja, os traços físicos tornaram-se, desde os primórdios, fatores de discriminação.

Outro fator importante foi a questão da libertação dos escravos com a Lei Áurea assinada pela princesa Isabel: a liberdade, garantida pela lei, não promoveu igualdade de direitos entre brancos e negros, e estes foram largados à margem da sociedade, sem nenhuma preocupação dos governantes da época de inseri-los no mercado de trabalho de forma digna. Esse processo os levou a buscar a sobrevivência de maneira, muitas vezes, arriscada e incorreta. Conforme relata Ramatis Jacino (2013, p.45), em sua tese sobre o negro no mercado de trabalho em São Paulo pós-abolição: "ao invés de uma solução para alocação da massa de libertos, optou-se pela imigração europeia, com êxodo de grandes proporções, materializando, assim, a 'ideologia' do branqueamento". Jacino (2013, p.34) complementa seu pensamento dizendo que havia uma "convicção de que estrangeiro e progresso eram sinônimos, e que os trabalhadores nacionais – negros em especial – eram incapazes de se adaptar às novas formas de trabalho". Os grupos sociais compostos de ex-escravos, brasileiros livres e imigrantes não seriam inseridos igualitariamente no mercado de trabalho, mas a partir de formas diversas de subordinação social sob distintas categorias. Jacino (2013, p.34) complementa seu relato enfatizando que "o trabalhador negro, por conta dessa construção ideológica, seria estigmatizado, paulatinamente afastado do mercado de trabalho e relegado aos setores de menor importância econômica, com pior remuneração e menos valorizados socialmente". Consolida-se então, no Brasil, uma divisão étnica e classista.

Com essa visão concretizada, grande parte dos jovens afro-brasileiros sofre a dificuldade prematura de se autoafirmar, dentro da sociedade, como pessoa, justamente por causa da cor da pele, de ascendência e de toda a parte subjetiva que esses estigmas carregam desde os primórdios da história do país.

Essa ideologia do branqueamento, presente em nossa sociedade, leva os afro-brasileiros a sentir-se inferiorizados ao verem sua identidade menosprezada e a buscar, mesmo que inconscientemente, "saídas" para amenizar, pelo menos para os descendentes, esse sentimento de inferioridade. Nei Lopes (2011, p.18), em sua *Enciclopédia brasileira da diáspora africana*, ressalta que

> [...] um filho de negro nem sempre é, na aparência fenotípica, um "negro", como o termo é entendido no Brasil: aqui, um pai de forte aparência negroide pode, por meio de um relacionamento misto e em razão de mestiçagens sucessivas ocorridas na mesma família, gerar filhos "brancos". A consequência desse fato, embora vista como meramente estatística, é também psicológica, pois minimiza a presença da descendência africana e reforça a falácia estatística que enquadra o negro, no Brasil, como minoria.

Nota-se a intenção da manutenção dos negros como classe proletária, novamente escravos, agora no sistema capitalista, por meio da dificuldade de imersão deles no mercado de trabalho formal. O mesmo Nei Lopes (2019, p.), em *Afro-Brasil reluzente: 100 personalidades notáveis do século XX*, relata que, durante muito tempo, houve uma "ocultação das origens africanas de grandes vultos nacionais, associada à falta ou falsificação de suas iconografias retocadas", o que "contribuiu lamentável e fatalmente para o desconhecimento sobre o peso real da contribuição de intelectuais, artistas e técnicos pretos e pardos – negros, enfim – na formação da cultura brasileira ao longo dos anos. E esse peso não foi nada desprezível".

Antes de abrirmos a reflexão de traçarmos um panorama sobre os afro-brasileiros e o ensino técnico atualmente, é preciso que revisemos, mesmo que brevemente, a história da educação dessa camada da população, desde os primórdios do Brasil, o que faremos a seguir.[1]

Pequeno apontamento histórico da educação do negro no Brasil

> *"Tudo é mais difícil para um negro. Você tem que provar 100 vezes que você é o melhor. É cansativo, duro, doloroso. Se você não tiver uma força extraordinária, não consegue passar por isso."*
>
> (Glória Maria)

A desigualdade social é uma marca no Brasil desde os primórdios: os jesuítas foram os primeiros a ensaiar um sistema de educação no Brasil, ensinando crianças e adolescentes, dos povos que habitavam o país, na época colonial, a ler e escrever. Ao serem expulsos (por motivos políticos), nada foi pensado para suprir essa lacuna que eles deixaram ao partirem. Desse modo, apenas os ricos passaram a ter acesso às letras, pois somente eles dispunham de recursos para bancar tutores e/ou estudar na Europa, já que no Brasil eram bem raras as instituições educacionais na época.

1 No Brasil, a categorização de cor oficial se dá por meio da classificação do Instituto Brasileiro de Geografia e Estatística (IBGE), que possui um rol de cinco opções, feitas por autodeclaração: preto, pardo, indígena, amarelo e branco. O somatório das cores preta e parda resulta na raça negra, conforme muitos movimentos negros assim dispõem. Muitas pessoas utilizam termos variados para se referir às cores de pele no Brasil, muitas vezes valendo-se de termos para "minimizar" a negritude e, outras tantas vezes, usando termos que chegam a ser pejorativos. Neste texto, foi escolhido o uso do termo "afro-brasileiro" para identificar os sujeitos aqui relatados (termo adotado para designar os que possuem ancestralidade africana e que tem uma boa aceitação em seu uso por parte dos brasileiros), embora, às vezes, a palavra "negro" apareça em momentos específicos para designar aqueles que vieram para o Brasil de maneira forçada ou fazer referência à questão da raça em si.

Outro fator, muito importante, foi o regime escravista que perdurou por anos no país. Socialmente, o negro é segregado, uma vez que a sua ascensão social é dificultada por razões históricas e estruturais desde o início da história brasileira. Negros e brancos possuem vivências totalmente diferentes e sob diferentes pontos de vista. Nesse quadro, por exemplo, visualizamos os negros com uma maior probabilidade de viver na pobreza do que os brancos, e, aos mesmos negros, em muitos momentos, é negado o acesso mínimo à habitação, educação e saúde de forma digna.

Pouco conhecemos sobre o início da escolarização do negro no Brasil. Há uma carência de registros sobre sua trajetória educacional, ressaltando que isso não é em função de ser um povo sem história, mas um povo cujas fontes, em vez de serem conservadas, foram destruídas e, muitas vezes, nem anotadas, durante os processos de dominação ocorridos desde o período colonial. O negro, nos livros de história, apresenta uma posição de subserviência e, até, de invisibilidade, pois esse registro, desde o início, foi realizado pela visão dos dominadores, sem dar a devida relevância aos negros e aos seus feitos no decorrer da história do Brasil.

A (pouca) educação oferecida no período colonial tinha objetivos bem claros. Alcigledes de Jesus Sales e José Jovino Reis Passo (2020), em "Educação uma questão de cor: a trajetória educacional dos negros no Brasil", descrevem que

> [...] a educação oferecida no Brasil colônia tinha como objetivo a modelação dos povos nativos para se adequar aos modos europeus e incluí-lo em uma lógica de trabalho escravizado, bem como destinava-se a trazer novos fiéis para o catolicismo. Já a educação destinada aos colonos se direcionava para a preservação dos valores morais e religiosos. Ao passo que excluía os escravizados.

Com isso, na época da escravidão, aos negros era negada a educação com características escolares, sob o pensamento de impedi-los de desenvolver suas faculdades intelectuais, fundamentado na ideia de que eles poderiam contaminar a população com sua cultura, o que seria prejudicial à formação da boa sociedade (uma das leis provinciais, datada de 1836, assinala que "eram proibidos de frequentar a escola: os que sofressem de moléstia contagiosa, os escravos e os pretos africanos, ainda que livres e libertos" [Fonseca, 2007, p.1]). Mesmo com a formação educacional sendo negada aos negros, é sabido que alguns grupos de resistência existentes na época criaram turmas de educação informais para negros.

No período imperial, foram implementados alguns meios para que os negros livres pudessem iniciar seus estudos de maneira formal (a Constituição Imperial é um exemplo), mas esse direito não pôde ser aproveitado por grande parte da população negra porque eram escravos.

Embora houvesse muitas práticas como as anteriormente citadas, também temos conhecimento de iniciativas de ensino voltadas aos escravos e outras que inseriam os negros livres nas instituições de educação, o que gerou uma classe intelectual negra que teve acesso à educação e reconhecia nela a possibilidade de introduzir-se nos espaços sociais e ascender socialmente.

No século XIX, por exemplo, os salesianos chegam ao Brasil e iniciam um programa de educação e formação profissional para as classes mais populares, com ênfase na população de negros e mestiços.

Somente a partir do final do século XIX e início do XX, observamos um aumento da participação do negro na educação formal em diferentes localidades do Brasil, algumas vezes graças a iniciativas como a do jovem engenheiro negro Carlos Alberto que, em 1869, aos 20 anos, fundou o Instituto Filológico Niteroiense, mantendo, nele, salas de aula noturnas e gratuitas; e, outras vezes, graças a algumas legislações que permitiram, tendo como exemplos: a Reforma Educacional, de Leôncio de Carvalho, em 1879, que estabeleceu o fim do impedimento de negros nas escolas.

Em 1881, o Clube dos Libertos contra a Escravidão, associação sediada em Niterói, possuía salas de aula para escravos e libertos, que funcionavam no período noturno em Niterói e no Rio de Janeiro.

Em 1884, a Associação dos Brasileiros de Cor é criada em São Paulo com o intuito de oferecer educação aos negros.

Como exemplos de leis, podemos citar o Decreto nº 7.556, de 1909, que objetivava formar um contingente de mão de obra qualificada, instruindo os filhos dos trabalhadores, e a Constituição de 1934, que obrigou a educação escolar para todos.

A década de 1960 se torna um marco da expansão do ensino público em seu número de vagas, com a Lei de Diretrizes e Bases nº 4.024, de 1961, que condenava "qualquer tratamento desigual por motivo de convicção filosófica, política ou religiosa, bem como a quaisquer preconceitos de classe ou de raça". Nessa mesma década e seguindo pelos anos 1970, ocorre o aumento do "ensino para a competência", dentro da pedagogia tecnicista.

Nos anos 1980, com a promulgação da Constituição Federal brasileira no final da década, eclode a questão da "dignidade da pessoa humana", que condenava qualquer forma de discriminação ou preconceito e permitia que as escolas passassem a receber pessoas vindas de todas as camadas da população, sem exceção, de raça, cor ou sexo, dentro das salas de aula. Mesmo assim, a quantidade de afro-brasileiros (pretos + pardos) fora dos bancos escolares ainda é maior do que a quantidade de brancos (muitas vezes em função da condição social, resquício da liberdade sem políticas inclusivas, que obrigou – e obriga – os jovens a trabalhar cedo para ajudar no sustento da família).

Em 1996, é promulgada a Lei de Diretrizes e Bases da Educação Nacional – Lei nº 9.394/96 –, que passa a contemplar uma educação capaz de atingir todos os cidadãos, de modo a abranger a diversidade étnica, socioeconômica e cultural da sociedade brasileira.

Na primeira década do século XXI, temos um aumento no nível de escolaridade da população afro-brasileira, que buscava uma mobilidade social por meio dos estudos, mas, mesmo assim, as desigualdades permanecem.

Com isso, no início do século XXI, leis e decretos são sancionados com o propósito de ajudar a população afro-brasileira a ingressar e sobretudo permanecer em diversas etapas da educação. Eis alguns exemplos: Decreto nº 4.228/2002 (Programa Nacional de Ações Afirmativas) que instituiu apoio financeiro e operacionais para essa parcela da população; reserva de vagas para negros em universidades públicas (Sistema de Cotas – desde 2002); Programa de Ações Afirmativas para a População Negra nas Instituições Federais e Estaduais de Educação Superior (Uniafro), de 2005).

Atualmente, temos diversas políticas públicas e ações afirmativas em vigor que visam minimizar as desigualdades de oportunidades e auxiliar o ingresso e a permanência do jovem afro-brasileiro no sistema educacional, de modo a promover a mobilidade social ascendente. Como exemplos, podemos citar o Sistema de Cotas já mencionado; o Programa Brasil Quilombola (implementado desde 2004), que prevê, em seus eixos, especificamente no item "infraestrutura e qualidade de vida", o investimento em mecanismos que atendam às demandas de educação da população negra; e o Programa Institucional de Bolsas de Iniciação Científica – Ações Afirmativas, que concede bolsas de iniciação científica – pesquisa – aos alunos que ingressaram, por meio de alguma ação afirmativa, no ensino superior. Essas políticas e ações, apesar de muito debatidas nas últimas décadas, infelizmente ainda não são suficientes para diminuir as desigualdades na escolarização entre brancos e afro-brasileiros, embora tenham contribuído para melhorar as estatísticas quanto à autoclassificação como negro no Brasil – com a implementação das políticas afirmativas, muitas pessoas acabaram por se autodeclarar afrodescendentes para que pudessem concorrer – e ter uma real chance – a uma vaga nos bancos do ensino superior público e no próprio serviço público.

Mesmo com essas políticas implementadas e tantas outras iniciativas por parte de instituições de ensino, organizações não governamentais (ONGs) e outros setores, ainda temos, depois de mais de 100 anos da abolição, uma gama muito grande de jovens que se afastam do mundo do estudo para ingressar no mercado do trabalho, pois precisam colaborar no sustento de sua família, e isso ocorre em função da grande desigualdade social da população afro-brasileira com relação a alguns outros grupos que formam a população do país – no sistema escolar, à medida que aumenta o nível escolar, diminui a presença de estudantes negros.

Nas últimas décadas, houve um aumento na quantidade de vagas nas escolas públicas, mas isso não se refletiu, infelizmente, na qualidade do ensino de muitas dessas instituições, o que acabou por deixar marcas também na continuidade dos estudos por parte dos jovens afro-brasileiros, que, muitas vezes, não enxergam perspectivas para si dentro desse sistema e acabam largando os estudos.

Assim, a temática da origem do jovem ainda é, infelizmente, um fator importante na maneira como ele se relaciona com o estudo e o mundo do trabalho.

A educação profissional de nível técnico no Brasil

"A educação é um elemento importante na luta pelos direitos humanos. É o meio para ajudar os nossos filhos e as pessoas a redescobrirem a sua identidade e, assim, aumentar o seu autorrespeito. Educação é o nosso passaporte para o futuro, pois o amanhã só pertence ao povo que prepara o hoje."

(Malcolm X)

A educação profissional no Brasil tem como objetivo principal formar os jovens para o mundo do trabalho. Conforme explica Marcelo Côrtes Neri (2014, p.22) em *Onda jovem na educação profissional: determinantes e motivações*,

> [...] a Educação Profissional é o conjunto de atividades educativas para formação ou aperfeiçoamento profissional [...]. Pode ser ministrada em escola, empresa ou em qualquer outra instituição e está organizada em três segmentos: qualificação profissional, técnico de nível médio e graduação tecnológica.

Como base para uma breve contextualização dessa modalidade de ensino, recorremos, principalmente, ao documento "Histórico da educação profissional", do Ministério da Educação, postado em seu *site* por meio da Secretaria de Educação Profissional e Tecnológica.

De acordo com o documento, os primeiros aprendizes de que há registro foram os índios e escravos que realizavam o trabalho braçal e pesado nas fazendas de cana-de-açúcar (que eram a base da economia do Brasil Colônia), pois, antes de realizarem o ofício, precisaram aprender, levando o povo brasileiro, desde aquela época, a enxergar essa forma de ensino como específica para a população das classes sociais menos favorecidas (muitos desses escravos ficaram conhecidos como "negros de ofício", cujas habilidades, aprimoradas por meio de um processo de "ensino" ofertado por seus donos, tinham papéis importantes dentro dos engenhos e das fazendas).

Conforme o documento, no século XVIII, com o início do ciclo do ouro, nascem as casas da moeda e de fundição, o que resultou no surgimento de uma nova categoria de ofício que necessitava de trabalhadores especializados. Nesse contexto, os homens brancos, filhos de empregados das próprias casas, aprendiam o novo serviço e passavam por uma prova de habilidades para que pudessem exercer efetivamente a função.

Segundo o histórico do Ministério da Educação, um dos marcos na educação profissional foi a criação do Colégio das Fábricas por D. João VI, após sua chegada em 1808.

Como leis, decretos e ações promovidos pelos governos da época, podemos citar: a criação do ensino técnico por meio do Decreto nº 787, de 1906, assinado por Nilo Peçanha, então governador do Rio de Janeiro; a concretização do ensino técnico no Brasil por meio do compromisso do então presidente Afonso Pena de criar e multiplicar institutos desse nível no país; e o Decreto nº 7566, assinado pelo presidente Nilo Peçanha, em 1909, que criava as "Escolas de Aprendizes Artífices".

Em 1930, criou-se o Ministério da Educação e Saúde Pública, tendo como órgão subordinado a Inspetoria do Ensino Profissional Técnico, que foi transformada em Superintendência do Ensino Profissional em 1934, o que auxiliou a grande ampliação do ensino industrial na época.

Em 1937, com a promulgação da Constituição, surge, em um documento máximo do país, pela primeira vez, a abordagem específica sobre o ensino técnico, profissional e industrial. Nesse mesmo ano, é assinada a Lei n] 378, destinando o ensino profissional aos liceus profissionais, em todas as áreas e níveis – podemos destacar, no final da década, o educador e político negro Benedicto de Andrade que se valeu dessa lei e fundou a Escola de Comércio Pedro II, em São José do Rio Pardo, no estado de São Paulo.

A partir da década de 1940, começam a ser instaladas indústrias com mais tecnologias, momento em que o setor privado passa a se preocupar mais com a qualificação do seu pessoal para operar as novas máquinas e as novas indústrias. Surgem o Serviço Nacional de Aprendizagem Industrial (Senai) e o Serviço Nacional de Aprendizagem Comercial (Senac) que se tornam destaques na formação de pessoal.

No final da década de 1960, há uma economia de expansão e uma relativa consolidação da indústria pesada – siderurgia, metalurgia, eletricidade etc. – no país, embora, em sua maioria, essa expansão estivesse concentrada na Região Sudeste e mais particularmente em São Paulo e no Rio de Janeiro, centros financeiros e econômicos do Brasil. Essas regiões atraíram trabalhadores de todas as partes do país, em função da perspectiva de mobilidade social por meio das ofertas de trabalho que havia na época. A segunda Revolução Industrial chegava ao Brasil com um século de atraso em relação ao país pioneiro, a Inglaterra.

Franco Cambi (1999, p.396), em *História da pedagogia*, relembra que, com essa expansão,

> [...] os *curricula* foram submetidos a uma virada fundamental, dando espaço ao "fazer", ao "trabalho", ao "problema", rejeitando o intelectualismo e o formalismo tradicionais, a abstração culturalista da tradição escolar humanística. Tratou-se, sobretudo, de abrir espaço nas escolas para o trabalho [...] como trabalho produtivo *tout court*, para ser exercido em locais específicos (oficinas) ligados à escola e capazes de introduzir nela uma fase que não é uma mera *bricolagem*, mas um trabalho real.

Na década de 1980, o perfil do trabalhador foi substituído pelo de perito, o que exigiu requisitos específicos de qualificação e modificou algumas políticas voltadas à educação profissional. Nessa época, podemos destacar a educadora negra Anna Flavia que cria, no Morro do Macaco, no Rio de Janeiro, o Centro Comunitário Lídia dos Santos, voltado à oferta de cursos profissionalizantes aos jovens da comunidade, com apoio do Banco Interamericano de Desenvolvimento e da Universidade do Estado do Rio de Janeiro.

A partir da década de 1970, surgiram novas legislações que ajudaram a firmar o ensino profissional, como as Lei de Diretrizes e Bases (LDB) n. 5.692/71 e 9.394/96; a Lei nº 6.545/78, que cria os Centros Federais de Educação Tecnológica (Cefets); o Decreto nº 5154/2004, que regulamenta o parágrafo 2º do artigo 36 e os artigos 39 a 41 da

LDB nº 9.394/96, tratando da educação profissional que pode, por exemplo, ser cursada, de forma concomitante com o ensino médio, entre outras.

Atualmente, no Brasil, os cursos técnicos são oferecidos pelos governos federal, estaduais e municipais, pelo Senai, Serviço Social da Indústria (Sesi)), Senac, entre outras instituições que fazem parte do Sistema S, e por instituições privadas.

Ressaltamos também que a educação profissional é complementar à educação básica e não sua concorrente, justamente porque ambas devem contribuir para a formação do trabalhador cidadão.

Segundo Cambi (1999, p.394),

> [...] na época contemporânea, a instrução afirmou-se como direito universal e como tarefa social. O trabalho é bem verdade que se impôs como dever social, mas, antes ainda, como atividade específica do homem. As duas frentes se interligaram [...], dando lugar a uma série de problemas que resultam típicos da contemporaneidade. Ora foi o trabalho que se afirmou como elemento primário da formação, ora isso ocorreu com a instrução, mas sempre se sublinhou uma estreita simbiose entre os dois elementos numa sociedade articulada e complexa, produtivamente avançada como a atual, onde os perfis formativos também devem assumir maior flexibilidade e possíveis alternativas, mesmo caracterizando-se segundo princípios relativamente unitários (que recuperam tanto o trabalho intelectual como o manual).

Não podemos deixar de citar que, conforme Gilberto Freyre ([s.d.], p.390) nos lembra, a "mineração do ferro no Brasil foi aprendida dos africanos", de "ser de africanos o mérito da primeira indústria de preparo direto do ferro em Minas Gerais" e que, "além da metalurgia, também na criação de gado o elemento africano demonstrou superioridade de conhecimento".

Complementa esse pensamento o documento sobre ofícios e corporações no Brasil escravocrata, do Museu Afro Brasil, ao relatar que

> [...] a ourivesaria foi o ofício que concentrou o maior número de oficiais de origem negra. Os conhecimentos trazidos do continente africano, aliados à alta demanda por joias e adornos, tornou lucrativo o aluguel de escravos oficiais de

ourivesaria. As joias crioulas que ornamentavam os pulsos, colos e orelhas das negras das irmandades baianas e mineiras atestam a presença do artífice negro nas corporações de ourives. (Museu Afro Brasil, 2020, [s.p.])

Ou seja, o negro africano trouxe grande parte do trabalho técnico para o Brasil.

Desigualdade na educação do jovem afro-brasileiro

"Eu tenho um sonho que meus quatro pequenos filhos um dia viverão em uma nação onde não serão julgados pela cor da pele, mas pelo conteúdo do seu caráter."

(Martin Luther King Jr.)

O que subjaz no discurso ideológico da universalização escolar, difundida como meio de formação cultural e social, é, infelizmente, o acirramento das desigualdades e não a superação.

Sobre a escola, comumente, recai uma grande expectativa dos segmentos mais desprivilegiados, econômica, social e culturalmente, como única forma de ascensão social e de sobrevivência no mercado de trabalho que está cada vez mais disputado. E esse pensamento também é visto, muitas vezes, na população negra, marginalizada historicamente, que busca ascender não só socialmente, mas também culturalmente.

As finalidades do ensino médio e do ensino profissional deveriam priorizar um ensino voltado para a compreensão dos fundamentos científico-tecnológicos, dos processos produtivos modernos, efetivando o relacionamento entre teoria e prática, técnica e ciência, dando a possibilidade de consolidação de uma formação básica unitária, centrada no trabalho, na ciência e na cultura, mas sempre houve a diferenciação na instrução dos jovens, tanto na formação generalista quanto na profissional e, também, nos setores público e privado (é a separação da formação para o trabalho intelectual e o trabalho manual). Miguel Arroyo (2015, p.17), em "O direito à educação e a nova segregação social e racial:

tempos insatisfatórios?", complementa o pensamento anteriormente apresentado quando relata que o

> [...] nosso sistema escolar e as identidades das escolas, públicas, sobretudo, e de seus profissionais foram construídas tendo como referente os seus destinatários, os trabalhadores, os pobres, os camponeses, os negros, mas pensados e alocados como inferiores, no padrão poder-saber.

Com isso, os cursos técnicos (profissionalizantes) acabaram por focar, na maioria das vezes, os filhos das classes trabalhadoras, voltados a ensinar funções e desenvolver aptidões para serem exercidas no mundo produtivo. Já o ensino médio, principalmente o privado, permanece voltado à formação intelectual dos jovens e à preparação para o ingresso no ensino superior (ou seja, profissionalização e formação de mão de obra para uns e formação propedêutica para outros). Contudo, essa etapa da educação esquece-se, ainda, da população de baixa renda que faz parte do ensino médio público. Na escola pública, a maioria dos concluintes dessa etapa final da educação básica não ingressa numa faculdade nem em um curso técnico porque tem que ajudar na renda familiar – no Brasil, os negros ainda são a minoria nos cursos superiores e, infelizmente, a maioria entre os analfabetos. Por conta disso, o jovens da escola pública ingressam precocemente no mercado de trabalho sem o preparo devido e sem a formação profissional adequada. Ou seja, como ressaltam Elisabete Figueroa dos Santos e Rosemeire Aparecida Scopinho (2011, p.33), em uma reflexão sobre jovens negros no mercado de trabalho:

> [...] a inserção precoce revela as dificuldades financeiras vivenciadas pelas famílias, que necessitam do rendimento deles para complementar a renda, além de revelar a face sórdida da grande participação dos jovens no mercado de trabalho: falta de condições para se dedicar e dar sequência aos estudos, o que diminui as chances de ter maior qualificação, de pleitear determinados cargos e posições sociais.

As estatísticas demonstram que 44% dos jovens negros entre 19 e 24 anos não concluem a etapa do ensino médio, ou seja, ser negro no Brasil é um fator de destaque negativo na questão da eliminação ao longo da vida escolar. Soma-se a isso o fato de a classe social de origem também ter, muitas vezes, um peso na questão da conclusão dos níveis educacionais mais elevados e, com isso, impedir uma mobilidade social a essa camada da população.

Ainda podemos acrescentar a má qualidade da educação básica de muitas instituições públicas graças a uma série de motivos, como falta de verbas, baixo incentivo por parte dos governantes etc. A grande parcela dos jovens afro-brasileiros é oriunda dessa educação que deveria ser igualitária para todos. Contudo, representa um grande obstáculo ao corroborar, mais uma vez, que as oportunidades educacionais não são apenas diferentes, mas também desiguais. A educação, desse modo, torna-se o fator que mais contribui para uma desigualdade social quando, na verdade, deveria ser o contrário: promover a igualdade social.

Essa desigualdade enfatiza o não reconhecimento positivo – ou a total falta dele – sobre a capacidade pessoal do jovem afro-brasileiro. No imaginário coletivo, ainda persiste a visão de que ao jovem afro-brasileiro não é permitido o ingresso em determinados campos e profissões, e isso o desmotiva e o leva a crer, novamente, que na sociedade lhe cabe um papel subalterno, de inferioridade social. Como agravante, podemos citar os negros que alcançam postos de destaque e que não assumem sua negritude, o que torna mais complexo o processo de identificação do jovem afro-brasileiro como tal e, mais ainda, de valorização de sua origem e ascendência. Ademais, o jovem negro é, muitas vezes, obrigado a ingressar precocemente no mercado de trabalho, mesmo que informal, para auxiliar no sustento da família. O que ele almeja ser acaba sendo deixado de lado em função do que ele consegue ser.

Frigotto (2014, p.9), ao abordar o ensino médio e o técnico profissional, destaca que "é preciso superar a dualidade estrutural que separa a formação geral da específica, a formação técnica da política, lógica dominante no Brasil, da Colônia aos dias atuais". Essa desigualdade ressalta a exclusão do jovem afro-brasileiro desde o início de seu percurso escolar até sua vida profissional e social.

Felizmente, não é sempre que o jovem ingressa no mercado de trabalho de modo precário.

O ensino técnico de nível médio como uma possibilidade para o jovem afro-brasileiro

> *"Nem sempre você terá uma vida confortável e nem sempre você estará apta a solucionar todos os problemas do mundo de uma vez. Mas nunca subestime a sua importância, porque a história já nos mostrou que a coragem pode ser contagiosa e que a esperança pode ter vida própria."*
>
> (Michelle Obama)

Wilzeli Rejane do Amaral (2016, p.9), em seu estudo sobre o negro e o ensino técnico, escreve que "poucas são as bibliografias que relatam sobre o negro, o ensino profissional e o seu pertencimento étnico deixando subentendido que por já estar marginalizado não há interesse da sociedade em pesquisar, relatar, debater sobre o tema em questão".

Do período colonial até hoje, a mão de obra negra está na alicerce da constituição do mercado de trabalho no Brasil, e, mesmo assim, os negros africanos e seus descendentes sofreram (e ainda sofrem) com barreiras para ascensão e/ou mobilidade social. Desde o início, a diferença estabelecida entre negros e brancos foi um fator de grande importância na história do Brasil, pois a escravidão, já naquela época, acentuou a divisão do trabalho entre comuns e especialistas.

Como os cursos técnicos, desde os primórdios, foram criados para atender à demanda de mão de obra – com a classe trabalhadora cursando o ensino profissionalizante e a elite frequentando o ensino superior –, isso permeia o imaginário coletivo, em que (ainda) permanece a ideia de que se graduar em um curso de nível universitário leva à ascensão social – 63% das pessoas acreditam que o curso técnico não seja valorizado no Brasil. Marcelo Côrtes Neri (2014, p.55) explicita que há também um "desinteresse das classes mais altas pelo ensino profissional". Côrtes Neri (ibidem) ainda completa que "essa falta de interesse pode, em alguma medida, ser fruto do maior acesso a cursos de nível superior".

Como explicitado anteriormente, a disparidade social entre os jovens se reflete na diferença da educação que eles recebem. Nem 30% da população entre 18 e 24 anos conclui o ensino médio e nem 10% deles ingressam no ensino superior. Dos que ingressam, apenas 18,3% são autodeclarados como negros (pretos + pardos).

Muitos jovens afro-brasileiros, muitas vezes, se apoiam na representação de que uma maior escolaridade facilitará sua inserção no mercado de trabalho e, consequentemente, levará a uma ascensão social. Essa visão elitista que ultravaloriza o diploma de ensino superior se mostra ilusória, pois o mercado de trabalho está em constante movimento, tornando-se, conforme a época e o momento histórico, mais ou menos disputado nas diferentes áreas existentes, ou seja, nem sempre o fato de ter um nível de escolaridade alto significa ter emprego e, mais ainda, ter uma ascensão social em função dessa mesma escolaridade... mas, no imaginário da população, em geral, ter um curso superior passou a ser uma referência essencial – o famoso prestígio que a faculdade traz diante da formação técnica – o que, também, causou uma evasão dos cursos técnicos nas últimas décadas.

Conforme várias reportagens publicadas em veículos variados (impressos, rádios, TV, internet), atualmente há um grande déficit de profissionais técnicos de nível médio por ano: o mercado necessita de profissionais, e as instituições não qualificam nem 70% dessa demanda, anualmente, em determinados segmentos. Quando de realiza uma pesquisa simples na rede mundial, descobre-se facilmente que há áreas que sempre apresentam uma alta procura por parte dos contratantes e empresas.

Uma dessas áreas é a da tecnologia de nível médio. A Associação Brasileira das Empresas de Tecnologia da Informação e Comunicação (Brasscom) realizou uma pesquisa em 2018 e constatou, por exemplo, que esse segmento necessita de 70 mil profissionais por ano, mas o Brasil forma cerca de 46 mil. Deve-se destacar que essa área é majoritariamente masculina, com prevalência branca: 55% de homens, 35% de indivíduos brancos e 20% de pessoas de outras etnias.

Outra pesquisa realizada pela Confederação Nacional da Indústria (CNI) revela que, em cada dez indústrias, sete estão com problemas para conseguir mão de obra qualificada. O problema, segundo o estudo, "atinge todas as áreas das empresas, com impactos mais expressivos nas linhas de produção, pela falta de técnicos". (Confederação Nacional da Indústria, 2020, p.7).

Atualmente, estamos vivenciando uma mudança no mercado, tanto nos meios de contratação quanto na remuneração e formas de trabalho, que está se organizando de novas maneiras. Isso torna o processo de qualificação e conhecimento do mundo mais complexo. Por esse motivo, muitas empresas não levam mais em conta uma maior qualificação (graduação ou pós-graduação) na hora da contratação e, sim, a competência perante os desafios cotidianos, tendo na seleção, em vez de análise curricular e verificação de diplomas, a avaliação da resolução de problemas em *cases* técnicos e/ou aplicação de testes práticos. Sob esse ponto de vista, percebemos que muitos cursos técnicos, que poderiam dar vantagem aos candidatos, apresentam uma deficiência na estruturação de seus cursos, não buscando, muitas vezes, qualificar o trabalhador voltado para as necessidades do mercado. Com isso, os cursos que enfatizam uma visão prática das atividades podem representar uma vantagem ao jovem afro-brasileiro, uma vez que o diploma superior de um candidato não significa colocá-lo num patamar à frente daquele que tem o diploma técnico.

Quanto ao ingresso no ensino técnico, o país possui diversos programas e ações, por parte da Secretaria de Educação Profissional e Tecnológica (Setec), que auxiliam os jovens a ingressar e/ou se manter no ensino técnico de nível médio (o que pode ajudar no aumento da procura, por parte não só dos jovens afro-brasileiros, mas também dos jovens em geral, por essa modalidade de ensino). Entre os programas e as ações, podemos destacar:

- *Novos Caminhos*: "reúne um conjunto de ações para o fortalecimento da política de Educação Profissional e Tecnológica, apoiando as redes e instituições de ensino no planejamento da oferta de cursos alinhadas às demandas do setor produtivo, e na incorporação das transformações produzidas pelos processos de inovação tecnológica". (Brasil, 2020, [s.p.])
- *Bolsa Formação*: "Oferta de vagas gratuitas em cursos de educação profissional técnica de nível médio e cursos de formação inicial e continuada (FIC) ou qualificação profissional, custeando a abertura de vagas" (ibidem).

- *Rede E-Tec*: "Desenvolver a educação profissional e tecnológica na modalidade da educação a distância, ampliando e democratizando a oferta e o acesso à educação profissional pública e gratuita no País" (ibidem).

Ainda falando de ingresso nessa modalidade de ensino, uma breve pesquisa, sem grandes pretensões, feita via formulários na rede mundial, voltada aos jovens afro-brasileiros de 16 a 24 anos, permitiu que levantássemos alguns dados relevantes com relação à escolha pelo ensino técnico: "fácil acesso ao ingresso nessa modalidade de ensino"; "obter uma primeira formação profissional"; "facilidade de adentrar no mercado de trabalho"; "por permitir um ingresso no mercado de trabalho em menos tempo e com um salário acima do 'padrão' para o ensino médio". Como pode ser observado, muitos jovens ainda veem o ensino técnico como uma porta para a melhoria da qualidade de vida.

Complementando esse pensamento, um dado importante para essa modalidade de ensino é o fato de algumas profissões de nível técnico possuírem um salário médio igual ou superior ao de muitas profissões de nível superior – o que seria um fator de grande destaque na questão da melhoria da qualidade de vida e uma consequente mobilidade social. Nesse caso, a educação profissional se torna, além de um fator de competitividade, um fator de desenvolvimento. E alguns jovens já perceberam que o curso técnico pode se tornar um diferencial, diante da atual oferta do mercado de trabalho, com poucas vagas e grande número de profissionais (de nível superior, por exemplo) disponíveis, como observamos em algumas respostas dadas pelos pesquisados: "uma oportunidade para qualificação profissional"; "um diferencial no currículo; "uma qualificação a mais na hora de procurar trabalho". A educação é um instrumento obrigatório – ou deveria ser –, mas não significa que maior grau de instrução gerará uma melhor inserção do jovem no mercado de trabalho.

Desde os primórdios da história brasileira, aos negros foram confiados ofícios pesados e braçais, como agricultores, olaria, operação de grandes maquinários nos engenhos, nas fazendas e minas, além dos serviços domésticos (leves e pesados). O trabalho manual era tido como "trabalho de escravo", e o reflexo dessa incumbência ainda vemos hoje, nos ofícios, pois uma maioria afro-brasileira ainda desempenha funções, muitas vezes, pouco prestigiadas e/ou valorizadas dentro da sociedade.

Refletindo...

> *"Sou negro sim altamente de tanto orgulho,*
> *Sou das linhagens hereditárias africanas*
> *Não sou insignificante por qualquer bagulho,*
> *Sou igual a todos em um todo, pra qualquer*
> *situação ou trama."*
>
> (Paulo Roberto Giesteira)

Os indivíduos constroem sua identidade de acordo com o que é tido como importante na sociedade em que estão inseridos. O jovem afro--brasileiro, consequentemente, ainda se vê diante da questão da raça em contextos históricos, sociais e culturais. A baixa autoestima desses jovens, muitas vezes, é acentuada com um esforço grande de alienação com relação à sua história e à de seus ancestrais.

Carlos Gadea (2013, p.575), ao tratar do espaço da negritude e do reverso da africanidade, afirma o seguinte:

> [...] se, para um jovem negro, sua "primeira pertença" a um grupo social estava supostamente delimitada pela sua "condição racial", as relações e vinculações crescentes com "produções culturais" diversas (gênero, idade, situação laboral, estudo, moda, valores, moradia em determinado local etc.) estão sugerindo que as "pertenças a grupos" estão se diversificando e ampliando e, assim, que sua experiência individual também está se transformando.

O mercado de trabalho tem sido uma das esferas em que se distinguem com mais clareza a eficiência dos mecanismos discriminatórios. O grau de competitividade aumentou a demanda e gerou incertezas perante o futuro. Os trabalhadores necessitam apresentar, cada vez mais, maior capacidade de adaptar-se às mudanças correntes. Os empregadores exigem, atualmente, mais do que a competência técnica: competências emocional, cultural e social (ou seja, uma maior escolaridade não significa acesso do jovem a um melhor emprego) também são exigidas. A qualificação gera (ou não) impactos diferentes, dependendo da área, sem contar a questão da instabilidade, também frequente na realidade atual. O jovem se vê, muitas vezes, sem perspectiva. E isso é um fator geral não somente aplicado ao jovem afro-brasileiro.

Um dos jovens pesquisados enfatiza esse pensamento quando diz que, para ele, ter cursado o ensino técnico significou "ter acesso a espaços e conhecimentos que por muito tempo foram negados".

É necessário, portanto, analisar as relações entre o mundo do trabalho e a educação para o jovem afro-brasileiro, levando-se em conta as atividades cotidianas da escola. E é importante lembrar, também, o discurso da *meritocracia* – teoria de senso comum, em que cada um é responsável pelo seu lugar (de sucesso ou não) na vida, sem levar em conta as condições socioeconômicas das pessoas.

Quando ascendem socialmente, muitas famílias negras passam a se preocupar, de maneira exagerada até, com a sua posição social e seu *status*, e não se engajam (ou não procuram se engajar) nas lutas da população negra como um todo, usando a meritocracia como escudo.

Essa atitude acaba por desvalorizar a negritude para os próprios negros, pois, conforme Ellis Cashmore (2000, p.71), "Nos dias de hoje a brancura não significa tanto a superioridade ou a pureza, mas o privilégio e o poder: ela confere vantagens e prestígio".

Muitos também se fazem valer do *mito da democracia racial* e agem como se não houvesse racismo dentro da sociedade brasileira, numa "suposta" relação cordial entre brancos e negros, já que o Brasil seria um país mestiço desde os seus primórdios.

Sabemos que a preocupação em incluir as minorias, por meio de políticas públicas, é um processo muito recente que, ainda, não alcançou todo o sucesso esperado. Geraldo Silva e Márcia Araújo (2005, p.), ao abordarem a interdição escolar nas ações educacionais de sucesso, explicam o seguinte: "a história nos mostra que os povos envolvidos no desenvolvimento da tecnologia tiveram nitidamente maior crescimento socioeducacional e financeiro". Com isso, Silva e Araújo (2005, p.75) vislumbram

> [...] a educação técnica [...] como uma das possibilidades da população negra. Esta possibilidade de avanço educacional [...] deve vir permeada de [...] desenvolver mecanismos para uma maior participação da população negra nos cursos técnicos e/ou tecnológicos disponíveis.

Para isso, é preciso, além das políticas afirmativas, pensar numa educação que busque a desmistificação do imaginário de raças superiores e inferiores, tendo a escola como o lugar que dê valor às diferenças e auxilie na autoafirmação do jovem afro-brasileiro como aceitação de sua identidade – sem contar a questão da escola, que precisa buscar, por meio das atividades, aulas e relações exercidas nela, diminuir a desigualdade e as diferenças entre os afro-brasileiros e os outros grupos existentes.

O aumento na quantidade de vagas no ensino público nas décadas passadas permitiu que praticamente todos tivessem acesso à escola, mas a qualidade, infelizmente, não acompanhou esse processo. Essa defasagem acaba por prejudicar os jovens, principalmente os que vêm das camadas menos favorecidas da população.

Ressaltamos aqui o pensamento de Cambi (1999, p.397):

> [...] formar as jovens gerações é, sobretudo, transmitir-lhes competências e comportamentos, é conformá-las a regras sociais que atingem, antes de tudo, as competências profissionais [...]. O homem moderno enquanto tal é caracterizado também pelo *operar*, pela *práxis*, pelo "fazer", mas [...] tal característica não pode substituir [...] o ainda mais central princípio da instrução, dos conhecimentos técnicos, de que depende a reprodução de um mercado de trabalho complicado e talvez também o injusto nas suas diferenças, mas necessário e que se trata de regular e de dominar nas suas distorções e nas suas contradições, mas não de negar ou operar.

Felizmente, os dispositivos de exclusão estão iniciando um processo de dissipação, e o espaço para os afro-brasileiros está se abrindo em diferentes dimensões, com pessoas pelas quais os jovens se afeiçoam, passando a ocupar posições de destaque dentro da sociedade, sem falar, como reflete Nei Lopes (2019, p.26), das "africanidades que estão ainda por ser reveladas entre os grandes personagens da história e da cultura brasileiras". Estão ocorrendo resgates das contribuições que os negros africanos trouxeram ao Brasil, o que tende a auxiliar o jovem afro-brasileiro a assumir uma identidade positiva.

Ellis Cashmore (2000, p.104) completa que "um século depois de sua libertação, os afro-brasileiros continuam excessivamente representados na base da pirâmide das classes sociais, mas *também* são encontrados números substanciais na classe média".

Ainda é preciso pensar na questão da supressão da discriminação no mercado de trabalho, buscando efetuar contratações por mérito e não por etnia, raça, gênero etc., eliminando o racismo institucional.

Personalidades que cursaram o ensino técnico em sua juventude

"Encontrei minhas origens
na cor de minha pele
nos lanhos de minha alma
em mim
em minha gente escura
em meus heróis altivos
encontrei
encontrei-as enfim
me encontrei"

(Oliveira Silveira)

No meio de toda essa difícil realidade, conseguimos encontrar pessoas comuns e personalidades negras que conseguiram se destacar na sociedade brasileira, por meio do ofício técnico, graças à oportunidade de cursar uma escola profissionalizante em sua juventude. Segue um breve (e humilde) levantamento de algumas dessas pessoas (em ordem cronológica):

- *Machado de Assis* (1839-1908): O maior escritor brasileiro, reconhecido mundialmente, filho de um negro com uma portuguesa, iniciou sua carreira como aprendiz de tipógrafo na Imprensa

Nacional. Sílvio Romero (1980, p.1499) relata que "esta profissão teve a vantagem de despertar-lhe o gosto literário e pô-lo em relação com os escritores do tempo".

- *Matheus Cruz* (1853-1939): Mecânico que nasceu na Bahia. Projetou e montou engenhos de açúcar e destilação, oficinas de reforma para locomotivas, além da montagem das caldeiras do Elevador Lacerda.
- *Maria Firmina dos Reis* (1925-1917): Nascida no Maranhão, em 1822, essa notável escritora cursou o nível técnico normal (antigo magistério) e fundou uma sala de aula mista para os alunos que não podiam pagar, sediada em um barracão de um engenho.
- *Adson Carvalho* (1937-): Técnico em informática, cresceu numa favela em Belém, no Pará. Foi funcionário da IBM e, em 1975, criou a Internacional de Tecnologia, com escritórios em Recife, São Paulo, Santiago (Chile) e Atlanta (Estados Unidos). Sua empresa já faturou mais de 100 milhões de dólares.
- *Conceição Evaristo* (1946-): Essa grande escritora, nascida em Belo Horizonte, trabalhou como empregada doméstica enquanto estudava no curso normal. Passou num concurso público do Rio de Janeiro para professores e, então, pôde cursar Letras (na Universidade Federal do Rio de Janeiro – UFRJ). Tornou-se mestra pela Pontifícia Universidade Católica do Rio de Janeiro (PUC-Rio) e doutora em Literatura Brasileira e Comparada pela Universidade Federal Fluminense (UFF).
- *Jonas Caldas* (1963-): *Luthier* (técnico em construção e reparo de instrumentos de corda com caixa de ressonância) que cresceu em uma Fundação de Amparo ao Menor, onde aprendeu marcenaria e desenvolveu uma técnica artesanal requisitada por grandes músicos. Em 1994, fez curso de especialização em sua área, em Stuttgart, na Alemanha, como convidado de um dos maiores *luthiers* do mundo, H. Hegger.
- *Álvaro Pereira do Nascimento* (1965-): Esse historiador brasileiro, antes de conquistar o título de doutor pela Universidade Estadual de Campinas (Unicamp), cursou o ensino técnico

profissionalizante e foi operário da construção civil no Rio de Janeiro.

- *José Sales dos Santos* (1914-1993): O jovem negro, nascido no bairro do Bom Retiro, em São Paulo, que começou a trabalhar como lixeiro, sofrendo humilhação dos "amigos" em função do cheiro que ficava impregnado em suas vestimentas, conseguiu um trabalho para varrer os corredores do Mercado Municipal de São Paulo. Atrevido, respondia aos valores totais das compras dos clientes das barracas antes dos próprios vendedores, graças à sua enorme facilidade para os números. Em função de seu atrevimento, despertou no diretor do local um grande apreço que acabou a ajudar Santos a tornar-se técnico em contabilidade. O rapaz bom de contas largou a vassoura e se tornou aprendiz no setor de contabilidade do próprio Mercado Municipal. Aposentou-se como chefe nesse mesmo departamento. Criou, com a esposa Antonia, três filhos: Wilson – o caçula –, arquiteto urbanista, pós-graduado em Preservação e Restauro, que trabalhou em importantes obras de restauração, como o Palacete dos Artistas, a Praça das Artes do Anhangabaú, a Bolsa do Café em Santos e o Mercado Municipal de São Paulo; José Carlos – o do meio –, contador, seguiu os caminhos do pai trabalhando na prefeitura de São Paulo; e Aracy – a mais velha –, cabelereira formada, que se casou com Solon, citado a seguir.
- *Solon Costa* (1936-1996): O corajoso rapaz, negro, estudioso e de origem humilde, que acordava de madrugada para entregar jornal, retornava a tempo de ajudar sua mãe a servir o café na pensão da família e, quando voltava da escola, ainda ajudava o pai na barbearia, deixou os pais e irmãos para trás, saindo de Rio Claro, em São Paulo, no final de 1955, aos 19 anos, após cursar Técnico em Processamento de Combustíveis, em Rio Claro; Artífice de Fundição, em Rio Claro e Mestria de Fundição, em São Carlos, e ser selecionado para trabalhar na Refinaria Presidente Bernardes – Unidade da Petrobras situada em Cubatão, recém-inaugurada no mesmo ano. Exerceu alguns cargos nessa empresa, chegando ao

Figura 1
Diploma de José Sales dos Santos

Fonte: Arquivo pessoal.

posto de supervisor de área. Graças à sua formação, com a esposa Aracy – supracitada –, criou três filhas, educou-as em boas escolas e forneceu todo o suporte necessário para que elas se tornassem profissionais qualificadas: Sheila – a mais velha –, poliglota, formada em Técnico de Tradução e Interpretação, graduada em Letras e mestra em Educação, é professora dos níveis fundamental e superior; Cynthia – a do meio –, formada em Técnico de Tradução e Interpretação, graduada em Farmácia e Bioquímica, atualmente mora na Alemanha, onde se graduou como Técnica em Enfermagem Geriátrica; e Fabiana – a caçula –, pedagoga, pós-graduada em Psicopedagogia e mestra em Educação, é orientadora educacional, professora universitária e sócia fundadora de uma consultoria educacional, além de ser quem escreve este humilde capítulo e que agradece sempre ao ensino técnico, que proporcionou aos seus ascendentes a possibilidade da mobilidade social e de prover uma vida digna e confortável aos seus filhos e netos, sem nunca deixar de lembrá-los de onde vieram e das lutas que vivenciaram para chegar a tais patamares.

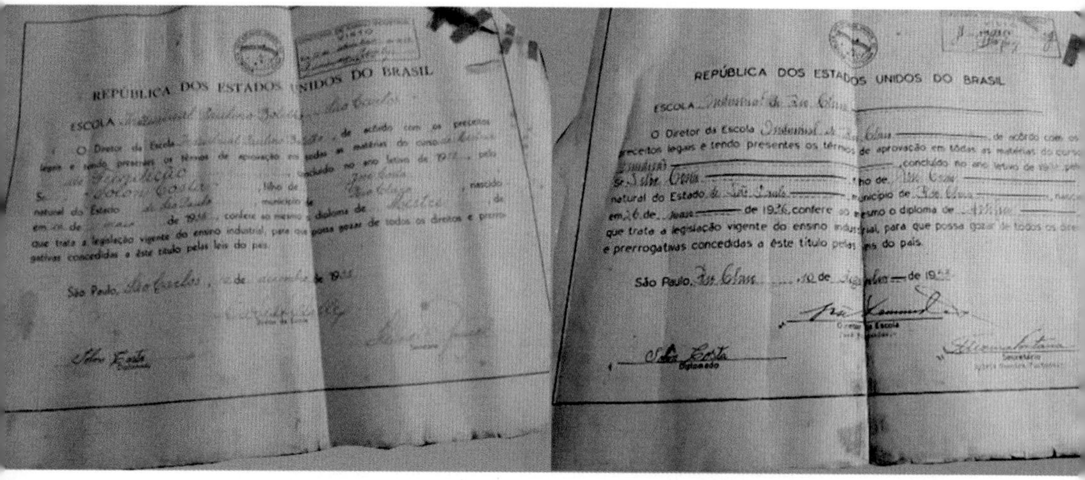

Figura 2
Dois dos diplomas de
Solon Costa

Fonte: Arquivo pessoal.

Figura 3
Casamento de Solon e Aracy, em 1964: Antonia, José, Aracy e Solon (da esquerda para a direita)

Fonte: Arquivo pessoal.

Referências

ALMEIDA, M. A. B. de; SANCHEZ, L. Os negros na legislação educacional e educação formal no Brasil. *Revista Eletrônica de Educação*, São Carlos, v.10, n.2, 2016. Disponível em: http://www.reveduc.ufscar.br/index.php/reveduc/article/view/1459. Acesso em 15 ago. 2020.

AMARAL, W. R. do. O negro, o ensino profissional e suas escolhas no CEEP – Curitiba. In: PARANÁ. *Os desafios da escola pública paranaense na perspectiva do professor PDE*. Curitiba: Seed/PR, 2016. v.1. Disponível em: http://www.diaadiaeducacao.pr.gov.br/portals/cadernospde/pdebusca/producoes_pde/2013/2013_ufpr_ped_artigo_wilzeli_rejane_do_amaral.pdf. Acesso em: 15 ago. 2020.

ARROYO, M. G. O direito à educação e a nova segregação social e racial: tempos insatisfatórios? *Educação em Revista*, Belo Horizonte, v.31, n.3, p.15-47, jul./set. 2015.

BRASIL. Decreto nº 5.154, de 23 de julho de 2004. Disponível em: http://www.planalto.gov.br/ccivil_03/_ato2004-2006/2004/decreto/d5154.htm. Acesso em: 26 jul. 2020.

______. Histórico da educação profissional. Brasília: Setec, 2007. Disponível em http://portal.mec.gov.br/setec/arquivos/centenario/historico_educacao_profissional.pdf. Acesso em: 2 set. 2020.

BRASIL – MINISTÉRIO DA CULTURA. Programas e ações da Setec. Disponível em: http://portal.mec.gov.br/setec-programas-e-acoes . Acesso em: 3 out. 2020.

CAMBI, F. *História da pedagogia*. São Paulo: Editora Unesp, 1999.

CASHMORE, E. *Dicionário de relações étnicas e raciais*. São Paulo: Selo Negro, 2000.

CONFEDERAÇÃO NACIONAL DA INDÚSTRIA. *Sondagem especial*. Confederação Nacional da Indústria, Brasília, ano 20, n.76, 2020.

CÔRTES NERI, M. *Onda jovem na educação profissional*: determinantes e motivações. Rio de Janeiro: FGV, Epge, 2014. (Ensaios econômicos).

COSTA, F. *Jovens afro-brasileiros*: expectativas sobre o ensino técnico e o mercado de trabalho de alunos da ETE Dona Escolástica Rosa. Santos, 2008. Dissertação (Mestrado) – Universidade Católica de Santos.

COSTA, P. R. da. *A Lei 12.711/12 e as expectativas educacionais de jovens negros do ensino médio público*. São Carlos, 2016. Dissertação (Mestrado) – Universidade Federal de São Carlos.

DIMENSTEIN, G. *Quebra-cabeça Brasil*: temas de cidadania na história do Brasil. São Paulo: Ática, 2005.

DIÓRIO, Z. M.; GOMIDE, P. I. C. Ascensão escolar e profissionalização de bons alunos de baixa renda: avaliação de um programa brasileiro. *Psicologia: Reflexão e Crítica*, Porto Alegre, v.17, p.359-66, 2004.

FIGUEROA DOS SANTOS, E.; SCOPINHO, R. A. Fora do jogo? Jovens negros no mercado de trabalho. *Arquivos Brasileiros de Psicologia*, Rio de Janeiro, v.63, p.26-37, 2011. Disponível em: https://www.redalyc.org/articulo.oa?id=229049716004. Acesso em: 13 nov. 2020.

FONSECA, M. V. A arte de construir o invisível: o negro na historiografia educacional brasileira. *Revista Brasileira de História da Educação*, v.7, n.1 [13], p.11-50, 2007.

FREYRE, G. *Casagrande e senzala*: formação da família brasileira sob o regime da economia patriarcal. São Paulo: Círculo do Livro, [s.d.].

FRIGOTTO, G. Ensino médio e técnico profissional: disputa de concepções e precariedade. *Le Monde Diplomatique Brasil*, 2014. p.28-9. Disponível em: https://diplomatique.org.br/ensino-medio-e-tecnico-profissional-disputa-de-concepcoes-e-precariedade/. Acesso em: 4 set. 2020.

GADEA, C A. O espaço da negritude e o reverso da africanidade: crítica sobre as relações raciais contemporâneas. Caderno CRH, Salvador, v.26, n.69, p.563-79, dez. 2013. Disponível em: http://www.scielo.br/scielo.php?script=sci_arttext&pid=S0103-49792013000300010&lng=en&nrm=iso. Acesso em: 8 nov. 2020.

GENTILI, P. et al. *Educação e população afrodescendente no Brasil*: avanços, desafios e perspectivas. Madri: CeALCI, Fundación Carolina, 2012.

JACINO, R. *O negro no mercado de trabalho em São Paulo pós-abolição – 1912/1920*. São Paulo, 2013. Tese (Doutorado em História Econômica) – Universidade de São Paulo.

LOPES, N. *Enciclopédia brasileira da diáspora africana*. São Paulo: Selo Negro, 2011.

______. *Afro-Brasil reluzente*: 100 personalidades notáveis do século XX. Rio de Janeiro: Nova Fronteira, 2019.

MUSEU AFRO BRASIL. Ofícios e corporações no Brasil escravocrata. Disponível em: http://www.museuafrobrasil.org.br/pesquisa/indice-biografico/instituicoes-artisticas/of%C3%ADcios-e-corpora%C3%A7%C3%B5es-no-brasil-escravocrata. Acesso em: 14 nov. 2020.

NUNES, R. B. História da educação brasileira: o negro no processo de constituição e expansão escolar. In: ENCONTRO DE PESQUISA EDUCACIONAL DO NORTE E NORDESTE, 2014, Natal. Disponível em: https://www.fe.ufg.br/nedesc/cmv/controle/DocumentoControle.php?oper=download&cod=1001. Acesso em: 27 ago. 2020.

PAULA, W. S. de. Uma educação profissional de cor. *Revista Educação Pública*, Cuiabá, v.21, n.46, p.359-374, maio/ago. 2012.

QUEIROZ, F. de A. Tecnologia, educação e sociedade no Brasil (1969-2005): o caso do Ceeteps. In: SIMPÓSIO NACIONAL DE HISTÓRIA, 24, 2007, São Paulo. *Anais*... São Paulo: Associação Nacional de História, 2007.

ROMÃO, J. (Org.). *História da educação do negro e outras histórias*. Brasília: Ministério da Educação, Secretaria de Educação Continuada, Alfabetização e Diversidade, Unesco, 2005

SALES, A. de J.; PASSO, J. J. R. Educação uma questão de cor: a trajetória educacional dos negros no Brasil. Brasil Escola. Disponível em: https://meuartigo.brasilescola.uol.com.br/educacao/educacao-questao-cor-trajetoria-educacional-dos-negros--brasil.htm. Acesso em: 17 jul. 2020.

SCHUMAHER, S.; BRAZIL, É. V. (Org.). *Dicionário mulheres do Brasil*: de 1500 até a atualidade. 2.ed. Rio de Janeiro: Zahar, 2000.

SENA, T. Machado de Assis, tipógrafo. *Machado de Assis Linha*, São Paulo, v.13, n.29. 2020. Disponível em: http://www.scielo.br/scielo.php?script=sci_arttext&pid=S1983-68212020000100033&lng=en&nrm=iso. Acesso em: 28 dez. 2020

SILVA, G.; ARAÚJO, M. Da interdição escolar às ações educacionais de sucesso: escolas dos movimentos negros e escolas profissionais, técnicas e tecnológicas. In: ROMÃO, J. (Org.). *História da educação do negro e outras histórias*. Brasília: Ministério da Educação, Secretaria de Educação Continuada, Alfabetização e Diversidade, Unesco, 2005.

SILVERIO, V. R. Ação afirmativa e o combate ao racismo institucional no Brasil. *Cadernos de Pesquisa*, São Paulo, v.117, p.219-39, nov. 2002.

TROIAN, M. L. *Formação profissional dos afro-brasileiros*: um estudo a partir das trajetórias de vida de alunos dos cursos técnicos da Escola Técnica Estadual de Sinop, MT. São Leopoldo, 2010. Dissertação (Mestrado em Ciências Sociais) – Universidade Vale do Rio dos Sinos.

14

Jovens homossexuais: a homofobia estrutural na biografia de três jovens gays contemporâneos

Luiz Mott

Não há como esconder ou negar esta realidade: de cada quatro famílias, uma tem um filho gay, uma filha lésbica ou um parente gay ou uma parenta lésbica (Mott, 2002). Na falta de estatísticas oficiais sobre a homossexualidade no Brasil, o célebre *Relatório Kinsey* continua sendo a principal referência para se calcular a porcentagem dos praticantes do "amor que não ousa dizer o nome": no Ocidente, por volta de 10% da população masculina e 6% da feminina são constituídas por homens e mulheres predominante ou exclusivamente homossexuais (Kinsey; Pomeroy; Martin, 1949). Portanto, devemos sempre ter em mente, sobretudo familiares, professores e profissionais da saúde, que nem todos os jovens e adultos ao nosso redor são "naturalmente" heterossexuais: provavelmente, quando menos uma pessoa, entre dez, manifesta tendência ou pratica o homoerotismo. Embora, no mais das vezes, tais indivíduos vivam no armário, dada a intolerância e o estigma que ainda hoje pesam contra a população LGBT+. Intolerância que tem um nome científico: homofobia – aversão doentia contra gays, lésbicas, transexuais e bissexuais.

Conforme garantem os estudiosos da sexualidade humana, todos nós nascemos machos e fêmeas: a sociedade é que nos faz homens e mulheres. Este é um dos ensinamentos básicos da antropologia, psicologia e sexologia: a sexualidade humana não é fruto do instinto, mas uma construção cultural (Sullivan, 1996). Nascer com um pênis entre os humanos não implica necessariamente atração irresistível e incontrolável por uma vagina, e vice-versa. Enquanto entre os mamíferos a atração sexual é determinada pela química – o cheiro inebriante da fêmea na época do cio –, entre os humanos, o desejo sexual é perverso e poliformo, como ensinou Freud, fruto de uma paixão estética. Nossa libido pode encontrar satisfação não apenas na conjunção de dois aparelhos genitais diferentes, mas numa gama quase infinita de arranjos erótico-sensuais – incluindo bonecas infláveis, animais domésticos, cópula anal, homoerotismo, manipulação clitoriana ou peniana, voyeurismo, sexo pelo WhatsApp...

Portanto, para começo de conversa sobre o tema "o jovem homossexual", partimos de três axiomas fundamentais da antropologia da sexualidade, conclusões resultantes de rigorosas pesquisas de campo, tão científicas e verdadeiras quanto a revolucionária teoria de Galileu sobre o sistema solar:

1. a sexualidade humana não é instintiva, mas uma construção cultural;
2. a cultura sexual humana varia de povo para povo e se modifica dialeticamente ao longo do tempo dentro de uma mesma sociedade;
3. não existe uma moral sexual natural e universal, portanto a sexualidade humana é amoral, no sentido de que cada cultura determina, por razões subjetivas e nem sempre salutares, quais comportamentos sexuais serão aceitos ou condenados (Mott, 2007).

Justifica-se este preâmbulo porque muitas pessoas, incluindo educadores e genitores, costumam repetir acriticamente que o sexo foi criado por Deus para garantir a perpetuação da espécie e que as "ousadias" decorrentes da moderna revolução sexual foram culpadas pelo surgimento da terrível epidemia do século XX: a síndrome da imunodeficiência adquirida (*acquired immunodeficiency syndrome* – aids). Esquecem-se de que o sexo, mesmo entre muitas espécies animais, não visa exclusivamente à procriação e que muitos animais copulam fora do período fértil, documentando-se a prática de relações homossexuais em mais de 1.500 espécies do reino animal, de baleia a muriçoca (Wallace, 1983; Daniel; Baudry, 1977).

Assim sendo, discutir o binômio juventude e homossexualidade pode parecer, para alguns mais conservadores, provocação de um gay assumido, desejoso de fazer proselitismo de sua assumida orientação sexual. Para acalmar os mais temerosos, retomo um tema frequentemente citado por uma das mais conceituadas sexólogas do Brasil, Marta Suplicy: a homossexualidade não é uma *opção*, do mesmo modo como também ninguém optou pela heterossexualidade. Simplesmente, a criança ou o jovem começam a sentir atração afetiva e/ou sexual por pessoas do mesmo sexo, do sexo oposto, ou pelos dois sexos, atração que pode ser extensiva também ao cachorrinho, a uma galinha ou até a uma bananeira. Ainda não está completamente comprovada a existência de um gene responsável pela orientação sexual, embora inúmeras pesquisas nos últimos anos sinalizem para um componente biológico da homossexualidade (Money, 1988). Como sintetiza a médica psiquiatra Carmita Abdo (2017), especialista em Medicina Sexual,

> [...] ser homo, bi ou heterossexual não é uma opção. Ninguém escolhe ser homo, hétero ou bi. A teoria mais aceita hoje em dia é a de que o indivíduo nasce com uma carga genética sobre a qual se assentam fatores educacionais, sociais e emocionais, que o vão moldando para a heterossexualidade, a homossexualidade ou a bissexualidade. Muitos estudos demonstram que alguns fatores que vão determinar a orientação sexual estão presentes muito cedo na vida, talvez até já ao nascimento. A homossexualidade, assim como a heterossexualidade, é uma tendência, uma orientação sexual.

Se fosse possível isolar um bando de crianças de qualquer mensagem modeladora de seu papel de gênero, certamente haveria um número equilibrado entre homossexuais, heterossexuais e bissexuais. Entre nós, contudo, os homossexuais representam tão somente 10% da população, porque vivemos numa sociedade ditatorialmente heteronormativa – “heterror-sexista” – termo cunhado pela decana lésbica brasileira Miriam Martinho –, posto que as únicas imagens e mensagens bombardeadas na socialização formal e informal das novas gerações são do casal heterossexual. Por quatro milênios, nossos antepassados conviveram com leis que determinavam a pena de morte aos amantes do mesmo sexo e o degredo às pessoas que se travestiam, variando apenas a forma do extermínio: a pedradas nos tempos bíblicos, nas fogueiras na era da Inquisição, nos campos de concentração à época do nazismo (Spencer,1999).

A homofobia contra os jovens homossexuais no Brasil não fica nada a dever às torturas inquisitoriais: nos arquivos do Grupo Gay da Bahia, sociedade civil de utilidade pública municipal, defensora dos direitos constitucionais dos homossexuais, organização não governamental (ONG) por mim fundada em 1980, há centenas de registros de meninos e adolescentes que sofreram todo tipo de violência física quando seus pais descobriram que eram *veados*: humilhação, insultos, espancamento e expulsão de casa (Mott, 1997, 1998). Um deles levou uma surra tão forte do pai, na frente da vizinhança, que teve que ser levado ao pronto-socorro para engessar um braço; a mãe de outro garoto, que foi surpreendido fazendo “troca-troca” com um coleguinha, preparou um molho de pimenta-malagueta, misturou numa garrafa de refrigerante e, com a pressão do gás, meteu essa terrível porção no ânus do pobrezinho, repetindo a mesma sentença ainda hoje proferida pelo Brasil afora: “Prefiro um filho morto a um filho *bicha*!”. Versão ligeiramente modificada pelo presidente Bolsonaro: “Seria incapaz de amar um filho homossexual. Não vou dar uma de hipócrita: prefiro que um filho meu morra num acidente do que apareça com um bigodudo por aí. Para mim ele vai ter morrido mesmo” (“Jair Bolsonaro: como ele reagiria se tivesse um filho gay?”, 2020). Não raras vezes a imprensa brasileira noticia pais e padrastos por terem chegado ao cúmulo de matar o filho gay, pior ainda, que parecia ser gay: “Caso de pai que matou filho de oito anos mostra realidade de homofobia dentro de casa” (Chaib, 2014); “Pai teria alvejado amigos do filho por eles serem gays; adolescente morreu” (2021); “Pai espanca filho gay de 8 anos até a morte” (2004).

Reproduzimos neste capítulo os depoimentos de três gays que confirmam o quanto sofreram na infância e adolescência quando descobriram que seus incompreensíveis sentimentos mais profundos e excitantes eram proibidos e perseguidos, e que a identidade existencial mais profunda deles era usada como o pior xingamento de nosso vocabulário: veado! Tais depoimentos foram escritos na década de 1990, e seus autores, felizmente, conseguiram superar a homofobia internalizada e estrutural e sobreviver até hoje, escapando das três piores epidemias que ameaçam mortalmente nossas vidas no Brasil contemporâneo: a aids, o coronavírus e, para os LGBT, os assassinatos – a cada 16 horas, segundo relatório do Ministério dos Direitos Humanos, uma pessoa LGBT (gay, travesti, lésbica ou bissexual) é violentamente assassinada ou comete o suicídio, fazendo do nosso país o campeão mundial de homicídios homotransfóbicos ("Brasil registra uma morte por homofobia a cada 16 horas, aponta relatório", 2019; "237 LGBT+ morreram vítimas da homotransfobia no Brasil em 2020, revela relatório", 2021).

Malgrado persistente sofrimento, intolerância e apartação sofridos quando eram crianças e adolescentes, nossos três biografados conseguiram vencer a autorrejeição – a homofobia internalizada ou egodistonia – e driblar a homofobia familiar, escolar, nas igrejas, no ambiente de trabalho etc., tornando-se competentes profissionais e ativos defensores da cidadania gay e LGBT+. Quantos de nossos contemporâneos "sapatões, veados e travecas" tiveram suas vidas ceifadas em pleno frescor da juventude, vítimas da homotransfobia estrutural?!

Três histórias de vida que se intersecionam e apresentam cruciais recorrências no seu enfrentamento da homofobia infantojuvenil: o pedagogo Toni Reis (1964), nascido em Foz de Iguaçu, no Paraná, fundador do Grupo Dignidade de Curitiba e da Aliança LGBTI+; o antropólogo Luiz Mott (1946), paulistano, fundador do Grupo Gay da Bahia e decano do Movimento Homossexual Brasileiro; e o jornalista Alan Johan (1980), nascido em Muriaé, no Rio de Janeiro, fundador e editor da *Revista Lado A*.

Relato de Toni Reis[1]

Nasci em 1964, em Limeira, distrito de Coronel Vivida, cidade do sudoeste do Paraná, família bastante pobre, fruto de uma mistura de raças: português, espanhol, alemão e índio guarani. Tinha muitos irmãos. É difícil lembrar quantos, porque morreram muitos. Meu pai se enforcou quando eu tinha um ano de idade. Até hoje não se sabe por quê. Meus irmãos jogavam bola e queriam que eu jogasse também. Mas eu não queria e chorava. Virei a gandula do time. Eu e meu irmão Neu brincávamos de casinha. Eu ficava na casinha, cuidando. Eu era a mãe, Neu era o pai e os vizinhos, os filhos. Ele fazia um caminhãozinho de palma e viajava, enquanto eu ficava em casa fazendo comidinha, depois eu lavava a louça e fazia todo o serviço da casinha. No Natal eu e meus irmãos ganhávamos bolas. Eu pegava um carvão e fazia o olhinho, narizinho e boquinha na bola, que se transformava no meu neném. Então o fazia dormir. O nome da boneca-bola era Maria Isabel!

Em Coronel Vivida havia as camangacas, grupos de rapazes. Eu era mais delicado que eles. Uma vez nós estávamos conversando, me lembro como se fosse hoje, aí o Ney, que era filho de uma amiga de minha da minha mãe, falou que acima de tudo, "gosto de fazer piá (comer menino), porque eu já fiz o Antônio Luiz e gostei". Ele estava falando de mim, mas não era verdade. Aquilo se espalhou na vizinhança e o meu apelido ficou sendo "Brecha do Ney". Isso era para mim a coisa mais triste da vida. Minha mãe me protegia, brigava com eles e falava: "Parem com esse apelido". Certa vez cortaram meu cabelo e erraram, de modo que ficou uma entrada na minha cabeça. Meus irmãos diziam: "Olha lá a brecha do Ney! É aí que o Ney entra!".

Lembro que nessa época viajamos para Irati de Palmas e lá tinha um priminho: fomos brincar e ficamos excitados. Mas eu não sabia nada sobre sexo. Acho que tinha uns sete anos. Só sei que penetrei o piazinho. Também me lembro de olhar muito meu pênis e, às vezes, ficava excitado. Era maior do que os dos outros meninos. Meus irmãos tinham

1 Relato extraído de Reis e Harrad (1996).

tantas crendices e entre elas diziam: "Se você tocar punheta, vai criar pelo na mão. Se você comer menino, piá, teu pau vai ficar bem grande". E eu pensava: "Que ótimo, meu pinto vai ficar bem grande!".

Após 7 anos, eu ia muito à igreja. Eu era papa-hóstia na época. Minha mãe era muito católica. Eu brincava de padre. Vestia o vestido e os sapatos da mãe. Contava uma banana em rodelas e colocava-a numa taça como ser fosse um cálice. Rezava a missa com uns sete ou oito amiguinhos e amiguinhas. Se algum dos meninos não ficava sentado direitinho, eu batia ou não dava a hóstia.

Comecei a trabalhar numa borracharia, depois numa funilaria, mas não conseguia fazer força e não gostava de sujar minhas mãos e roupas. Falei para minha mãe que queria fazer datilografia e trabalhar no escritório. Aprendi e me colocaram num escritório.

A partir dos onze anos tornei-me uma pessoa muito revoltada. Brigava com todo mundo, especialmente com minha mãe. Destratava e chamava-a de todos os nomes impublicáveis. Achavam que eu era desobediente e realmente era. Quebrava coisas, atirava pedras nos vidros de janela. Meu irmão me trancava no banheiro.

Fiquei assim até os 14 ou 15 anos. Depois me fechei e fiquei quase como um autista. O que me salvava era a religião. Como eu rezava, rezava mais que os monges enclausurados.

Uma das primeiras vezes que ouvi a palavra veado na vida, estávamos na fila do colégio, quando um colega disse: – O Toni não joga bola por quê? Acho que ele é veado. Quando ouvi a palavra veado, avancei na garganta do rapaz e bati, bati, bati. A professora Madalena jogou um balde de água por cima de mim e mandou que rezasse na sacristia. Fiquei lá das 8hs até ao meio-dia. Depois minha mãe foi chamada para explicar por que eu era tão violento. Disse que fiz porque ele me havia chamado de veado e filho da puta. Minha mãe deu-me razão: – Bem que fez, meu filho, tinha de bater mesmo.

Numa Sexta-Feira Santa todos de casa foram na igreja e eu fiquei para assistir ao filme na televisão Morte e Ressureição de Cristo. Passou na rua uma caminhonete com jogadores de futebol. Fiquei excitado vendo aqueles jovens bonitos, me deu um calorão e fui para a cama.

Comecei a mexer no pinto e gozei. Foi minha primeira masturbação. Quando minha mãe chegou, eu estava debaixo da cobertas morrendo de medo porque achava que aquilo era uma coisa muito grave.

Muitas vezes eu fugi para nadar com meus coleguinhas na Pontinha, num riozinho cercado por capim e mato. La aconteciam algumas sacanagenzinhas de piá. Havia várias brincadeiras: uma era o famoso concurso de punheta. Primeiro, era quem espirrava mais longe. Íamos a um terreno e passávamos um risco no chão para ver quem espirrava mais longe, cada um tocando sua punheta. Às vezes, lembro-me bem, tinha dias quando só havia meninos que se conheciam melhor e então dizíamos: cada um toca no outro, aí fica melhor. Eu gostava. Tinha um loiro, muito bonito, de quem eu gostava de ficar perto porque seu negócio era maior. Ele sempre era um dos ganhadores. Parecia uma olimpíada gay. Outra brincadeira era ver quem gozava mais de três vezes. Normalmente o loirinho ganhava. Coitado: ficava vermelho, depois se queixava: – Como arde!

Outra brincadeira era o troca-troca. Troca-troca porque um dava e depois o outro dava. Assim, todo mundo ficava igual. Mas tinha uns caras safados que enganavam a gente. A gente dava e o cara corria e ia embora sem dar!

Nesse tempo todo, com todas essas brincadeiras, nunca ouvi alguém falar a palavra homossexual ou gay. O que falavam muito era veado. Mas veado era um nome feio par xingar as outras pessoas. Não tinha uma conotação sexual. Simplesmente fazíamos porque gostávamos. Até minha adolescência, não me sentia diferente de ninguém. Fazia tudo por instinto, não conhecia a palavra homossexualidade, muito menos seu significado. Veado para mim era apenas uma palavra para ofender as pessoas.

Só a partir dos 14 anos comecei a me sentir bastante diferente dos meus colegas, senti que não pertencia àquela cultura, àquela forma de viver. Um dos fatos marcou minha atração por um certo professor de educação física. Era bonito, loiro, alto, forte. Usava abrigo sem cueca que mostrava um volume bastante avantajado. Sentia uma grande atração sexual por ele. Durante as aulas não conseguia me concentrar nos jogos, por isso me sentia diferente dos outros. No meio da aula, eu tinha de ir para o banheiro e me masturbar, de tão excitado que ficava. Era muito desconcertante.

Então me dei conta da minha homossexualidade. Iniciou-se um martírio que só termina por volta dos vinte anos. A primeira atitude que tomei foi muito difícil. Havia começado a ler livros e revistas para tentar entender mais sobre a homossexualidade: se era doença, anormalidade, se eu era sem vergonha ou endemoniado. Não conseguia achar uma resposta. Então falei de uma forma bem explícita para minha mãe sobre o que estava acontecendo comigo. Tinha atração não só pelo professor, mas por outros colegas da escola e não sentia nada pelas meninas. Falei para minha mãe que tinha um problema no pênis porque só ficava excitado por homens e não por mulheres. Minha mãe, em sua santa ingenuidade, ficou preocupada e julgou que era importante que eu procurasse um médico para curar do problema do pênis. Sentia-me muito infeliz por causa desse problema, que não podia contar para ninguém. A partir daquele momento tomei consciência de que a sociedade não aceitava a homossexualidade e comecei a ter um complexo de culpa muito grande. Fui à policlínica Pato Branco, e, após mais de uma hora e meia de consulta, o médico disse: "Posso dizer que seu pênis é normal. Você é homossexual". Deu alguns conselhos e explicou que a homossexualidade existe até no reino animal e que era natural e normal. – Você não é anormal, mas a sociedade vê a homossexualidade como algo anormal. Então você terá que se adaptar à sociedade para que possa viver nela. Falou que não havia como modificar a situação mas que precisaria de apoio psicológico. Sugeriu que procurasse um centro maior, onde fosse estudar, me aprofundar e fazer um curso superior. Isso eu fiz. Saí da consulta bastante confortado. Conversei com minha mãe, mas foi uma conversa superficial. Ela só tocou novamente no assunto dez anos mais tarde, embora eu deixasse sempre pistas para ela e para meus irmãos que eu era homossexual. Mas como, na maioria das famílias, reinava a hipocrisia com relação aos homossexuais do tipo, você finge que não é e nós fingimos que não sabemos.

Continuei com essa questão irresoluta na minha cabeça. Resolvi ouvir o que o padre tinha a dizer sobre o assunto. Primeiro, falei com o padre

Bruno, que Deus o tenha. Esse disse: – Suspenda os sacramentos. Não pode comungar. Não pode mais ser coroinha.

Foi para mim uma tremenda decepção, porque o que mais queria era ser padre. A coisa que eu mais adorava era participar dos sacramentos. O padre não mandou que eu rezasse, mandou que eu me afastasse dos sacramentos da Igreja. Então, fui conversar com o padre Sigismundo. – Você está enfermo. Quer dizer: doente. Para os doentes nós temos aqui na igreja novenas de Nossa Senhora do Perpétuo Socorro. Faça novenas para ela e você vai se curar, isso é uma fase. Se você recair, vai ter que começar tudo de novo. Até a quarta-feira da quinta semana eu rezava para Nossa Senhora do Perpétuo Socorro: Os transviados e os aflitos Vinde, Vede, Socorrei...

Então, tive recaídas e voltei a ter atração por homens. Lembro-me que nessa época uma das maiores tentações foi o Toni Ramos, na novela *Pai Herói*. Eu achava lindo aquele homem peludo. Por causa dele tive que recomeçar a novena! Outro era Mário Gomes. Fui assistir ao filme *O Cortiço* e tinha uma cena em que ele fazia amor com Beth Faria na praia. Estava para terminar a novena, mas aquela cena me fez voltar ao início! Essa novena não era mais novena, era quarentena! Não me curei!

Nessa época procurava por soluções. Comentava com algumas pessoas que tinha um problema muito sério e que eu queria me curar, porque ainda acreditava que a homossexualidade era doença. É o mesmo quando se tem espinhas na adolescência. Todo mundo tem receitas. Uns amigos meus, que eram evangélicos, indicaram a Assembleia de Deus. Fui falar com o pastor, que disse: – Vamos fazer uma oração para curar você. Realmente, você está possuído pelo demônio. Você está com o espírito aflito. Está transtornado. Vamos te curar através da oração. Procure não falar para muitas pessoas, mantenha isso em segredo.

No dia em que fui até essa igreja, tinha uma festa. Também havia várias pessoas esperando para serem curadas. Chegou a minha vez e ele disse: – Esse nosso jovem tem um problema tão grave, que nem posso falar qual é. Todo mundo olhava para mim e eu derretia de vergonha. – Vamos orar. E, aleluia irmão pra cá, e aleluia irmão pra lá, toda a congregação levantava a mão na nossa direção. Oraram, oraram, oraram.

Eu pensava: – Vou me curar sim, porque creio em Deus, creio em todos os santos. Vou me curar. O pastor disse: – Você vai ter que se converter e orar. Assim, vai se curar. Não me curei. Onde eu olhava, tinha um homem. Eu pensava: – Isso não presta. Isso é contra a lei de Deus. Está na Bíblia, em Levítico, em Paulo... Lembrava-me de todos os versículos que o pastor havia citado para mostrar que era abominação. Mas sentia atração por homens da televisão, colegas da escola e tudo foi por água abaixo.

Continuei meu calvário. Minha mãe frequentava um centro de umbanda. Tinha o pai de santo, seu Curadin. Cada pessoa podia ter um passe para conversar com um espírito. Fui numa sexta-feira e expliquei que era homossexual e que não tinha atração sexual por mulher. Desceu o espírito de pai João que falou, num linguajar bastante acaboclado: – Ô mi si fio, ocê tem é o espírito da pomba-gira. Quando ocê nasceu, ocê nasceu com o espírito da pomba-gira. Faça uma oferenda na encruziada. Leva batom, pó de arrois, alfazema e bibida di rico. Daí a pomba-gira vai saí du seu corpo, num sabe?

Saindo dali, vi um exu, uma estátua de gesso atrás da porta. A pomba-gira era uma diabinha. Toda vermelha. Fiquei muito triste. Pensei: – Meu Deus, essa mulher está dentro de mim?!!!?

Fui para Pato Branco para comprar as coisas para a oferenda. Tinha o maior medo de comprar os produtos de beleza ali em Quedas do Iguaçu por causa do que as pessoas iriam falar. Fui a um lugar bem escondido, atrás do campo do Jacomar, para fazer o despacho. Não funcionou, o espírito, se fosse, continuava comigo.

Um fato me marcou. Falei para minha madrinha que iria me matar. Nessa época, pensei várias vezes em suicídio, até porque estava desesperado para achar uma solução para minha homossexualidade. Embora, no mesmo período também tivesse tido relações que foram prazerosas. Só que a pressão era tão grande! Os amigos, os parentes, meus irmãos, todo mundo falava: – Cadê a namorada?

Todo mundo namorava. Falei para minha madrinha que tinha um problema muito sério, mas não falei qual era o problema. Ela disse: – Faça uma reza, um pedido, para Santa Edwiges. Essa santa é muito poderosa. É a santa das causas perdidas. Você vai conseguir. Não deu em nada.

Meu irmão tinha ido a uma curandeira, para resolver um problema de saúde, e falou para ela que eu não gostava de mulher, mas gostava de homem. Ela receitou para eu tomar leite de égua no colostro. Aquele leite amarelado, grosso, com traços de sangue que a égua produz logo após o nascimento do potro. Ela disse que era a melhor coisa para um homem tomar para ficar macho. Meu irmão falou com várias pessoas que ele precisava desse leite de égua no colostro, para fazer uma simpatia. Foram de fazenda em fazenda, de chácara em chácara, até encontrar uma égua grávida para depois conseguir o leite. Tomei aquele líquido viscoso, em vão!

Nesse período, tive contato com várias revistas, em particular a *Peteca*, que publicava anúncios de rapazes. Eu não entendia tudo, mas escrevia para todos. Eu fazia as perguntas mais ingênuas. Perguntava o que era passivo, o que era ativo, o que era sexo oral. Procurei no dicionário o que era "oral". A definição era: "verbal". Pensei: "É quando fala. Então, deve ser sexo por telefone". E as pessoas respondiam explicando. A revista *Peteca* também foi cultura para mim!

Essa época de minha vida foi muito difícil porque eu não podia ser eu mesmo. Tinha muitas dificuldades em aceitar a situação e a pressão da sociedade. Na época, Quedas do Iguaçu era muito conservadora. Depois vieram para a cidade alguns homossexuais assumidos, e abriu-se um pouco a cabeça do povo, de modo que as pessoas iam se acostumando.

É importante frisar a questão da referência. Eu não tinha referência alguma sobre a homossexualidade. Tinha o *Capitão Gay* na televisão. Embora o *Capitão Gay* fosse um programa de humor, não deixava de ser um super-herói, portanto não representava o estereótipo convencional do gay. Na maioria das vezes, quando retratavam os gays, sempre era como piada, motivo de chacota. Era a bichinha louca, a bichinha cor-de-rosa, a de vestidinho. Assim, eu não tinha referência. Parecia que todos tinham que ser homem ou mulher e acabou. Mas eu não queria ser mulher, queria ser homem. Identificava-me com o masculino.

A adolescência foi um período muito difícil para mim, eu me fechava em casa, me isolava, pela hostilidade que eu sentia por parte dos outros em relação à minha homossexualidade. Pensei várias vezes em suicídio. Nesse período, trabalhei nas Casas Pernambucanas. Houve um concurso. Encheu um colégio inteiro de concorrentes querendo trabalhar. Passei no concurso. Fui ser balconista. Tinha o maior medo que descobrissem que eu era gay. Estava com 17 anos. Sempre fui o vendedor que tirava primeiro lugar, com a exceção do penúltimo mês.

Já na escola, fui sempre um dos melhores estudantes. Fui cofundador do grêmio estudantil do Colégio Anchieta e, depois no segundo grau, presidente do grêmio estudantil Castro Alves. Sempre na minha vida quis ser, se não o melhor, um dos melhores. Isso foi uma mensagem que aprendi com o professor Manoel, que lecionava geografia no ginásio, ele sempre falava: – Para vencer na vida, você tem que ser o primeiro ou um dos melhores.

Isso, junto com o que acredito ser um complexo em relação à minha homossexualidade, fazia com que eu procurasse sempre ser um dos melhores. Procurava fazer as coisas da melhor forma, para conseguir elogios, para ser aceito pelos demais.

Numa excursão em Camboriú, aconteceu a relação sexual mais gostosa que eu tinha tido até então. Fui para as famosas pedras da praia. Onde há pedras e mato na praia pode saber que há uma "pegação". Eu tinha ido a uma discoteca, no primeiro ou segundo dia. Estava dançando na beira da pista, todo caipirão. Encontrei um rapaz, Roberto, louro e forte. Tudo que eu queria na época. Papo vai, papo vem... Ele me convidou para dar uma volta. E fomos. Conversamos sobre amor, felicidade. Ele falou que gostaria de conhecer uma pessoa séria. Falei que era uma pessoa séria, que minhas relações sexuais tinham sido frustradas, que queria amor, não sei mais o quê. Aí paramos num quiosque, compramos duas latas de cerveja e fomos para as pedras. Chegando lá, fizemos a festa. Tiramos a roupa e foi. No meio da "festa" chegaram dois policiais, a cavalo e com lanterna. Eu não sabia o que fazer. Se seria preso, se ia sair no jornal. E minha mãe, coitada, o que ela iria pensar? Começaram a fazer piadas conosco, o que acontecia muito com os homossexuais. No caso de um casal heterossexual, eles falariam: – Olha, não podem fazer isso aqui. Nada mais que isso. Já conosco, levaram nosso dinheiro, a carteira de cigarros do Roberto e faziam piadas. – Quem é que vai sofrer, quem é a mulherzinha?

Em 1984 mudei para Curitiba, sendo aprovado no vestibular para o curso de Letras. O primeiro ano também foi um período de deslumbre. Conheci todos os lugares possíveis frequentados por gays: saunas, bares, boates, parques. Muitos amigos. Consegui respeito no trabalho, comecei a me assumir enquanto homossexual.

Relato de Luiz Mott (1995)[2]

Faço parte dos 10% da população infanto-juvenil que foi vítima de cruel violência sexual: fui estuprado psicologicamente. Não sofri violência sexual física, mas, durante toda minha infância e adolescência, fui emocionalmente torturado dia após dia. Várias vezes por dia. E o pior de tudo, pessoa alguma jamais manifestou o menor apoio, solidariedade ou compaixão com aquele menininho que desde que chegou à idade da razão se deu conta que era diferente de seus irmãos, primos e coleguinhas. Eu era *mariquinha*!

Ainda nem pensava em sexo e já carregava o peso insuportável da discriminação: a molecada me xingava de *mulherzinha*! Eu era e me sentia diferente. Em vez de jogar futebol, preferia ficar sentado do lado de minha avó, ouvindo suas conversas com as amigas. As roupas de mulher me fascinavam. Certa vez uma de minhas irmãs reprovou meu novo penteado: "cabelo dividido no meio é coisa de almofadinha". Fui obrigado a pentear o cabelo para trás. Aos 8 anos recebi enorme bronca por ter passado ruge no rosto. Era forçado a ir jogar futebol como antídoto à minha incontrolável efeminação. Embora adorasse brincar de casinha e, sobretudo, fazer comidinha, internalizei a homofobia dominante em nossa sociedade heterossexista: não aceitava a possibilidade de me afeiçoar pelo mesmo sexo. Sempre ouvia dizer "homem com homem dá lobisomem, mulher com mulher dá jacaré...". Boa coisa não era!

2 Relato extraído de Mott (2008).

Ao entrar na adolescência e começar a sentir atração sexual não por meninas, mas por rapazes, sufoquei essa "maldita tendência", suplicando a Nosso Senhor que me livrasse dessas tentações diabólicas. Como tantos outros jovens homossexuais, chorei muito, inconformado com esta maldição irrefreável que era alvo de tantos insultos e humilhações, muito embora se tratasse apenas de uma "tendência", sem qualquer iniciativa relacional de minha parte.

Pensei várias vezes em me suicidar. O pior de tudo era a falta de luz neste poço de solidão: ninguém que me esclarecesse sobre este desejo que se tornava cada vez mais forte; nenhum modelo positivo que me servisse de inspiração: ao contrário, minha maneira natural de ser e de me afirmar como ser humano era considerada por todos como coisa feia. Nunca vi nem ouvi falar na minha infância e juventude de alguém como eu.

Meu nome é Luiz Roberto de Barros Mott. Nasci em São Paulo aos 6 de maio de 1946. Pai italiano e mãe do interior de São Paulo. Oito filhos. Família católica, fui coroinha na Igreja do Sumaré, primário do Liceu Coração de Jesus (Silva, 1998).

A cada ano e meio minha mãe tinha um novo filho. Nasci entre duas irmãs, e quando eu tinha um ano, ocorreu uma tragédia familiar: a morte de duas irmãs gêmeas. Deste modo, permaneci mais tempo que os demais na condição de filho caçula, sendo alvo de mais carinho e atenção para compensar a perda das irmãzinhas. Privilégio estampado no meu apelido: Nenê. Fui a boneca viva de três irmãs mais velhas que cuidavam do seu Nenê de carne e osso. Até hoje tenho velhas tias que assim me chamam... O segundo apelido que tive foi Chico Viramundo. Meus irmãos me chamavam assim. Tratava-se do personagem de um filme seriado norte-americano (1943). Certamente com tal apodo queriam salientar um traço marcante da minha personalidade: curiosidade aguçada e o andar por todo lado. De fato, viajei bastante pelo mundo afora. Virar o mundo passou a significar também virar a mesa. Acredito ter sido sempre uma pessoa contestadora. Sobretudo, nos últimos trinta anos da minha vida. Tenho polemizado sobre muitas e variadas questões existenciais, acadêmicas e políticas. O primeiro decano no Movimento Homossexual Brasileiro, Dr. João Antonio Mascarenhas me chamava de *agent provocateur*... Gosto desse título. Mais tarde incorporei o lema dos orgulhosos paulistas ao meu ideário: "*Non ducor, duco!*" (Não sou conduzido, conduzo).

Acredito que a homossexualidade, talvez, tenha uma porção genética que as agradáveis ou frustrantes experiências infanto-juvenis vão acentuar ou abortar. Essa minha cota genética homossexual, associada às circunstâncias da minha criação, criado como "nenê" entre irmãs, fizeram-me um menino mais delicado que meus irmãos e primos. Desde pequeno sempre fui muito carinhoso, delicado, sensível... e bonito! Isso levou meus irmãos, sobretudo os gêmeos, cinco anos mais velhos que eu, a me discriminarem. Eles me chamavam de mulherzinha, mariquinha. O que me provocava grande sofrimento e raiva. Minha mãe, percebendo minha tendência de menino efeminado, procurou estimular-me a desenvolver aptidões mais masculinas. Fui forçado a aprender a jogar futebol, a praticar brincadeiras mais masculinas, escotismo, arco e flecha. Minha avó materna era mais prática: quando certa vez, chorando, contei a ela que um primo me chamou de mulherzinha, me aconselhou: "Mostre o pinto!". Nunca tive coragem de cumprir tal instrução: tinha vergonha e desconforto com meu pintinho. O que não me impediu, na casa dessa mesma avó, de brincar com um menino pretinho, cada um pegando no bililiu um do outro.

Tinha 9 anos quando nos mudamos do Jardim São Paulo para o Sumaré, ótima casa num bairro pequeno burguês. Lá, morando perto da igreja Nossa Senhora de Fátima, alimentei a ideia de ir para o seminário. Tornei-me coroinha. Era completamente inocente em termos de sexualidade: quando ouvi um outro coroinha, já adolescente, dizer que ia comer um portuguesinho, imaginei que ia mastigar seu pipi... Meu projeto de ir para o seminário foi estimulado em parte pelos meus pais, entusiasmados com a ideia de ter um filho padre; da minha parte, além da garantia que, sendo padre, seria mais difícil ir para o inferno, distanciar-me de casa representava a fuga de uma insuportável opressão, a diuturna discriminação de gênero que sofria por parte dos meus irmãos gêmeos. Eles personificavam o machismo do lado paterno da família e a homofobia estrutural dominante no Brasil nos meados do século XX.

Em 1957, aos 11 anos fui para a Escola Apostólica de São Domingos em Juiz de Fora, onde fiz o ginásio e clássico. O seminário era um ambiente razoavelmente moderno, quando comparado aos internatos e outros seminários da época. Os dominicanos eram a ala mais esquerdista do Brasil pré-ditadura militar. Havia férias na família todos os finais de ano, coisa rara na maioria dos seminários e internatos. Na Escola Apostólica continuei muito piedoso e delicado. Avalio essa experiência comunitária como fator bastante positivo para o resto de minha vida, pois desenvolvi certas potencialidades manuais e artísticas: cantava no coral, trabalhava na terra num clube agrícola, acampávamos nas férias de julho. Tornei-me disciplinado e habilidoso em vários serviços domésticos e comunitários. Já adulto, um namorado italiano me chamou de "*tuttologo*"... certamente devo tal condição de "factótum" aos sete anos de seminário.

Minha iniciação sexual foi extremamente tardia, achando como todo católico, e ainda mais como aspirante ao sacerdócio, que a castidade é uma virtude fundamental. Meu modelo de santidade era o jovem São Domingos Sávio, "antes morrer do que pecar...". Assim sendo, evitava os maus pensamentos e a masturbação. O primeiro orgasmo só o provoquei por volta dos dezesseis anos, pouquíssimas vezes, sempre com enorme culpa. Sentia uma persistente tendência homossexual, alguns sonhos, muitos desejos, mas que eu reprimia com medo, considerando ser uma falta gravíssima, um pecado mortal! Homofobia internalizada assumida.

Durante mais de três anos tive uma relação platônica com um seminarista mais velho, Otaviano, mineiro cor de canela, ele com dezessete e eu com uns catorze anos. Depois soube que ele transou com outro seminarista meu amigo. Na época, contudo, não fiquei sabendo de nada. Mantivemos uma amizade particular, bem no estilo do célebre livro *Les amitiés particulières* (Roger Peyrefitte, 1943), o mesmo tema depois recuperado por outro seminarista, João Silvério Trevisan na obra *Em nome do desejo* (1982). Não chegamos a nenhuma intimidade erótica: trocamos inúmeras cartas apaixonadas, tínhamos longas conversas muito amigáveis. Hoje lastimo que tal homossociabilidade, tão bela e gentil, não tenha evoluído para beijos, abraços e algo mais. Certamente teria me ajudado a aceitar o que tanto temia: eu era homossexual!

Em 1963, aos 17 anos, fui para o Noviciado Dominicano em Belo Horizonte. Adorava usar a bela batina branca da Ordem dos Pregadores. Tanto no seminário quanto no noviciado, fui um adolescente marcado por forte espiritualidade, uma religiosidade moderna no sentido da caridade, da solidariedade e com grande preocupação pela Bíblia, cuja leitura fiz várias vezes. Meu ideal era ser santo!

No noviciado, na ebulição dos hormônios juvenis, tive muitas tentações homoeróticas. Algumas poucas masturbações, com grande angústia... com imediata confissão e arrependimento. Lá, eu estava cercado de jovens noviços tentadores... com dezenove, dezoito, dezessete anos. Hoje lastimo muito ter reprimido desejos tão tentadores.

Terminado o ano probatório, fui para o Seminário Maior Dominicano em São Paulo, nas Perdizes. Era um ambiente muito mais aberto. Podia visitar minha família e passear algumas vezes pela cidade. Por essa época, já estudando filosofia, comecei a perceber que na verdade a minha fé, o meu gosto pela religião e pela vida sacerdotal, não eram tão fortes como acalentava desde menino. Comecei a me dar conta que não devia ter vocação sacerdotal, pois, se fosse para ser padre, deveria espontaneamente gostar das coisas do céu. Porém, tanta missa e oração me causavam desprazer e irritação. Isso foi amadurecendo na minha cabeça, então tive coragem de dar esse primeiro passo corajoso em minha biografia, mudando radicalmente o meu projeto de vida.

Ser padre era um grande sonho que alimentei por toda uma década, a partir dos 10 anos de idade. Com dezessete para dezoito realizei que não queria mais abraçar a vida sacerdotal. Tal decisão foi assaz traumática porque existia, sub-repticiamente, querendo ou não, uma pressão familiar para dar continuidade a um projeto de vida tão acalentado e nobre. Senti-me, não obstante, suficientemente forte para abandonar o convento.

Tal guinada de percurso ocorreu exatamente em 1964, no ano da "revolução", como se dizia então. Apesar dos dominicanos terem tido participação importante no movimento das esquerdas contra a ditadura, não sei como, pouco me recordo desses calamitosos momentos. Não me lembro do 31 de março.

Ao sair do convento voltei para a casa dos meus pais, no Sumaré, em São Paulo. Era o segundo semestre de 1964. Estava em dúvida sobre o que fazer da minha nova vida! Certamente seria na área de humanidades, mas não tinha claro se faria Direito ou outra humanidade. Antevi na área de Ciências Sociais a possibilidade de continuar mais ou menos na mesma linha do sacerdócio, uma espécie de serviço social, auxiliando a sociedade a enfrentar as injustiças sociais. Era uma época de fermentação de ideias socialistas, de reformas de base e imaginei fazer da minha futura profissão não mais o sacerdócio religioso, mas uma prestação de serviço ao bem-comum. Fiz então um cursinho semi-intensivo e consegui entrar na Faculdade de Filosofia Maria Antônia na USP. Eram trinta vagas, entrei em sexto lugar em Ciências Sociais e em quinto lugar em jornalismo. Agradeço aos dominicanos a boa bagagem cultural que me deram: lia correntemente francês, além de boa base em inglês, latim e rudimentos de grego.

Ao retornar ao Sumaré, reatei algumas amizades de férias: colegas e vizinhos que viviam próximos à casa de meus pais. Certa vez um deles, um adolescente da minha mesma idade, muito mais experiente, falou-me que havia no bairro umas mulheres com quem era fácil transar, sobretudo empregadinhas domésticas. Então, com desejo de reforçar minha heterossexualidade sempre ameaçada por fantasias pecaminosas, já que meus sonhos e poluções noturnos eram quase todos homoeróticos, tive minha primeira experiência com uma mocinha negra, empregada doméstica. A transa foi no banco de trás de um Volks, relação extremamente difícil anatomicamente, mas cheguei ao orgasmo. Numa outra vez, encontrei outra moça que disse trabalhar num laboratório fotográfico, mas depois descobri que era doméstica na casa de uma amiga. Esta menina conseguira meu telefone por meio da agenda da patroa: me telefonou e nos encontramos várias vezes. Transamos no apartamento do meu irmão, uma quitinete na rua Paim que ele mantinha vazia para levar mulher. Algumas vezes as relações foram bastante satisfatórias, outras um decepcionante fiasco... não conseguia chegar ao orgasmo, mesmo dando trela, no ato, a voluptuosas fantasias homoeróticas.

A minha curiosidade sexual era sobretudo com homens, mas não aceitava tal possibilidade. Primeiro pela repressão cristã, depois pelo estigma social. Aquele mesmo vizinho alcoviteiro me contou que nas calçadas da Biblioteca Pública Mário de Andrade havia viados que transavam... Fiquei extremamente curioso com essa novidade. Era a primeira vez que ouvia falar sobre espaços frequentados especificamente por homossexuais. Em toda minha infância pré-seminário, nunca vi ou ouvi falar de algum viado (categoria que outrora incluía gays e travestis), a não ser insultados em grafites nas portas de algum sanitário público. Uma noite tomei coragem e fui de carro pelas redondezas da rua São Luiz, no centro de São Paulo, e, de fato, lá estavam diversos rapazes fazendo ponto: escolhi um mocinho da minha idade, um nordestino branco que me disse ser copeiro numa casa de família. Fomos para uma rua mais escura e tranquila, se não me engano pelos lados do Ipiranga.

Eu estava extremamente nervoso, tremendo como uma vara verde. Aliás, as primeiras vezes que mantive relações homossexuais no carro, geralmente não indo além de masturbação recíproca, tremia compulsivamente, chegando a bater o queixo! Essas transas iniciais foram bastante prazerosas, intensas, porém com muito nervosismo e prejudicadas pelo incontrolável tremor. Recusava beijar na boca. Nessa relação inaugural, o gay queria que eu o penetrasse, que fosse o ativo. Como eu ainda não tinha esse tipo de experiência e não sabia como proceder, preferi que ele apenas me masturbasse. Depois de gozar, senti enorme desconforto, não queria mais essa criatura no meu carro, o que revela o alto nível de minha homofobia internalizada. Eu era um gay egodistônico! Depois de nos limparmos, inventei um defeito no motor e pedi que o rapaz fosse olhar uma coisa atrás do fusca. Mal ele saiu do carro, fugi em velocidade, como o diabo foge da cruz. Tenho vergonha dessa minha maldade, mas eu também era vítima irresponsável dessa ojeriza ao "amor que não ousava dizer o nome". Me desculpe, meu primeiro parceiro de orgasmo homoerótico!

Nessa e nas primeiras vezes que transei, ao chegar em casa tomava meticuloso banho desinfetante, querendo me lavar daquele pecado ao mesmo tempo tão gostoso, mas inexplicavelmente tão rejeitado. Na manhã seguinte, encontrei o cinto do rapaz no chão do meu carro: peguei-o com a ponta dos dedos e joguei fora, como se fosse uma serpente peçonhenta. Imediatamente fui à igreja para me confessar e comungar. Que primeira vez tão cheia de culpa e medo causados pelo heterror-sexismo!

Na faculdade, um colega japonês se enamorou de mim e me convidou para transar. Essa e as outras vezes foram menos traumáticas. Comecei a ter menos culpa, a beijar na boca. Ao ler a *Ideologia Alemã*, de Marx, tornei-me ateu e com o tempo deixei de ter qualquer tipo de consciência pesada, no que refere a essa forma de sexo e amor que se tornava dominante na minha vida. Na faculdade, tive uma vivência discreta como homossexual. Cheguei a namorar duas colegas, ao mesmo tempo que mantinha cada vez mais frequente vivência homossexual clandestina. Tive então caso fixo com dois rapazes por alguns meses: um dentista jovem e depois com um carioca. Muitas noites caçava gays no Parque Trianon, na Avenida Paulista, disputando espaço e os bofes e bofonecas, entre outros, com Walmor Chagas com seu poodle na coleira e com meu primeiro professor de sociologia, Luiz Pereira, décadas depois, vítima da aids.

Acho que foi em 1966 que passei as férias de verão na Bahia. Fui de carona com um caminhoneiro meu vizinho. Na estrada Rio-Bahia ele parou e pegou duas putas, uma para cada um. Fodemos no mato. Foi uma relação extremamente desagradável. Logo que cheguei a Salvador, percebi que havia pegado uma gonorreia. Foi a minha primeira DST e a primeira dolorida experiência de tomar uma Benzetacil intramuscular. Tal experiência me causou um grande trauma, contribuindo para que afastasse a heterossexualidade da minha vida, mais um ingrediente para justificar minha vida homossexual clandestina. Minha irmã mais nova, Maria Lúcia Mott, historiadora, conhecia alguns artistas gays e desconfiava de minhas saídas noturnas. Certa vez, no meio de uma briga, ela disse: "Eu sei que você é homossexual!". Cheguei a dar uns tapas nela por ter ousado dizer a verdade que eu não aceitava, prova do quanto eu temia a pecha de ser homossexual.

Algumas vezes frequentei boates gays em São Paulo: a Entends, Medieval, Nostro Mondo, e outras mais cujo nome não me recordo. No Rio de Janeiro fui várias vezes à veterana boate La Cueva. Frequentei também algumas saunas de pegação homoerótica. Porém, preferia interpretar meu homoerotismo como uma tendência passageira, embora cada vez mais arraigada e exclusiva. Como já referi, não tive nenhum modelo homossexual durante toda minha infância e adolescência: nunca vira nenhum homossexual, muito menos travesti. No seminário um colega adolescente fora expulso ao ser pego transando com outro rapaz num bananal. Não tive modelos. Lembro, contudo, que meu professor de história no ginásio em Juiz de Fora, Murilo Hingel, que depois foi ministro da Educação de Itamar Franco, disse que a homossexualidade e a pederastia causaram a queda do Império Romano... Mitos da heteronormatividade. Outra lembrança: quando traduzíamos Júlio Cesar, *De Bello Gallico*, na frase "*ad effeminandos animos*", alguns colegas mais tiranos olhavam pra mim e para o Henrique Oswaldo, que foi expulso da Escola Apostólica por sua efeminação, ordenando-se padre secular, coitado, morreu de aids na flor da idade.

Terminada a faculdade na USP, consegui uma bolsa para fazer mestrado na França (1969-1971). Passei dois anos em Paris, morando na Cité Universitaire, no Boulevard Jourdan, no XIVème arrondissement. Em termos de experiência e liberdade, considero os melhores anos da minha vida. Gostei de morar sozinho. Tinha uma *mobylette*, começando então minha vida como motoqueiro. Até hoje tenho moto. Gostei imensamente de viajar pela Europa, usufruindo finalmente a liberdade de ser dono de minha vida! Tive oportunidade de ter uma vivência homossexual bastante intensa. Transei com rapazes de inúmeras nacionalidades, frequentei boates, saunas, *pisotières* (mictórios públicos). Tive casos apaixonados com um cineasta mexicano e com um historiador afro-americano: alimentamos o devaneio de viver juntos nalgum país africano francofone... Embora já circulasse na França a primeira revista acadêmica homófila, *Arcadie* (1954-1982), não cheguei a conhecê-la. Coincidentemente, eu estava em Paris em 1971 quando foi fundado o pioneiro *Front homosexuel d'action révolutionnaire* (FHAR), cuja desbundada existência, hélas, não chegou ao conhecimento desse jovem então com 25 anos, confuso em sua libido e que na época não estava certo se a palavra homossexual se escrevia com um ou dois "s"...

Foi no fim de meu estágio na Europa que comecei a escrever para uma ex-colega da USP, nissei de Marília, planejando noivarmos e nos casar quando retornasse a São Paulo. Maluquice total, confusão mental, resistência em reconhecer que eu era predominantemente homossexual, tentando enganar a mim mesmo que com meu diploma de mestre em Etnologia pela Sorbonne, para ser contratado por alguma boa universidade e ter uma almejada vida doméstica, devia me casar com uma mulher, ter filhos. De retorno ao Brasil, passei o verão pesquisando nos arquivos de Portugal, mantendo divertida vida homoerótica e muitas aventuras com lusitanos e africanos das antigas colônias.

Em 1972 me casei no civil com minha antiga colega. Revelei-lhe que tivera algumas experiências homossexuais, sem entrar em detalhes, mas que estava disposto a virar essa página de minha vida. Ela respondeu-me que, se eu me contentasse em ficar só com ela, não se importava por meu passado. Minha intenção era verdadeira e honesta: queria de fato concentrar-me exclusivamente na vida doméstica familiar heterossexual.

Após 5 anos de casamento, duas filhas, encontrei casualmente em Campinas, numa de minhas clandestinas aventuras noturnas, um rapaz que bagunçou minha vida: Sérgio! Na época, eu menos de trinta anos e ele uns dezoito ou dezenove. Sempre gostei de parceiros mais jovens. Foi a primeira vez em minha vida que tinha encontrado um homossexual bonito, masculino, passivo e completamente tranquilo em relação a sua homossexualidade. Sem saber, ele provocou uma profunda revolução na minha cabeça e no meu coração. Realizei finalmente que não queria mais viver essa ambiguidade. E que eu só tinha uma vida e não ia continuar vivendo de aparências. Queria estar apenas com ele. Aí ocorreu a segunda guinada em minha vida: arrombei o armário e assumi-me exclusivamente homossexual. Isso após cinco anos de um casamento tranquilo, duas filhas que eu muito amava e cuidava delas com dedicação máxima.

A separação foi um processo extremamente traumático. Na época, minha mulher fazia o mestrado. A revelação que desejava me desquitar iria perturbá-la gravemente. Ela estava terminando a dissertação na Unicamp, e, para poupá-la, fui protelando essa revelação durante meses. Quando finalmente terminou a tese, disse que queria me separar. Ela reagiu pessimamente, culpando-se, chegando a falar em cometer uma tragédia com ela e com nossas filhas. Eu não queria entrar nos detalhes da separação, mas, para evitar que ela se autoculpasse, contei-lhe a verdade. Isso causou um enorme trauma familiar.

A minha família não sabia claramente desse meu lado abominável. Primeiro falei com minha irmã que anos passados me acusou de homossexual. Ela agora me deu todo apoio. Também contei a meus pais, criando dramáticos problemas no início, mas depois aceitaram, conformando-se com o veredicto de uma psiquiatra: "O Luiz não tem concerto. É mesmo homossexual!".

Hoje, felizmente, após muito choro, sofrimento, indignação e relacionamento familiar conflitivo, entre mortos e feridos, salvamo-nos todos. O divórcio foi a melhor solução para mim, para minha ex-mulher e para as meninas, embora pessoas amigas tivessem me aconselhado a não desfazer o casamento e manter na clandestinidade minha vida gay. Passada a adolescência, minhas filhas Míua e Tamí passaram a me conhecer melhor e a me amar. Hoje são muito minhas amigas, idem minhas três netas. Quando vou visitar a mais velha, em Marília (SP), hospedo-me na casa da minha ex, numa boa. Meus pais continuaram a me querer muito bem mesmo depois da separação e se relacionaram tranquilamente com dois de meus companheiros baianos. Meu velho pai, já octogenário, disse certa vez: "De meus oito filhos, o Luiz é o único humanista. Se eu fosse como ele, ia lutar pelos meus direitos!". Foi coerente com sua história ideológica: ao emigrar da Itália, aos 17 anos, sua ideia fixa era "como matar Mussolini e não ser preso!".

Relato de Allan Johan[3]

Há momentos na vida que enterramos para sempre. Para olharmos para frente, tentamos esquecer o passado. Mas o pretérito é imperfeito e faz parte de nosso corpo. Dele, vieram várias marcas, aquelas que podemos ver e aquelas que apenas sentimos. Somos o que fomos, seremos no futuro reflexo do nosso presente, admitamos isso ou não.

3 Relato extraído de Johan (2008).

Tenho 26 primaveras de vida e a impressão de que passei por muitos mais invernos. Não espere que o texto que vem a seguir seja alguma poesia. A vida é bela e doce, na ficção. Não precisaria estar falando isso para você, tenho certeza de que você chegou a esta conclusão. A vida é prosa, e não verso e muito menos um soneto, todo pré-determinado. Saiba que se trata de uma história real. O personagem existe e essa história se repete.

Aos 12 anos de idade, vivi talvez um dos piores anos de minha vida. Tenho orgulho de mim por ter superado aquele momento crítico. Gostaria que tudo tivesse sido diferente, mas não foi. E acho que, apesar de tudo, agi da melhor maneira possível. Se hoje somos produto de cada segundo que passamos, agradeço por tudo que passei.

Eu estudava em um dos melhores colégios do interior do Rio de Janeiro, na cidade de Campos dos Goytacazes. O Centro Educacional Nossa Senhora Auxiliadora, ou apenas Auxiliadora, ou Censa, como era escrito em nossos uniformes, era um colégio modelo, para crianças abastadas, administrado por freiras salesianas e com mais de 70 anos de tradição. Meus pais haviam sido transferidos de uma cidade vizinha, Macaé, onde nasci, e já não era a primeira vez que eu mudava de ambiente. Tínhamos o hábito de mudar a cada dois anos. Não sei do que fugíamos, mas eu aprendi a fugir também.

Lembro-me bem de todos os amigos desta época, de toda a minha rotina, de tudo o que passei. Na sexta série, me apelidaram de Buba, em homenagem à hermafrodita que havia na novela (*Renascer*, Globo, 1993). Meus olhos verdes e cabelos lisos colaboraram para isso. Talvez o meu jeito comunicativo também. Eu raramente respondia, mostrava o dedo, nem todos me chamavam assim. Eu jogava no time de vôlei do colégio, não apenas de manhã, no horário da aula, mas também de tarde; eu precisava conviver com as brincadeiras.

E as traquinagens foram piorando. Começaram com um apelido inocente até histórias de que eu teria feito sexo com um atleta do time de futebol. Durante os torneios, quando precisávamos dormir em alojamentos, eu até avaliava a possibilidades de ficar com as meninas, por medo de que algo mais sórdido fosse feito. E as histórias corriam e ganhavam requintes de crueldade. Eu fazia teatro, inglês, preenchia o tempo. Em casa, eu era uma criança estressada, descontava nos outros o maltrato que recebia. Lembro que minha irmã certa vez me chamou de "viadinho" e eu peguei a arma de meu pai, descarregada, e apontei para ela. Ela nunca mais repetiu aquilo.

Não conseguia falar com meus pais sobre o assunto. Não achava que eles me ajudariam, e de fato não iriam. Achei que levaria uma surra por ter ameaçado daquela forma a minha irmã, mas não, ela quem levou uma bronca. Na cidade anterior, eu brigava quase toda semana no colégio com um menino que pegava no meu pé. Lá, por incentivo do meu pai, que veio com o famoso papo se eu era "um homem ou um rato", eu reagia às provocações, o que fez com que todos se voltassem contra mim, até os professores. Para meu pai, eu só deveria estudar, e a vida dele era muito mais complicada. Depois de anos, nós nos entendemos. Perdoei-o por não me ajudar naquela época, embora ele nunca tenha me perdoado por não ser o que ele sempre idealizou.

Eu me defendia como podia e me questionava se eu gostava de meninos. Não tinha coragem de pagar para ver, então, eu galanteava as meninas e pensava nos meninos. Nada sexual. Idealizava o príncipe encantado que me salvaria. Aproximei-me de um colega e o amei sem nunca dizer isso para ele. Na época, eu nem tinha essa consciência, mas posso afirmar que era um amor puro, platônico e infantil. Um dia, ele percebeu. As pessoas começaram a pegar também no pé dele e ele se distanciou. Fiquei sozinho. Eu era um garoto sozinho, que sonhava alto para não colocar os pés no chão. Compensava os momentos terríveis e seguia em frente.

Outro ponto de estresse na minha adolescência era o problema de ginecomastia que eu tinha. Eu culpava as mamas um pouco salientes de tudo. Implorava aos meus pais para fazer a cirurgia. Só fui realizá-la aos 19 anos. É bastante comum essa reclamação entre os meninos, pois o mínimo de diferente que você for dos outros já te trará problemas. Na verdade, eu evitava ficar sem camisa perto dos outros garotos e apenas um ou outro brincava com o assunto, mas nesse quesito eu tinha vários concorrentes para atazanarem no meu lugar. Os negros, os deficientes físicos, os gordos me geravam um pouco de alívio, pois também eram alvo de perturbações. Mas eu sempre entrava no rodízio das humilhações e logo já era alvo de nova incomodação.

O opressor talvez não tenha noção de seus atos. Para eles, e acredito que ainda pensam assim, era apenas uma brincadeira inocente. Mas a verdade é que nem eu mesmo sabia da minha sexualidade. Talvez o menino que se matou em Ponta Grossa tenha morrido sem saber a sua. A sexualidade é algo que dá medo às pessoas, pouco se fala sobre o assunto, pouco se sabe de fato. Dá medo por ser desconhecido. E não faltam falso moralismo e hipocrisia no tema. Por isso, as pessoas exploram esse mundo de forma homeopática e discreta, sempre impondo limites que vão sendo superados. Eu fui jogado muito além da linha da sexualidade de um menino de 13 anos de idade.

Certa vez, um rapaz do time de basquete, um ano mais velho, quebrou meu dedo com uma bolada durante uma aula de educação física. Jogou a bola que bateu no meu dedo mindinho direito e este entortou e fraturou. Em seguida, ele veio e falou que aquilo não era esporte para boiola. O rapaz também era um dos prediletos do pessoal para se tirar sarro. Ele tinha dentões e o povo o chamava de Batista, um personagem de humor dos anos 90. O apelido Mônica já era de outro menino. Acho que ele fez isso para descontar o seu estresse. Aliás, com o fim da novela, para o meu desespero, meu apelido se tornou Linda Inês, em razão da nova protagonista da novela das oito e de meu cabelo Chanel (*Fera ferida*, Globo, 1993).

Se crianças têm respeito umas pelas outras, o respeito que tinham por mim estava quase perdido. Me lembro de um dos garotos da minha sala me agarrar por trás. Eu era raramente incomodado fisicamente, no máximo era um tapa na cabeça ou na bunda. Esse rapaz, o mais forte da sala e muito bonito, chegou a pedir para eu ir com ele e outros garotos para o banheiro. Elogiou a minha bunda. Não fui. Aliás, o banheiro era lugar que eu temia. Eu jamais havia pensado que era homossexual, era inadmissível na educação que eu tivera, por isso, depois desse episódio, fui até a coordenação da minha série exigir uma atitude contra desses dois casos.

A subcoordenadora disse que não era nada. Chegou a perguntar se eu era "isso" que eles falavam. Eu disse que não. Então, ela falou que aquilo bastaria para eu não levar a sério as provocações. Em relação ao rapaz do time de basquete, ela conversou com ele na minha frente e ele alegou que apenas repetia o que todo mundo falava. Sobre o assédio que sofri, narrado para a professora, nada foi feito. No final, acabei me sentindo culpado, pois eu deixava tudo aquilo acontecer.

A exumação de tudo isso é necessária para que as pessoas entendam a importância de proteção de jovens homossexuais do preconceito diário nas escolas. Atitudes irresponsáveis como apelidos maldosos, pegar no pé de uma pessoa diferente, assédio moral, podem causar reações imprevisíveis. A diversidade deve ser apoiada, respeitada. Não são poucos os casos de suicídio causados pela depressão por causa do preconceito. A discriminação está também presente nessas pessoas que têm problemas sérios de autoaceitação ou dificuldade de encarar os dedos reprovadores e uma cultura que prega que ser diferente é ser inferior. Mas elas não podem ser acusadas de serem fracas, eu não me acho mais forte por ter sobrevivido. Creio que elas não tiveram a mesma sorte.

Relembrando tudo isso, vejo que eu era muito feliz. Naquele mesmo colégio eu era destaque no time de voleibol e ganhamos muitos campeonatos. Em um jogo, cheguei a fechar um set inteiro dando saques, vários "aces" seguidos, e havia até torcida gritando o meu nome. Bem, na verdade, eles gritavam Linda Inês. Naquele dia, uma menina veio me procurar, eu a dispensei, fiquei assustado; havia deixado a minha sexualidade para depois. Recebi troféus em vários concursos de poesia. Aplausos no teatro. Dava aula no laboratório de informática, era considerado prodígio, e sempre fui muito elogiado e admirado pelos professores. Preferi acreditar que eu era especial e fiz, talvez ainda hoje faça, tudo para que eu seja ou me sinta assim. É uma forma de fazer com que a aceitação seja mais fácil, de compensar o que não precisa ser compensado. É um resquício de meu próprio preconceito interno.

Sofro ao ver que os adolescentes gays ainda passam por tudo isso nas escolas, dói saber que vivemos em uma sociedade que nos instiga a perder a dignidade e a compostura. Luto contra tudo isso diariamente. Contra os livros que exalam sangue, contra as mãos que cheiram a morte. Contra todos os que se calam e que querem que as pessoas abandonem as suas essências para serem o que não são. A felicidade está dentro de você, por mais estranha que ela possa parecer. E se você não é feliz, ao menos deixe que as outras sejam.

Outros invernos e verões vieram. Aos 18 anos, eu percebi que eu era homossexual sem nunca ter feito sexo. Como passei grande parte da minha vida pensando no assunto, fui comprovar isso de forma madura. Foram anos para eu me aceitar, para eu chegar naquele momento. Mais alguns anos para que meus pais me entendessem, contei-lhes logo após a minha primeira experiência. Não foi um caminho escolhido, pois tenho a certeza de que jamais escolheria passar por tudo isso. No que eu poderia optar, fiz com a maior certeza do mundo. Mas nada evitou o medo, as preces, o frio, a angústia. Passei por tudo, sempre à espera do próximo verão. A vida de um gay é normal. Anormal é o preconceito que ele precisa enfrentar. Isso explica as muitas mortes e sanidades pelo caminho, entre as pedras.

Hoje, eu confesso que vivi momentos à beira de praticar ações desesperadas. Eu imaginava colocar fogo no colégio, me matar, colocar purgante na caixa d'água da escola, ir armado e matar o primeiro que começasse a fazer gracinhas... E acho que nada disso aconteceu por muito pouco. Eu vivia em um inferno, uma prisão onde eu tinha ido parar sem direito a um julgamento justo. Talvez eu tenha aguentado tudo isso por achar que, quando nós nos mudássemos novamente, eu teria a chance de recomeçar. E assim foi. Nunca mais fui incomodado pelo meu passado, no qual a cada ano eu jogava uma camada de terra, e neste canteiro plantei flores.

À guisa de conclusão

A leitura desses três depoimentos evidencia diversos pontos em comum apesar de terem sido vivenciados em diferentes estados (Paraná, São Paulo, Minas Gerais, Rio de Janeiro), em famílias de diversificados estratos socioeconômicos e em diferentes décadas na segunda metade do século XX. Esses três jovens, desde criança, sentiam-se diferentes dos demais meninos: mais delicados, não gostando de jogar futebol, identificando-se com peculiaridades do gênero feminino, comprazendo-se em usar furtiva e ocasionalmente vestidos e sapatos da mãe, brincando de casinha e boneca, sinais diacríticos logo percebidos e manipulados pelos colegas para xingá-los com nomes insultuosos: veado, boiola, mulherzinha, mariquinha, além de apelidos femininos com nome das artistas das novelas da época. Discriminação não apenas na escola e vizinhança, mas também dentro de casa, por parte dos irmãos e das irmãs, e, em menor intensidade, também dos pais, que, mesmo que não tenham engrossado o time dos que insultavam ou ameaçavam o filho pouco viril candidato a gay, não abriram espaço para um diálogo franco que os ajudasse a enfrentar a diuturna e plurifacetada violência homofóbica. Uma avó e uma mãe citadas nessas autobiografias foram mais propositivas, sugerindo ou apoiando reação física do filho ou neto oprimido. Infância e juventude referidas por esses três gayzinhos como inferno, prisão, piores anos da vida, solidão, martírio, calvário, muito medo, complexo de culpa. Todos tentaram em vão "corrigir" essa malfadada sina, relacionando-se com o sexo oposto. Eu mesmo cheguei a me casar e por duas vezes ser pai como estratégia para me afastar do "mau caminho". O desespero, a falta de luz no fundo do poço, a inexistência de modelos e os diálogos positivos e esclarecedores levaram esses três jovens a cogitar soluções extremas para escapar de tanto estresse, apartação e sofrimento físico e psicológico: todos pensaram em se suicidar – confirmando inúmeras pesquisas que apontam que o risco de se matar é sete vezes maior entre jovens LGBT do que entre adolescentes "normais".[4]

Opressão homofóbica concretizada no assédio sexual, nas calúnias sobre suas supostas relações passivas com outros meninos mais fortes e másculos, na humilhação em público. Na persistente cobrança de namoradas. No desprezo e na humilhação de rapazes por quem ousaram se apaixonar. Todos os três reclamaram a falta de referências e modelos

---

4 De acordo o *American Journal of Public Health*, "Homossexuais de 13 a 18 anos de idade são sete vezes mais propensos a cometer o suicídio do que os heterossexuais masculinos na mesma faixa etária" ("Estudo liga suicídio a homossexualismo", 1997).

positivos de como ser homossexual e enfrentar a hostilidade da sociedade heteronormativa, incluindo um maldoso complô do silêncio contra a verbalização positiva da palavra homossexual, homossexualidade. Somente um padre e um médico, *avis rara* nessa alcateia de homófobos intolerantes, opinaram positivamente sobre ser gay, orientando positivamente o mesmo jovem que antes fora forçado a tomar uma caneca cheia de sanguinolento colostro de égua para curar seu abominável vício!

A forte influência da religião foi crucial nos dois primeiros casos: ambos encontraram, nos padres e nas cerimônias católicas, espaço de fuga e acolhimento. Os dois desejaram ser padres. "O que me salvava era a religião!", disse Toni.

Como estratégias de enfrentamento da opressão heteronormativa, esses jovens gays logo se convenceram que deviam se destacar profissionalmente, estar entre os melhores de seu grupo social, se não para neutralizar, quando menos atenuar, seu *handicap* estrutural: ser veado, mesmo que discreto e no armário. Os biografados, além de terem conseguido sobreviver à "peste gay" e, até 2021, não entrarem nas estatísticas dos crimes homofóbicos e nem terem sucumbido à pandemia do coronavírus, todos os três destacaram-se com brilho dentro da comunidade LGBT+, sendo reconhecidos como importantes lideranças, ainda atuantes na defesa da cidadania desse segmento.

Já é tempo de estancarmos de vez essa barbárie vivida por Allan, Toni e Luiz, erradicando tanta violência contra os jovens LGBT. Nesse sentido, o Estatuto da Criança e do Adolescente (ECA), de 1990, permite uma leitura mais humanitária e menos homofóbica, tornando-se instrumento legal na defesa da livre orientação sexual e identidade de gênero dos jovens. Pretender "curar" um filho gay ou uma filha lésbica, ou impedir que o adolescente assuma sua verdadeira identidade de gênero fere o direito humano fundamental, o da livre orientação sexual e de gênero. Se a homotransexualidade não é doença, crime ou desvio de conduta, por que impedir que os jovens LGBT exerçam livremente de sua identidade existencial? De acordo com o artigo 15 do ECA, "A criança e o adolescente têm o direito à liberdade, ao respeito e à dignidade como pessoas humanas [...]". Humilhar, insultar ou castigar uma criança ou um adolescente simplesmente porque demonstra tendência homotransexual é um acinte contra o artigo 17 do ECA, que garante: "O direito ao respeito consiste na inviolabilidade da integridade física, psíquica e moral, abrangendo a preservação da imagem, da identidade e da autonomia" [...]. Impedir que crianças e adolescentes desenvolvam livremente tal tendência viola o artigo 18 do mesmo estatuto, que determina: "É dever de todos velar pela dignidade da criança e do adolescente, pondo-os a salvo de qualquer tratamento desumano, violento, atemorizante, vexatório ou constrangedor".

Portanto, urge que o poder público, as escolas e as famílias, os educadores e profissionais da saúde condenem não apenas a exploração sexual e a prostituição infantojuvenil – o que é praticado por 90% de heterossexuais! –, mas condenem também o estupro psicológico e as intimidações e violências físicas praticadas contra jovens gays, lésbicas, bissexuais e transexuais. Educação sexual científica em todos os níveis escolares e punição dos homófobos são os primeiros passos para corrigir tais abusos. Afinal, a Constituição Federal estipula como um dos objetivos fundamentais da República "lutar contra todas as formas de preconceito". E a homotransfobia, comprovadamente, é ainda o principal preconceito em nossa sociedade, pois age não apenas na rua e instituições públicas, mas sobretudo dentro de casa, tornando-se a família, muitas vezes, o primeiro, constante e principal agente discriminatório.

Como interagir com jovens homossexuais

Certamente incontáveis famílias e praticamente todos os professores tiveram de enfrentar a dramática situação de conviver com um jovem homossexual (Borrillo, 2009) Digo situação dramática porque, de fato, numa sociedade violentamente heterossexista – em que até bispos e políticos chegam ao cúmulo de referir-se à homossexualidade como "aberração", "falta de vergonha" e "cachorrada" (Mott et al., 2002; Mott, 2011) –, ter um gay, uma lésbica ou uma travesti dentro de casa ou numa sala de aula gera cruéis manifestações de preconceito e discriminação. Há registro de casos de meninos pré-adolescentes efeminados em Santa Catarina e na Bahia que foram esmurrados por seus colegas e tiveram de ser medicados no pronto-socorro, tamanho o ódio homofóbico despertado no meio escolar.

Muitos educadores costumam apresentar esta questão: "Tenho um aluno homossexual na sala de aula: como devo agir?". A mesma dúvida atormenta muitos pais e mães.

A primeira atitude é não se surpreender nem fazer escândalo: o homoerotismo sempre existiu, sobretudo entre adolescentes. O estranho seria a ausência de estudantes com tendência ou conduta homossexual e, em menor escala, transexuais. Procure ganhar a confiança do aluno ou da aluna para que eles sintam em você um aliado com quem podem se abrir e ter solidariedade no caso de serem discriminados.

A segunda medida mais inteligente e respeitosa dos direitos humanos é oferecer apoio no caso de perceber que o aluno ou a aluna demonstram necessitar desse tipo de atenção. Tais jovens geralmente vivenciam profundos conflitos pessoais e sociais, pois costumam ser rejeitados pela família e pelos colegas. Ser gay, lésbica, travesti ou transexual não é um problema em si, nem reflete necessariamente transtornos familiares ou desajuste psicológico. O problema é a intolerância dos outros que, como os racistas e machistas, oprimem quem não é igual a eles (Silva; Barreto, 2012).

Professores e familiares devem proteger sempre o jovem homossexual contra agressões físicas e verbais. Os abusos e o tratamento violento devem ser denunciados e punidos: gays, lésbicas e transgêneros devem ter sua privacidade e liberdade respeitadas. A livre orientação sexual dos jovens é também um direito humano fundamental. Urge que os(as) demais alunos(as) discutam as questões referentes ao preconceito e ao *bullying* na escola, numa perspectiva crítica e histórica, com vistas a uma postura contrária ao preconceito e à discriminação de qualquer espécie, para que assim sejam solidários com seus colegas, ditos "diferentes" – sejam membros de minorias étnicas e sexuais ou tenham deficiência física (Costa Silva; Rios, 2019).

É importante que pais e educadores conheçam os endereços de entidades e organizações LGBT que possam servir de apoio na definição da orientação sexual e identidade de gênero dos jovens. O(a) adolescente inquieto(a) com a própria homossexualidade prefere geralmente conversar com pessoas fora de seu meio familiar, da escola ou da igreja. Se não tiver apoio confiável e responsável, poderá optar por experiências em lugares anônimos, perigosos e marginais. Também no Brasil, nas principais capitais, do Amazonas ao Rio Grande do Sul, já existem grupos específicos de apoio para gays, lésbicas, travestis e transexuais, além de grupos de ajuda ligados às ONGs que trabalham na prevenção da aids e com os direitos humanos. (Fundo das Nações Unidas para a Infância, 2011).

Tendo em vista a dramática situação relativamente frequente de muitos pais, educadores e profissionais da saúde que se confrontam com a presença de jovens homossexuais em seu círculo de relações, enumeramos a seguir sugestões que devem ser levadas em consideração pelo jovem no dificultoso processo de se assumir homossexual (Soliva; Silva Jr., 2014). O ideal seria que essas reflexões estivessem ao alcance de todos os jovens com tendência homossexual para que, antes de darem este importante passo em suas vidas – o "assumir-se" –, pudessem refletir sobre as implicações decorrentes e estratégias mais eficazes na concretização dessa crucial decisão. Caso o adolescente procure aconselhamento com profissionais ou algum amigo ou familiar, essas questões auxiliarão os mais velhos a orientá-lo de forma mais solidária e consequente na busca e realização de sua felicidade. As orientações apresentadas a seguir foram inspiradas folheto "Read this before coming out to your parents: a guide for you and your parents", publicado em 1984 pela Federation of Parents and Friends of Gays and Lesbians, na Filadélfia, nos Estados Unidos.

1. Você está bem seguro de que é homossexual ou transexual? Se você ainda está confuso, se tem dúvidas se é mesmo LGBT, é melhor dar mais um tempo, pois a confusão de sua cabeça pode provocar confusão ainda maior na cabeça das outras pessoas, sobretudo em sua família. Nunca assuma sua homossexualidade como forma de agressão ou vingança, num momento de raiva. Uma decisão tão importante tem de ser bem planejada.
2. Como se assumir? Primeiro faça amizade como gays, lésbicas ou transexuais já assumidos. Troque ideias com outros homossexuais sobre como eles vivem, como se assumiram, sobre as vantagens

de deixar de ser enrustido. Frequente um pouco o ambiente gay para ver com qual dos diversos modelos de vivência LGBT você se identifica mais. Procure fazer boas amizades, pois como diz o ditado popular: "Diz-me com quem tu andas, que direi quem tu és...". Não faça nada de que vá se arrepender mais tarde. "Para mim, a homossexualidade foi uma bênção", dizia o escritor Jean Genet. Depende de você fazer de seu futuro como LGBT uma bênção ou uma desgraça.

3. Você se sente satisfeito com seu homoerotismo? Se ainda tem sentimentos de culpa, se acha que está errado e que essa forma de amar é pecado, se tem períodos de depressão, é melhor resolver primeiro esses problemas, assumir-se mais em outros ambientes antes de abrir o jogo com a família. Para enfrentar essa barra, você precisa estar muito seguro e ter uma autoimagem bem positiva de sua própria homossexualidade ou transexualidade. Autoestima é indispensável para ser feliz.
4. Você conta com o apoio de alguém? É fundamental que você tenha a compreensão de algum parente ou amigo próximo da família, que possa acalmar seus pais se a reação deles for devastadora. Essa pessoa é também importante para dar-lhe apoio emocional no enfrentamento dessa nova situação de vida. Discutam todos os detalhes, as reações previsíveis de ambas as partes, e, se achar prudente, esteja com essa pessoa amiga por perto no momento da revelação.
5. Você tem bons argumentos sobre a homotransexualidade? Isso é muito importante, pois as pessoas, em sua grande maioria, inclusive nossos parentes, têm medo ou ódio dos LGBT (assim como têm preconceito racial) porque nunca souberam a verdade sobre esses temas. Você deve ter as respostas certas para substituir a ignorância do preconceito pela verdade dos fatos. Procure um grupo de gays, lésbicas e transexuais, e solicite material informativo sobre a homossexualidade. Encontre tudo no Google...
6. Qual o melhor momento de revelar que é homossexual ou transexual? Se você avalia que sua família poderá ficar muito abalada

e que talvez não aceite sua opção de sair do armário, infelizmente é melhor continuar "fingindo que não é, e eles fingindo que não sabem". Se você acha que primeiro eles vão condenar, depois vão aceitar, escolha então uma ocasião em que a família estiver tranquila, sem doenças graves ou mortes próximas. O importante é demonstrar que a única coisa que vai mudar no relacionamento familiar a partir de agora é que você deixará de viver na clandestinidade, continuando a mesma vidinha de amor e respeito como antes da revelação. Tranquilize a família de que você não viverá de escândalos, nem de prostituição e que sabe como se cuidar contra a aids.

7. Você depende de sua família? Se você é jovem e depende dos pais, talvez seja melhor esperar para se assumir quando tiver seu próprio salário e sua moradia independente. Contudo, caso decida abrir o jogo ainda morando com a família, não aceite, de forma alguma, que ela expulse você de casa ou imponha qualquer castigo ou repressão. Você não pediu para nascer, homossexualidade não é crime nem doença, e você deve exigir que seja respeitado. Afinal, se alguém está errado não é você e sim quem discrimina gays, lésbicas e transexuais. Nesses casos, dramatize a situação, lembrando que famílias que rejeitam os filhos homossexuais estão empurrando esses jovens para a marginalidade e prostituição, e que expulso de casa você corre muito maior risco de contrair o vírus da aids etc.
8. Seja paciente! Se seus pais são muito conservadores e moralistas, e se não desconfiavam de nada, certamente precisarão de mais tempo para se acostumarem com a ideia de ter um filho gay, uma filha lésbica ou filho(a) transexual. Isso pode levar meses ou até anos. Se para você é muito importante manter bom relacionamento com a família, então além de ser paciente, evite qualquer conversa ou atitude aumente a vergonha ou raiva que seus parentes sentem em relação a você. Não entre em detalhes sobre sua vida íntima, só leve algum amigo ou alguma amiga homossexual à sua casa se tiver certeza de que isso ajudará os seus pais a aceitar você melhor.

9. Família às vezes é melhor na fotografia! Essa é uma triste verdade para muita gente. Lembre-se de que família não é apenas ter o mesmo sangue. Ninguém escolhe a família que tem, mas amigo, sim, a gente pode escolher. Se sua família se recusa, mesmo depois de muitas tentativas e paciência de sua parte, a aceitar e amar você como gay, lésbica ou travesti, não abra mão de sua realização e felicidade pessoais para agradar aos parentes. Quem está errado não é você! Cabe a eles a mudança de perspectiva. Portanto, se não aceitam como você é, construa novos laços de amizade, amor e compreensão. Cortar o cordão umbilical ou livrar-se da barra da saia da mãe pode, no início, pode ser duro e difícil, mas é o primeiro passo para uma vida mais autêntica e feliz. Também não cuspa no prato que comeu, e, se puder, mantenha um bom contato com seus pais, irmãos e demais parentes, pois assim terá bons aliados para enfrentar a intolerância fora de casa (Toledo; Teixeira Filho, 2013).
10. É legal ser homossexual! Todo mundo nasceu para ser feliz. É preciso ter muita coragem para enfrentar a barra de ser gay, transexual ou lésbica neste mundo em que a maioria das pessoas ainda considera os LGBT como seres inferiores. Vale a pena insistir: nós é que estamos certos, os homotransfóbicos, aqueles que discriminam, é que estão errados. A história está do nosso lado, e os países mais civilizados, onde os LGBT são respeitados como cidadãos, dão o exemplo que é melhor conviver e respeitar a pluralidade do que marginalizar as "minorias". Se você sente amor, paixão, gozo e tesão por pessoas do mesmo sexo ou é bissexual ou transgênero, saiba que não está sozinho: mais de 10% da humanidade é igual a você. De cada quatro famílias, uma tem um parente LGBT. E para você ter mais segurança e calar a boca dos intolerantes, não se esqueça de citar nossos heróis, que, como você e o autor destas linhas, praticaram o "amor que não ousava dizer o nome" (Dynes, 1990): Sócrates, Alexandre Magno, Miguel Ângelo, Leonardo da Vinci, Shakespeare, Oscar Wilde, Santos Dumont, Safo, imperatriz Leopoldina, Mae Stella de Oxóssi, James Dean, Gilberto Freyre, Fernando Pessoa, Mazzaropi, Elton John etc.

Referências

237 LGBT+ morreram vítimas da homotransfobia no Brasil em 2020, revela relatório. Agência de Notícias da Aids, 14 maio 2021. Disponível em: https://agenciaaids.com.br/noticia/relatorio-de-violencia-contra-lgbts-mostra-queda-nas-mortes-por-homofobia-em-2020/. Acesso em: 27 fev. 2022.

ABDO, C. Troca-troca: o que falar com os filhos, os sobrinhos... Blog da Saúde, 2017. Disponível em: https://www.viomundo.com.br/blog-da-saude/troca-troca-o-que-falar-com-os-filhos.html. Acesso em: 27 fev. 2022.

BORRILLO, D. Homofobia. In: LIONÇO, T.; DINIZ, D. (Org.). *Homofobia e educação*: um desafio ao silêncio. Brasília: Letras Livres, Editora UnB, 2009.

______. *Homofobia*: história e crítica de um preconceito. Belo Horizonte: Autêntica, 2010.

BRASIL registra uma morte por homofobia a cada 16 horas, aponta relatório. Agência de Notícias da Aids, 21 fev. 2019. Disponível em: https://agenciaaids.com.br/noticia/brasil-registra-uma-morte-por-homofobia-a-cada-16-horas-aponta-relatorio/. Acesso em: 27 fev. 2022.

CAMPOS, L. S.; GUERRA, V. M. O ajustamento familiar: associações entre o apoio social familiar e o bem-estar de homossexuais. *Psicologia em Revista*, v.25, n.1, p.33-57, 2016. Disponível em:

http://revistas.pucsp.br/index.php/psicorevista/article/view/29609/20615. Acesso em: 27 fev. 2022.

CHAIB, J. Caso de pai que matou filho de oito anos mostra realidade de homofobia dentro de casa. *Estado de Minas*, 9 mar. 2-14. Disponível em: https://www.em.com.br/app/noticia/nacional/2014/03/09/interna_nacional,505916/caso-de-pai-que-matou-filho-de-oito-anos-mostra-realidade-de-homofobia-dentro-de-casa.shtml. Acesso em: 27 fev. 2022.

COSTA SILVA, J.; RIOS, J. A. V. P. Jovens gays na escola: masculinidades, infância e narrativas. *Revista Brasileira de Pesquisa (Auto)biográfica*, v.4, n.11p.558-572, 2019.

DANIEL, M.; BAUDRY, A. *Os homossexuais*. Rio de Janeiro, Arte Nova, 1977.

DYNES, W. R. (Ed.). *Encyclopedia of homosexuality*. New York: Garland Press, 1990.

ESTUDO liga suicídio a homossexualismo. *Folha de S.Paulo*, 29 ago. 1997. Disponível em: https://www1.folha.uol.com.br/fsp/ciencia/fe290803.htm. Acesso em: 27 fev. 2022.

FORD, C.; Beach, F. *Patterns of sexual behavior.* London: Eyre & Spottiswoode, 1952.

FUNDO DAS NAÇÕES UNIDAS PARA A INFÂNCIA. *O direito de ser adolescente: oportunidade para reduzir vulnerabilidades e superar desigualdades*. Brasília: Unicef, 2011.

HILTON, B. *A Homofobia tem cura?* São Paulo: Edições Ouro, 1992.

JAIR Bolsonaro: como ele reagiria se tivesse um filho gay? Catraca Livre, 5 maio 2020. Disponível em: https://catracalivre.com.br/cidadania/jair-bolsonaro-como-ele-reagiria-se-tivesse-um-filho-gay/. Acesso em: 27 fev. 2022.

JOHAN, A. Regresso ao jardim secreto. *Revista Lado A*, 22 dez. 2008. Disponível em: https://revistaladoa.com.br/2008/12/noticias/regresso-ao-jardim-secreto/. Acesso em: 27 fev. 2022.

KINSEY, A.; POMEROY, W.; MARTIN, C. *Conducta sexual del varón*. México: Editorial Interamericana, 1949.

MEDEIROS, A. A evolução histórica da intolerância a homossexualidade. Disponível em: https://amandamedeiiros.jusbrasil.com.br/artigos/255042093/a-evolucao-historica-da-intolerancia-a-homossexualidade. Acesso em: 27 fev. 2022.

MONEY, J. *Gay, straight and in-between*: the sexology of erotic orientation. New York: Oxford University Press, 1988.

MOTT, L. *Homofobia*: a violação dos direitos humanos de gays, lésbicas e travestis no Brasil. San Francisco: IGLHRC, 1997.

______. Violação dos direitos humanos e assassinatos de homossexuais no Brasil. *Boletim do Grupo Gay da Bahia*, ano XVIII, n.37, p.1-76, jan./fev. 1998.

______. *O jovem homossexual*. Salvador: Grupo Gay da Bahia, 2002.

______. Antropologia, teoria da sexualidade e direitos humanos dos homossexuais. *Bagoas – Estudos Gays: Gênero e Sexualidade*, p.15-25, n.1, 2007.

______. Homofobia infanto-juvenil no Brasil. In BARROS JR., F. de O. (Org.). *Homossexualidade e gerações*. Teresina: Booklink Publicações, 2008. p.55-74. Disponível em: https://luizmottblog.wordpress.com/homofobia-infanto-juvenil-no-brasil/. Acesso em: 27 fev. 2022.

______. (Ed.). *Boletim do Grupo Gay da Bahia*: 1981-2005. Salvador: Grupo Gay da Bahia, Secretaria Estadual de Justiça, Cidadania e Direitos Humanos da Bahia, 2011. Disponível em: https://grupogaydabahia.files.wordpress.com/2018/02/2-boletim-do-ggb.pdf. Acesso em: 27 fev. 2022.

______. Anti-homossexualidade: a gênese da homofobia. *Culturas em Negativo*, n.2, p.15-32, maio/ago. 2015.

MOTT, L. et al. *O crime anti-homossexual no Brasil*. Salvador: Editora Grupo Gay da Bahia, 2002.

PAI espanca filho gay de 8 anos até a morte. Disponível em: https://www.google.com/search?q=pai+executa+filho+gay&ei=AmPCYOORCu6y5OUPseuOYA&start=10&sa=N&ved=2ahUKEwjjmv_Z4Y3xAhVuGbkGHbG1AwwQ8NMDegQIARBN&biw=1366&bih=657. Acesso em: 27 fev. 2022.

PAI teria alvejado amigos do filho por eles serem gays; adolescente morreu. UOL, 5 maio 2021 Disponível em: https://noticias.uol.com.br/cotidiano/

ultimas-noticias/2021/05/05/policia-aponta-homofobia-e-decreta-prisao-de-homem-que-matou-amigo-do-filho.htm. Acesso em: 27 fev. 2022.

REIS, T.; HARRAD, D. *Direito de amar*: a história de um casal gay. Curitiba: [s.e.], 1996.

SILVA, C. R. *Reinventando o sonho*: história oral de vida política e homossexualidade no Brasil contemporâneo. São Paulo, 1998. Dissertação (Mestrado em História Social) –Universidade de São Paulo.

SILVA, J. P.; BARRETO, N. S. Violência escolar: problematizando a relação entre o *bullying* e a homofobia. *Revista Fórum Identidades*, Itabaiana, ano 6, v.12, p.1-15, jul./dez. 2012.

SOLIVA, T.; SILVA JR, J. B. Entre revelar e esconder: pais e filhos em face da descoberta da homossexualidade. *Sexualidad, Salud y Sociedad*, v.17, p.124-48, 2014. Disponível em: http://www.scielo.br/pdf/sess/n17/1984-6487-sess-17-0124. Acesso em: 27 fev. 2022.

SPENCER, C. *Homossexualidade*: uma história. Rio de Janeiro: Record, 1999.

SULLIVAN, A. *Praticamente normal*: uma discussão sobre o homossexualismo. São Paulo: Companhia das Letras, 1996.

SUPLICY, M. *Conversando sobre sexo*. Petrópolis: Vozes, 1985.

SUPLICY, M. et al. Sexo se aprende na escola. São Paulo: Olho d'Água, 2007.

TOLEDO, L. G.; TEIXEIRA FILHO, F. S. Homofobia familiar: abrindo o armário "entre quatro paredes". *Arquivo Brasileiro de Psicologia*, v.65, n.3, p.376-91, 2013. Disponível em: http://pepsic.bvsalud.org/pdf/arbp/v65n3/05. Acesso em: 27 fev. 2022.

WALLACE, R. *O sexo entre os animais*. São Paulo: Francisco Alves, 1983.

15

Jovens nos arquivos

Renato Venancio

Quem entrar em um arquivo público procurando documentos para escrever a história da juventude deve estar atento à distinção entre fundos e coleções. Uma coleção obedece a critérios subjetivos, já um fundo arquivístico resulta da necessidade imperativa de registrar atividades. Os documentos assim acumulados são, portanto, resultado da existência de indivíduos e do funcionamento de instituições, sejam elas públicas ou privadas. Conforme afirma Terry Cook (2017, p.9): "Arquivos não são coleções artificiais adquiridas, arranjadas e descritas inicialmente por tema, local ou tempo, e sim em uma relação contextual, orgânica e natural com sua entidade produtora e com os atos de sua produção".

Não que inexistam coleções de documentos nas instituições arquivísticas – nelas há, por exemplo, inúmeras "coleções de fotografias" –, mas sua existência não é buscada, apenas tolerada, tendo em vista que, na ausência de preservação de um fundo, conserva-se ao menos o resíduo dele. A principal característica dos fundos arquivísticos é a certeza de sua proveniência e de que não foram misturados a documentos de outras instituições ou indivíduos. Esse critério também é válido para os arquivos pessoais, que formam totalidades documentando a vida de um indivíduo e não de outro ou outros.

Dessa forma, nos arquivos públicos, tal como em quaisquer outras instituições que preservem documentação arquivística, o pesquisador vai deparar-se principalmente com "fundos" e secundariamente com "coleções". A descrição desses conjuntos documentais remeterá o usuário ao titular acumulador, que pode ser institucional ou pessoal. Também em razão disso, quando realizamos uma investigação em arquivos, estamos inevitavelmente lidando com documentos inseridos em redes de relações com outros documentos, que em suas totalidades constituem fundos. Os instrumentos de pesquisas arquivísticas seguem esses princípios, raramente sendo organizados por assuntos, salvo em relação a alguns poucos temas consagrados no meio acadêmico e de grande importância histórica, política, social e cultural na sociedade, como no caso da escravidão (Arquivo Nacional, 1988).

O pesquisador que já adentrou nos arquivos públicos, quer presencialmente quer *on-line*, certamente pôde perceber que as informações que buscava estavam quase sempre espalhadas em diferentes registros institucionais. Além disso, provavelmente viu que seria necessário conhecer minimamente a história dessas instituições, sob o risco de não conseguir contextualizar os documentos consultados. Para exemplificar esse tipo de experiência ou fase de uma pesquisa em arquivos, vamos descrever um percurso de quem consulta os acervos da principal instituição arquivística brasileira, o Arquivo Nacional, visando identificar fontes da história da juventude.

Jovens no Arquivo Nacional

O Arquivo Nacional tem a custódia de 942 fundos e coleções.[1] Trata-se de um número provisório, pois constantemente são recolhidos novos

1 Arquivo Nacional. Fundos/coleções – Pesquisa Multinível. Sistema de Informação do Arquivo Nacional – SIAN (para ter acesso a esse sistema, é necessário cadastramento). Disponível em: http://sian.an.gov.br/sianex/Consulta/resultado_fundo_instrumento_pesquisa.asp. Acesso em: 29 abr. 2020.

conjuntos documentais a essa instituição. No Sistema de Informação do Arquivo Nacional (Sian), é possível realizar pesquisas simples a partir de um termo qualquer, inclusive os referentes a "jovem" e "juventude". Tais sistemas *on-line*, nas últimas décadas, tiveram grande impacto na produção do conhecimento historiográfico. Discute-se hoje a existência de um novo campo definido como "humanidades digitais" (Mussell, 2012). Trata-se, entre outros aspectos, de implementar os procedimentos de *big data* à pesquisa histórica, lidando com grandes conjuntos de diferentes fontes que permitam análises de longa duração e comparativas entre diferentes regiões e períodos históricos (Putnam, 2016).

Tais perspectivas são possíveis graças à disponibilização de uma enorme quantidade de informações facilmente acessíveis. As "humanidades digitais" também em muito se beneficiam da alteração da noção de fonte documental. Se no século XIX aceitava-se apenas o documento escrito como meio de conhecer o passado, hoje – em razão da consolidação da história como ciência social –, essa categoria estende-se a qualquer registro da experiência humana. Há várias décadas, as políticas de recolhimento das instituições arquivísticas foram impactadas por essa mudança epistemológica, passando a custodiar gigantescos acervos não apenas de documentos textuais, como também iconográficos, sonoros, fílmicos, eletrônicos, além de diferentes tipos de objetos tridimensionais (Pomian, 2012).

As instituições arquivísticas e similares têm buscado promover o acesso remoto a esses acervos e, para isso, recorrem à tecnologia e aos procedimento de mediação com o usuário, via interações e tutoriais (Duff, 2016). Tais esforços, porém, esbarram quase sempre na dificuldade dos que procuram informações sobre a localização dos acervos devido à incompreensão da noção de "fundo arquivístico". Acervos documentais sobre jovens e a juventude são exemplos dessa dificuldade. Antes de avançarmos na tentativa de superá-la, é preciso definir o que se entende por essas noções etárias, consideradas ambíguas tanto no presente quanto no passado (Cassab, 2011). Estudos históricos revelam que tais categorias podiam ser atribuídas aos membros de maltas de desordeiros, independentemente da idade dos que as compunham (Pastoureau, 1996).

Em seu clássico livro sobre a história da infância, Philippe Ariès (1973) menciona que, na França do século XVI, o termo "jovem" consistia em sinônimo de "solteiro" ou "solteira", independentemente da idade dos assim denominados.[2]

Uma forma de fugir dessa armadilha semântica é consultar os dicionários de diferentes séculos. O primeiro escrito em língua portuguesa, ao definir o termo "jovem", foi bastante lacônico. Nele, Raphael Bluteau (1713, p.195), autor de origem inglesa que viveu durante muitos anos em Portugal, apresenta um curtíssimo verbete em que se lê que essa palavra se origina do castelhano e equivale a "moço", expressão mais usual no português. Já António de Morais e Silva (1789, p.29, 745), de origem brasileira, na primeira edição de seu famoso dicionário, associa a palavra a "mancebo", expressão que remete à juventude.

Portanto, embora vista como um extravagante espanholismo, a palavra "jovem", pelo menos desde o século XVIII, existe na língua portuguesa para expressar a fase da vida compreendida entre o fim da infância e o início da idade adulta. A ela somam-se os termos "moço" e "mancebo". Tais expressões, nos referidos dicionários, também são apresentados como sinônimas de "serviçais" e "criados". Tendo em vista que Portugal e o Brasil colonial reconheciam a legitimidade da servidão e da escravidão, tais acepções não devem causar surpresa, afinal, cativos e empregados domésticos livres podiam ser assim referidos, não por estarem inseridos em uma faixa etária específica, mas sim por sua relação de dependência doméstica.

Os termos "moço" e "jovem", em suas flexões de gênero e número, foram selecionados para uma pesquisa no Sian, evitando-se a expressão "mancebo", por não se saber quando ela deixou de ser usual. Procurou-se, dessa forma, dar conta do campo semântico da juventude entre os séculos XVIII e XX. Também foram considerados somente os documentos que estão integralmente digitalizados e disponíveis *on-line*. Por meio dessa pesquisa, foi possível identificar 87.803 itens documentais no Arquivo Nacional. Essa constatação remete à mencionada

2 "*En fait ces sociétés de jeunesse étaient des sociétés de célibataires*" [Na realidade, essas sociedades de jovens eram sociedades de solteiros] (Ariès, 1973, p.IX).

necessidade de pesquisas futuras recorrerem a ferramentas de *big data*, tendo em vista o volume gigantesco de informações existentes. Essa pesquisa também identificou que não há, no Arquivo Nacional, custódia alguma de fundo ou de coleção de documentos organizados pela temática da juventude. Tal constatação reforça a percepção de que muitas instituições do passado apenas involuntariamente registravam a vida dos jovens, sendo necessária uma contextualização delas para compreender por que isso ocorria.

Após a identificação dos documentos a partir dos termos selecionados, elencaram-se exemplos de fundos e coleções para diferentes períodos históricos, conforme o tipo de instituição, se pública ou privada, assim como por conjuntos documentais provenientes de pessoas físicas. Longe de esgotar a enorme potencialidade de pesquisa dos acervos do Arquivo Nacional, citam-se a seguir algumas dessas fontes para investigação em história social, cultural, política e econômica dos jovens e da juventude, o que revela sua grande importância.

Fundos públicos institucionais

O Arquivo Nacional do Brasil foi criado em 1838. Ele se espelhou em instituição francesa similar e desde então vem custodiando acervos de diferentes proveniências (Estevão; Fonseca, 2010). Embora tenham sido ali recolhidos acervos de instituições coloniais, a maior parte dos fundos preservados é posterior à data anteriormente mencionada. Quanto a isso, é oportuno lembrar que a estrutura administrativa colonial possuía menos setores do que a que surgirá após a Independência (Carvalho, 1980, p.41-9). Em parte isso se explica em razão de os órgãos mais elevados da administração colonial localizarem-se em Portugal, sendo essa documentação custodiada atualmente pelo "Arquivo Nacional da Torre do Tombo" e por outras instituições portuguesas identificáveis no "Portal Português de Arquivos" (Direção-Geral do Livro, dos Arquivos e das Bibliotecas, 2020). Já os órgãos de níveis inferiores da administração colonial, como os das câmaras municipais coloniais ou os dos governos de capitanias, têm seus respectivos fundos custodiados em arquivos municipais e estaduais, identificados, no Brasil, por meio do "Cadastro

Nacional de Entidades Custodiadoras de Acervos Arquivísticos" (Conselho Nacional de Arquivos, 2020).

A pesquisa nos conjuntos documentais coloniais preservados no Arquivo Nacional, a partir dos critérios anteriormente estabelecidos, trouxe poucos retornos. Na documentação do fundo "Mesa do Desembargo do Paço", 1799 e 1822, órgão máximo da justiça luso-brasileira e que foi transferido para o Brasil em razão da vinda da família real, encontram-se alguns documentos de concessões de terras ("sesmarias"), em que aparece com o sobrenome do solicitante o epíteto de "moço".[3] Gilberto Freyre (1977, p.372), em seu clássico livro *Casa-grande & senzala*, associa essa expressão à idade juvenil, mencionando o "sinhô-moço" como o jovem da elite colonial que apresentava vida sexual ativa. A consulta mais aprofundada a esse fundo revela outras fontes a serem exploradas pela história da juventude, cabendo destacar os documentos de comutação de penas de prisão; de condenação ao degredo; de fiscalização da instrução pública; de registros de tutelas de menores de idade (menores de 25 anos, segundo as Ordenações do Reino que regulavam a transmissão de herança); e surpreendentes solicitações oficiais de licenças para pedir esmolas.[4]

A pesquisa do termo "moços" revela, por sua vez, os riscos do anacronismo. Um dos conjuntos documentais mais antigos assim identificados é o da coleção "Gabinete de D. João VI", composta por 681 itens doados ao Arquivo Nacional. Um deles, datado de 1821, menciona a demissão dos "moços da porta e moços d'água que não estiverem empregados em serviço fixo dos quartos" da família real. O emprego dessa expressão parece remeter a empregados domésticos e a leitura do documento digitalizado não esclarece a respeito da idade desses serviçais.[5] A análise de

3 Carta de confirmação de sesmaria, João Gomes Sardinha, *o moço*, Paragem de Tapacorá – Santo Antônio de Sá – RJ, 1778 (grifo nosso). Mesa do Desembargo do Paço, Arquivo Nacional, BR RJANRIO BI.0.R15.2619 – Dossiê.

4 Mesa do Desembargo do Paço, Arquivo Nacional, BR RJANRIO 4K – Fundo. Disponível em: http://sian.an.gov.br/sianex/consulta/Pesquisa_Livre_Painel_Resultado.asp?v_CodReferencia_id=1097&v_aba=1. Acesso em: 29 abr. 2020.

5 Avisos tratando de licença para viagem de José Batista a Lisboa; extinção da Coutada da Ilha do Governador; nomeação de Manuel Martins do Couto Reis

outros itens dessa coleção, composta por cartas régias, relatórios diplomáticos, boletins militares e mapas de movimentação financeira, sugere novas possibilidades de pesquisa para a história da juventude, como no caso da "Carta concedendo licença do grau de consanguinidade ao príncipe D. Pedro Carlos de Bourbon e D. Maria Teresa, princesa da Beira (1810)", documento redigido originalmente em latim e que trata de acerto matrimonial entre o neto da rainha D. Maria I, Pedro Carlos, com 24 anos, e a prima Maria Teresa, então com 17 anos.

No Arquivo Nacional, a referência mais antiga à palavra "moça" surge no fundo da "Junta Comercial do Império", instituição criada em 1850 e sediada na corte do Rio de Janeiro. Nesse conjunto documental, há a "Série Indústria e Comércio", composta por dossiês de registros de marcas comerciais. Em 1878, por exemplo, foi registrada a marca de cigarro "Beijo de Moça", acompanhada pelo rótulo desse produto.[6] Trata-se de uma ocorrência entre 1.920 outras, revelando fonte serial de grande interesse para o estudo da "economia dos signos" da cultura material (Heynemann; Rainho, 2009). As marcas de "perfumaria e toucador" (sabões especais, águas de colônia, tônicos capilares etc.) em muito contribuem para a história da constituição do mercado de consumo da beleza feminina e juvenil, principalmente no contexto do movimento literário romântico do Brasil Império, em que o modelo de mulher branca e loura passa a ser cada vez mais valorizado (Del Priore, 2016, p.420-1).

A busca recorrendo à flexão de número do substantivo "moça" recupera documentos cartográficos com informações de acidentes geográficos ("Ilha das moças" no Rio de Janeiro, por exemplo). O fundo público mais consistente que emprega a flexão dessa palavra é o da "Agência

---

para administrador da Real Fazenda de Santa Cruz; abolição dos privilégios dos guardas do espinho, *moços da porta e moços d'água* que não estiverem empregados em serviço fixo dos quartos; autorização para Manuel Anastácio Xavier de Brito receber dinheiro para as despesas das reais cavalariças; e legislação sobre aposentadoria (1821) (grifo nosso). Coleção Gabinete de D. João VI, Arquivo Nacional, BR RJANRIO U1.0.0.592 – Dossiê

6 Marca – Cigarrinhos Beijo de Moça, Fundo Junta Comercial do Império. Arquivo Nacional, BR RJANRIO 9X.COD.LRM.668 – Dossiê.

Nacional". Esse órgão foi criado "em 25 de maio de 1945, pelo decreto-lei n. 7.582, quando foi extinto o Departamento de Imprensa e Propaganda (D.I.P.)". Em 1979, a "Agência Nacional" foi substituída pela "Empresa Brasileira de Notícias". Trata-se de um fundo extremamente rico e diversificado, composto não apenas de documentos textuais, como também de "discos, filmes, fitas videomagnéticas e negativos fotográficos referentes a eventos ligados aos presidentes da República, às Forças Armadas, a pessoas notórias relacionadas ao governo federal e à administração pública".[7]

Na pesquisa realizada no fundo "Agência Nacional", um dos primeiros itens recuperados foi o da "banda musical feminina de Maceió composta exclusivamente por moças cuja idade vai de 14 a 18 anos".[8] Essa constatação teria pouca importância se não lembrássemos que ela está inserida em série documental compostas por 314.190 outras fotografias disponíveis *on-line* para a consulta. Se o pesquisador experimentar, por exemplo, pesquisar a respeito do termo "banda", terá como retorno 381 fotografias e vídeos retratando uma dimensão muito relevante na história da juventude contemporânea: a educação musical.

Conforme mencionado anteriormente, a formação dos fundos arquivísticos decorre das dinâmicas institucionais. Há situações em que instituições não têm originalmente o objetivo de documentar os "jovens" ou a "juventude", mas isso ocorre, por assim dizer, involuntariamente. Um ótimo exemplo a esse respeito é a série documental de órgãos de controle da imigração, identificada quando se realiza a busca da palavra "jovem" no sistema *on-line* do Arquivo Nacional. Dois fundos se destacaram nessa pesquisa: o da "Inspetoria Geral das Terras e Colonização" e o da "Divisão de Polícia Marítima, Aérea e de Fronteiras". Embora os primeiros itens documentais recuperados digam respeito a nomes de embarcações ("jovem Amélia", por exemplo), o estudo mais

---

7 Fundo Agência Nacional, Arquivo Nacional, BR RJANRIO EH. Disponível em: http://sian.an.gov.br/sianex/Consulta/Pesquisa_Livre_Painel_Resultado.asp?v_CodReferencia_id=1483082&v_aba=1. Acesso em: 29 abr. 2020.

8 Banda musical feminina de Maceió composta exclusivamente por moças cuja idade vai de 14 a 18 anos. Fundo Agência Nacional. Arquivo Nacional, BR RJANRIO EH.0.FOT, EVE.8071 – Dossiê.

aprofundado desses fundos revela planilhas com centenas de milhares de passageiros estrangeiros desembarcados no Brasil entre 1875 e 1964. Tal documentação é tão intensamente pesquisada – não só por razões científicas e culturais, mas também por servir de fonte probatória para requisição de nacionalidade estrangeira – que deu origem a uma base de dados específica.[9]

Um aspecto relevante desses fundos para a história da juventude diz respeito à idade dos imigrantes. Nas listas de desembarques de passageiros o pesquisador pode explorar de forma massiva recortes etários específicos, como a faixa etária compreendida dos 14 aos 18 anos. Por meio desse recorte, também é possível identificar os gêneros e as respectivas nacionalidades dos imigrantes. O estudo das profissões, por sua vez, permite conhecer a nascente juventude proletária da Primeira República. A exploração desses e de outros conjuntos documentais mostra que as jovens podiam ser perseguidas por instituições policiais, mesmo tendo ocupações legais, mas moralmente condenadas, como no caso das "garçonetes" da cidade de São Paulo que em 1929 foram proibidas de exercer esse ofício, considerado indecoroso (Decca, 1987, p.109). Os rapazes imigrantes, por sua vez, foram sistematicamente perseguidos devido à ausência de ocupação profissional (Fausto, 1984, p.59-86). Tendo em vista que as listas de desembarques também indicam nomes e sobrenomes dos imigrantes, é possível multiplicar pesquisas de micro-história, semelhantes às já realizadas em relação aos adultos, explorando a trajetória de vida de adolescentes estrangeiros no Brasil (Vidal; Luca, 2009).

No Sian, a busca pelo termo "jovens" também apresenta resultados substanciosos. Um deles diz respeito à instituição de polícia política. O fundo "Serviço Nacional de Informações", o temido SNI, é um desses casos, retornando 17.765 itens documentais. Trata-se de uma fonte imprescindível para o estudo da participação política dos jovens no Brasil contemporâneo. Entre 1964 e 1985, o SNI foi o braço operacional da

9 Arquivo Nacional. Banco de dados de entrada de estrangeiros no Brasil. Disponível em: http://bases.an.gov.br/rv/Menu_Externo/. Acesso em: 29 abr. 2020.

polícia política federal, responsável pela identificação, prisão e até mesmo assassinato de opositores à ditadura (Antunes, 2002, p.43-78). O "movimento estudantil" era constante alvo dessa vigilância e repressão. Talvez um dos maiores símbolos disso foi o incêndio da sede da União Nacional dos Estudantes (UNE), no dia seguinte ao golpe militar de 1964. Não pararam por aí as ações contra os estudantes desejosos de participação políticas, conforme afirma Martins Filho (1998, p.16): "em novembro de 1964, o governo decretou uma lei que propunha controlar as entidades estudantis colocando-as sob vigilância do Estado".

Para efetuar a vigilância e repressão eficazes das associações estudantis, foi necessário produzir e acumular uma série de registros. Entre milhares de documentos que, no fundo SNI, mencionam o termo "estudantil", encontra-se o minucioso relato das "Eleições da União Estadual de Estudantes" de São Paulo, em 1979.[10] Nesse relatório, além de texto analisando as posições de cada chapa política que disputou essa eleição, há também documentos originais anexos, como panfletos, jornais e outros materiais de campanha política. Dessa forma, o relatório em questão ilustra um paradoxo das polícias políticas. Elas têm por objetivo destruir as instituições que perseguem, mas, ao fazerem isso, acabam documentando-as e eventualmente legando para a posteridade os registros da memória delas.

Além da política estudantil, cabe também mencionar a vigilância e combate permanentes que o SNI fez em relação ao movimento *punk*[11] *e ao movimento gay* (Figura 1), ambos com participação de jovens (Gallo, 2010; Green; Quinalha, 2014). Centenas de documentos do SNI, até sua extinção em 1989, registram o surgimento e a implantação desses movimentos. Tal acervo é ainda mais importante no caso de grupos, como os mencionados, que atuavam de modo informal, raramente registrando

---

10 Eleições na União Estadual de Estudantes (UEE), 1979. Fundo Serviço Nacional de Informações, Arquivo Nacional, BR DFANBSB V8.MIC, GNC.EEE.79001824 – Dossiê.

11 Atividades do movimento anarquista na Bahia e em Sergipe (1989). Fundo Serviço Nacional de Informações. Arquivo Nacional, BR DFANBSB V8.MIC, GNC. PPP.89010873 – Dossiê.

BR DFANBSB V8.GNC.AAA 79003580 a.001, p. 56

λ jornal do gay

★ NOTICIÁRIO DO MUNDO ENTENDIDO ★

EDIÇÃO ESPECIAL

"IMAGENS DE SONHO" DOIS ADOLESCENTES NUS RETRATADOS POR KENZO OZAWA, O "FOTÓGRAFO DE HOMENS".

POGO, O PALHAÇO DA MORTE, ERA GAY? PAG. DEZ

NOTÍCIAS INTERNACIONAIS INFORMAÇÕES SOBRE O MOVIMENTO GAY MUNDIAL. PAG. OITO

O HOMOSSEXUALISMO NA RÚSSIA, CHECOSLOVÁQUIA, BULGÁRIA, ALEMANHA ORIENTAL, HUNGRIA, POLÔNIA E ROMÊNIA. PAG. DEZESSETE

ROTEIRO GAY DE VITÓRIA, BELO-HORIZONTE, NATAL, SÃO JOSÉ DO RIO PRETO, SANTOS E AMÉRICA-ESPANHOLA. PAG. TRÊS

GAYS CASTRADOS EM TROCA DE LIBERDADE. PAG. VINTE E TRÊS

PUBLICAÇÃO MENSAL DO CÍRCULO CORYDON — IMPRÓPRIA A MENORES DE 18 ANOS — 1979 — Nº 4 — Cr$ 25,00.

Figura 1
Jornal do Gay, 1979
Fonte: Homossexualismo, homossexualidade, Movimento Gay no Brasil e no mundo (1979). Fundo Serviço Nacional de Informações. Arquivo Nacional. BR DFANBSB V8.MIC, GNC.AAA.79003580 – Dossiê.

eles mesmos suas atividades. Na ausência dessa formalização, os documentos dos órgãos de repressão tornam-se um dos únicos meios de recuperar essa história.

Fundos privados institucionais e pessoais

No Arquivo Nacional, tal como no caso dos documentos públicos, também nos documentos privados foi possível identificar fundos com informações a respeito da história dos jovens e da juventude. Cabe lembrar que a legislação arquivística brasileira prevê, desde 1991, que esses "arquivos privados podem ser identificados pelo Poder Público como de interesse público e social, desde que sejam considerados como conjuntos de fontes relevantes para a história e desenvolvimento científico nacional" (Brasil, 1991).

Antes mesmo do surgimento dessas normas, o Arquivo Nacional aceitava doações de fundos privados, tanto institucionais quanto pessoais, que eventualmente considerasse relevantes. Nossa pesquisa, a partir dos termos já referidos, revelou novas fontes para a história da juventude. Uma delas diz respeito ao fundo "Brasil Urgente", empresa jornalística privada paulista que, entre 1963 e 1964, editou um jornal da esquerda católica, fechado pela ditadura militar. Esse conjunto documental preservou não apenas exemplares do periódico, como também seus estatutos, relatórios e fotografias.

O jornal *Brasil Urgente* revela a importância das fontes impressas para história da juventude. Nele são publicadas, por exemplo, informações sistemáticas a respeito da vida religiosa dos jovens. Esse fundo foi identificado durante a busca do termo "moço" no Sian. A flexão em número dessa palavra remete a outro fundo privado, o periódico *Correio da Manhã*, que existiu entre 1901 e 1974. Esse caso serve para mostrar os diferentes significados de "acervo" em biblioteca e arquivo. No primeiro caso, a coleção de jornais impressos é considerada o "acervo", conforme consta na "Hemeroteca Digital" da Biblioteca Nacional.[12] No segundo caso, os documentos da "empresa" Correio da Manhã são considerados o "acervo", com destaque para a imensa coleção de fotografias: 1.014.120 itens, dos quais aproximadamente 150 mil estão acessíveis *on-line*. A pesquisa por qualquer área esportiva tipicamente jovem, como nos casos do basquete (Figura 2) ou do *surf* (Figura 3), retorna centenas de imagens retratando situações de prática esportiva amadora ou profissional da juventude.

A busca pelo termo "moça" remete à coleção "Campanha da Mulher pela Democracia" (Camde). Trata-se de uma associação privada formada

12 Biblioteca Nacional. Hemeroteca digital. Disponível em: http://memoria.bn.br/hdb/periodico.aspx. Acesso em: 29 abr. 2020.

Figura 2
Seleção brasileira de basquete feminino, no II Campeonato Mundial, realizado no Rio de Janeiro, em 1957

Fonte: *Correio da Manhã*, Arquivo Nacional, BR RJANRIO PH.0.FOT.697 – Dossiê.

em 1962 no Rio de Janeiro, com o objetivo de combater o "comunismo", promovendo para isso "Marchas da família com Deus pela liberdade", que antecedem o golpe militar de 1964. Uma vez ocorrendo essa intervenção, a Camde passa a se dedicar, entre outras atividades, ao combate do uso de psicotrópicos entre jovens.[13] A coleção dessa instituição é formada por 208 itens documentais, dentre os quais vários exemplares de panfletos e relatórios, embora a maior parte dos itens seja de recortes de jornais (*clippings*).[14]

Já o termo "moças" remete a outra instituição privada. Trata-se da "Federação Brasileira pelo Progresso Feminino". Essa entidade foi criada em 1922 e dez anos mais tarde assistiu à conquista legal de sua principal bandeira de luta: o direito de voto feminino. Em 1937, a federação de mulheres progressistas foi extinta, deixando um legado pioneiro na defesa da "instrução da mulher" e da "legislação reguladora do trabalho feminino" (Fundação Getulio Vargas, 2020).

13 Recortes de jornais sobre tráfico de maconha e a venda de psicotrópico. Campanha da Mulher pela Democracia. Arquivo Nacional, BR RJANRIO PE.0.0.112 – Dossiê.

14 Para análise desse tipo de acervo, ver Campos (2018).

Figura 3
Surfista na Praia de Guanabara, Rio de Janeiro, em 1972

Fonte: *Correio da Manhã*, Arquivo Nacional, BR RJANRIO PH.0.FOT.2680 – Dossiê.

Na documentação da "Federação Brasileira pelo Progresso Feminino", o termo "moças" aparece referenciado em alguns documentos. Um deles ilustra uma dimensão fundamental dos fundos arquivísticos: eles acumulam não apenas os documentos produzidos, como também aqueles recebidos. No caso em questão, trata-se de um ofício de 1931, da "Associação Brasileira de Instrução e Proteção às Moças que se Destinam ao Trabalho de Escritórios" (Figura 4). A pesquisa nos acervos do Arquivo Nacional e de outras instituições memoriais revela que esse último fundo não foi preservado, mas pode ser em parte recuperado no acervo documental da Federação Brasileira pelo Progresso Feminino, em que constam 6.472 documentos digitalizados e acessíveis via internet. Em outras palavras, a documentação de uma instituição pode levar à conservação, pelo menos em parte, de registros da memória de outras entidades.

Em razão da preservação do fundo "Federação Brasileira pelo Progresso Feminino", é possível não só pesquisar as manifestações explícitas dessa instituição, registradas em atas de reuniões ou em publicações dos congressos que promoveu, como também as atividades mantenedoras dela, presentes em previsões orçamentárias; "recibos de pagamento; notas fiscais; anotações sobre movimento financeiro".[15] Tais documentos

15 Previsão orçamentária; recibos de pagamento; notas fiscais; anotações sobre movimento financeiro; certificados de registro de correspondência. (1929).

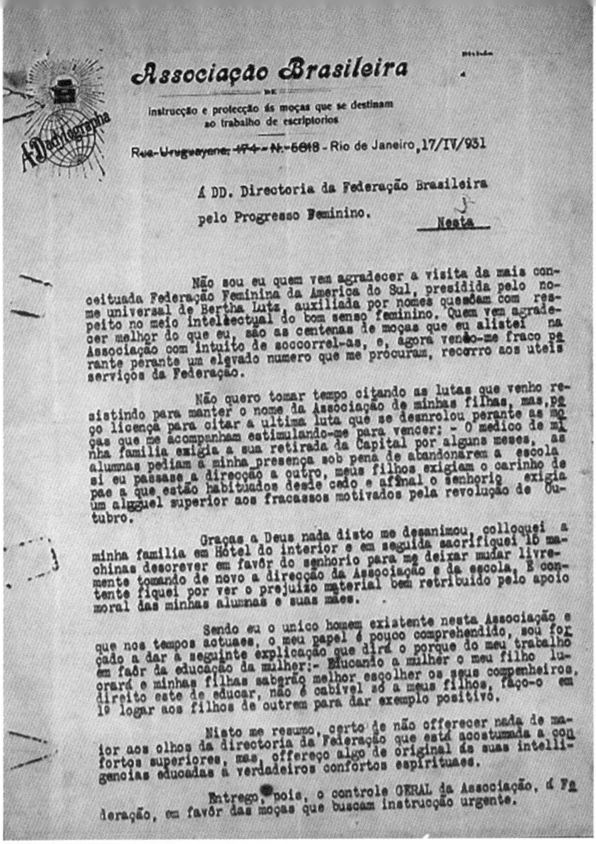

Associação Brasileira
de
instrucção e protecção ás moças que se destinam
ao trabalho de escriptorios

A Dactylographa

~~Rua Uruguayana, 174 - N.-5618~~ - Rio de Janeiro, 17/IV/931

Á DD. Directoria da Federação Brasileira
pelo Progresso Feminino.
Nesta

Não sou eu quem vem agradecer a visita da mais con-
ceituada Federação Feminina da America do Sul, presidida pelo no-
me universal de Bertha Lutz, auxiliada por nomes quesdam com res-
peito no meio intelectual do bom senso feminino. Quem vem agrade-
cer melhor do que eu, são as centenas de moças que eu alistei na
Associação com intuito de soccorrel-as, e, agora vendo-me fraco pe
rante perante um elevado numero que me procuram, recorro aos uteis
serviços da Federação.

Não quero tomar tempo citando as lutas que venho re-
sistindo para manter o nome da Associação de minhas filhas, mas, pe
ço licença para citar a ultima luta que se desenrolou perante as mo
ças que me acompanham estimulando-me para vencer: - O medico de mi
nha familia exigia a sua retirada da Capital por alguns mezes, as
alumnas pediam a minha presença sob pena de abandonarem a escola
si eu passasse a direcção a outro, meus filhos exigiam o carinho de
pae a que estão habituados desde cedo e afinal o senhorio exigia
um alguel superior aos fracassos motivados pela revolução de Ou-
tubro.

Graças a Deus nada disto me desanimou, colloquei a
minha familia em Hotel do interior e em seguida sacrifiquei 15 ma-
chinas descrever em favôr do senhorio para me deixar mudar livre-
mente tomando de novo a direcção da Associação e da escola. E con-
tente fiquei por ver o prejuizo material bem retribuido pelo apoio
moral das minhas alumnas e suas mães.

Sendo eu o unico homem existente nesta Associação e
que nos tempos actuaes, o meu papel é pouco comprehendido, sou for
çado a dar a seguinte explicação que dirá o porque do meu trabalho
em faôr da educação da mulher:- Educando a mulher o meu filho lu-
crará e minhas filhas saberão melhor escolher os seus companheiros,
direito este de educar, não é cabivel só a meus filhos, faço-o em
1º logar aos filhos de outrem para dar exemplo positivo.

Nisto me resumo, certo de não offerecer nada de ma-
ior aos olhos da directoria da Federação que está acostumada a con
fortos superiores, mas, offereço algo de original ás suas intelli-
gencias educadas á verdadeiros confortos espirituaes.

Entrego, pois, o controle GERAL da Associação, á Fe
deração, em favôr das moças que buscam instrucção urgente.

Figura 4
As "moças datilógrafas", 1931: carta de *A datilógrafa*, da Associação Brasileira de Instrução e Proteção às Moças que se Destinam ao Trabalho de Escritórios

Fonte: Arquivo Nacional, BR RJANRIO Q0.ADM, COR.A931.1 – Dossiê.

descortinam outras possibilidades de pesquisa relacionadas à capacidade e habilidade de mulheres – inclusive as jovens – como gestoras administrativas. Outra dimensão importante a ser lembrada é que os marcos temporais desse fundo não coincidem com os prazos de sua existência. Embora a federação tenha funcionado por menos de duas décadas, as datas-limite de sua documentação estão inscritas entre 1881 e 1985. Em outras palavras, correspondem a mais de um século. Como explicar essa aparente contradição? Ora, isso decorre do fato de o arquivo pessoal da fundadora da "Federação Brasileira pelo Progresso Feminino", Berta Lutz, ter sido considerado parte desse fundo. Essa pioneira do feminismo brasileiro nasceu em 1884 e faleceu em 1976, havendo em seu arquivo pessoal documentos dos pais dela, anteriores a seu nascimento;

"Federação Brasileira pelo Progresso Feminino", Arquivo Nacional, BR RJANRIO Q0.ADM, EOR.TES.4, v.10 – Dossiê.

e documentos posteriores a seu falecimento, tais como recortes de jornais acumulados por seus herdeiros e doados em 1986 ao Arquivo Nacional.

Os termos "jovem" e "jovens" permitem explorar outros arquivos privados pessoais custodiados no Arquivo Nacional. Conforme já mencionado, alguns desses acervos são doados a instituições arquivísticas ou similares por documentarem a vida de personalidades importantes da história política ou cultural do país. O fundo "Apolonio de Carvalho" é um desses casos. Trata-se de um militante político comunista que viveu entre 1912 e 2005, testemunhando momentos-chave da história brasileira, como as revoluções de 1930 e 1964, além de episódios marcantes da Europa do século XX, como a guerra civil espanhola e a resistência francesa à invasão nazista. No campo da história da juventude, o fundo "Apolonio de Carvalho" serve de fonte para pesquisas memorialísticas. Nele há não apenas documentos da época da juventude do titular, como também a reelaboração desse passado em escritos da idade adulta.[16] A comparação entre as versões manuscritas, registrando suas memórias, e o livro impresso (Carvalho, 1997) presta-se à aplicação, nos estudos da história da juventude, de procedimentos metodológicos da "crítica genética", tal como são desenvolvidos nas área de literatura (Miranda, 2009).

A partir dos 769 outros itens documentais do fundo "Apolonio de Carvalho", já digitalizados e disponíveis na internet, é possível compreender a complexidade da formação desse tipo de acervo e sua porosidade institucional. Exemplo disso é o conjunto formado por "documentos sonoros", composto por "26 fitas cassetes, abrangendo o período de 1987 a 1993". Trata-se do resultado de dois projetos de história oral, um do Museu da Imagem e do Som e outro da Universidade Federal do Rio de Janeiro (UFRJ), que coletaram o testemunho desse militante político, inclusive em relação à sua época de juventude. Cópias dessas fitas foram ofertadas ao titular do fundo, que passou a ser o único a deter o conjunto

16 Versões incompletas e descontínuas do livro *Vale a pena sonhar*; recibo e declaração de Carlos Nuget de pagamento como colaborador do livro e argumentos cinematográficos do filme *Vale a pena sonhar*. Fundo Apolonio de Carvalho, Arquivo Nacional, BR RJANRIO GK.0.TXT.355 – Dossiê.

delas. Uma vez Apolonio de Carvalho falecendo, sua família doou esses e outros registros ao Arquivo Nacional.

No arranjo do fundo "Apolonio de Carvalho", foi estabelecida a série "Documentos Pessoais" reveladora de que esse conjunto documental não se presta apenas a pesquisas sobre a história política. Nele também há fontes importante para a história da educação, principalmente de adolescentes, conforme mostram as centenas de páginas de exercícios escolares existentes em diferentes dossiês:

> Dossiê 18 – Provas e sabatinas de diversas matérias escolares de Apolonio de Carvalho. – Data: [08/09/1924] – [19/12/1925];
>
> Dossiê 19 – Cadernos pertencentes a Apolonio de Carvalho quando aluno do 1º ano e do 2º ano do curso ginasial; sonetos. Data: [03/06/1923] – [26/04/1926];
>
> Dossiê 20 – Cadernos pertencentes a Apolonio de Carvalho quando aluno do 3º ano do curso ginasial; estatuto do Grêmio Estudantil do Colégio Pedro II onde estudava Apolonio de Carvalho, cujo cargo era o de 1º secretário. Data: [1927-1928].

Esses e mais outros itens podem ser pesquisados não apenas por meio Sian, como também em instrumentos de pesquisa específicos (Arquivo Nacional, 2012, 2013).

Um aspecto que diferencia os arquivos pessoais dos institucionais é que os primeiros frequentemente contam com bem menos documentos do que os segundos, permitindo a elaboração de descrições analíticas dos acervos. O fundo "César Nunes" é um desses casos. A importância atribuída a esse conjunto documental decorre do fato de o titular ter sido cineasta, produzindo, entre 1940 e 1980, filmes oficiais, comerciais de televisão, documentários e cinejornais. Esse acervo foi comprado pela Associação Cultural do Arquivo Nacional, organização da sociedade civil, que o doou à instituição arquivística. Houve um imenso trabalho de recuperação e organização – ou de "arranjo", conforme afirmam os arquivistas –, pois os documentos sonoros e audiovisuais foram adquiridos sem identificação prévia de seus conteúdos:

> Distribuídos em 758 latas metálicas, estavam 2.436 pequenos rolinhos, cada um contendo uma reportagem de, em média, um a dois minutos, mais da metade em negativos de imagem (1.618), uma boa parte de negativos de som (494) dispersos separadamente, muito poucas cópias positivas (171) e algum material de trabalho – os chamados copiões (153). (Alves, 2003, p.70)

O tratamento técnico a essa documentação permitiu a recuperação de 554 filmes. Uma das séries mais interessante é a de cinejornais *Revista da Tela*, com dezenas de registros de cenas do cotidiano do Rio de Janeiro. A partir dessas imagens em movimento, é possível recuperar diferentes experiências de vida social e cultural da juventude, como festas de Carnaval[17] ou eventos oficiais de formaturas escolares.[18]

Considerações finais

Os vários exemplos de fundos e coleções anteriormente mencionados revelam a diversidade de fontes, disponíveis no Arquivo Nacional, para a escrita da história da juventude. Não se trata de um caso isolado. Em outros arquivos públicos ou em qualquer instituição que preserve fundos arquivísticos, há sempre a possibilidade de encontrar valiosos testemunhos a respeito dos jovens do passado. O importante, porém, é o pesquisador estar atento ao fato de que as informações procuradas estarem quase sempre distribuídas em diferentes acervos institucionais e pessoais, que raramente dizem respeito diretamente ao tema investigado.

Uma forma de enfrentar esse desafio consiste em procurar estabelecer de antemão os possíveis vínculos entre o tema da pesquisa e as práticas das instituições ou dos indivíduos cujas documentações foram preservadas. Por exemplo, o tema da juventude vincula-se à educação, ao esporte, à vida religiosa e a uma série de outras vivências sociais e culturais. Se

17 Guanabara. Governo Carlos Lacerda II (1963). Fundo César Nunes. Arquivo Nacional, BR RJANRIO NK.0.PEJ, PRJ.3 – Dossiê.

18 Petrópolis. Prefeito Cordolino Ambrósio/prefeito Flávio Castrioto 1 (I) (1951). Fundo César Nunes. Arquivo Nacional, BR RJANRIO NK.0.PEJ, PET.1 – Dossiê.

considerarmos as experiências indicadas, saberemos como iniciar a pesquisa no arquivo. Pode-se começar essa investigação procurando quais eram as instituições educacionais do período pesquisado, quais eram as instituições esportivas, quais eram as instituições religiosas e assim por diante. Também se pode procurar pelas instituições que fiscalizavam essas atividades ou até mesmo que as reprimiam, conforme ocorreu em alguns períodos nos cultos religiosos afro-brasileiros, perseguidos pelas instituições policiais.

Nos arquivos pessoais, as chances de identificar conjuntos documentais sobre a história da juventude são ainda maiores. Dificilmente há arquivos pessoais de crianças ou de adolescentes, mas há muitíssimos de adultos que guardaram registros a respeitos das primeiras fases da vida. Da mesma forma que nos acervos institucionais, é raro haver instrumentos de pesquisa temáticos desses conjuntos documentais, e, por isso, é preciso que o pesquisador se debruce sobre eles com atenção e afinco, em busca da informação procurada.

Enfim, a aventura dos arquivos é desbravar continentes desconhecidos, e há riscos de não se encontrar o procurado, mas há também chances de descortinar experiências inéditas da vida humana, inclusive no que diz respeito à juventude de homens e mulheres que nos antecederam.

Referências

ALVES, M. V. P. Uma proposta de tratamento do acervo César Nunes. *Acervo*, v.16, n.1, p.69-82, 2003.

ANTUNES, P. C. B. *SNI & ABIN*: uma leitura da atuação dos serviços secretos brasileiros ao longo do século XX. Rio de Janeiro: FGV, 2002.

ARIÈS, P. *L'enfant et la vie familiale sous l'Ancien Régime*. Paris: Éditions Seuil, 1973.

ARQUIVO NACIONAL. *Guia brasileiro de fontes para a história da África, da escravidão negra e do negro na sociedade atual*: fontes arquivísticas. Rio de Janeiro: Arquivo Nacional; Brasília: Departamento de Imprensa Nacional, 1988. 2v.

______. *Fundo Apolonio de Carvalho (GK)*: instrumento provisório dos documentos textuais e iconográficos. Rio de Janeiro: O Arquivo, 2012. Disponível em: http://arquivonacional.gov.br/images/conteudo/servicos_ao_cidadao/

instrumentos-de-pesquisa/pdf/Apolonio%20final%2016%20out.pdf. Acesso em: 29 abr. 2020.

______. *Fundo Apolonio de Carvalho (GK)*: catálogo de documentos sonoros. Rio de Janeiro: O Arquivo, 2013. Disponível em: http://arquivonacional.gov.br/images/conteudo/servicos_ao_cidadao/instrumentos-de-pesquisa/pdf/Apolonio-final--set-2013.pdf. Acesso em: 29 abr. 2020.

BLUTEAU, R. *Vocabulário portuguez e latino*. Lisboa: Colégio das Artes da Companhia de Jesus, 1713. v.4.

BRASIL. Lei n. 8.159, de 8 de janeiro de 1991. Dispõe sobre a política nacional de arquivos públicos e privados e dá outras providências. *Diário Oficial da União*, Brasília, 1991. Disponível em: http://www.planalto.gov.br/ccivil_03/Leis/L8159.htm. Acesso em: 29 abr. 2020.

CAMPOS, J. F. Recortes de jornal em arquivos: desafios da descrição documental. *Revista Analisando em Ciência da Informação*, v.6, p.661-81, 2018. Disponível em: http://racin.arquivologiauepb.com.br/edicoes/v6_nesp. Acesso em: 29 abr. 2020.

CARVALHO, A. de. *Vale a pena sonhar*. Rio de Janeiro: Rocco, 1997.

CARVALHO, J. M. *A construção da ordem*: a elite política imperial. Rio de Janeiro: Campus, 1980.

CASSAB, C. Contribuição à construção das categorias jovem e juventude: uma introdução. *Locus: Revista de História*, v.17, n.2, p.145-59, 2011.

CONSELHO NACIONAL DE ARQUIVOS. Cadastro Nacional de Entidades Custodiadoras de Acervos Arquivísticos. Disponível em: http://conarq.gov.br/o-cadastro.html. Acesso em: 29 abr. 2020.

COOK, T. *O conceito de fundo arquivístico*: teoria, descrição e proveniência na era pós-custodial. Rio de Janeiro: Arquivo Nacional, 2017.

DECCA, M. A. G. *A vida fora das fábricas*: cotidiano operário em São Paulo (1920-1934). Rio de Janeiro: Paz e Terra, 1987.

DEL PRIORE, M. *Histórias da gente brasileira*: Império. São Paulo: LeYa, 2016.

DIREÇÃO-GERAL DO LIVRO, DOS ARQUIVOS E DAS BIBLIOTECAS. Portal de Arquivos Portugueses. Disponível em: https://portal.arquivos.pt/. Acesso em: 29 abr. 2020.

DUFF, W. M. Mediação arquivística. In: EASTWOOD, T.; MACNEIL, H. *Correntes atuais do pensamento arquivístico*. Belo Horizonte: Editora da UFMG, 2016. p.171-202.

ESTEVÃO, S. N. de M.; FONSECA, V. M. M. da. A França e o Arquivo Nacional do Brasil. *Acervo*, v.23, n.1, p.81-108, 2010.

FAUSTO, B. *Crime e cotidiano*: a criminalidade em São Paulo (1880-1924). São Paulo: Brasiliense, 1984.

FREYRE, G. *Casa-grande & senzala*: formação da família brasileira sob o regime da economia patriarcal. 18.ed. Rio de Janeiro: Editora José Olympio, 1977.

FUNDAÇÃO GETULIO VARGAS. Federação Brasileira pelo Progresso Feminino. Disponível em: https://atlas.fgv.br/verbetes/federacao-brasileira-pelo-progresso-feminino. Acesso em: 5 maio 2020.

GALLO, I. Por uma historiografia do *punk*. *Projeto História*, n.4, p.283-314, 2010. Disponível em: http://ken.pucsp.br/revph/article/view/6542/4741. Acesso em: 29 abr. 2020.

GREEN, J. N.; QUINALHA, R. (Ed.). *Ditadura e homossexualidades*: repressão, resistência e a busca da verdade. São Carlos: EdUFSCar, 2014.

HEYNEMANN, C. B.; RAINHO, M. do C. T. Imagens do consumo: rótulos e marcas no acervo do Arquivo Nacional. In: HEYEMANN, C. B.; RAINHO, M. do C. T.; CARDOSO, R. (Org.). *Marcas do progresso*: consumo e *design* no Brasil do século XIX. Rio de Janeiro: Mauad X, Arquivo Nacional, 2009. p.31-55.

MARTINS FILHO, J. R. Os estudantes nas ruas, de Goulart a Collor. In: ______. (Org.). *1968 faz 30 anos*. Campinas: Mercado das Letras; São Carlos: Editora da Universidade de São Carlos, 1998.

MIRANDA, W. M. Memória de papel. *Revista do Arquivo Público Mineiro*, v.45, v.2, p.72-85, 2009.

MUSSELL, J. Doing and making history as digital practice. In: WELLER, T. (Org.). *History in the digital age*. Abingdon: Routledge, 2012. p.79-94.

PASTOUREAU, M. Os emblemas da juventude atribuídos a representações dos jovens na imagem medieval. In: LEVI, G.; Schmitt, J.-C. (Ed.). *História dos jovens*: da Antiguidade à Era Moderna. São Paulo: Companhia das Letras, 1996. v.1, p.245-63.

POMIAN, K. Do monopólio da escrita ao repertório ilimitado das fontes: um século de mutações da história. *Acervo*, Rio de Janeiro, v.25, n.1, p.15-34, 2012.

PUTNAM, L. The transnational and the text-searchable: digitized sources and the shadows they cast. *American Historical Review*, v.121, n.2, p.377-402, 2016.

SILVA, A. de M. e. *Diccionario da lingua portuguesa*. Lisboa: Officina de S. T. Ferreira, 1789.

VIDAL, L.; LUCA, T. R. de (Org.). *Franceses no Brasil*: séculos XIX e XX. São Paulo: Editora Unesp, 2009.

Sobre os autores

Adrianna Setemy

Doutora em História Social pelo Programa de Pós-graduação em História Social da Universidade Federal do Rio de Janeiro (UFRJ).

Ana Silvia Volpi Scott

Professora do Departamento de Demografia, do Programa de Pós-Graduação em Demografia e do Programa de Pós-Graduação em História do Instituto de Filosofia e Ciências Humanas (IFCH) da Universidade Estadual de Campinas (Unicamp). Pesquisadora do Núcleo de Estudos de População Elza Berquó (Nepo) da Unicamp. Doutora em História e Civilização pelo European University Institute (EUI) de Florença (Itália). Autora de livros, capítulos de livros e artigos, nas temáticas da história da população e da família, imigração internacional. Coautora do *Atlas da imigração internacional em São Paulo 1850-1950, Repertório da legislação brasileira e paulista referente à imigração e Roteiro de fontes sobre a imigração em São Paulo 1850-1950*, publicados pela Editora Unesp. Bolsista Produtividade em Pesquisa 1C do CNPq.

Cláudia Mesquita

Doutora em História Social pelo Programa de Pós-Graduação em História Social da Universidade Federal do Rio de Janeiro (UFRJ). Professora do Programa de Pós-Graduação em História da Universidade Salgado de Oliveira (Universo).

Fabiana Costa

Mestre em Educação pela Universidade Católica de Santos (Unisantos), pós-graduada em História e Cultura afro-brasileira e graduada em Pedagogia pela Universidade Estadual Paulista (Unesp). Orientadora educacional da prefeitura de Cubatão, professora do ensino superior em instituições da Baixada Santista e sócia da SC Consultoria Educacional. Em 2014 foi laureada com o Troféu Zumbi dos Palmares pelo Conselho Municipal de Participação e Desenvolvimento da Comunidade Negra da cidade de Santos pela obra *Jovens afro-brasileiros* (2014).

Fabio da Silva Pereira

Doutorando em História pela Universidade Salgado de Oliveira (Universo) e pela Universidade de Poitiers, França. Professor de História da Academia Militar das Agulhas Negras (Aman) do Exército Brasileiro e bolsista da Coordenação de Aperfeiçoamento de Pessoal de Ensino Superior (Capes). Membro do Comitê Científico do Grupo de Trabalho de História Militar da Associação Nacional de História (Anpuh), seção Rio de Janeiro.

Fernando da Silva Rodrigues

Doutor em Historia Política pela Universidade do Estado do Rio de Janeiro (Uerj). Coordenador do Programa de Pós-Graduação em História da Universidade Salgado de Oliveira (Universo). Diretor da Rede Hermes – Pesquisadores Internacionais de Fronteiras, Integração e Conflitos e coordenador do Grupo de Pesquisa História Militar, Política e Fronteiras – Conselho Nacional de Desenvolvimento Científico e Tecnológico (CNPq).

Jayme Fernandes Ribeiro

Doutor em História Social pela Universidade Federal Fluminense (UFF). Professor do Instituto Federal de Educação, Ciência e Tecnologia do Rio de Janeiro (IFRJ), da Secretaria Municipal de Educação do Rio de Janeiro (SME-RJ) e do Programa de Pós-Graduação em História da Universidade Salgado de Oliveira (Universo). Ex-pesquisador no projeto "O Rio de Janeiro nos jornais: ideologias, culturas políticas e conflitos sociais", do Programa Cientistas do Nosso Estado da Fundação de Amparo à Pesquisa do Estado do Rio de Janeiro (Faperj), e ex-coordenador do Programa Institucional de Bolsas de Iniciação à Docência (Pibid) na Fundação Educacional Unificada Campo-Grandense (Feuc). Organizador e colaborador do *site* www.brasilrepublicano.com.br e integrante do Núcleo de Estudos Afro-Brasileiros e Indígenas (Neabi) do IFRJ. Autor de livros, capítulos e artigos em revistas especializadas. Livros publicados: *Combatentes da paz: os comunistas brasileiros e as campanhas pacifistas dos anos 1950* (2011, 7Letras, 2011) e *Ensino de História: usos do passado, mídias e memória* (2014, FGV).

João Eudes do Nascimento Alves

Graduado e mestre em História pela Universidade Federal de Campina Grande (UFCG). Professor na rede básica de ensino do estado da Paraíba. Ex-pesquisador técnico voluntário do Projeto Catálogo Geral dos Manuscritos Avulsos e em Códices referentes à história indígena e à escravidão negra no Brasil, realizado pela Fundação Parque Tecnológico da Paraíba (PaqTcPB), UFCG e Petrobras Cultural.

Jonis Freire

Professor do Instituto de História da Universidade Federal Fluminense (UFF). Autor de *Escravidão e família escrava na Zona da Mata Mineira oitocentista* (Alameda, 2014); coorganizador de *Formas de liberdade: gratidão, condicionalidade e incertezas no mundo escravista nas Américas* (Mauad X, 2018); *Escravidão e cultura afro-brasileira: temas e problemas em torno da obra de Robert Slenes* (Editora da Unicamp, 2016); e *Raça, gênero e classe: trabalhadores(as) livres e escravizados(as) no Brasil* (Mauad X, 2020).

Luiz Mott

Bacharel em Ciências Sociais pela Universidade de São Paulo (USP), mestre em Etnologia pela Sorbonne Univsersité e doutor em Ciências Humanas pela Universidade Estadual de Campinas (Unicamp+. Autor de 20 livros e 200 artigos sobre etno-história da homossexualidade, Inquisição, catolicismo popular, relações raciais e aids, direitos humanos. Fundador do Grupo Gay da Bahia e decano do Movimento Homossexual Brasileiro. Comendador da Ordem do Rio Branco e do Mérito Cultural.

Marcos Napolitano

Doutor em História Social pela Universidade de São Paulo (USP). Professor titular de História do Brasil Independente no Departamento de História da USP. Pesquisador do Conselho Nacional de Desenvolvimento Científico e Tecnológico (CNPq). Autor dos livros *1964: história do regime militar* (Contexto, 2014), *Coração civil: a vida cultural brasileira sob o regime militar* (Intermeios, 2017) e *História contemporânea* (Contexto, 2020).

Maria Sílvia C. B. Bassanezi

Pesquisadora do Núcleo de Estudos de População "Elza Berquó" (Nepo) da Universidade Estadual de Campinas (Unicamp) e professora colaboradora do Programa de Pós-graduação em Demografia do Instituto de Filosofia e Ciências Humanas da Universidade Estadual de Campinas (IFCH) da Unicamp. Doutora em Ciências

(História) pela Universidade Estadual Paulista "Júlio de Mesquita Filho" (Unesp), *campus* de Rio Claro. Autora de livros, capítulos de livros e artigos, que tratam da imigração internacional. Coordenadora e coautora do *Atlas da imigração internacional em São Paulo 1850-1950*, *Repertório da legislação brasileira e paulista referente à imigração* e *Roteiro de fontes sobre a imigração em São Paulo 1850-1950*, publicados pela Editora Unesp.

Mary Del Priore

Doutora em História pela Universidade de São Paulo (USP). Lecionou no departamento de História da Faculdade de Filosofia, Letras e Ciências Humanas (FFLCH) da USP e da Pontifícia Universidade Católica (PUC) do Rio de Janeiro. Professora da Universidade Salgado de Oliveira (Universo). Autora de diversos livros sobre história do Brasil. Membro do PEN Clube do Brasil, sócia-titular do Instituto Histórico e Geográfico Brasileiro (IHGB) e também membro do Instituto Histórico e Geográfico do Rio de Janeiro (IHGRJ), da Academia Carioca de Letras, da Academia Paulista de Letras, da Academia Portuguesa de História e da Real Academia de la Historia de España.

Miriam Zanutti

Mestra em História pela Universidade Salgado de Oliveira (Universo) e teóloga pelo Centro Evangélico de Missões (CEM) de Viçosa, em Minas Gerais.

Paulo de Assunção

Doutor em História Ibérica pela École des Hautes Études en Sciences Sociales (Ehess), doutor em História Econômica e Social pela Universidade Nova de Lisboa, doutor em História Social pela Universidade de São Paulo (USP), pós-doutor em Ciência da Religião pela Universidade Presbiteriana Mackenzie (UPM) e pós-doutor em História da Educação pela Universidade Estadual de Maringá (UEM). Dedicou boa parte da sua investigação a questões correlatas à presença jesuítica no Império colonial português, à história cultural e econômica, ao turismo e à arquitetura e urbanismo. Possui trabalhos premiados pela Academia da Marinha de Portugal (2013), pelo Arquivo Nacional da Torre do Tombo e pelo Arquivo Nacional do Rio de Janeiro (Prêmio D. João VI 2008). Foi agraciado com o Prêmio Jabuti (2012). Autor de diversos livros e artigos publicados em revistas acadêmicas nacionais e internacionais. Membro do Instituto Histórico e Geográfico Brasileiro (IHGB) e investigador integrado do Centro de Estudos Clássicos da Universidade de Lisboa.

Renato Venancio

Doutor em História pela Universidade de Paris IV. Professor do curso de Arquivologia da Escola de Ciência da Informação da Universidade Federal de Minas Gerais (UFMG). Ex-superintendente do Arquivo Público Mineiro e ex-diretor da Diretoria de Arquivos Institucionais da UFMG. Com Mary Del Priore, é autor do livro *Uma breve história do Brasil* (Planeta, 2010) e organizador do livro *Gestão de documentos em Minas Gerais: experiências e perspectivas* (Fino Traço, 2021).

Savio Queiroz Lima

Doutorando em História da Universidade Federal do Rio Grande do Sul (UFRGS). Com estudos sobre sexualidade e gênero nas dinâmicas entre história e ficção, é membro do Grupo de Trabalho de Estudos de Gênero da Associação Nacional de História – Seção Bahia (Anpuh-BA). Membro do Laboratório de Estudos sobre a Transmissão e História Textual na Antiguidade e no Medievo (Letham), trata das representações do medievo nas histórias em quadrinhos. Autor do livro *Mulher Maravilha para presidente! – História, feminismos e mitologia nas histórias em quadrinhos* (Devires, 2019).

Victor Andrade de Melo

Professor titular da Universidade Federal do Rio de Janeiro (UFRJ), onde coordena o Sport: Laboratório de História do Esporte e do Lazer.

Vivian Zampa

Doutora em História Política pela Universidade do Estado do Rio de Janeiro (Uerj). Professora do curso de licenciatura em História da Uerj, da Universidade Federal do Estado do Rio de Janeiro (Unirio), do Instituto de Aplicação Fernando Rodrigues da Silveira (CAp) da Uerj, do Programa de Pós-Graduação em História da Universidade Salgado de Oliveira (Universo). Co-organizadora dos livros *Perspectivas da administração em segurança pública no Brasil* (CRV, 2011) e *Prisioneiros das drogas: segurança pública, saúde e direitos humanos no Brasil* (CRV, 2011), e autora de capítulos nos *livros 200 anos: Polícia Militar do Rio de Janeiro* (PUC-Rio, 2008) e *História do Brasil em 100 fotografias* (Bazar do Tempo, 2017). Trabalhou na identificação e organização do acervo do Arquivo da Cúria Metropolitana do Rio de Janeiro e como pesquisadora do Arquivo Público do Estado do Rio de Janeiro, da Biblioteca Nacional, do Arquivo Nacional e da Fundação Oswaldo Cruz. Coordenadora do Grupo de Pesquisa da Escola de Governo da Fundação Centro Estadual de Estatísticas, Pesquisas e Formação de Servidores Públicos do Rio d Janeiro (Ceperj).

SOBRE O LIVRO

Formato: 16 x 23 cm
Mancha: 25,5 x 41 paicas
Tipologia: Adobe Caslon 11 / 15
Papel: Couché 90 g/m^2 (miolo)
Cartão supremo 250 g/m^2 (capa)

1ª edição Editora Unesp: 2022

EQUIPE DE REALIZAÇÃO

Coordenação Editorial
Marcos Keith Takahashi (Quadratim)

Edição de texto
Carlos Vilarruel

Projeto gráfico
Estúdio Bogari

Capa
Quadratim

Editoração eletrônica
Arte Final